ESQUISSE
D'UNE
CLASSIFICATION SYSTÉMATIQUE
DES
DOCTRINES PHILOSOPHIQUES

SAINT-DENIS. — IMPRIMERIE CH. LAMBERT, 47, RUE DE PARIS.

ESQUISSE

D'UNE

CLASSIFICATION SYSTÉMATIQUE

DES

DOCTRINES PHILOSOPHIQUES

PAR

CH. RENOUVIER

TOME SECOND

PARIS
AU BUREAU DE LA CRITIQUE PHILOSOPHIQUE
54, RUE DE SEINE, 54

1886

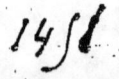

C

ESQUISSE
d'une
CLASSIFICATION SYSTÉMATIQUE
des
DOCTRINES PHILOSOPHIQUES

SIXIÈME PARTIE. — SIXIÈME OPPOSITION.

L'ÉVIDENCE; LA CROYANCE.

En classant sous quelques principaux chefs d'opposition mutuelle les grands systèmes qui se sont disputé l'empire des idées générales, d'époque en époque, pendant tout le cours de l'histoire de la philosophie, et en décrivant leurs traits les plus caractéristiques, je n'ai pas cru devoir, pour la satisfaction d'un certain goût esthétique, observer à leur égard une impartialité apparente, et adopter la forme d'une exposition sceptique, afin de mettre dans le meilleur jour l'inaptitude des penseurs à réaliser d'un commun accord l'unité de la haute pensée spéculative et morale. J'ai marqué franchement, sur chaque question, mes préférences, et donné les raisons qui me semblent bonnes contre chacune des thèses que personnellement je rejette, Il m'a semblé qu'à la condition de faire mes plus sincères efforts pour qu'aucune ne perdît rien de sa véritable physionomie et de son énergie propre, je ne pourrais qu'ajouter à la clarté de toutes les thèses d'une même série : — la *chose*, l'*infini*, l'*évolution*, la *nécessité*, le *bonheur*, — en les contrôlant du point de vue des thèses de la série opposée : — l'*idée*, le *fini*, la *création*, la *liberté*, le *devoir*, — sans m'obliger à balancer cette critique par une critique inverse, et feindre une indifférence que je n'éprouve pas. La position que j'ai prise n'en demeure pas moins logiquement supérieure à celle que prennent vis-à-vis les unes des autres les doctrines contraires, et elle est impartiale en cela ; car ces doctrines ont constamment réclamé, chacune en sa faveur, l'évidence, la démonstration, ou prétendu de manière ou d'autre s'imposer à l'esprit, si seulement leurs principes et leurs arguments pouvaient toujours s'y présenter objectivement avec la valeur qu'ils tiennent de la nature des choses, et qui ne dépend nullement des facteurs personnels de l'individu qui les formule, ou à qui ils sont soumis par un autre. Mais, loin de là, j'estime, en théorie, tout comme en pratique, ce que nul en pratique et selon l'expérience ne nie, *quand il s'agit des doctrines des autres* : à savoir qu'il n'y en a aucune dans la production ou acceptation de laquelle les facteurs personnels n'interviennent.

Ces facteurs qu'on n'a pas trop de peine à observer, au moins tout autant qu'il ne s'agit pas de s'en faire l'application à soi-même, tout le monde les a nommés : ce sont le tempérament, le caractère, les passions et les préventions du philosophe, ses habitudes d'esprit, l'action qu'il a subie de la tradition, de l'éducation et des circonstances de la vie, enfin l'ambition de savoir et d'enseigner, et les rivalités ; ils sont de nature à motiver, indépendamment des apparences générales de vrai ou de faux dans l'objet proposé à l'affirmation, le choix de l'individu entre des opinions contraires que ces mêmes apparences ne doivent ni tout à fait imposer, ni interdire absolument, là où nous voyons des jugements contradictoires se produire en fait et trouver toujours des tenants. Mais ils ne sont pas les plus importants qu'il y ait à considérer pour une distinction rigoureuse de l'évidence et de la croyance, ou pour fixer une limite extrême de ce qui donne à une affirmation en philosophie le caractère de croyance. Il y a des facteurs essentiels de doctrines, qui tiennent à la personne encore, mais cette fois d'une façon générale : ce sont des jugements inséparables de la constitution mentale de l'homme, — c'est ce qu'ils semblent être au premier abord, — mais qui, premièrement, n'ont pas leur véracité garantie par quelque chose d'extérieur, par une expérience immédiatement saisissable ou de la même étendue qu'eux, et, en second lieu, peuvent être infirmés par certaines analyses que le sujet mental fait porter sur sa propre constitution, en tant que relative à une représentation de choses hors de l'esprit, ou telles qu'elles sont hors de l'esprit. Mais les négations ou les doutes provenus de ces analyses sont, eux aussi, des produits de notre constitution mentale, prise en son entier, à aussi bon titre que l'étaient ces premiers jugements qui en paraissaient inséparables et que, dans le fait, ils en peuvent séparer. Soit que ces jugements, en tout ou en partie, doivent être conservés ou rejetés par un penseur, en considération de tels motifs ou de tels autres, on restreint arbitrairement le sens du mot *croyance* quand on refuse de l'appliquer à un certain choix entre ces motifs, à une décision personnelle, à un acte qui pourrait être différent de ce qu'il est. Je dis *qui pourrait être*, et je n'entends point, en m'exprimant ainsi, m'appuyer sur la liberté du jugement, qui est elle-même une croyance, et qui a été niée, même par des partisans de la « liberté de la volonté »; je n'ai besoin d'invoquer que l'ignorance où l'on est du parti qu'un philosophe prendra, s'il n'a pas encore fini d'examiner, et le fait de l'existence d'autorités plus ou moins nombreuses, selon les cas, en faveur d'opinions contraires.

Il est indispensable de citer des exemples, choisis parmi les plus frappants, et d'abord ceux de tous où la place laissée au doute paraît la moindre. Si un motif quelconque de douter subsiste, on accordera qu'il reste une part quelconque à la croyance, dans la détermination du penseur. Croyance et possibilité de douter sont des termes concomitants, comme, de l'autre côté, évidence et impossibilité de douter.

Il n'y a certainement pas de croyance plus naturelle et plus commune que celle de l'existence du monde externe. Ce n'est cependant qu'une croyance. On avoue assez généralement, quand on y a réfléchi, que les phénomènes peuvent s'expliquer dans la supposition qu'ils ne seraient tous que des représentations données dans un seul et même esprit, les uns avec un caractère actif de la conscience, et les autres avec le caractère passif, corrélatif, qu'on appelle perception et expérience. Des philosophes ont penché fortement, comme on sait, à cette opinion du monisme individualiste; et ceux qui, plus nombreux, professent le monisme universaliste, se forment de l'ensemble du monde, pris en soi, une idée qui ne diffère de celle des premiers qu'en ce qu'ils refusent ordinairement (non pas toujours) la conscience au tout comme tel. Ils ne laissent pas de concevoir également l'unité d'un être qui se partage entre des manifestations, dont les unes représentent des choses de perception et d'expérience, et les autres des consciences de ces mêmes choses avec une action sur elles. Si maintenant il est de fait que le sentiment humain et la raison pratique protestent généralement contre ces systèmes et maintiennent la réalité de l'inviduation dans le monde, on doit appeler ce sentiment et cette raison des motifs de croire, et non pas qualifier leur objet d'évident. L'évidence n'aurait pas besoin de motifs et ne trouverait pas non plus de contradicteurs.

Après le monde externe, voyons le monde interne ou « petit monde ». Le jeu de la conscience repose tout entier sur la confiance en ses propres opérations : c'est-à-dire sur la croyance à leur rectitude de principe. L'assise fondamentale de ces opérations est l'évidence, que nous aurons à définir tout à l'heure. Mais l'évidence a beau n'être pas contredite (à condition pourtant de se renfermer dans sa sphère réelle), où peut-elle avoir elle-même sa garantie? Descartes, après avoir posé, pour critère de certitude, la clarté et distinction parfaite des idées, clarté et distinction dont la conscience du *cogito* lui fournissait un type, mais dont il faisait presque aussitôt des applications vicieuses, Descartes suscita à sa propre méthode l'objection célèbre du *Grand Trompeur*, et, voulant prouver la véracité des idées par la véracité de Dieu, leur auteur, laquelle, à son tour, lui était affirmée par son idée de Dieu, entra dans un cercle vicieux qu'on cherche vainement à s'expliquer, à moins d'y voir, laissant là la logique, une sorte d'énigme dont le mot est *croyance*. Cette objection, de forme mythologique, revient exactement à celle qu'on s'est faite en se demandant simplement comment il serait possible que l'esprit humain servît à démontrer que l'esprit humain n'est pas faux, trompé dans ses apparences congéniales, institué dans l'erreur. Mais ici, on ne peut même pas tenter une réponse, parce qu'il est immédiatement manifeste qu'elle ne pourrait jamais être qu'un cercle vicieux. La conclusion, c'est que l'évidence elle-même, *en tant qu'on s'y confie avec réflexion*, suppose la croyance, comme quelque chose de plus profond. C'est d'ailleurs ce qui n'ôte rien à sa force, et ce dont on aurait tort de s'étonner, car cela signifie seulement que la nature humaine, ou le principe, en elle, des pensées et des actes, refuse de se laisser réduire à une fonction aussi simple qu'une perception dénotée par un mot dérivé de celui qui exprime l'action de voir (1).

(1) On peut lire à ce propos quelques pages de l'éloquent mémoire posthume de Th. Jouffroy, sur l'*Organisation des sciences philosophiques* (*Nouveaux mélanges*, p. 216 d'un exemplaire avant la « mutilation »). Jouffroy se rend nettement compte de l'impossibilité du savoir absolu ; mais il traite d'absurde le problème d'où ressort cette impossibilité, quoiqu'il n'y ait d'absurde que la prétention de le résoudre, chose fort différente; après quoi, il veut qu'on recoure, pour

Le principe d'identité, ou de contradiction, ou d'*exclusi medii* (car les trois ne sont qu'un au fond) régit, quoique inconsciemment le plus souvent, toutes les opérations de l'esprit dans la veille. Il est ainsi l'objet d'une croyance parfaite, inaliénable en pratique, et, s'il pouvait être mis en doute, le cours de la pensée se perdrait à chaque instant, puisqu'on penserait ne pas savoir si, au lieu d'affirmer une idée jointe à une autre, ce n'est pas aussi bien une idée contradictoire qui peut s'y joindre et en être affirmée. L'évidence est donc pleine et entière quant à l'incompatibilité des termes contradictoires appliqués à la qualification d'une même idée : autrement dit, la croyance est inévitable. Lorsqu'au lieu d'une idée, c'est d'un sujet extérieur que nous parlons, comme nous savons par expérience que ces sujets changent et entrent dans différentes relations, au lieu d'être fixés à volonté par des définitions, comme le sont les idées abstraites, nous ajoutons à l'énoncé du principe de contradiction cette condition pour rendre incompatibles les attributions contradictoires, que ces attributions soient faites *en même temps et sous le même rapport*. Et ce n'est là autre chose que 1° donner au sujet externe la fixité qui appartient à une représentation objective définie et invariable, 2° affirmer de ce sujet une proposition que nous trouverions nécessaire en tant qu'il s'agirait simplement des objets de nos opérations intellectuelles. Mais, sur le second point, la croyance cesse d'être inévitable, la croyance générale trouve des contradicteurs, il n'y a plus évidence.

Et en effet, plusieurs dialecticiens de l'antiquité, mégariques et autres encore, *subjectivant* les idées de sujet et de prédicat, soutenaient que le principe de contradiction est inapplicable aux choses. « On ne peut, disaient quelques-uns, qualifier justement un nom d'un autre nom, puisque chaque nom signifie une chose différente ; il n'y a donc de vraies que les propositions énonçant le même du même » ; ou bien : « Les prédicats ne s'appliquent pas exclusivement à un sujet, mais à plusieurs, et non pas plus à l'un qu'à l'autre ; ils n'appartiennent donc à aucun » ; ou : « Comment les prédicats pourraient-ils être simultanément présents chez plusieurs individus ? Il faudrait pour cela que plusieurs ne fussent qu'un, et qu'un fût plu-

---

découvrir la vérité relative et la seule accessible, à la psychologie comme science d'observation ! Il ne s'avise pas de la vraie conclusion à tirer du problème impossible : je veux dire l'inévitable intervention de la croyance, en toute affirmation, du ressort même de l'esprit, qui va au delà de l'aperception immédiate.

sieurs » (1). Ces subtilités n'ont de force et de valeur que contre l'hypothèse substantialiste et réaliste, pour laquelle il est incompréhensible qu'une essence se partage, entre en composition avec d'autres essences, et serve à les nommer. Mais je les cite pour montrer comment les discussions de théorie arrivent à mettre en doute jusqu'au principe du raisonnement, sitôt qu'il est question de ce que peuvent être les choses en elles-mêmes. Le penchant instinctif, universel, à transporter à la relation d'un sujet externe avec ses attributs la loi qui régit la relation d'une idée avec d'autres idées par lesquelles nous la qualifions, ce penchant cessait d'agir dès que la réflexion soulevait des difficultés sur la manière de définir les *essences* ou leurs rapports. Il ne faudrait pas s'expliquer ce fait, suivant un usage trop commun, en incriminant la philosophie éristique et les sophistes. Parmi les philosophes qui attaquaient le principe de contradiction, comme on vient de le voir, et dans des écoles de même origine, socratiques par un côté, éléatiques par un autre, il y avait des dialecticiens qui prenaient une attitude nihiliste, ou qui semblait telle, à l'égard de la connaissance ; Antisthène, moraliste pur, parlait exactement comme ceux-là du principe de contradiction ; mais il y en avait aussi qui, au lieu de conclure de leurs arguments un simple refus d'employer ce principe à la détermination des *essences*, allaient plus loin et déclaraient que l'*essence* (la *chose en soi* : style moderne) devait être précisément contemplée dans l'union des attributs qui sont pour le raisonnement des termes contradictoires. Nous avons vu, en traitant du fini et de l'infini, que ces philosophes ont commencé la grande série des métaphysiciens et des théologiens, — plus de la moitié de l'histoire entière de la spéculation ancienne et moderne — qui ont fondé leur dogmatisme sur la négation, ouverte ou dissimulée, mais toujours très réelle du principe de contradiction, comme applicable à *l'intelligence* de Dieu ou de l'univers. Faut-il dire *intelligence ?* J'emploie ce mot qui n'est pas juste, faute d'un autre qui puisse me le paraître ; car on ne peut certainement pas dire : à *la définition de Dieu*.

(1) Ce sujet est très bien rapporté dans le *Platon* de G. Grote (t. III, p. 521 et suivantes), ainsi d'ailleurs que tout ce qui tient à celles des polémiques philosophiques des anciens où le substantialisme et le réalisme étaient battus en brèche par un phénoménisme confus, ou de forme encore toute négative. Il n'en est malheureusement pas de même des passages où il s'agit de l'idée de *pouvoir* et des futurs contingents. La perspicacité de Grote lui fait défaut dans ces occasions.

Une citation de Hegel est ce qui convient le mieux pour terminer sur ce sujet. On va voir que la critique du principe de contradiction par ce métaphysicien reproduit tout à fait celle de l'ancienne dialectique ; et, au reste, on montrerait sans beaucoup de peine que la manière dont il envisage les idées (abstractions entifiées) ressemble à celle des anciens réalistes, qui rendait les notions ordinaires d'attribution, de sujet et de prédicat, impossibles à comprendre. « La différence en soi, dit Hegel », — la différence en soi est une de ces abstractions dont il a construit un monstrueux système, — donne la proposition : *Toutes choses sont essentiellement différenciées,* ou, comme on l'énonce ordinairement : *De deux prédicats contradictoires, il n'y en a qu'un qui convienne à une chose, et il n'y en a pas un troisième entre les deux.* Cette proposition, qui énonce le *principe de contradiction,* est explicitement opposée à la proposition qui énonce le *principe d'identité,* en ce que, suivant cette dernière, la chose n'est en rapport qu'avec elle-même, tandis que, suivant la première, elle est en rapport avec une différence, avec un terme autre qu'elle » (1). On voit que l'argument consiste à prendre le principe d'identité dans un sens absolu, que personne ne lui donne aujourd'hui, et comme si chaque chose était un *en soi,* au lieu de lui donner, selon l'usage, le même sens qu'au principe de contradiction : à savoir qu'un objet, *pour être identique,* ne doit pas être qualifié par deux termes contradictoires. Ce dernier principe est, suivant Hegel, non « une loi réelle de la pensée », mais « une loi abstraite de l'entendement »; c'est-à-dire que ce grand abstracteur de quintessences prétend reconnaître le procédé de l'abstraction dans la formule de la loi qui régit réellement toute pensée discursive, et mettre la réalité dans des idées qui ne repoussent pas, qui exigent même l'adjonction de leurs contradictoires. Je n'ai pas besoin d'ajouter, en effet, que l'intention de l'auteur de la « Logique objective » n'est pas de conclure à l'identité éléatique et au caractère illusoire des phénomènes, quoique ce soit là l'une des voies ouvertes à la négation du principe de contradiction. Il n'étend pas non plus cette négation à la « logique subjective » : là, naturellement, il ne peut se dispenser de faire du principe le même usage, au

(1) *Logique de Hegel,* traduction de M. Vera, § cxix. — Le traducteur et commentateur de l'ouvrage ajoute en note ces mots, qui éclaircissent le texte : « En effet, si une chose est identique, et qu'elle n'est qu'identique, non seulement elle ne peut être le sujet de deux prédicats contradictoires, mais elle ne peut avoir aucun prédicat, car le prédicat constitue une différence ». Conf. le § cxv.

fond, que les plus ordinaires des logiciens (1). Son système est celui de l'universel devenir, et d'une loi d'évolution de contraires à contraires, telle que nulle idée, nulle chose à partir de l'être absolu, et sans l'excepter, n'a de nature fixe et ne souffre de détermination par un attribut, à l'exclusion de l'attribut logiquement opposé. C'est donc une forme en quelque sorte *dynamique*, évolutive, de cette synthèse des termes contradictoires dont la conception *statique* est au fond de toute théologie métaphysique et absolutiste. L'étalage hardi et comme triomphant de la méthode de contradiction, appliquée au changement et non plus à l'être immuable, a fait ressortir, en dissolvant pour ainsi dire Dieu dans la série infinie des moments de l'*Idée*, le caractère fondamentalement athéiste qui se dissimule mieux derrière l'inintelligible essence de l'Absolu immobile, auteur de tout mouvement.

Mais ce que nous avons surtout à remarquer ici, c'est le procédé continuel des applications de cette méthode aux parties enchaînées de la connaissance universelle, grâce aux tours de force et d'escamotage d'une nomenclature délusoire d'abstractions. Ce procédé, d'un bout à l'autre, est un défi porté au double instinct du savoir, qui réclame et des notions fixes où se puisse arrêter la pensée, et des différences permanentes sans lesquelles il n'y a nulle définition possible : d'où la reconnaissance implicite du principe de contradiction, afin que les différences ne s'annulent pas et que les objets ne se confondent pas. Cet instinct du savoir n'est autre chose que la croyance naturelle, transportant à la règle des choses une règle incommutable de l'esprit; et la « logique objective » de Hegel est ainsi l'exemple le plus complet de l'étendue de *ce qui peut être entrepris contre la croyance*, et, corrélativement, de *ce qui peut être demandé à la croyance*, sous le titre usurpé de l'évidence ou de la certitude.

Si je n'avais pas déjà longuement insisté sur l'incompatibilité de la doctrine de l'infini avec le principe de contradiction, en étudiant ci-dessus l'une des principales oppositions sur lesquelles roule l'histoire de la philosophie, ce serait maintenant le lieu de montrer comment la spéculation métaphysique, quand elle a pris sciemment le parti de franchir le passage de l'idée de l'*indéfini* à l'existence réelle de l'*infini*, a fait violence à un

(1) Je ne rencontre en parcourant la *Logique subjective* de Hegel (traduction de MM. H. Sloman et J. Wallon, 1854) aucune explication particulière sur le principe de contradiction comme fondement du syllogisme.

jugement naturel, à une croyance, en faveur d'un système ; comment, par le seul fait de ce système, c'est-à-dire de son acceptation par de puissantes écoles, la spéculation a témoigné de la liberté des affirmations contraires à une loi de l'esprit, mais prétendues conformes à une loi de l'esprit ; et comment la critique, sans renoncer à faire elle-même son choix, est cependant obligée d'avouer qu'il y a croyance de part et d'autre ; en d'autres termes, qu'il n'existe pas, en une matière qui semble épuisée, des arguments d'une nature capable d'ébranler la confiance des argumentants de sens opposé. Rappelons-nous simplement que la loi du fini, c'est-à-dire du nombre, est une loi de la détermination (1), une loi imposée, par suite, à la définition, à l'existence pour l'entendement d'une chose quelconque *comme donnée*; qu'il est donc clair, si l'on ne renonce pas au principe de contradiction, que le passage de l'idée de l'*indéfini*, — idée inattaquable, car elle n'est que celle de la *possibilité* de nombrer sans trouver jamais un *dernier terme*, — à l'hypothèse d'un *infini actuel* est illogique, parce qu'elle prend *pour donnée*, ou déterminée à l'être, quelque chose dont l'existence ne satisfait point à la condition analytiquement inséparable de tout ce que nous pensons *comme donné*. Mais rappelons-nous, d'un autre côté, la force imposante des doctrines infinitistes, la puissance des penseurs qui les ont créées, soit que ceux-ci aient caché, ou laissé entendre, ou avoué franchement qu'ils répudiaient le principe de contradiction ; enfin l'influence qu'elles ont acquise et qu'elles conservent toujours sur les esprits enclins à forger pour le réel et l'*en soi* un ordre de vérités en dehors des lois de l'entendement : nous comprendrons qu'il y a peu d'espoir que la logique convertisse jamais ceux dont les systèmes sont, implicitement ou explicitement, fondés sur l'abandon de la logique en tant que propre à gouverner les conceptions du réel et de l'universel. Et si nous nous attribuons le droit de nommer *croyance*, avec le qualificatif qui nous paraîtra le moins imparfait, — celui de *mystique* peut-être, en un sens qui ne doit pas dans certains cas exclure même le matérialisme, — une acceptation de thèses philosophiques inconciliables avec le principe du nombre, nous

(1) L'imagination intervient pour nous représenter plus volontiers la loi de détermination en la forme géométrique des parties d'étendue qui se limitent réciproquement, et ne permettent de rien définir là où il n'y a point de figure. Mais la moindre attention peut nous convaincre que, de limite en limite ultérieure, quand on prolonge une étendue, c'est de nombre en nombre qu'on va, les intervalles successifs se comptant ; et l'inexhaustibilité du nombre est en ce cas la forme générale et abstraite de l'inexhaustibilité de l'espace : circonstance d'où je conclus que l'espace n'est point un sujet donné, mais une objectivité idéale indéfinie.

ne repousserons pas le même nom pour l'acte, — que nous nous permettrons alors d'appeler *rationnel*, — l'acte d'affirmer librement, après mûr examen, ce même principe embrassé comme le plus sûr. En lui soumettant le jugement de ces fameuses « antinomies de la raison pure » que Hegel, les recevant de Kant et les multipliant, a été heureux de porter au compte des « catégories de l'entendement », quoiqu'elles n'en soient pas des applications pures et correctes, nous ne prétendrons pas qu'il soit impossible d'en juger autrement et de trouver, pour soutenir une opinion différente de la nôtre, des arguments valables eu égard aux dispositions d'esprit de beaucoup de penseurs de tous les temps. Mais la question des antinomies nous reviendra plus loin.

Après le principe de contradiction, viennent les jugements *universels* et *nécessaires*, comme on les nomme, et, à tort, si l'on entendait par là qu'ils sont universellement admis, partout où ils ont subi l'épreuve de la réflexion philosophique, et qu'il n'est pas possible qu'ils soient niés. Ils ont été le grand sujet de la controverse entre les philosophes qui les ont tenus pour innés, ou du moins pour inhérents à l'essence intellectuelle de l'homme, quoique l'expérience puisse être indispensable pour les provoquer, et les philosophes qui les ont regardés, au contraire, comme engendrés et formés par cette même expérience que seule, au dire des autres, ils seraient capables de constituer sous les formes que nous lui voyons. Or, l'opinion des empiristes (en laissant à part le système mitoyen de Spencer) a cette conséquence, que les vérités que l'expérience a établies ne valent définitivement ou absolument que tant que et jusqu'où l'expérience en apporte et en pousse la confirmation ; et cette autre conséquence, que la réflexion et l'analyse peuvent défaire ce que l'expérience a fait dans un esprit donné, dissoudre les associations à l'aide desquelles elle a établi sur cet esprit son empire, et mettre ainsi en doute l'universalité et la nécessité des rapports le plus habituellement observés. J'ai appuyé déjà sur ce point à propos de la psychologie de Stuart Mill. Mais nous avons, dans de curieuses et profondes études mathématiques, inaugurées à notre époque, le plus probant exemple de la possibilité de *dissoudre* des associations, si ce ne sont que des associations, nées de l'expérience, ou de contester des vérités, quoique universelles et nécessaires, si, au fond des choses, elles ont droit à ce titre. Certes, jamais jugements ne parurent mieux appartenir à cette classe que les propositions les plus générales de la géométrie, m nant à leur suite tous les théorèmes qui s'y viennent rattacher analytique t. Je veux parler des propositions générales à caractère synthétique indémontrables, que les écoles empiristes regardent comme des généralisations de l'expérience, tandis qu'elles sont, pour le criticisme et les écoles aprioristes, des données propres de l'entendement, supérieures à toute expérience. Le penseur qui a dit qu'on pourrait nier les communes notions géométriques si elles étaient de nature telle qu'on trouvât à les nier un *intérêt*, n'a eu probablement en vue que les intérêts ordinaires de la vie, non ceux des systèmes. Un de ces derniers s'est trouvé pour vérifier sa remarque. Des géomètres ayant d'abord observé et prouvé clairement qu'il était possible de former un corps de géométrie abstraite, rigoureux et cohérent, et en partie différent de celui qui est reçu, en supposant la fausseté du postulat des parallèles, et conservant d'ailleurs ceux des autres principes de la science de l'étendue qui ne contredisent pas ce postulat, on a été conduit, de conséquence en conséquence, à spéculer mathématiquement sur un ordre de relations hypothétiques qui, s'il était vrai, ruinerait l'autorité de ce *cœur* dont Pascal a dit : « Le cœur sent qu'il y a trois dimensions dans l'espace » (1).

La philosophie empiriste survient alors, qui applique son principe d'après lequel les propositions universelles et indémontrables, — et le postulat des parallèles en est une, — sont des inductions dont tout le fondement est dans l'expérience, et dont, par conséquent, la vérité est douteuse, sitôt qu'on met cela en question, de savoir si l'expérience prolongée au delà de nos moyens actuels continuerait à en vérifier l'exactitude. Sur ce principe, le géomètre philosophe se demande sérieusement s'il ne se pourrait pas que, dans un triangle stellaire, formé par des droites, joignant des centres d'étoiles suffisamment distantes les unes des autres, la somme des angles différât de deux angles droits. Puis paraissent d'autres questions : par exemple, celle qui donne à douter que nous nous mouvions réellement dans un espace à trois dimensions ; car on peut prouver que nos expériences seraient encore ce qu'elles sont, dans telle autre hypothèse.

La découverte de la « métamathématique » fournit donc le meilleur

---

(1) *Pensées de Pascal*, édit. Havet, I, p. 119.

développement qu'on pût souhaiter pour la pensée de Pascal, que je citerai maintenant tout entière, quoiqu'elle soit bien connue : « La connaissance des premiers principes, comme qu'il y a *espace, temps, mouvement, nombres*, est aussi ferme qu'aucune de celles que nos raisonnements nous donnent. Et c'est sur ces connaissances du cœur et de l'instinct qu'il faut que la raison s'appuie, et qu'elle y fonde tout son discours. Le cœur sent qu'il y a trois dimensions dans l'espace et que les nombres sont infinis (1); et la raison démontre ensuite qu'il n'y a point deux nombres carrés dont l'un soit double de l'autre. Les principes se sentent, les propositions se concluent ; et le tout avec certitude, quoique par différentes voies. Et il est aussi ridicule que la raison demande au cœur la preuve de ses premiers principes, pour vouloir y consentir, qu'il serait ridicule que le cœur demandât à la raison un sentiment de toutes les propositions, qu'elle démontre, pour vouloir les recevoir ». Ce que Pascal entend par raison, c'est exclusivement la raison discursive, opérant par le raisonnement; et ce qu'il entend par le cœur, le sentiment et l'instinct, c'est ce qu'avec d'autres habitudes de terminologie, on appelle aussi la raison, mais dont les dictamens ont ce caractère qu'on y croit, et non pas qu'on en démontre la vérité. La certitude enfin, dont parle Pascal, ne saurait être, selon ce qu'il dit, que le propre fait de croire, — quand on croit. — Il recommande cette croyance, comme s'il se pouvait qu'on ne s'en contentât point, ou qu'elle reçût des démentis, et nous venons de voir, en effet, qu'elle est exposée à en recevoir.

Après le principe de contradiction, et après ceux des principes mathématiques qui ne dépendent pas de ce principe, parce qu'ils sont *synthétiques*, non *analytiques*, nous avons à considérer le plus important et fondamental des jugements généraux qui régissent l'expérience : c'est celui par où s'établit le rapport de l'effet à la cause. Il faut définir ce rapport. Nous savons déjà qu'il en existe deux interprétations différentes,

---

(1) « Que les nombres sont infinis » : ceci se rapporte probablement à l'indéfinité de la numération possible, et non pas au *nombre infini*, quoique Pascal fût *infinitiste*, mais ce n'en est pas moins une erreur, car l'indéfinité abstraite est démontrable et ne demande rien au « sentiment ». On peut démontrer qu'à un nombre donné *quelconque* il est toujours possible d'ajouter une unité; donc, etc. La même méprise se rencontre dans l'opuscule sur l'« Esprit géométrique » (t. II, p. 288, Havet), et elle provient de la confusion que le réalisme de Pascal lui fait faire entre l'indéfinité du nombre et la supposition de l'existence réelle des parties de l'espace et du temps divisés *à l'infini*.

qui conduisent à des doctrines opposées dont la lutte ancienne et interminable dénote chez leurs adhérents des déterminations de croyance invincibles l'une et l'autre. Résumons les deux points de vue du « principe de causalité ». C'est à tort que cette dénomination serait réclamée exclusivement par les partisans de l'enchaînement indissoluble des phénomènes ; car on va voir que leurs antagonistes acceptent le sens logique et analytique du principe en question ; et, s'il s'agissait de savoir ensuite lesquels peuvent prétendre à le sortir de l'abstraction, de ceux qui admettent, ou de ceux qui suppriment l'action de causes partiellement indépendantes des antécédents ou circonstances, l'avantage ne serait pas du côté des derniers. Il arrive souvent qu'on s'y trompe et que les défenseurs des *causes* ont l'air d'être les adversaires de la *causalité*.

Je veux dire que si le principe est énoncé dans les formes suivantes : — Tout effet a une cause. — La cause est logiquement antérieure à l'effet. — La cause étant posée ou ôtée, l'effet est nécessairement posé ou ôté, etc. — Il est analytique, il exprime l'idée même d'un rapport *entre un antécédent nécessaire et suffisant et un conséquent nécessaire*, rapport dont les termes sont corrélatifs, et ne peut trouver de contradicteurs. Et je remarque que ces propositions analytiques exigent qu'on évite toute difficulté sur ce qui fait l'essence d'une cause, et qu'on définisse la cause : l'ensemble des conditions nécessaires et suffisantes de la production d'un phénomène auquel on donne ce nom d'effet. On énonce de cette manière une relation d'idées aussi évidente que si, parlant de simple succession, au lieu de causalité, on disait : Tout conséquent est le conséquent de ses antécédents. Seulement l'idée de consécution nécessaire se joint à celle de consécution de fait. Voilà donc un « principe de causalité » sur lequel l'entente est facile à établir. Il y a plus, l'entente peut se maintenir dans le champ tout entier de la philosophie naturelle, depuis qu'il est admis dans les sciences de la nature qu'on doit rechercher les lois, non les causes des phénomènes, ou, — pour employer les termes qui conviennent ici et ne point s'arrêter à une question de mots, — qu'on doit n'entendre par la cause connue ou cherchée d'un phénomène que *quelqu'un des antécédents* qu'une constante expérience montre ou montrera comme à la fois nécessaire et suffisant, quand il s'ajoute à d'autres données, pour que ce phénomène se produise et soit déterminé identiquement toutes les fois que les mêmes conditions se retrouvent. Or un grand nombre de causes naturelles sont acquises à la science, en ce sens, et ce déterminisme des lois est avéré dans les matières d'expérience proprement dite, et dans la mesure où il est permis à l'expérience de constater des faits d'identité de phénomènes.

On voit qu'il y a concordance entre la définition purement analytique du rapport de causalité, et les applications de ce rapport à la connaissance de la nature dans le domaine du pur déterminisme. Mais on doit aussi remarquer que la notion propre de cause est éliminée, et qu'on a à sa place celle d'un rapport *nécessaire* entre des phénomènes successifs : — point de vue logique ; — celle d'un rapport *observé constant* : — point de vue physique. Ramenons maintenant cette notion propre de la cause ; supposons que ces philosophes ont raison qui, en contradiction avec Hume et son école, soutiennent qu'il y a quelque chose dans l'entendement (expérience et habitude à part) qui répond aux idées de force, pouvoir, action. Prenons-en le type dans le phénomène psychique de la volonté, et spécialement dans la volonté humaine et dans son action intérieure, la seule que nous connaissions directement. Voyons ce que devient notre principe.

Quand des volitions font partie d'une suite de phénomènes que nous considérons, elles sont, comme antécédents, au nombre des conditions nécessaires des conséquents, dans la conscience d'abord, puis dans le monde externe, autant qu'il y a des lois qui attachent aux modifications psychiques des modifications extérieures sensibles. Mais, par le fait que les volitions sont au nombre des conditions, il reste vrai que tout effet a sa cause, alors même qu'on pense que l'espèce de cause définie par la volonté *peut* être ambiguë à l'égard de son effet, c'est-à-dire que celui-ci *peut* être déterminé en un sens *ou* en un autre sens, exclusif du premier. Le principe de causalité ci-dessus expliqué, le principe analytique, trouve toujours son application. Il est faux de dire que ceux qui admettent une telle volonté à à titre de cause posent des *effets sans cause*. Au contraire, ils donnent à l'antécédent *volition* un caractère plus spécial, pour définir une cause, que ne peuvent le réclamer d'autres antécédents quelconques, encore que tout aussi nécessaires pour la production de l'effet ; et, en cela même, ils donnent à l'effet et au rapport de l'effet à la cause un sens de la plus grande clarté psychologique.

Mais une grande question s'élève, et nous allons passer du jugement analytique de causalité à des jugements synthétiques et à des postulats. Existe-t-il réellement des causes ambiguës à l'égard de leurs effets? En d'autres termes, il ne s'agit plus de dire : *Tout effet a une cause;* on demande à affirmer : *Toute cause est elle-même un pur effet : toute cause résulte entièrement et toujours, avec une seule détermination possible, des antécédents qu'elle a toujours, et des conditions sous lesquelles elle se produit.* Voilà l'énoncé correct d'un autre « principe de causalité » ; c'est celui qu'admettent les partisans de la chaîne des choses prédéterminée et invariable, par opposition aux défenseurs du libre arbitre, qui admettent des causes autres que les purs effets. On remarquera que le principe ainsi compris implique ces deux autres propositions : 1° Tout phénomène est un effet, et par conséquent a été précédé par d'autres phénomènes; 2° Les phénomènes appelés possibles sont des phénomènes nécessaires, et par conséquent l'idée de possibilité, en tant qu'elle se rapporterait à la non prédétermination de certains futurs, est une idée fausse et illusoire. La première de ces propositions entraîne la conception infinitiste de l'univers dans le temps, puisque, un *phénomène quelconque* étant posé, à une *époque quelconque*, il faut supposer un phénomène antérieur, pour la satisfaction du principe de causalité ainsi entendu. Ce procédé inductif du conséquent à l'antécédent étant général, et applicable *quel que soit le conséquent*, il n'a pu jamais exister aucun phénomène auquel il ne fût appliqué du fait de la nature, en sorte que le nombre des phénomènes *qui ont réellement existé* n'a point de terme possible. C'est là un mode de démonstration bien connu en mathématiques, et qui ne souffre pas d'objection. Et puisque ces phénomènes *ont réellement existé*, leur nombre quoique tout idéal pour nous, est un nombre *qui a été effectué*, et qui n'a pu l'être que par la réalisation d'un *infini actuel*. Ainsi la question du nombre infini est soulevée, qu'on le veuille ou non, et la vérité du principe de contradiction est mise en cause.

La seconde proposition met l'entendement en demeure de nier tout fondement aux apparences physiques inséparables de la représentation des futurs dans la sphère de la raison pratique. C'est en vain qu'on voudrait que cette invitation à renoncer à des croyances telles que celle de la réalité des *commencements de série*, et celle de l'ambiguïté réelle des puissances de la volonté, fût autre chose qu'un appel à d'autres croyances recommandées par d'autres jugements qui ne s'imposent pas nécessairement à l'esprit; nous allons le voir.

Le jugement synthétique par lequel est dominée la question de théorie se forme de la synthèse double : 1° des idées de commencement et de succession (tout ce qui commence succède); 2° des idées de succession, et de nécessité ou constance absolue du rapport de succession. La dénomination la mieux justifiée du principe de causalité, dans l'acception dont je m'occupe, ou du principe de la raison suffisante, comme Leibniz le nommait, est donc celle qu'on lui donne souvent aujourd'hui : *Principe de l'invariable séquence*. Il faudrait seulement ajouter, pour que la définition fût complète, le mot universelle : *Principe de la séquence universelle, invariable*.

Ce jugement synthétique est-il fondé sur l'expérience? est-il donné *a priori?* Fondé sur l'expérience, c'est ce que soutient l'école empiriste de Hume et de Mill. Hume n'a vu *a priori* rien d'impossible ou d'illogique à admettre un commencement sans aucune cause antérieure, et Mill s'est laissé aborder par la supposition que des phénomènes, en quelque monde étranger à nous et à notre expérience, fussent produits en dehors du rapport de l'effet à la cause. C'est exactement la même pensée ; on peut l'opposer à ceux qui prétendent qu'il est impossible de poser le commencement de quelque chose. Mais, d'une autre part, ces deux philosophes ont regardé le principe de la séquence universelle, invariable, comme imposé à l'esprit *a posteriori*, par l'expérience, par le fait de la constante vérification de la loi qu'il énonce. Or, on peut répondre à cela :

Premièrement, cette vérification est niable ; car il n'est à la portée d'aucun procédé expérimental d'établir que la part prise par la volonté à la constitution d'antécédents mentals qui, sans cette volonté, seraient fixes, ne saurait les modifier diversement et faire ainsi varier des conséquents qui, de leur côté et sans cette même volonté, seraient également fixes. Et il n'est pas non plus à la portée d'aucun procédé expérimental de constater que, dans la comparaison répétée d'un effet ordinaire et connu à une cause ordinaire et connue, dans la nature, il n'entre jamais *en une mesure quelconque*, une différence d'un cas à un autre. L'expérience n'obtient jamais des constatations d'identité qu'*approximativement*. L'induction achève la preuve, mais seulement pour l'esprit qui s'y prête.

En second lieu, l'induction appelée à suppléer la vérification inaccessible n'est pas de nature à jamais atteindre la rigueur logique; il faut donc l'appeler une hypothèse, et une hypothèse invérifiable ; et l'adhésion qu'on trouve bon de lui donner, une croyance. Et cette croyance doit être de l'espèce dite morale, pour se faire juge du litige entre la cause pur effet et la cause commencement réel; car on ne confondra pas avec une induction plus ou moins mesurable par le calcul des chances, telle que la physique en compte à chaque pas, une induction comme celle qu'on veut tirer, du genre et du degré de déterminisme vérifiable dans les phénomènes, au déterminisme universel et absolu, — ou qu'on tirerait, suivant la thèse contraire, de l'apparence des futurs ambigus, et du poids des notions de l'ordre pratique, à la réalité d'un certain indéterminisme avant l'acte. Enfin, cette croyance, quelque appui qu'on prétende lui trouver dans des spéculations d'ordre rationnel, on n'ira pas facilement jusqu'à se flatter de lui donner la force de ces propositions géométriques qui « deviennent sentiments », suivant le langage de Pascal (1). Si cependant cela arrivait, nous signalerions, en empruntant les mêmes formules, une contre-partie dont l'histoire entière de la philosophie fait ressortir la vérité : « La raison rend les sentiments naturels, *et les sentiments naturels s'effacent par la raison* ». Supposons, en effet, que le sentiment déterministe absolu soit *devenu naturel* chez un penseur, à la suite des raisonnements auxquels il s'est fié, et des habitudes d'esprit auxquelles il s'est plié : la *raison*, si tant est qu'il l'autorise à réagir, ne saurait trouver en lui plus de résistance que n'en ont opposé des intuitions géométriques telles que le postulat des parallèles aux intrépides logiciens géomètres dont nous parlions plus haut. Or, cette résistance, on le sait, n'a point suffi. Ici, ce que la raison peut apporter de plus fort, outre les arguments pratiques, et dans un autre genre, pour ébranler une conviction déterministe, c'est le principe de contradiction, en tant qu'inconciliable avec le procès à l'infini des phénomènes du temps passé, avec la supposition d'une somme à la fois *accomplie et indéfinie* dont la donnée est requise pour l'acceptation de cette thèse : *Toute cause est un effet qui s'ensuit d'un effet antérieur.*

Je n'ai pas besoin d'examiner en ce moment si ce dernier argument a, contre le déterminisme, plus ou moins de force que le déterminisme, de son côté, n'en attribue à son propre argument fondamental qui consiste à alléguer l'incompréhensibilité d'un premier commencement de quelque chose. Ce qui convient strictement aux idées que je développe, c'est de remarquer que la demande que les défenseurs de la doctrine des commen-

---

(1) *Pensées*, éd. Havet, I, p. 120.

cements adressent à ceux de la successivité nécessaire et sans bornes est la pareille de l'injonction que ceux-ci font à ceux-là. Si c'est une raison à opposer aux premiers, que l'impuissance où est l'entendement, et que tout criticiste accordera, de *comprendre* un fait initial dont l'idée adéquate aurait à se former en dehors de l'expérience possible, et en dehors des relations définies par ce même entendement, c'est également une raison très forte, contre les seconds, que l'impossibilité logique d'accorder l'éternité successive de la série des phénomènes passés avec le principe de détermination inhérent à ce même entendement pour la représentation de toute chose donnée. Et c'en est une, plus considérable encore à d'autres égards, que le désaccord entre l'opinion déterministe et le sentiment naturel de l'indétermination de certains futurs, sentiment à l'appui duquel viennent des jugements moraux qu'on a tant de peine à en séparer. Telles sont les raisons principales que, d'un parti à l'autre, on peut s'inviter à considérer pour la critique de sentiments antérieurement formés et pour l'établissement d'une croyance définitivement réfléchie.

Du côté de la doctrine des commencements, la croyance philosophique s'accuse essentiellement par l'acceptation de ces deux points : 1° L'apparence psychique de certaines indéterminations, avant l'événement, répond à la réalité, et le sentiment naturel du libre arbitre n'est pas trompeur. Je ne m'arrêterai pas ici à démontrer ce qui a été fait souvent et pertinemment, qu'il ne saurait exister une *expérience* du libre arbitre. 2° Il y a une *justice* des jugements moraux, parce que l'agent libre est un agent *responsable*. Ce dernier principe est lié à celui de l'obligation. La conscience croit à un genre d'autorité des impératifs qui implique pour elle une possibilité réelle d'y obéir ou de n'y point obéir.

Du côté de la doctrine de la successivité éternelle et nécessaire, la croyance s'accuse par la négation des mêmes points, sous cette forme : 1° Le sentiment d'indétermination dans le libre arbitre, avant l'acte, est une illusion qui provient de l'ignorance des futurs nécessaires ; il n'y a que le nécessaire qui soit possible. J'ai montré qu'on ne peut invoquer à cet égard ni expérience, ni jugement *a priori* ou induction (l'un revient à l'autre) qui ne soit niable. 2° Il faut chercher une définition de la justice, et une explication de l'origine de la notion du juste, qui ne supposent point l'obligation. La vérité des choses est l'universelle dépendance. L'agent nécessité n'est pas ce qu'on appelle *obligé*, ou du moins, c'est par la nécessité même qu'il est conduit à donner à ses actes des motifs qu'il appelle moralement obligatoires, et qui ne sont que nécessaires dans l'état mental où il se trouve et par l'effet des actions qui ont été exercées sur lui.

Il serait superflu d'énumérer des points plus nombreux de dissidence, sur lesquels les dogmatistes se combattant d'âge en âge, renouvelant les formes et non le fond des philosophèmes engagés dans leurs raisonnements, et prétendant toujours s'assurer pour ces raisonnements l'évidence, un moyen de forcer le consentement, qu'ils ne forçaient pas, de leurs adversaires, sont arrivés sans le vouloir à constater deux directions ou deux assiettes d'esprit opposées chez les penseurs : opposées, et irréductibles par argumentation, autant qu'une longue expérience permet d'en juger. Les exemples que j'ai choisis sont suffisants et prouvent quelque chose de plus que ne peut cette expérience, quelque chose de décisif. Les premiers s'appliquent au principe de contradiction, puis à des propositions synthétiques que les partisans de l'évidence ont regardées comme évidentes entre toutes, et incontestables, quoique contestées. Ils sont donc de nature à ôter toute espérance d'une réduction de la philosophie à l'unité, soit par le raisonnement, soit par l'intuition ou le sentiment, puisqu'ils font voir que le principe même du raisonnement *peut*, dans le fait, être mis en doute et toutes les intuitions ébranlées par l'analyse mentale; et qu'ainsi les arguments de part et d'autre ne disposent plus d'aucune matière commune où se fonder pour que l'un force l'autre à lui céder la victoire. Quant au dernier exemple que j'ai rapporté des grandes dissidences, il établit comme un siège central de toutes les autres. Le caractère du débat philosophique (et religieux aussi), entre la thèse des commencements et celle de la succession éternelle et nécessaire, est à la fois théorique et pratique. Théorique, il amène en cause avec lui la supposition de l'infini, suite de l'idée des phénomènes enchaînés en une régression sans bornes; et le principe de contradiction est intéressé dans cette idée. Pratique, il introduit les notions morales qui sont des éléments nouveaux soumis à l'examen et appelés à influer sur le jugement : à le dicter, pense le criticisme. La question portée sur le terrain moral fait mieux ressortir que toutes les controverses logiques une raison profonde de l'essentielle dichotomie des doctrines. Il est permis de croire que, de tous les principes, la notion de l'obligation est peut-être celui dont l'affirmation ou la négation agissent le plus efficacement, quoique d'une façon latente, pour décider du choix d'un philosophe entre des opinions en apparence étrangères aux idées du bien et du mal et du devoir. S'il en est ainsi, aujourd'hui du moins, après que le criticisme a dévoilé la faiblesse des dogmes purement métaphysiques, et découvert la nature morale des postulats, qu'il faut admettre ou rejeter, dont tout dogmatisme possible implique nécessairement acceptation ou répudiation, le caractère de croyance attaché aux principes de la philosophie, quels que soient ceux qu'on embrasse, est devenu manifeste. Il n'est pas d'argument capable d'imprimer l'obligation (comme loi interne) dans un esprit qui nie d'en reconnaître l'empreinte. Croyance et postulat sont des termes qui devraient toujous aller ensemble, et le devoir, condition des postulats, est lui-même le premier des postulats.

Au point où nous voici parvenus, on voit apparaître la dichotomie que j'ai nommée tout à l'heure. Les oppositions principales dont j'ai esquissé l'histoire, tendent à se ramener à deux, par la jonction des thèses ensemble, et par la jonction des antithèses. Dans l'histoire même, il y a, en regard des vérifications ordinaires d'une loi d'affinité profonde entre les parties intégrantes de chaque grande doctrine, des exceptions notables, un philosophe s'étant écarté, tantôt sur un point et tantôt sur un autre, d'une opinion qui, mieux que l'opinion contraire, aurait convenu pour l'harmonie de son système, selon qu'on en peut juger aujourd'hui. Mais il reste assez de faits de distribution générale des idées philosophiques autour de deux pôles opposés, pour vérifier amplement les raisons de groupement qu'on peut déduire en se plaçant successivement au point de vue de chacune des oppositions distinctes que j'ai examinées. Ni la liberté de l'esprit spéculatif et l'incertitude des tâtonnements, ni la diversité des caractères et les influences variées et complexes exercées sur les penseurs aux différentes époques, n'ont souffert qu'une loi de polarité unique et simple des systèmes s'accusât toujours franchement. Mais il semble que la lumière, maintenant, commence à percer, et qu'une réelle division binaire se marque au milieu de la multiplicité et du désordre apparent des questions et des solutions qui se heurtent, en même temps que se multiplient les signes de l'impossibilité d'arriver à l'unité des esprits par raison démonstrative, et que se répand, en dépit des prétentions scientifiques d'un dogmatisme nouveau, confondant toutes les méthodes, le sentiment de l'intervention d'un inévitable élément de croyance dans la différenciation fondamentale des philosophies de direction contraire.

Je n'anticiperai pas plus longtemps sur des points qui doivent appartenir à la conclusion de mon étude. J'ai encore, auparavant, à rendre compte du mouvement historique, le dernier de tous et le plus lent, par lequel s'est à la fin dégagée l'idée de la croyance, en opposition avec l'espèce de certitude que le dogmatisme ne cessait de réclamer pour des opinions ou des hypothèses, contre d'autres opinions à prétention pareille. L'emploi du mot *évidence* n'a pas été universel, il est vrai, pour qualifier la certitude ainsi ambitionnée; mais, comme ce mot a servi à caractériser la méthode moderne, intellectualiste et infaillibiliste, la plus systématiquement vouée de toutes à la déclaration du *quid inconcussum* de principes dont toute connaissance aurait à sortir par voie de déduction, aucun ne convient mieux aux doctrines qui, sur n'importe quel fondement, ont admis des vérités indubitables, immédiatement saisies par l'esprit et d'après lesquelles il n'y aurait plus qu'à raisonner, et ne se sont pas arrêtées devant la preuve de fait que ces mêmes vérités *pouvaient* être mises en doute, *pouvaient* être niées, puisqu'*elles l'étaient*, et des assertions contraires soutenues. On ne contestera pas à un philosophe le droit d'estimer sa conviction la meilleure, et de lui donner le nom qui lui plaît, suivant le genre d'impression que lui font les motifs sur lesquels il se décide. Mais il n'y a pas d'impression qui puisse l'autoriser à généraliser son critère comme faisant loi pour tout penseur.

L'évidence, telle que nous l'entendons ici, et comme susceptible de s'imposer à toute conscience après réflexion, ne va donc pas au delà des points d'assentiment universel en philosophie; et ces points, si nous nous rappelons ce qui est dit plus haut des principes auxquels la négation a été étendue, dans telles ou telles écoles, ces points se réduisent à un seul, que nous constaterons tout à l'heure à propos du pyrrhonisme. Partout ailleurs, la croyance réclame sa place. Son intervention est caractérisée par deux traits principaux, l'un d'établissement passif, et l'autre de détermination active des principaux chefs d'où dépend une affirmation de doctrine. Je comprends sous ce nom d'établissement passif l'ensemble des éléments et facteurs plus ou moins généraux ou particuliers, qui sont entrés dans la constitution et dans la formation de l'intelligence du penseur, *avant le moment où il a pu regarder son système comme fait.* Ce sont des influences de lieux, de temps, de traditions et d'écoles; et ce sont des résultats de la réaction d'un certain caractère natif et de certaines passions contre ces influences, dans les circonstances où se forment les jugements dont la répétition engendre les habitudes intellectuelles. On peut oublier, et il est même ordinaire qu'on oublie, quand on s'est voué à la défense d'une doctrine, mais il est pratiquement, indéniable que la plus grande indépendance possible de l'esprit ne saurait aller jusqu'à soustraire un philosophe à cette action des antécédents et des circonstances, parmi lesquels on doit compter sa propre individuelle innéité. Aussi, est-ce un aveu qui ne se refuse point (1), hormis le cas où l'on a intérêt à feindre une exception pour soi-même ou pour le maître qu'on s'est donné. Beaucoup s'expriment naïvement, comme s'ils possédaient ce privilège, par exemple dans les polémiques philosophiques, et quelques-uns avec une sorte de noble impudence, comme les grands dogmatistes; mais la *galerie*, car il faut bien que, même en philosophie, il y en ait une, ne manque pas de rétablir les coefficients individuels, ou d'antécédents et de milieux, qui affectent d'une plus ou moins grande incertitude, à ses yeux, les plus fiers jugements de chacun. Or, ceci n'est pas autre chose que constater ce qu'il entre de croyance dans les différentes thèses avancées, ou dans les principes dont elles se réclament.

Je viens de séparer, parce que c'est un besoin de l'analyse, ce que j'appelle des éléments et des facteurs d'*établissement passif* de la croyance, d'avec la *détermination active*, qu'il faut maintenant définir. Cette dernière, pour la clarté des idées, demande à être envisagée à un certain moment critique où le penseur qui a réfléchi, discuté en lui-même le pour et le contre d'une importante vérité, proposée, que ce soit spontanément ou par suggestion, à son assentiment, sent et *se* déclare que sa décision est prise,

---

(1) L'une des tâches des historiens de la philosophie est d'imposer en quelque sorte cet aveu à chaque doctrine qui, d'elle-même, a cherché à l'éviter. Mais ils la comprennent souvent fort mal, en ce qu'ils exagèrent l'importance des facteurs externes et cherchent à assigner à chaque idée son antécédent nécessaire, indépendamment de l'individualité du penseur, et comme si aucune n'avait pu avoir de commencement dans un esprit original. En tant que critiques, quand ils ne font d'ailleurs profession d'aucune doctrine, ils tombent dans une singulière inconséquence. Ils apprécient d'une façon sommaire la valeur des idées qu'ils ont à comparer et à classer; et ils donnent de bonnes ou mauvaises notes aux penseurs, comme s'ils avaient réellement une mesure pour cela, ou comme s'ils pouvaient se passer d'en avoir une. Ils en ont une, ils en ont plusieurs, selon les occurrences, et avec dispense de contrôle.

sa conviction faite ; en conséquence de quoi, il cessera d'examiner ce point et de se préoccuper d'arguments capables de l'infirmer, mais ne fera plus qu'en chercher partout la confirmation, en travaillant à découvrir ou fixer d'autres vérités, de telle façon qu'elles s'harmonisent et se coordonnent avec la première. Ce moment critique, quand on considère la réalité des choses, se divise et semble souvent se dissoudre en une multitude d'autres, répartis sur tout ce qu'on peut imaginer de moments plus ou moins distincts d'une délibération, de plusieurs délibérations antérieures, moments où il serait juste de dire qu'il est arrivé, en fait, que ce penseur a tenu un point particulier pour acquis, renonçant à s'en assurer par un plus ample examen. En un mot, ce n'est pas une fois, c'est un nombre indéfini de fois, que, dans le cours de la réflexion et de la recherche, on cesse de chercher, on pense avoir trouvé, on se débarrasse d'un doute, au moins méthodique, inséparable de toute pensée qui met son objet en question au lieu de se résoudre à dire la question résolue. Mais il n'en est pas moins vrai que le type achevé et la synthèse de ces déterminations actives sont donnés dans la résolution que prend définitivement un philosophe, quand nous le supposons mis en face de quelqu'un de ces souverains principes, ou de quelqu'une de ces idées maîtresses dont il a longtemps étudié les tenants et les aboutissants, et dont il se décide à faire un fondement ou une pierre de voûte de ce qui est ou va être son système.

Parmi les facteurs de l'établissement passif, j'ai nommé *les passions*, et on pourrait les rattacher tous, directement ou indirectement, à *la passion* dans le sens le plus général de ce mot. Maintenant, j'ai à peine besoin de remarquer que c'est *la volonté* dont je viens de marquer la place, sous le nom de détermination active. J'ai pu, ce me semble, en ne la nommant pas, ne montrer que mieux la nature et le mode de son intervention, tels qu'ils ressortent d'une simple analyse de la délibération, envisagée pratiquement. Cette volonté, dans l'hypothèse d'un fondement réel du sentiment du libre arbitre, prend une signification rigoureuse et claire, et, de plus, un sens moral qu'elle ne peut avoir dans l'hypothèse du pur déterminisme. Mais il ne dépend pas de cette hypothèse, au cas où on l'embrasserait, de supprimer les phénomènes de l'ordre pratique qui répondent à la première. Quoi qu'on pense de l'invariable séquence, on est toujours obligé de distinguer entre les idées et les affections, envisagées passivement, c'est-à-dire comme *des données* à la conscience, dans la conscience, et les actes d'adhésion que la conscience *donne*, quand c'est avec réflexion, à tout ce qui n'avait jusque-là pour elle qu'une valeur de suggestion ; et de distinguer entre l'ensemble des assertions et liaisons d'idées, entre le système de principes posés et de rapports perçus ou déduits dont se compose une doctrine, et cette affirmation définitive et souveraine, cette assiette *volontairement* inébranlable de l'esprit, où se fixe un philosophe assemblant toutes les parties d'une synthèse dont il pense avoir reconnu et lié les éléments conformément à la nature des choses. Comment refuser sérieusement de voir dans un tel état intellectuel le résultat d'un acte, et le dernier mot de beaucoup d'actes de croyance, *en présence du fait de la contrariété des doctrines et de l'égalité de leurs prétentions?* Supposons que la détermination de chaque philosophe à chaque doctrine soit un effet nécessaire, — et dès lors éternellement impliqué dans la chaîne des choses, — des antécédents et des circonstances en ce qui le concerne : cela ne changera rien au fait. Il y aura toujours des croyances philosophiques opposées les unes aux autres, et marquées du caractère pratique de ce qu'on nomme croyance en d'autres sphères de l'esprit. On portera seulement leur production au compte de la nécessité.

Il n'est pas hors de propos d'indiquer ici le principe de la distinction de la philosophie et de la science, car il se tire immédiatement de toutes les considérations précédentes. Remarquons d'abord qu'il ne faut pas dire *la science*, mais *les sciences*. La science n'existe pas et ne peut pas exister, à moins de perdre le caractère qui appartient en commun à toutes les sciences, et qui est simplement celui-ci : aucune d'elles ne fournit la démonstration de ses premiers principes. Toutes reposent sur des notions générales, sur des faits et des rapports acceptés, sur des postulats qu'on ne discute pas, et que souvent on ne prend même point la peine de formuler; et leur privilège consiste en ce que les principes dont elles ont besoin leur sont accordés, ou que, s'ils sont mis en question, cette circonstance n'ôte rien à l'intérêt théorique et pratique des constructions dans lesquelles ils figurent, au moins à titre d'hypothèses, et qui ont le mérite d'assembler des multitudes de relations que l'expérience ne dément pas. La philosophie, au contraire, a ses principes tous et toujours soumis à la critique, non pas extérieurement comme les sciences, mais en vertu de sa propre fonction interne. Sa méthode est de les tenir constamment contrôlables; ils sont contrôlés en fait, et affirmés après cela par les uns, niés par les autres, indémontrables pour tous, parce qu'on ne démontre quelque vérité qu'en supposant une autre vérité, ce qui ouvre une carrière dont la seule fin possible est une *pétition de principe*, si ce n'est point un *postulat* avoué. Voilà donc la position des sciences et celle de la philosophie clairement définies. *Le dernier fondement de celle-ci, comme de celles-là est de l'ordre pratique,* avec cette différence capitale, que, d'un côté, c'est ce fondement même à reconnaître et à assurer qui est l'objet des investigations et des spéculations : objet naturellement susceptible d'apparaître sous des aspects divers et contestables ; tandis que, de l'autre côté, ce sont des fondements particuliers, accordés et fixés et qu'on exempte d'être examinés. Si nous revenons maintenant à l'idée de *la science*, pour tâcher de la concevoir, il faudra, de deux choses l'une, ou imaginer qu'elle résout la question que nulle science particulière ne se propose, et dont la philosophie, qui se l'est proposée, n'a pu venir à bout, ou l'identifier avec la philosophie, et, dans ce cas, l'avouer soumise aux conditions de la philosophie. Cette question est de constituer dans l'unité toutes les connaissances, et, ne pouvant tout démontrer, de tout ramener et soumettre à des principes incontestables, non pas seulement qu'on dise tels, mais que le fait démontre qui soient tels : on attendra donc que le fait se produise (1). Et les conditions de la philo-

(1) « Cette véritable méthode qui formerait les démonstrations dans la plus haute excellence, s'il était possible d'y arriver, consisterait en deux choses principales : l'une de n'employer aucun terme dont on n'eût auparavant expliqué nettement le sens ; l'autre de n'avancer jamais aucune proposition qu'on ne démontrât par des vérités déjà connues ; c'est-à-dire, en un mot, à définir tous les termes et à prouver toutes les propositions... Certainement cette méthode serait belle, mais elle est absolument impossible ; car il est évident que les premiers termes qu'on voudrait définir en supposeraient de précédents pour servir à leur explication, et que de même les premières propositions qu'on voudrait prouver en supposeraient d'autres qui les précédassent, et ainsi il est clair qu'on n'arriverait jamais aux premières. Aussi, en poussant les recherches de plus en plus, on arrive nécessairement à des mots primitifs qu'on ne peut plus définir, et à des principes si clairs qu'on n'en trouve plus qui le soient davantage pour servir à leur preuve. D'où il paraît que les hommes sont dans une impuissance naturelle et immuable de traiter quelque science que ce soit dans un ordre absolument accompli » (Pascal, *De l'esprit géométrique*, édit. Havet, t. II, p. 280-282). — Ces mots primitifs qu'on ne peut plus définir, et ces principes si clairs, etc., dès qu'on sort des sciences exactes, — et il faut en sortir pour en explorer les fondements, — ce sont des mots auxquels les philosophes ne donnent pas invariablement les mêmes sens, ou les mêmes rapports avec la réalité, quand ils entreprennent de les expliquer ; et ce sont des principes dont la clarté n'empêche pas que des principes contraires ne paraissent clairs à certains. Le sens de la dernière phrase (ci-dessus) de Pascal, réunie au contexte, est que nulle science ne résout le problème de l'ordre parfait dans la clarté parfaite. La géométrie seule, dit-il, en approche jusqu'à un certain point ; et rien n'est plus vrai, en y joignant la logique formelle, et prenant la géométrie dans une acception large, avec les lois mathématiques

sophie sont d'un genre dont il n'y a ni positivisme ni méthode « objective » qui soient capables de l'affranchir, puisqu'elles consistent éminemment dans le contrôle obligé des principes : de ceux, entre autres, que ce positivisme et cette méthode soi-disant scientifique supposent et emploient, sciemment ou sans le savoir, pour faire *la science* en prenant *les sciences* pour matière.

On verra plus loin dans quelles limites une application rigoureuse de l'idée que nous venons de prendre de la croyance peut forcer l'idée de l'évidence absolue de se renfermer. Mais il est bon de définir ici la nature d'une évidence pratique qui n'est, en d'autres termes, qu'une croyance universellement imposée à l'esprit et une condition de ses opérations. Elle se réduit à quatre points : 1° l'identité personnelle, par où j'entends ici la liaison de mémoire entre des phénomènes mentaux regardés comme fidèlement rapportés les uns aux autres et formant l'unité d'un multiple réparti dans le temps; 2° l'identité de l'idée, c'est-à-dire la distinction des idées et l'incompatibilé des contradictoires simultanés dans la pensée; 3° l'identité dans l'espace, ou existence d'objets qui y sont donnés comme phénomènes distincts, avec des rapports entre eux de ressemblance et de différence, et des rapports de nombre ou quantité; 4° le changement et l'ordre des changements : reconnaissance du fait que le devenir de certains phénomènes implique certains autres phénomènes. Les idées de cause et de fin s'appliquent à cet ordre des changements; et je n'ai plus besoin de dire que c'est précisément aux articles d'évidence que je viens de nommer que se rapportent les grands problèmes philosophiques, incessamment débattus, dont les solutions proposées n'ont jamais pu, du moins à la satisfaction commune de ceux qui pouvaient les comprendre, justifier théoriquement de leur évidence.

On a souvent remarqué que les anciens penseurs grecs qu'on appelait sophistes, c'est-à-dire savants, avaient poursuivi spontanément et cru naïvement atteindre *la science*, avant l'époque où le public se mit à donner au

---

du nombre et du mouvement. Il importe seulement d'observer que ceci n'est dit que des sciences dont les théories remontent à des principes premiers. C'est le point de vue où se place Pascal. S'il s'agissait d'une branche de science expérimentale, dont l'unique objet serait de systématiser un groupe défini, plus ou moins étendu, de phénomènes régis par une loi unique et vérifiée, ou ne fût-ce qu'assemblés par une hypothèse, il n'est pas douteux que *l'ordre* à peu près *accompli* et la clarté ne soient à la portée du savant. Mais ceci n'a point affaire à notre question.

nom de *sophiste* un sens défavorable, en voyant cette science, qui voulait être aussi *la sagesse*, tourner ses armes contre elle-même et contre les communes croyances des hommes. Mais on a plus volontiers insisté sur le fait de la confusion des différentes investigations scientifiques, et de la supposition de l'unité de savoir et de méthode, à une époque où les sciences n'étaient pas constituées, que sur un autre fait et une autre illusion destinée mieux que la première à traverser les âges : je veux dire l'ambition de l'évidence, la répugnance à faire entrer la moindre idée, le moindre aveu de croyance dans le fondement des doctrines philosophiques, l'ignorance du rôle des hypothèses dans toute connaissance physique à un certain degré de généralisation, et du rôle des postulats dans toute construction de l'ordre moral. C'est ainsi qu'avant les sophistes et Socrate, on vit s'élever les remarquables édifices de science universelle où, depuis la physique substantialiste, évolutioniste et transformiste jusqu'aux abstractions métaphysiques les plus absolues, et depuis l'infinitisme matérialiste jusqu'au mysticisme optimiste et au mysticisme pessimiste, nous retrouvons les conceptions principales autour desquelles a gravité depuis et gravite toujours la spéculation. C'est encore ainsi que Socrate lui-même et Platon aspirèrent à composer la science pure des idées, particulièrement des idées morales; que le stoïcisme et l'épicurisme régnèrent sur différentes classes d'esprits, et réclamèrent la direction de la conduite, à titre de systèmes exprimant adéquatement la raison et la réalité de l'univers; et que le néoplatonisme, — encore une science et une intime évidence du penseur, — éleva, en regard de la nouvelle foi religieuse qui allait s'étendre sur le monde et décréter, elle aussi, des dogmes en forme de science, une construction doctrinale embrassant l'histoire entière de Dieu et de ses descendances, la prenant dans l'absolu et puis l'y ramenant. On sait combien d'imitations, ou, en tout cas, de productions similaires, ce système a eues jusqu'à nos jours, qui se sont cru originales et bien différentes, et dont la ressemblance a porté cependant sur ce qui importe le plus.

Quelle place ont occupée les controverses des sophistes, les thèses de la philosophie éristique ou négative, puis l'œuvre du scepticisme systématique, et quel a été le fruit, quel a été le mérite de la pensée critique, telle qu'elle a pu se formuler dans l'antiquité, en opposition avec la science universelle que les écoles, en quelque sorte, s'arrachaient les unes aux autres, voilà ce que nous avons maintenant à nous demander. D'abord les origines de cette opposition sont claires, elle ne pouvait pas ne pas se produire. Les contradictions des philosophes et l'inutilité de leurs débats, pour ce qui était de forcer l'abandon d'un point de vue et l'adoption d'un autre, en matière de ce qu'on appelait *physique*, donnèrent ces deux leçons pratiques, à choisir : ou de déclarer purement et simplement les problèmes au-dessus de la portée de l'homme, et de se confiner dans la morale, — qui bientôt se trouva n'être pas plus certainement évidente et scientifique, en sorte que les moralistes retournèrent à la physique ; — ou de chercher dans la nature des éléments et principes mêmes de la sensation et de l'intelligence la raison profonde de l'impuissance où les philosophes étaient de s'accorder ou de se convaincre mutuellement. Dans cette dernière direction, l'école éléatique avait déjà fait un grand pas, en montrant, par son exemple, comment le penseur qui trouve une insurmontable difficulté à s'expliquer réalistiquement le fait du mouvement peut aller jusqu'à traiter d'illusoire un phénomène universel. Les illusions proprement dites des sens et de l'imagination avaient été fortement relevées par d'autres écoles, qui prétendaient aussi posséder les moyens de s'élever à des vérités d'une espèce moins infirme ; mais, après les éléates, un abîme s'ouvrit entre la philosophie de l'unité absolue et l'empirisme, soit philosophique, soit vulgaire, qui visiblement ne devait jamais se laisser persuader. Le principe de la sensation ne fut pas le seul mis en question ; le principe de l'intelligence le fut à son tour, quand les successeurs de ces philosophes, et même des disciples de Socrate, s'attaquèrent à la légitimité du procédé attributif et à la possibilité réelle de la contradiction. On sait quelle nuée de sophismes, les uns vraiment profonds et dont la discussion soulevait les plus sérieux problèmes, les autres simplement grammaticaux et assez souvent futiles, ou propres seulement à exercer l'esprit, obtinrent alors la vogue et la gardèrent pendant plusieurs siècles. Ce fut un arsenal où le scepticisme systématique, une fois produit, ne cessa de puiser des armes pour battre l'empirisme avec les arguments du rationalisme, et réciproquement, ou pour soutenir l'inintelligibilité des principes de l'un et de l'autre.

Une préparation plus efficace du scepticisme formel, et en même temps un progrès spéculatif accompli au point de vue de l'empirisme à outrance, est à signaler chez ceux des sophistes qui prirent le parti diamétralement contraire de l'éléatisme. Protagoras est le premier de tous, ou le plus éminent. Pendant que Zénon d'Elée inventait, pour le service du système de l'unité et de l'immobilité de l'être, les arguments célèbres destinés dans sa pensée à renverser le corps entier des choses de l'expérience, en tant que réel, et à faire ressortir le caractère illusoire du multiple et de l'individuel, Protagoras argumentait avec une égale énergie contre l'absolu, et enseignait le système de la multiplicité, de la relativité et de l'instabilité universelles, la réduction de la connaissance aux impressions actuelles de chacun, qui font loi pour lui, qui sont ce qui seul a droit au nom de vérité, et ce à quoi rien d'autre n'est opposable en guise de réfutation. Les objections de la doctrine de l'identité suprasensible à la doctrine sensationiste, et le reproche fait à cette dernière de son impuissance à fixer et à définir quelque chose, sont précisément ce qu'elle tourne à son avantage et qui lui permet de donner à sa défaite un air de triomphe. C'est une théorie tout autrement radicale, dans la voie de l'empirisme, que celle du flux universel d'Héraclite, parce qu'il n'y est plus question ni d'un principe régulateur du devenir, ni d'aucun contrôle possible des idées de l'individu par la marche des choses. C'est le phénoménisme individualiste, égoïstique, à sa première apparition en philosophie, avec ce caractère violent et, pour ainsi dire, sauvage, qui appartient souvent aux explosions d'idées les plus originales : le phénoménisme, à une époque où la notion de loi a grand peine à se dégager, loin qu'elle puisse encore remplacer l'imagination répudiée du réalisme substantialiste; le phénoménisme, enfin, non seulement sensationiste, excluant les formes générales de la représentation et du jugement, mais n'apportant même avec lui rien de semblable à ce que David Hume, second inventeur de cette méthode, y introduisit longtemps après pour la règle des phénomènes : je veux dire les lois de l'association des idées et de l'habitude.

Il est facile de voir quel point d'appui le scepticisme formel devait trouver dans cette manière d'envisager les phénomènes. Le sceptique proprement dit, qu'il s'agit maintenant de bien comprendre, est un penseur sérieux pour qui le théâtre de l'esprit, de son esprit, sollicité par toutes sortes de représentations variables et de jugements discordants, est précisément tel que *l'homme* de Protagoras, *mesure de toutes choses*. Mais il a l'idée de la vérité, de la vérité fixe, de la certitude, en même temps que le conflit des apparences et des opinions l'empêche, pense-t-il, de l'atteindre. Au lieu de conclure et d'affirmer à chaque moment, selon ce que sont les phénomènes du moment (attitude du sophiste), il sent très bien que c'est cela même qui constituerait de sa part un abandon de la vérité, un outrage à l'idée qu'il s'en fait; et ce qu'il résout, c'est de suspendre son jugement. Il s'agit ici des affirmations de théorie, car, en dépit de quelques légendes ridicules, rien n'est mieux avéré que la tenue correcte des anciens sceptiques, au regard des phénomènes de l'ordre pratique, et nous en verrons bientôt le motif ou l'excuse.

Aucune secte n'a été victime, au même degré que celle des sceptiques, de l'inintelligence des historiens de la philosophie et de la légèreté du public. Pour le public, à qui le doute est chose peu familière, un sceptique est moins un douteur sincère qu'un absurde négateur de parti pris, qui ne voudrait pas même, si possible, se rendre à l'évidence des phénomènes. Pour les dogmatistes, dont les historiens défendent la cause en bloc, quoiqu'ils ne puissent jamais donner raison à l'un sans donner tort à l'autre, le sceptique se contredit lui-même en assurant qu'il ne faut rien assurer, en tenant pour vraie cette doctrine qu'il n'y a pas de doctrine vraie. Toutes ces interprétations sont vicieuses : elles résultent de la confusion de l'ordre théorique et de l'ordre pratique, et de l'espèce de mauvaise volonté qu'un dogmatisme instinctif témoigne à se mettre au point de vue d'une philosophie qui donne la formule générale de la suspension pratique des jugements de théorie, et qui la recommande, en se défendant de l'ériger en une théorie supérieure à cette suspension même, et du genre de celles qu'elle tient en échec. Je suis bien éloigné de vouloir prendre ici la défense de l'ἐποχή sceptique en elle-même, puisque je tends de toutes mes forces à une conclusion exactement opposée; mais je crois qu'il importe de comprendre cette attitude de l'esprit pour se rendre compte de l'acte de résolution et de croyance qui peut seul y mettre fin, chez le penseur dont les idées, en matière d'évidence et de certitude absolue, approcheraient de la sévérité de celles du sceptique. Examinons donc les principales formules de l'école pyrrhonienne, au sujet du criterium. Elles remontent au père de cette école.

Anaxarque, le maître de Pyrrhon, donnait au phénoménisme passiviste une forme très nette : il comparait les choses à une « scénographie » les assimilait aux images « qui nous viennent pendant le sommeil ou dans la manie ». Ce qui est dit des choses (τὰ ὄντα) ainsi ramenées au théâtre de la perception, il faut l'étendre à plus forte raison aux représentations secondaires, qui sont à elles-mêmes leurs objets : aux imaginations, aux idées, aux rapports envisagés, aux opinions. Et si l'on réfléchit fortement, avec le sceptique, aux variations et aux incertitudes, aux contrariétés du jugement chez un même individu ou entre plusieurs, selon les lieux, les temps et l'organisation de chacun; ensuite, plus spécialement, au conflit et à l'impuissance des systèmes des philosophes; les définitions respectives du certain et de l'incertain s'offrent à l'esprit avec une netteté singulière. Le certain, c'est le phénomène, la représentation, de quelque nature qu'elle soit, en tant que posée actuellement et immédiatement, puisqu'elle est sa propre et inséparable affirmation d'existence : là se trouve le type de la vérité, l'évidence, l'idéal de la certitude; et l'incertain, c'est tout ce qu'un jugement tente d'y ajouter, et que l'expérience montre qui peut toujours être contredit par un autre jugement. C'est en ce sens que Pyrrhon admit un « criterium » : « le phénomène »; et c'est l'origine de la substitution de la fameuse formule pyrrhonienne « il paraît », « il me paraît », aux formes ordinaires de l'affirmation et à la copule grammaticale « est ». Un strict logicien est obligé d'accorder que, par cet étrange amendement au discours, le pyrrhonien se conservait le plein droit de penser et de raisonner selon ce qui *lui paraissait*, et aussi de se conduire selon *ses apparences*; il ne perdait que celui de tirer des conclusions dogmatiques et d'affirmer d'invariables vérités en soi. Telle ne lui paraissait pas être même celle de l'incertitude qu'il professait; car l'école sceptique proprement dite a toujours soutenu, contre les écoles nihilistes en matière de connaissance, que cette incertitude était une manière de penser, non point une affirmation absolue; que le vrai pyrrhonien ne regardait pas comme certain qu'on ne pût rien trouver de certain; et, en effet, ce nom même de *sceptique*, dont le sens originaire s'est altéré, et celui de *zététique*, qui s'y joignait, témoignent de la conservation de la liberté de l'esprit, tandis que les noms d'*éphectique* et d'*aporétique*, également consacrés, désignent l'attitude actuelle du penseur, sa conclusion pratique : la suspension du jugement.

La distinction radicale du certain et de l'incertain, pour qui se tient rigoureusement au critère du phénomène, est d'accord avec le pur empirisme (idéaliste), duquel, historiquement, le pyrrhonisme est descendu; elle porte sur le fait radical de l'expérience : le phénomène en tant que représentation. Mais la méthode apriorique n'en saurait échapper l'application. Quelque principe, quelque jugement synthétique *a priori* qu'on veuille poser, en tentant de franchir les limites du critère du phénomène, et de formuler un critère de portée plus étendu, il y aura toujours lieu de distinguer entre ce principe, entre ce jugement, considéré lui-même, au point de vue phénoménal, chez le philosophe son auteur, et l'aptitude qu'aurait l'affirmation de ce dernier à s'imposer comme phénomène à d'autres philosophes, à devenir indubitable pour eux, comme elle paraît indubitable à lui. La distinction est logique, et le fait la confirme. C'est ce qu'on a bien vu quand la question du critère s'est présentée à Descartes dans les mêmes termes qu'à Pyrrhon, deux mille ans après Pyrrhon. Descartes, au début de sa spéculation, met méthodiquement toutes choses en doute, se fondant pour cela sur les mêmes raisons que les sceptiques, et il fortifie encore son doute universel, en envisageant la possibilité qu'un certain grand magicien, un « trompeur très puissant et très rusé », emploie toute son industrie à le tromper toujours. Mais, dit-il, « qu'il me trompe tant qu'il voudra, il ne saurait jamais faire que je ne sois rien, tant que je penserai être quelque chose... Il faut conclure et tenir pour constant que cette proposition, *je suis, j'existe*, est nécessairement vraie toutes les fois que je la prononce, ou que je la conçois en mon esprit ». Examinons ce texte, en nous confinant dans le critère du phénomène, tel que nous venons de le définir ; nous le trouverons irréprochable ; mais donnons-lui le sens que lui prêtait Descartes, et qui implique un jugement *a priori* par lequel le penseur sort de l'ordre phénoménal, il perdra toute son évidence et descendra au rang des thèses débattues entre les écoles philosophiques.

Pour que le raisonnement soit rigoureux, en effet, il faut comprendre que la chose qui ne peut pas n'être rien, pendant qu'on pense être quelque chose, c'est *la chose de penser actuellement et de penser qu'on pense*; c'est, en d'autres termes, cette pensée elle-même, et non point *quelque chose* d'autre, qui pense cette pensée. En ce sens, il est d'une très exacte analyse de dire avec Descartes : « Cette proposition, *je suis, j'existe*, est nécessairement vraie, *toutes les fois que je la prononce ou que je la conçois* ». Si le sens est autre, ces derniers mots, qui lui ont échappé, suggèrent une objection irréfutable : c'est que la proposition « nécessairement vraie » n'est point applicable à l'existence de quelque chose en dehors de ce phénomène actuel qui consiste en la pensée d'être, d' « être quelque chose ». Or, on sait que le sens est en effet tout différent pour ce philosophe : il réalise l'idée générale du penser, il en fait la « chose qui pense », une substance dont l'attribut est de penser. Il se sépare des adversaires ses contemporains qui, moins avancés que les anciens dans la critique, ne songent pas à lui contester son droit de dépasser les phénomènes, mais qui voudraient qu'on leur dît quelle autre chose c'est encore que cette chose qui pense, tandis que c'est assez selon lui qu'elle soit cela ; et il reste sans défense contre la critique à venir, parce qu'il ne donne à son *aliquid inconcussum* que l'apparence d'une aperception immédiate et d'une intuition actuelle, et qu'il ne justifie pas le sens substantialiste qu'il prête à cette conscience de la pensée, comme type accompli d'une vérité à saisir, et comme critère de certitude pour toute idée qui, soumise à l'examen, se trouverait porter le même caractère, c'est-à-dire être « claire et distincte » au même degré que cette conscience.

La preuve que Descartes ne pouvait s'en tenir à cette irréfragable vertu du *Cogito ergo sum* — telle qu'elle s'impose dans la formule, par exemple, que, même en doutant, on ne peut pas douter qu'on ne doute, — c'est que dans son livre des *Principes*, postérieur aux controverses qui étaient nées de ses *Méditations métaphysiques*, il fait cette déclaration décisive : « Lorsque j'ai dit que cette proposition : *Je pense, donc je suis*, est la première et la plus certaine qui se présente à celui qui conduit ses pensées par ordre, je n'ai pas nié qu'il ne fallût pour cela savoir auparavant ce que c'est que pensée, certitude, existence, *et que pour penser il faut être*, et autres choses semblables : mais à cause que ce sont là des notions si simples, que d'elles-mêmes elles ne nous font avoir la connaissance d'aucune chose qui existe, je n'ai pas jugé qu'elles dussent être mises ici en compte » (1). Avec cet aveu, d'ailleurs conforme à la première explication que Descartes avait donnée du *Cogito* dans son *Discours de la méthode*, reportons-nous à la thèse du doute méthodique ; il en résultera que ce doute universel n'a pas dû s'étendre aux termes et propositions ci-dessus ; que la signification de ces termes et, par suite, celle de ces propositions et leur valeur réelle ont été soustraites à l'examen, et qu'il reste donc

---

(1) Descartes, *Principes de la philosophie*, I, 7 et 10. Conf. *Méditations*, II, 4 et 7, et *Discours de la méthode*, 4ᵉ partie. — Ailleurs, Descartes tient un autre langage. J'y reviendrai plus loin.

à savoir si le philosophe n'a pas obéi à des préjugés en les acceptant ou leur donnant le sens qu'il leur a spontanément donné. Or, le fait n'a pas tardé à prouver qu'il y avait là matière à équivoques et à dispute entre différents philosophes.

Si l'idée de la certitude et l'idée de l'existence étaient simples comme l'entend Descartes, et indépendantes de leurs applications, il n'arriverait pas qu'on eût à examiner contradictoirement avec des adversaires à quel signe se reconnaît un savoir certain, ou s'il est vrai qu'il existe absolument une substance pensante par la raison qu'il existe des pensées ; et la proposition : *Pour penser il faut être*, ne resterait pas amphibologique (telle que nous la trouvons aujourd'hui), faute d'avoir éclairci le sens du mot *être* et distingué entre l'être phénoménal et l'hypothèse du substratum métaphysique. Enfin, lorsque Descartes, pour se justifier d'avoir employé des notions sans critique, allègue « que d'elles-mêmes elles ne nous font avoir la connaissance d'aucune chose qui existe », il méconnaît la nature de son propre critère de certitude, puisque c'est précisément du genre d'idée de l'*existence* auquel il se fie, c'est-à-dire de l'idée de la *substance*, qu'il tire la première connaissance certaine qu'il s'attribue de quelque chose, dans la proposition : *Je suis, donc j'existe*. En résumé, le critère de Descartes et le fondement de toutes ses déductions est un jugement synthétique *a priori*, le principe de substance, que nous pouvons énoncer en ces termes : *Tout ce qui est a un substrat de son être*. Il déguise ce principe métaphysique sous une forme concrète, vivante et séduisante, admirablement choisie, dont l'importance a été de premier ordre pour la fondation de la psychologie moderne et pour les progrès de la critique philosophique ; mais il n'a pu faire autrement que de le supposer, et puis de le dégager lui-même et de le formuler dans sa généralité abstraite. Or il est advenu, d'une part, que beaucoup de philosophes, et toute la fraction de l'école empiriste qui consent à la notion de substance, prise au sens réaliste, ont soutenu que l'esprit n'était pas son propre substrat, mais qu'il en avait ou pouvait en avoir un dans la matière ; et, d'autre part, l'empirisme idéaliste et le phénoménisme ont repoussé cette notion en ce sens. Le jugement synthétique *a priori* du cartésianisme et du spinosisme ne peut plus désormais passer que pour une espèce de croyance métaphysique qui a usurpé le titre d'évidence.

Je reviens aux sceptiques de l'antiquité ; non que je prétende exposer les arguments si nombreux et de nature fort mêlée, qu'ils ont employés contre le dogmatisme. De ces arguments, les uns sont bien connus, d'autres ne paraissent guère que des cavillations, d'autres sont profonds, sous une apparence sophistique, et mériteraient d'être traduits en langage philosophique moderne. Mais ce qui nous importe ici, c'est de comprendre l'attitude pyrrhonienne de l'esprit, et d'en tirer les conséquences. On n'a jamais assez remarqué, ou du moins on a présenté sous un faux jour, et dans une intention de polémique superficielle contre le scepticisme, ce fait caractéristique, que le même philosophe qui n'acceptait pour certainement vrai que le pur phénomène prenait une position supérieure à tous les phénomènes possibles, en les jugeant, et, tout à la fois, les acceptant et refusant de s'y rendre ; car c'est un phénomène aussi que la disposition naturelle à affirmer et à conclure, en sorte qu'il semble y avoir dans l'esprit une vitualité permanente du phénomène du doute à opposer à toutes les sollicitations phénoménales portant à la croyance. Au regard du phénomène présent, comme tel, le pyrrhonien croit, ou, pour mieux dire, il sait ; mais au regard du phénomène qui se présente au seuil de sa conscience (pour employer une image favorite de certains psychologues), et qui peut y entrer comme affirmatif ou négatif de quelque chose, il ne sait plus, et il refuse de croire, parce qu'il se dit que ce phénomène peut ne pas être, et que le contraire peut être. Mais ce qu'il se dit ainsi, le *sait*-il ? comment le *sait*-il ? Il le *croit* : l'expression est la seule juste et conforme au véritable sens du sceptique, dont le cas est de *croire qu'il ne faut pas croire*, tandis que le cas de l'homme ordinaire, et du songeur, et de l'halluciné, est de croire spontanément, et celui du dogmatique de *croire qu'il faut croire*, et d'appeler sa croyance science. L'interprétation vraie de l'attitude pyrrhonienne pure est facile à résumer en deux mots : liberté pratique de l'esprit ; usage de cette liberté pour suspendre tout jugement ultra-phénoménal, par cette considération qu'un jugement opposé serait possible : d'où la continuation systématiquement indéfinie de la réflexion, de l'examen et de la recherche. Mais cette considération même, sur laquelle se fonde le refus d'affirmer, ne saurait s'établir à l'état fixe dans l'esprit, en diriger toutes les démarches et dicter les conclusions, sans constituer une croyance *sui generis*, une croyance intéressant la morale, qui est celle-ci : *On ne doit rien affirmer dont on ne possède une science telle que celle qu'on a par la perception actuelle et immédiate des phénomènes.* Voilà le vice capital du scepticisme.

Tout ceci n'est que le point de vue de la théorie. Si nous passons au point de vue pratique, tout est changé, et le vice du scepticisme va nous apparaître sous un nouvel aspect, le contraire du premier. En ce qui concerne les faits, l'expérience et la vie, le douteur universel devient le serviteur des croyances quelconques qui se rencontrent sur son chemin. C'est une contre-vérité parfaite, que la légende d'un Pyrrhon incapable de se conduire. On sait par les meilleures sources, et il résulte d'ailleurs clairement de sa biographie, que Pyrrhon « ne se singularisait en rien » et ne « s'écartait pas de la coutume ». Le même principe qui met, en théorie, la certitude dans le phénomène, met, en pratique, la sûreté dans le conformisme de la conduite à l'enchaînement des phénomènes selon l'expérience : conclusion obligée de l'incertitude qu'on professe touchant tout autre fondement imaginable d'une systématisation de la vie humaine. Au reste, tous les sceptiques formels en ont jugé ainsi. N'eussent-ils pas eu d'autre motif que celui qui engageait Descartes, exposant son doute méthodique, à en excepter les « lois et coutumes de *son* pays... la religion... les opinions les plus modérées et les plus éloignées de l'excès qui fussent communément reçues en pratique... afin qu'*il* ne demeurât point irrésolu en *ses* actions, pendant que la raison *l'*obligerait à l'être en *ses* jugements », ce motif aurait pleinement suffi à des philosophes qui s'interdisaient de proposer aucunes lois ou maximes en remplacement de celles qu'ils trouvaient établies. L'abri provisoire que Descartes se ménageait, comme logement d'architecte, en attendant qu'il eût assemblé ses matériaux et construit son édifice, est la demeure définitive de ceux qui pensent qu'il n'y a rien à construire. Le renoncement à toute affirmation d'ordre rationnel réduit ainsi le sceptique à accepter les idées et les croyances de l'ordre coutumier, ou, en tout cas, à s'y soumettre d'aussi bonne volonté que s'il en était la dupe. Dans le fait, il n'y a pas de conduite possible sans croire, ou sans faire comme celui qui croit, et ce dilemme condamne le pyrrhonien, si ce n'est en son pur entendement, dans cette orgueilleuse enceinte fortifiée du doute intellectuel, au moins vis-à-vis des réalités, et dans son rôle social, à la fausse et stérile attitude pratique du penseur qui, pour ne pas se fier à la croyance, œuvre personnelle et réfléchie, la subit et la recommande aux autres sous la forme de l'esclavage de l'habitude. Sa morale revêt en conséquence un double aspect, correspondant au double rapport du philosophe à lui-même et aux choses. Relativement aux phénomènes, il est acceptant et prudent, empirique et conformiste; relativement à lui-même, il les domine tous, quels qu'ils soient, et vise à l'*ataraxie*, qui est un égoïsme en quelque sorte transcendantal. C'était, on l'a vu, la thèse pratique de Démocrite, à qui d'ailleurs on peut rattacher Pyrrhon par Anaxarque, Protagoras et Métrodore; et il y a cela de commun entre l'incertitude pyrrhonienne et la science atomistique de Démocrite, que celle-ci aussi mettait le sage à se débrouiller dans le domaine du hasard, tout en assignant le mode universel de production et de destruction des choses en apparence fortuites. La conclusion morale à tirer de l'ignorance est la même que du hasard posé dogmatiquement. Quant à l'*ataraxie*, il faut bien avouer que les écoles les plus opposées de l'antiquité ont montré de fortes tendances à s'accorder sur ce point. C'est que le plus fastueux dogmatisme, l'agnosticisme, également dogmatique, et l'empirisme sceptique peuvent se rencontrer dans un sentiment de supériorité et d'indépendance à l'égard d'un monde où tant de phénomènes se pressent de tous côtés pour troubler la vie et le jugement.

Un mérite des écoles connues sous le nom de *moyenne* et *nouvelle Académies*, et qui ont été critiques plutôt que sceptiques, — critiques autant que le permettait l'état des méthodes et celui des sciences à leur époque, est l'éloignement où elles se sont tenues de la conclusion ataraxique et des prétentions de sagesse accomplie, communes au dogmatisme absolu et au pur pyrrhonisme. Les philosophes de ces écoles combattirent le stoïcisme et l'épicurisme, comme incapables de fournir des critères de distinction certaine entre les vrais et les faux jugements portés sur des apparences sensibles, ou suivant des formes de compréhension rationnelle. En même temps, ils soutinrent des polémiques contre le scepticisme systématique, dont ils blâmèrent l'attitude de doute pur à l'égard de la science et de la vérité. Ce scepticisme, sur le fondement même de son doute, voulait les regarder comme *possibles*. Ils voulaient, eux, aller jusqu'à la négation, et ce parti pris les a fait traiter eux-mêmes de sceptiques, ou de plus que sceptiques (quoique cette dernière expression soit dénuée de sens), par de nombreux interprètes de tous les temps, pour lesquels l'idée fondamentale du pyrrhonisme est restée un mystère. Au reste, il règne une certaine confusion, en l'état des documents qui nous sont parvenus, sur l'enseignement de tels ou tels des principaux penseurs de cette phase critique du platonisme, et sur les thèses, souvent scolastiques et subtiles, qu'Arcésilas ou Carnéade ont pu soutenir. Mais, à prendre le tout en bloc, il y a deux points saillants : la négation de la certitude, l'acceptation de la vraisemblance, soit d'ordre empirique, après contrôle convenable, soit d'ordre rationnel, après examen et mûre réflexion. La certitude, ici, il ne faut pas l'oublier, c'est cette évidence pure, invariable, à laquelle le dogmatisme aspirait, et que le scepticisme montrait qui se réduit au phénomène comme phénomène. La vraisemblance acceptée en principe, pour celui qui la recherche et résout de s'y rendre, quand il l'aura trouvée, c'est une croyance à fixer et à déclarer — que le pyrrhonien, quelle qu'elle soit, repousse; — et c'est, si l'on veut la nommer ainsi, la certitude, dans l'acception pratique que nul homme n'ignore. En assimilant les nouveaux académiciens aux sceptiques, on n'a pas fait attention 1° que l'acte de renoncement des premiers à la certitude comme possible constituait déjà, de leur part, un jugement, une décision prise d'après un état de l'esprit et à la suite de l'examen des conditions d'un problème, ce qui est exactement le contraire de la suspension d'esprit que maintenait la volonté des seconds ; 2° que cette décision même, en apparence toute négative, était le préliminaire obligé d'une suite d'autres jugements, motivés de la seule manière qu'ils estimassent accessible à l'esprit et convenable à la nature humaine. Mais l'esprit dogmatique a toujours été si puissant, que les philosophes mêmes qui formulaient et défendaient, les uns contre les autres, au nom de l'évidence, les opinions à leur avis les plus inconciliables, se sont toujours entendus pour qualifier de négateurs, ou de sceptiques, ceux qui, n'essayant pas de faire passer leurs propres jugements et croyances pour la vérité absolue, témoignaient par là clairement ne pas appartenir au grand parti de l'absolutisme métaphysique. C'est ainsi que le « scepticisme de Kant » a été, de notre temps, le mot d'ordre des adversaires du criticisme, uniquement parce que Kant donnait aux vérités qu'il croyait un fondement d'affirmation différent de celui des métaphysiciens, et encore bien que lui-même fût resté en partie engagé dans les élucubrations de l'ancienne méthode.

Si nous connaissions mieux les débats des sectes philosophiques pendant les premier et second siècles avant notre ère, nous pourrions probablement mettre en évidence de nombreuses analogies entre la situation générale de la philosophie à cette époque et à la nôtre. De même qu'on peut comparer notre panthéisme et notre évolutionisme à la doctrine stoïcienne, notre empirisme et notre utilitarisme au système épicurien, nous trouverions probablement, du côté des académiciens et des sceptiques, dont les opinions comportaient beaucoup de variétés, les analogues de notre phénoménisme empirique, de notre agnosticisme, de notre positivisme, et enfin de notre criticisme. Ce qui donne aux méthodes ou systèmes modernes une physionomie nouvelle, outre les changements de forme et de langage dans la position des problèmes, c'est l'état d'avancement des sciences de la nature, c'est ensuite la philosophie de l'histoire, et c'est, d'un autre côté, l'immense progrès de l'analyse psychologique. Les sciences expérimentales, aidées des sciences exactes, et les inductions déjà fortes et hardies qui éclairent légitimement leur marche, suggèrent aux philosophes des hypothèses encore plus vastes et décidément incontrôlables, qui ne s'arrêtent qu'en pleine métaphysique ; et les doctrines anciennes, sans être changées bien profondément, ou dans leur caractère moral, deviennent méconnaissables. Le progrès, affirmé ou nié, les hypothèses concernant les origines naturelles, l'optimisme et le pessimisme, communiquent aux théories un intérêt plus vivant et font mieux ressortir le problème de l'humanité. Toutefois la spéculation ne fait ainsi que se préparer à aborder un terrain analogue à celui où le gnosticisme, le néoplatonisme alexandrin et la doctrine chrétienne la portèrent dans l'antiquité, un peu après l'époque où nous nous arrêtons en ce moment. Le positivisme, au premier abord, semble quelque chose de tout nouveau. Cependant la philosophie positive nette, celle qui refuse sincèrement de quitter le terrain scientifique et ne constitue pas une simple usurpation du crédit des sciences en faveur d'une philosophie, matérialiste et fataliste, par exemple, si elle diffère du scepticisme, c'est seulement parce qu'elle n'emprunte pas les formules pyrrhonniennes, et grâce à ce que le développement moderne des sciences a constitué pour son usage un champ de systématisations empiriques, ou de lois résumant l'expérience, qui lui tiennent lieu du phénoménisme plus vague dont les anciens sceptiques étaient forcés de se contenter, et auquel ils conformaient également leur conduite et entendaient borner leur connaissance. Malgré tout, on ne peut pas dire que les différents points de vue à prendre sur le monde et sur l'ordre moral du monde exigent pour nous des classifications d'une autre sorte que pour les anciens ; il ne faut que savoir généraliser suffisamment leurs conceptions. Le penseur était, il y a deux mille ans, ce qu'il est aujourd'hui, gnostique ou agnostique, spéculatif ou positiviste, aprioriste ou empiriste, panthéiste ou individualiste, fataliste ou libertiste, utilitaire et eudémoniste, ou rationaliste en morale et théoricien du devoir. La critique de la connaissance a reçu de l'analyse psychologique un grand secours, en ce que l'idéalisme de méthode, sans laisser d'être contesté par l'« objectivisme », s'est présenté comme le résultat tout à la fois des travaux de l'école aprioriste et de l'école empiriste, et que l'étude de l'esprit, d'une part, comme association d'idées et fonction de l'habitude, de l'autre, comme système de formes, de concepts et de catégories, a fourni un terrain bien défini et solide qui manquait aux anciens pour débattre les questions de l'évidence, de la croyance et de la certitude. Néanmoins le conflit de l'évidence et de la croyance, de l'intellectualisme, — que celui-ci soit sensationiste ou rationaliste, — et de la raison pratique, est demeuré en principe le même. La vraisemblance rationnelle, qu'on peut appeler aussi probabilité morale, des philosophes de la Nouvelle Académie ne part pas au fond d'un autre principe de critique que les postulats de Kant. On est même obligé d'avouer que Kant s'est efforcé, contrairement à la logique de son idée maîtresse touchant la raison pure et les idées, de trouver dans l'esprit un fondement absolu pour des croyances auxquelles il répugnait visiblement à consacrer ce nom, le seul qui leur convienne. Ce défaut est, il est vrai, plus que racheté par la définition même des postulats et de la loi morale. Ici la supériorité éclate. La raison pratique des anciens semble, autant qu'on peut en juger, être allée toujours un peu terre-à-terre. On ne voit pas que les nouveaux académiciens aient cherché à dégager les croyances générales qui pouvaient résulter de leur point de vue, et à les systématiser en tant que thèses rattachées à leur théorie de la certitude ; ou même qu'ils les aient toujours professées. Leur méthode est restée essentiellement polémique, et leurs opinions éclectiques et variables. Au reste, ce moment de la critique, dans l'antiquité, fut court et borné, pour la philosophie comme pour la littérature et l'histoire. Les siècles suivants n'en héritèrent rien ; la méthode changea du tout au tout ; une espèce d'éclectisme, bien différente de celle de la Nouvelle Académie, fut embrassée par les disciples de Platon de la dernière heure, qui voulurent être ceux d'Aristote en même temps, et de tout ce qu'il avait paru de sages dans le monde. C'est ce qu'on a très justement appelé le syncrétisme. La critique, ou le commencement de critique, qui avait été confondu avec le pyrrhonisme, se perdit dans le flot montant et envahissant d'une certaine volonté de croire, même sans raison, et même au besoin contre la raison. Les révélations ou les dires des anciens maîtres s'offrirent pour tenir lieu des vains efforts que tant de philosophes avaient faits pour atteindre la certitude irréfragable au moyen de jugements personnels. En philosophie, de même qu'en religion, quoique avec moins de puissance, avec un succès beaucoup plus limité et moins durable, les dogmes métaphysiques et les croyances morales établirent leur principal fondement sur l'autorité, le témoignage et la tradition. Les philosophes ne furent bientôt plus que des commentateurs, même quand ils parurent argumenter sur des principes d'ordre rationnel, admis au fond de tout, auquel cas ils adhéraient instinctivement à la méthode de l'évidence, qu'ils n'avaient nul moyen de définir et de justifier. L'idée même d'une critique de la connaissance était entièrement perdue. Dix-huit siècles passèrent avant qu'un penseur essayât de formuler les grandes croyances humaines, sous la dictée de la conscience personnelle et dans les limites de la raison pratique.

Quand Descartes et Pascal, ce dernier dans un ouvrage resté malheureusement à l'État d'une merveilleuse ébauche de génie, reprirent la question de la certitude, ils avaient tous deux reçu l'influence des *Essais* de Montaigne. Le fait est avéré, pour l'un, et infiniment probable, pour l'autre, qui établit partout, dans ses principaux livres, le préliminaire justificatif du doute méthodique, en plaçant son lecteur au point de vue des arguments sceptiques de l' « Apologie de Raimond de Sebond ». Il n'est guère possible que Descartes ne pensât pas à Montaigne et à Charron, à la popularité des *Essais* dans la société des *honnêtes gens*, plutôt qu'à Sextus empiricus et Cicéron, lorsque, en même temps qu'il déclarait chose indispensable qu'on se familiarisât avec les raisons des pyrrhoniens, il exprimait son dégoût pour une nourriture philosophique aussi banale (1). Il voulait qu'on s'en assi-

(1) « Ne sachant rien de plus utile pour parvenir à une ferme et assurée connaissance des choses, que si auparavant que de rien établir on s'accoutume à douter de tout, et principalement des choses corporelles, encore que j'eusse vu, il y a longtemps, plusieurs livres écrits par les sceptiques et académiciens touchant cette matière, et que ce ne fût pas sans quelque dégout *que je remâchais une viande si commune*, je n'ai pu toutefois me dispenser de lui donner une méditation tout entière; et je voudrais que les lecteurs n'employassent pas seulement le peu de

milât la substance, mieux que par une simple lecture d'amateur, et qu'on s'en servît comme d'une sorte de purgatif de toute science incertaine, afin de préparer l'esprit à la réception des nouveaux principes de la pure raison. Certes, Montaigne n'avait rien inventé : cela même et son étonnante faculté réceptive étaient une partie de son originalité. Il avait, autant ou plus que les anciens sceptiques, mêlé les mauvaises raisons avec les bonnes, et les fables avec les arguments, dans son plaidoyer contre l'existence d'un critère du vrai ; mais il était l'un des premiers penseurs absolument indépendants et libres d'esprit qui eussent paru depuis l'antiquité, et qui en eussent retrouvé tout l'héritage, et il ramenait les premiers principes de la connaissance humaine et des mœurs sur la *table rase* de l'entendement, et par conséquent la philosophie au point précis où elle était restée en matière de critique de la raison. S'il montrait quelque infirmité comme dialecticien et de l'inaptitude à prendre les questions par les côtés abstraits, — ce qui ne nuisait pas à l'effet de son charmant esprit, bien au contraire, — il montrait en revanche une intelligence exquise du sentiment pyrrhonien, il tirait les vraies, les seules conclusions logiquement légitimes, celles-là même que Pascal après lui a si bien comprises, de la pure suspension du jugement à l'acceptation de la coutume, et à l'abandon de toute pensée de réformer en quoi que ce soit le monde au nom de la raison.

« Par cette extrémité de doute *qui se secoue soi-même* (1) », écrit Montaigne en définissant le propre des pyrrhoniens, « ils se séparent et se divisent de plusieurs opinions, d'entre celles mêmes qui ont maintenu en plusieurs façons le doute et l'ignorance. Pourquoi ne leur sera-t-il permis, disent-ils, comme il est entre les dogmatistes, à l'un dire vert, à l'autre jaune, à eux aussi de douter. Est-il chose qu'on vous puisse proposer pour l'avouer ou refuser, laquelle il ne soit pas loisible de considérer comme ambiguë ? Et où les autres sont ou portés par la coutume de leurs pays, ou par l'institution des parents, ou par rencontre, comme par une tempête, sans

---

temps qu'il faut pour la lire, mais quelques mois, ou du moins quelques semaines, à considérer les choses dont elle traite, auparavant que de passer outre : car ainsi je ne doute point qu'ils ne fissent bien mieux leur profit du reste ». (Descartes, *Réponses aux secondes objections*, n° 1).

(1) *Ils ne sont pas pour eux-mêmes*, a dit Pascal, exprimant la même idée de l'essence du pyrrhonisme. Il faut « que chacun prenne parti et se range nécessairement ou au dogmatisme ou au pyrrhonisme ; car qui pensera demeurer neutre sera pyrrhonien par excellence. Cette neutralité est l'essence de la cabale : qui n'est pas contre eux est excellemment pour eux. Ils ne sont pas pour eux-mêmes ; ils sont neutres, indifférents, suspendus à tout, sans s'excepter ». (*Pensées*, Havet, I, p. 114.)

jugement et sans choix, voire le plus souvent avant l'âge de discrétion, à telle ou telle opinion, à la secte ou stoïque ou épicurienne, à laquelle ils se trouvent hypothéqués, asservis et collés, comme à une prise qu'ils ne peuvent démordre : *Ad quamcumque disciplinam velut tempestate delati, ad eam tanquam ad saxum adhœrescunt* ; pourquoi à ceux-ci ne sera-t-il pareillement concédé de *maintenir leur liberté* et considérer les choses sans obligation et servitude : *Hoc liberiores et solutiores quod integra illis est judicandi potestas* (Cic., *Acad. Quæst.*, II, 3)...

« Je vois les philosophes pyrrhoniens qui ne peuvent exprimer leur générale conception en aucune manière de parler : car il leur faudrait un nouveau langage. Le nôtre est tout formé de propositions affirmatives, qui leur sont du tout ennemies. De façon que quand ils disent : je doute, on les tient incontinent à la gorge pour leur faire avouer qu'au moins assurent et savent-ils cela, qu'ils doutent. Ainsi on les a contraints de se sauver dans cette comparaison de la médecine, sans laquelle leur humeur serait inexplicable. Quand ils prononcent *j'ignore*, ou *je doute*, ils disent que cette proposition s'emporte elle-même quand et quand le reste, ni plus ni moins que la rhubarbe, qui pousse hors les mauvaises humeurs et s'emporte hors quand et quand elle-même. Cette fantaisie est plus sûrement conçue par interrogation : *Que sais-je?* comme je la porte à la devise d'une balance (1). »

Cette *fantaisie* se conçoit d'une manière claire et correcte, par la simple idée de la liberté du jugement, laquelle implique que le jugement puisse toujours être suspendu, en tant qu'affirmation réfléchie et décisive, c'est-à-dire sans appel à de nouvelles réflexions ; car si cette liberté doit être mise en doute par le pyrrhonien, ce n'est qu'au point de vue dogmatique ; mais le phénomène qui consiste en ce qu'elle lui est représentée se rencontre éminemment en lui et préside à son attitude pratique, et l'apparence ne saurait lui en être contestée.

On sait que la théorie cartésienne de l'erreur est fondée sur ce que « notre volonté est plus étendue que notre entendement », ainsi s'exprime Descartes ; en sorte que 1° nous pouvons donner notre assentiment, juger de certaines choses dont nous n'avons pas des idées claires et distinctes, et 2° nous pouvons refuser notre assentiment, suspendre notre jugement, tant que nous n'avons pas de telles idées. De là la possibilité de l'erreur et la possibilité d'éviter l'erreur. Descartes posait donc la suspension sceptique du jugement

---

(1) *Essais*, livre II, chap. 12.

au seuil de toute proposition sollicitant notre affirmation, et n'accordait qu'à l'évidence le don de la franchir légitimement. Mais à moins de nous contenter d'une vérité faite pour nous seul, auquel cas une évidence pour nous seul pourrait suffire, mais ne différerait pas d'une croyance individuelle et ne donnerait même pas la garantie qu'on n'est pas halluciné, force nous est, avant d'user de ce droit d'affirmer, de nous enquérir et de nous inquiéter de l'adhésion des autres hommes, de ceux qui peuvent passer pour aussi bien doués et bien informés que nous. Il est remarquable que Descartes, en recueillant, pour appuyer le doute méthodique, les arguments pyrrhoniens de théorie, — illusions des sens, fausses imaginations, rêve, folie, et la constitution même de l'esprit humain, — ait évité de mentionner le champ de bataille historique des doctrines contradictoires, c'est-à-dire négligé l'argument pratique de la plus grande force contre l'existence de telle chose qu'une évidence, ou que ces idées « claires et distinctes », capables de vaincre toute résistance de l'esprit et portant la vérité en elles, sans aucune chance d'erreur. Ne daignant pas faire attention à l'histoire de la philosophie et à l'enseignement qu'on en peut tirer, il fallait au moins qu'il obtînt la confirmation du présent pour sa découverte, et il la demanda en effet aux penseurs ses contemporains, mais sans plus d'effet d'abord que de provoquer la manifestation de leurs évidences discordantes, ou croyances et préjugés particuliers, et sans autre résultat final que de fonder une école, ainsi que d'autres avant et après lui l'ont pu faire, et d'introduire une méthode dont les suivants les plus habiles, les Spinoza, les Leibniz, firent sortir des systèmes, évidents toujours, qu'il n'eût pas manqué de combattre au nom de l'évidence, s'ils lui eussent été proposés à lui-même.

Le fond de croyance qui se couvre des axiomes de la méthode intellectualiste est plus facile à pénétrer chez Descartes que chez ses successeurs. Quand, par exemple, un bienveillant critique lui demande l'explication du cercle vicieux dans lequel il s'est mis en affirmant la réalité de son être, sur une idée claire et distincte qu'il en a, durant qu'il pense; et en déclarant, d'une autre part, qu'à moins de connaître clairement que Dieu existe, il ne peut être assuré d'aucune chose dont il ait l'idée claire et distincte : il répond que le doute né de l'ignorance où l'on serait de Dieu, et fondé sur la supposition qu'on pourrait être trompé par nature, en cela même qui paraît le plus clair, est un doute venu après coup et qui ne saurait s'appliquer à l'instant où l'on a la conscience de son être par sa pensée. Or, il est manifeste que cette observation ne nous fait pas sortir en somme du cercle vicieux, et que l'existence substantielle de la pensée reste douteuse, les instants où l'on a la conscience phénoménale de penser ne pouvant rien prouver contre l'idée, une fois formée, de la possibilité d'une illusion naturelle, dans toutes les applications que nous faisons de la clarté des idées et en toute autre chose que la conscience actuelle de ces instants. Ainsi la *croyance* en Dieu, comme créateur, et auteur d'une nature véridique de l'esprit humain, est inévitable, puisque son *évidence* ne saurait jamais être que l'évidence de certaines de ces idées claires dont on met la véridicité en doute au cas que Dieu ne soit pas et que la nature de notre esprit nous trompe. On voit que je me place au point de vue de Descartes et de cette idée, fort contestable, que Dieu aurait trompé les hommes, s'il se trouvait que l'opinion des philosophes sur la substance de l'âme fût fausse.

Mais il y a plus, on peut signaler un véritable acte de croyance dans certaine manière que Descartes a eue de présenter le concept de l'existence substantielle de la pensée. C'est à l'endroit même où il essaie de répondre à l'objection du cercle vicieux (1). Nous avons vu plus haut quelle explication il donnait du *cogito ergo sum*, au point de vue logique, en admettant qu'il fallait, pour en apercevoir la certitude, « savoir auparavant ce que c'est que pensée, certitude, existence, et que *pour penser il faut être* ». Rien n'est plus conforme à la méthode intellectualiste et aprioriste commune, méthode géométrique des définitions et des axiomes, à cela près qu'il ne s'y agit point de géométrie. Mais ici tout est renversé, le moi phénoménal réclame sa place au fondement de la connaissance, et c'est par une généralisation, une induction tirée des particuliers, c'est par la force d'un sentiment, que ce moi aperçoit son existence universelle (ou substantielle, ainsi que Descartes l'entend) : « Quand nous apercevons que nous sommes des choses qui pensent, c'est une première notion qui n'est tirée d'aucun syllogisme : et lorsque quelqu'un dit *je pense, donc je suis, ou j'existe*, il ne conclut pas son existence de sa pensée comme par la force de quelque syllogisme, mais comme une chose connue de soi, il la voit par une simple inspection de l'esprit; comme il paraît de ce que, s'il la déduisait d'un syllogisme, il aurait dû auparavant connaître cette majeure : *Tout ce qui pense est, ou existe;* mais au contraire elle lui est enseignée de ce qu'il sent en lui-même qu'il ne se peut pas faire qu'il

(1) *Méditations métaphysiques*, secondes objections et réponses, n° 3.

pense s'il n'existe. Car c'est le propre de notre esprit de former les propositions générales de la connaissance des particulières ». Apercevoir, voir par simple inspection, sentir en soi-même, former une proposition générale, procéder suivant le propre de l'esprit, toutes ces expressions, d'une incohérence frappante, ne sont peut-être pas l'aveu de ce qu'on appelle communément une croyance, et qui se donnerait ici pour naturelle, ou même nécessaire, mais elles y reviennent. Malheureusement, quand on se rend compte de ce qui est en question, on reconnaît qu'il s'agit d'une croyance d'ordre métaphysique, dont l'objet est un *fantôme de théâtre*, une fiction de philosophes. Les philosophes seuls sont aptes à l'*apercevoir*, ou à le *sentir en eux-mêmes ;* et ils ne le sentent pas tous, ou ne l'aperçoivent pas tous, ou de la même manière, ceux qui prétendent l'apercevoir; car on a la substance de Spinoza, celle de Leibniz, celle des matérialistes et celle des spiritualistes ; on a *la* substance, et on a *les* substances ; et il faut enfin compter avec ceux qui pensent que la substance est un terme abtrait qui ne suppose aucun autre sentiment ou aperception que la conscience de la généralisation même dont ce terme est le signe, ni aucune autre réalité que celle qui appartient aux phénomènes, en tant que réunis sous certaines lois, et considérés comme sujets ou attributs les uns des autres en leurs assemblages. La proposition prise pour le type de l'évidence était destinée à faire éclater l'impuissance des philosophes à s'entendre pour la définition d'un principe à la fois incontesté et propre à faire de la philosophie une science déductive. Nous savons d'ailleurs que le principe de causalité n'a pas mieux réussi que le principe de substantialité à fonder la méthode de l'évidence. Cette méthode, d'après sa nature, ne pouvait être admise à passer par dessus le consentement des penseurs, qu'elle sollicitait ; et ce consentement lui a été refusé de tous les côtés : là à ses résultats, ici à son essence même. Mise à l'épreuve du fait, elle n'a pas obtenu sa vérification.

Si Pascal avait écrit son apologie de la religion, on y aurait vu en développement ce que nous ne trouvons que formulé, mais en traits décisifs d'une extraordinaire vigueur, dans les *Pensées* : une reprise systématique de la thèse pyrrhonienne de Montaigne contre la construction de raison pure de Descartes. Pour éclaircir ce point, levons d'abord une grossière équivoque. On ne sait bien souvent, en lisant les polémiques auxquelles a donné lieu, de notre temps, le « scepticisme de Pascal », s'il s'agit des doutes que cet ardent penseur a pu avoir au sujet de la vérité du christianisme, qu'il entreprenait de prouver, ou de son doute touchant la possibilité de démontrer quelque proposition que ce soit, sur le fondement des principes de l'entendement. Ce sont là deux questions complètement différentes, et qui deviennent claires quand on les sépare. Je ne conçois pas comment la première peut soulever la moindre difficulté, de quelque part qu'elle vienne. Un libre penseur n'ignore pas, et un chrétien sait encore mieux ce que c'est qu'une conversion, et de quelle manière, à travers quelles péripéties, une foi vivante s'établit, s'affaiblit, se raffermit et fait effort pour se donner à elle-même sa preuve et garder la domination de l'esprit. Il est puéril d'appeler scepticisme un tel état de l'âme. Pascal a travaillé avec ardeur à se donner la foi en Jésus-Christ, et il y est parvenu autant qu'il est possible, c'est-à-dire jusqu'à l'extase ; et Pascal a travaillé à se donner les raisons de sa foi et à les communiquer aux autres hommes : il a trouvé à cet effet une espèce de preuve *singulière*, dans laquelle il argumente du scepticisme, au sens philosophique du mot. Nous voici à la seconde question. Pascal a été absolument pur pyrrhonien : on doit le reconnaître, à moins de refuser de l'en croire lui-même sur parole écrite et libellée, et puis de faire de la partie la plus originale des *Pensées* un contre-sens perpétuel, en imaginant que leur auteur entendait mettre dans la bouche d'un contradicteur, et présenter comme des objections, les arguments mêmes qu'il destinait à traîner celui-ci du terrain de l'incrédulité raisonneuse à celui de la foi soumise. Au surplus, des déclarations de forme absolue, telles que : « Le pyrrhonisme est le vrai », — « Le pyrrhonisme sert à la religion », — « Pyrrhonisme est le remède à ce mal, et rabattra cette vanité » (en parlant du mal des *sots discours* contre les dogmes), ne souffrent qu'une interprétation. Il ne faut pas manquer d'y joindre deux arguments auxquels Pascal attache de l'importance et qui portent également à la foi mystique par le chemin du pyrrhonisme : l'un, que la religion doit avoir des obscurités impénétrables (1) ; l'autre, que la nature admet aussi des choses d'une apparente impossibilité (2). Le trait caracté-

(1) Voyez *Pensées*, éd. Havet, I, p. 136, 149, et II, p. 48-52.
(2) Voyez *Pensées*, éd. Havet, I, p. 189 ; II, p. 87. — Dans cette question, l'infini a naturellement le premier rôle : « Incompréhensible. — Tout ce qui est incompréhensible ne laisse pas d'être. Le nombre infini. Un espace infini égal au fini ». Et puis ceci : « Croyez-vous qu'il soit impossible que Dieu soit infini, sans parties ? Oui. Je veux donc vous faire voir une chose infinie

ristique de ce penseur, c'est que, partant du doute intégral, et tenant pour illusoire une construction *more geometrico* de vérités métaphysiques (1); ne pouvant non plus se contenter de la solution pyrrhonienne pratique, qu'il traite d' « extrême lâcheté » (2), et se trouvant éloigné, comme par

et indivisible : c'est un point se mouvant partout d'une vitesse infinie; car il est en tous lieux et est tout entier en chaque endroit ». Je ne suis pas satisfait de la réfutation de ces deux pensées par M. Havet. La première se rapporte à l'égalité posée entre un carré, espace fini, et une suite infinie de carrés, égaux successivement à la moitié, au quart, au huitième, etc., du carré donné. « La vérité, dit M. Havet, c'est qu'il n'y a pas là d'espace infini ». Il restait à dire pourquoi, et M. Havet continue en ces termes : « On ajoute bien des espaces jusqu'à l'infini, mais ces espaces deviennent infiniment petits. On n'obtient donc qu'un espace composé d'une infinie quantité d'infiniments petits, ce qui est la condition commune de toute étendue finie quelconque » (p. 192). Objecter à Pascal que les espaces *deviennent* infiniment petits, et que toute étendue finie est *composée* de cette manière, c'est lui accorder le *nombre infini*, qu'il demande, et c'est oublier qu'on ne peut regarder l'un des espaces composants comme infiniment petit avant d'avoir compté une infinité de ces espaces : deux choses impossibles, l'une portant l'autre. Ce qu'il fallait contester, c'est le sens réaliste donné à la somme d'une suite infinie de termes. La seconde question : *le point se mouvant partout,* etc., suggère au commentateur cette remarque (p. 127 : « Il n'y a pas de point réel, ni de vitesse réelle qui soit infinie ; ni rien de réel qui puisse se mouvoir d'un même mouvement *partout,* c'est-à-dire en tous sens, à droite, à gauche, en haut, en bas, en avant et en arrière ». A la bonne heure; mais si l'on eût concédé à Pascal le *nombre infini* dans la division du temps et de l'espace réels, ainsi que le fait M. Havet, il se serait chargé d'en faire sortir mathématiquement la possibilité de la *vitesse infinie* réelle, et celle-ci mène tout droit à la possibilité qu'un mobile infiniment petit occupe à des moments *que ne sépare aucun temps fini* tant de positions qu'on voudra dont les distances mutuelles sont finies.

(1) L'attitude de Pascal à l'égard de Descartes est pyrrhonienne, ainsi que cela doit être. « Descartes inutile et incertain », dit une de ses notes. Pascal veut bien que tout se fasse « par figure et mouvement » : ses études de physique l'ont instruit à voir sous cet aspect la nature phénoménale. « Mais de dire quels (mouvements) et composer la machine, cela est ridicule ; car cela est inutile, et incertain et pénible ». D'ailleurs cela a cessé de l'intéresser (II, 126). Il rend justice à l'originalité du *Cogito ergo sum*, chez le philosophe qui a aperçu dans ce seul mot une « suite admirable de conséquences » et prétendu « en faire un principe ferme et soutenu d'une physique entière » (*De l'esprit géométrique*). Mais de penser que Descartes ait justifié cette « prétention », c'est autre chose : elle doit être jugée, pour Pascal, de cela seul qu'il n'admet (*ibid.*) ni notions premières d'aucun genre, desquelles nous ayons quelque possession de plus que notre sentiment, ni possibilité de tout définir et de tout prouver, ce qui serait cependant nécessaire, suivant lui, pour instituer et conduire une science en ordre parfait. Cet admirable opuscule est dans le fond une réfutation de la méthode philosophique de l'évidence, jointe à une exposition des conditions et des règles de l'évidence géométrique.

(2) « Il (Montaigne) agit en païen de cette sorte. De ce principe, dit-il, que hors de la foi tout est dans l'incertitude, et considérant combien il y a que l'on cherche le vrai et le bien, sans aucun progrès vers la tranquillité, il conclut qu'on en doit laisser le soin aux autres, et demeurer cependant en repos, coulant légèrement sur les sujets, de peur d'y enfoncer en appuyant; et prendre le vrai et le bien sur la première apparence, sans les presser, parce qu'ils sont si peu solides, que, quelque peu qu'on presse les mains, ils s'échappent entre les doigts et les laissent vides. C'est pourquoi il suit le rapport des sens et les notions communes, parce qu'il faudrait qu'il se fît violence pour les démentir, et qu'il ne sait s'il gagnerait, ignorant où est le vrai...

tempérament, de l'attitude criticiste de l'esprit et de la recherche des croyances rationnelles, ou postulats, il va droit à la foi religieuse qui lui est proposée par l'autorité vivante et la tradition, et dont certaines parties agissent sur son âme par la terreur. Arrivé là, il professe le plus profond mépris pour toute autre étude et toute autre connaissance.

Ce qui peut tromper et faire croire à de certaines prétentions dogmatiques dans l'apologétique que préparait Pascal, et pour la question de certitude en général, c'est ce qu'il dit de ces « premiers principes » qui « se sentent », et de ces « propositions qui se concluent, et le tout avec certitude »; et puis ces mots, partout cités, dont la seconde partie est mal comprise : « Nous avons une impuissance de prouver invincible à tout le « dogmatisme; nous avons une idée de la vérité invincible à tout le pyrrho- « nisme ». On peut alléguer aussi la peine qu'il s'est donnée pour assembler des preuves de la révélation, suivant une méthode connue (que le progrès de l'exégèse et des sciences historiques laisse aujourd'hui sans valeur). Sur ce dernier point, qu'il suffise de remarquer que Pascal reconnaît, dans la religion, à la fois des *clartés* et des *obscurités* nécessaires : il est naturel qu'il s'attache à faire ressortir les premières, qui lui apparaissent, contre d'autres clartés qui apparaissent aux adversaires et que ceux-ci objectent. Il n'y a rien là que de conforme à la méthode et au genre de polémique des pyrrhoniens. Il s'agit simplement d'obtenir que l'incrédule arrive à envisager les choses par un autre côté que celui dont il a l'habitude. Quant à la certitude des principes qui se sentent, Pascal la

---

Ainsi, il n'a rien d'extravagant dans sa conduite; il agit comme les autres hommes; et tout ce qu'ils font dans la sotte pensée qu'ils suivent le vrai bien, il le fait par un autre principe, qui est que les vraisemblances étant pareillement d'un et d'autre côté, l'exemple et la commodité sont les contre-poids qui l'emportent... Il me semble que la source des erreurs de ces deux sectes (la stoïque et la pyrrhonienne, que Pascal compare) est de n'avoir pas su que l'état de l'homme à présent diffère de celui de sa création; de sorte que l'un, remarquant quelques traces de sa première grandeur et ignorant sa corruption, a traité la nature comme saine et sans besoin de réparateur, ce qui le mène au comble de la superbe; au lieu que l'autre, éprouvant la misère présente et ignorant la première dignité, traite la nature comme nécessairement infirme et irréparable, ce qui le précipite dans le désespoir d'arriver à un véritable bien, et de là dans une extrême lâcheté... Montaigne est incomparable pour confondre l'orgueil de ceux qui, hors la foi, se piquent d'une véritable justice; pour désabuser ceux qui s'attachent à leurs opinions, et qui croient trouver dans les sciences des vérités inébranlables; et pour convaincre si bien la raison de son peu de lumière et de ses égarements, qu'il est difficile, quand on fait un bon usage de ses principes, d'être tenté de trouver des répugnances dans les mystères; car l'esprit en est si battu, qu'il est bien éloigné de vouloir juger si l'incarnation ou le mystère de l'eucharistie sont possibles; ce que les hommes du commun n'agitent que trop souvent » (*Entretien de Pascal avec M. de Saci*).

borne expressément à un très petit nombre de connaissances; on sait lesquelles, et il expose ailleurs des raisons de douter de celles-là mêmes (1). Au reste, rien n'empêche d'accorder qu'il n'est pas allé jusqu'à mettre en doute la véracité des sentiments d'« *espace, temps, mouvement, nombres* » : ce serait une disposition d'esprit professionnelle chez lui, pour ainsi parler, et un aveu dont il tirait avantage dans le sens pyrrhonien, pour « confondre la raison » à l'aide des absurdités du réalisme infinitiste en mathématiques. Enfin, l'*idée de la vérité*, invincible au pyrrhonisme, n'est jamais que l'idée de la vérité : le pyrrhonisme ne la nie pas; au contraire, il la suppose; tandis que l'*impuissance de prouver* exige la démission nette du dogmatisme.

Il faut définitivement, pour se mettre au point de vue de Pascal, quand il sort de la mêlée de ses pensées et qu'il en vient à donner, sans laisser d'être pyrrhonien, sa raison dernière de *croire*, il faut, dis-je, bien comprendre que cette raison ne saurait être la vérité d'un principe proposé à l'acceptation de l'entendement; ce sera tout simplement *un motif*, un motif appuyé sur la passion et sur l'intérêt, et poussé par un raisonnement qui lui-même a dans ses prémisses, quoi? précisément le pyrrhonisme. Je regrette d'avoir à citer des morceaux si connus, mais il est indispensable de les avoir sous les yeux, et un texte de Pascal ne se laisse pas résumer. Le premier pose la thèse du doute absolu; le second tire une conséquence *de passion*, en s'aidant de la considération des chances, et enseigne un procédé pour arriver à croire la chose qu'on pense avoir intérêt à croire :

« Les principales forces des pyrrhoniens, je laisse les moindres, sont : que nous n'avons aucune certitude de la vérité de ces principes (2) hors la foi et la révélation, sinon en ce que nous les sentons naturellement en nous; or *ce sentiment naturel n'est pas une preuve convaincante de leur vérité*, puisque, n'y ayant point de certitude, hors la foi, si l'homme est créé par un Dieu bon, par un démon méchant, *ou à l'aventure* (3), il est en

---

(1) *Pensées*, édit. Havet, I, p. 42, n° 15, et p. 112-113.
(2) Il s'agit des principes réputés les plus indubitables, c'est-à-dire de ceux que nous sentons naturellement en nous, comme il est dit aussitôt après, et, en première ligne, des principes mathématiques du temps et de l'espace.
(3) L'argument du « grand trompeur » de Descartes est complété par ces mots, *à l'aventure*, qui répondent à l'hypothèse matérialiste et nécessitaire. Et en effet, de même que cette hypothèse, si elle est vraie, doit s'accorder avec ce fait d'expérience constante, que les hommes, pris individuellement, sont sujets à illusion, c'est-à-dire nécessités à sentir et juger le con-

doute si ces principes sont ou véritables, ou faux, ou incertains, *selon notre origine*. De plus, que personne n'a d'assurance, hors de la foi, s'il veille ou s'il dort, vu que durant le sommeil on croit veiller aussi fermement que nous faisons; on croit voir les espaces, les figures, les mouvements; on sent couler le temps, on le mesure, et enfin on agit de même qu'éveillé; de sorte que la moitié de la vie se passant en sommeil, par notre propre aveu, où, quoi qu'il nous en paraisse, nous n'avons aucune idée du vrai, tous nos sentiments étant alors des illusions, qui sait si cette autre moitié de la vie où nous pensons veiller n'est pas *un autre sommeil* un peu différent du premier, dont nous nous éveillons quand nous pensons dormir (1)...

« Je laisse les moindres (les moindres forces), comme les discours que font les pyrrhoniens contre les impressions de la coutume, de l'éducation,

traire des autres, de même et par analogie, on pourrait supposer que le genre humain tout entier a été constitué, par nécessité, de telle manière qu'il sente et juge en opposition avec ce que serait une représentation plus universelle et, comme on dit, plus réellement *objective*, de la nature des choses, qui le dépasse de toute l'étendue de l'infini.

(1) On voit que ce terrible raisonneur formule ici le doute en des termes qui ne laissent pas prise aux arguments ordinaires à l'aide desquels on essaie de revendiquer la *certitude* des sentiments de l'état de veille. Mais ceci paraît encore mieux dans le passage extrêmement remarquable qui suit, quoique barré dans le manuscrit de Pascal : « Et qui doute que, si on rêvait en compagnie, et que par hasard les songes s'accordassent, ce qui est assez ordinaire, et qu'on veillât en solitude, on ne crût les choses renversées? Enfin, comme on rêve souvent qu'on rêve, entassant un songe sur l'autre, il se peut aussi bien faire que cette vie n'est elle-même qu'un songe, sur lequel les autres sont entés, dont nous nous éveillons à la mort, pendant laquelle (laquelle vie) nous avons aussi peu les principes du vrai et du bien que pendant le sommeil naturel; ces différentes pensées qui nous y agitent n'étant peut-être que des illusions, pareilles à l'écoulement du temps et aux vaines fantaisies de nos songes ». — Pour bien sentir la portée de ce dernier argument pyrrhonien, *à l'adresse des dogmatistes*, il ne faut que se rappeler combien il y a de métaphysiciens qui ont regardé l'« écoulement du temps » et les « fantaisies » de la vie, qui impliquent la succession des idées, comme un ordre de phénomènes étranger à la réalité véritable, à la *chose en soi*.

« Quant au raffinement de supposer qu'on rêve *en compagnie*, écrit M. Havet sur ce passage (I, p 123 de son édition), je ne conçois pas du tout ce que ce peut être; ce ne serait plus rêver ». Voici, je crois, ce que Pascal veut dire. On rêverait *en compagnie*, quoique l'on fût *en solitude*, sans communication avec autrui, si les songes de chacun et de tous se trouvaient tellement agencés et concordants et qu'ils fussent aptes à représenter une communication et des relations mutuelles régulières et suivies des songeurs, restés chacun en sa propre vie de songe; et l'on veillerait *en solitude*, quoique l'on fût réellement *en compagnie*, si l'on s'attribuait de fausses relations avec les autres et que l'on jugeât faussement de ce que l'on est et de ce qu'ils sont, ainsi qu'il arrive dans les rêves. Je suppose que Pascal a barré cette pensée comme trop subtile et bizarre au point de vue réaliste (qui est partout le sien); mais, au fait, la première partie de cette supposition pyrrhonienne revient tout simplement à la doctrine idéaliste de l'harmonie, substituée à celle de la communication des substances, sauf que Pascal devait, pour sa thèse, ne penser qu'à des concordances de hasard. La seconde partie de la supposition est claire, car elle a trait directement à la condition des fous, qui sont à la fois éveillés, et solitaires comme s'ils rêvaient.

des mœurs, des pays, et les autres choses semblables, qui, quoiqu'elles entraînent la plus grande partie des hommes communs, qui ne dogmatisent que sur ces vains fondements, sont renversées par le moindre souffle des pyrrhoniens. On n'a qu'à voir leurs livres, si l'on n'en est pas assez persuadé ; on le deviendra bien vite, et peut-être trop.

« Je m'arrête à l'unique fort des dogmatistes, qui est qu'en parlant de bonne foi et sincèrement, on ne peut douter des principes naturels (1).

« Contre quoi les pyrrhoniens opposent en un mot l'incertitude de notre origine, qui enferme celle de notre nature ; à quoi les dogmatistes sont à répondre, depuis que le monde dure ».

Partant de ce scepticisme, qu'il renforce en rappelant les idées incompréhensibles que proposent à la raison, d'un côté, le Dieu des théologiens, et, de l'autre, l'infini des mathématiciens, Pascal ne s'arrête pas un instant à se demander s'il ne serait pas possible de trouver à la condition intellectuelle et morale de l'homme, cet être si affirmatif par nature, un siège quelque part, entre le pyrrhonisme et le dogme, où asseoir des croyances qui ne soient ni contre la raison, ni démontrées par la raison ou données pour évidentes. Il va droit à la religion, et à la religion, telle que la « coutume », les « mœurs », le « pays », et « autres choses semblables », par exemple, les opinions ou préjugés théologiques reçus, la lui présentent. Il imite Montaigne, en cédant volontairement, comme lui, et comme tout pyrrhonien, à la force de l'habitude, et faisant acte de conformisme ; avec cette différence, qu'au lieu de l'attitude de *mollesse* de Montaigne, nous avons chez Pascal la démarche d'un fanatique. Montaigne a dit : « C'est aux chrétiens une occasion de croire, que de rencontrer une chose incroyable ; elle est d'autant plus selon la raison qu'elle est contre l'humaine raison » (2) ; mais s'il a conclu contre la raison, « ployable et accommodable à tous biais et à toutes mesures », il n'a pas entendu pour cela conclure en faveur de la contre-raison, si ce n'est en tant qu'il s'agissait de s'accommoder à la coutume. Son disciple est d'une toute autre humeur. Lui aussi ne fait au fond

---

(1) La nature soutient la raison impuissante ». — « La nature confond les pyrrhoniens et la raison confond les dogmatistes » : ce sont encore des mots de Pascal, des plus fréquemment cités. On en voit le sens : l'homme, naturellement, est forcé d'affirmer ; mais le sceptique ne nie point cela, au point de vue phénoménal. Autre chose serait d'affirmer après réflexion, par raison. Or la raison peut toujours se garder le dernier mot contre elle-même ; c'est ainsi qu'elle *confond les dogmatistes*. « Qui démêlera cet embrouillement ? »

(2) *Essais*, livre II, chap. 12.

que « plier la machine » de son entendement, en un certain sens dont son siècle et la tradition lui offrent des modèles ; mais il tient à la plier sérieusement et à garder le pli. Il faut donc qu'il imagine quelque moyen de se convaincre, pour lequel il ne soit pas nécessaire de se fier à cette raison que, d'entrée de jeu, il jette de côté :

« Qui blâmera les chrétiens de ne pouvoir rendre raison de leur créance, eux qui professent une religion dont ils ne peuvent rendre raison ? Ils déclarent, en l'exposant au monde, que c'est une sottise, *stultitiam*, et puis vous vous plaignez de ce qu'ils ne la prouvent pas. S'ils la prouvaient, ils ne tiendraient pas parole : c'est en manquant de preuve qu'ils ne manquent pas de sens. — Oui, mais encore que cela excuse ceux qui l'offrent telle, et que cela les ôte du blâme de la produire sans raison, cela n'excuse pas ceux qui la reçoivent. — Examinons donc ce point, et disons : Dieu est ou il n'est pas. Mais de quel côté pencherons-nous ? *La raison n'y peut rien déterminer*. Il y a un chaos infini qui nous sépare. *Il se joue un jeu*, à l'extrémité de cette distance infinie, où il arrivera croix ou pile. Que gagerez-vous ? Par raison, vous ne pouvez faire ni l'un ni l'autre ; par raison vous ne pouvez défendre nul des deux.

« Ne blâmez donc pas de fausseté ceux qui ont pris un choix ; car vous n'en savez rien. — Non : mais je les blâmerai d'avoir fait, non ce choix, mais un choix ; car encore que celui qui prend croix et l'autre soient en pareille faute, ils sont tous deux en faute ; le juste est de ne point parier.

« Oui, mais il faut parier : cela n'est pas volontaire, *vous êtes embarqué*. Lequel prendrez-vous donc ? Voyons. Puisqu'il faut choisir, *voyons ce qui vous intéresse le moins*. Vous avez deux choses à perdre : le vrai et le bien ; et deux choses à engager, votre raison et votre volonté, votre connaissance et votre béatitude ; et votre nature a deux choses à fuir, l'erreur et la misère. Votre raison n'est pas plus blessée, puisqu'il faut nécessairement choisir, en choisissant l'un que l'autre. Voilà un point vidé ; mais votre béatitude ? *Pesons le gain et la perte* en prenant croix, que Dieu est...

Notons les points saillants de cette thèse préliminaire : la raison, exclue du débat ; le problème, envisagé dans les deux chances contradictoires d'un jeu qui se joue quelque part ; le pari, inévitable en fait ; l'intérêt, à consulter d'après le gain possible et l'enjeu exposé ; le raisonnement, employé seulement à l'examen d'une situation pratique du douteur. Et maintenant j'omettrai la comparaison instituée par Pascal entre les probabilités de gain ou de perte. Bons ou mauvais que soient les arguments mathématiques dont il se sert, c'est mal à propos que les critiques s'embarrassent dans des arguties où l'infini même intervient. Mettons pour un moment que, sans trop rien préciser, et partant toujours de l'incertitude, au point de vue purement rationnel, de l'existence de Dieu et d'une destinée de l'homme après la mort, il se fût contenté de comparer les chances favorables et défavorables de bonheur de deux parieurs contraires, de deux croyants du pour et du contre, conformant leur conduite à leurs hypothèses respectives : ce n'est point parce qu'il aurait manqué à prouver que celui qui *parie pour* a *l'infini* à gagner, et ne hasarde que le *fini*, c'est-à-dire *rien*, ce n'est pas pour cela que son argumentation aurait perdu toute valeur. Le vice radical du pari de Pascal, c'est que ce pari porte sur la vérité ou la fausseté d'un dogme trop défini, qui n'a pas *a priori* plus de droit que n'importe quelle autre hypothèse à mettre le penseur dans un dilemme. « Dieu est, ou il n'est pas » : pour poser ainsi la question, il faudrait d'abord avoir défini ce mot *Dieu*; et justement nous venons d'y renoncer. Le dilemme auquel notre homme pense réellement, c'est de croire ou ne pas croire à la béatitude éternelle et aux peines éternelles, selon qu'on obéira ou qu'on refusera d'obéir aux commandements de l'Église catholique. Dans ce cas, il aurait à prouver que le fait des affirmations de cette Église est d'un assez grand poids, en dehors de la coutume, qui ne prouve rien, pour forcer le sceptique à accepter de ses mains le pari forcé. Il faudrait donc entrer dans l'apologétique ; mais c'est là précisément ce que Pascal voulait éviter, à cet endroit, en recourant au calcul des probabilités. Le contradicteur fictif qu'il se donne sent bien cela. Il se laisse troubler, un vertige le gagne; il aurait pourtant besoin de se rendre un peu compte du fond des choses : « Je le confesse, je l'avoue, dit-il, mais encore n'y a-t-il point moyen de voir le dessous du jeu? Et Pascal de répondre : « Oui, l'Écriture et le reste ». Mais comme l'Écriture et le reste, après les prémisses pyrrhoniennes posées, ne sauraient passer pour des preuves, l'interlocuteur se plaint de la violence qu'on veut lui faire. On n'en a appelé en définitive qu'à son intérêt pour lui montrer le pari forcé; et cet intérêt même, *ne sachant rien*, il ne peut y obéir qu'en se portant à un acte de croyance ; or il ne croit point : « Je suis fait de telle sorte que je ne puis croire. Que voulez-vous donc que je fasse? »

Pascal n'a point avancé d'un seul pas dans son raisonnement, si nous lui contestons le droit d'une religion déterminée, œuvre de croyance humaine, à forcer un sceptique de faire dépendre son plus grand intérêt de la chance quelconque qu'il y a que cette croyance se trouve vraie, tandis qu'il s'abstient de se prononcer sur aucune. A plus forte raison si nous supposons, au lieu d'un sceptique, un penseur qui croit avoir quelques raisons de juger cette croyance fausse. Mais il faut avouer que Pascal est plus avancé, s'il parvient à imprimer par la peur, appuyée d'un raisonnement mathématique, la nécessité du pari dans l'âme du pyrrhonien. En ce cas, il lui suffira de répondre à sa question : « Que voulez-vous que je fasse ? » et de lui enseigner le moyen de se mettre à croire. Ce moyen est celui dont il s'est servi pour lui-même ; il le fait entendre :

« Vous voulez aller à la foi, et vous n'en savez pas le chemin ; vous voulez guérir de l'infidélité, et vous en demandez les remèdes : apprenez de ceux qui ont été liés comme vous, et qui parient maintenant tout leur bien ; ce sont gens qui savent ce chemin que vous voudriez suivre, et guéris d'un mal dont vous voulez guérir. Suivez la manière par où ils ont commencé : c'est en faisant tout comme s'ils croyaient, en prenant de l'eau bénite, en faisant dire des messes, etc. ; naturellement même cela vous fera croire et vous abêtira (1). — Mais c'est ce que je crains. — Et pourquoi ? qu'avez-vous à perdre ? »

Le pyrrhonisme pouvant se définir un exercice constant de la liberté de l'esprit, de la volonté, pour suspendre le jugement, la foi de Pascal doit maintenant nous apparaître comme un emploi de cette même volonté, non pas, ainsi que chez Descartes, pour l'affirmation résolue de quelque chose qui s'offre clair et distinct à l'entendement, sans l'aveu d'aucune part faite à la croyance, mais bien pour une croyance avouée, qu'on se donne, pensant avoir intérêt à se la donner. C'est en ceci que le pyrrhonisme nous reste en fondement, parce que la croyance, au lieu de s'appuyer sur des raisons relatives à la chose qui est crue, procède d'une passion de croire, indépendante de ces raisons, quelles qu'elles puissent être, et subit volontairement les conséquences d'une obsession. Montaigne et Pascal sont des exemples frappants de deux conclusions

---

(1) Je ne pense pas que le mot *abêtir* ait le sens qu'on lui prête souvent dans ce passage. Il n'est pas admissible que Pascal se soit avoué à lui-même que les superstitions du culte catholique tiennent à faiblesse d'esprit, infirmité intellectuelle. Il aura entendu par abêtissement l'abandon des vaines prétentions de comprendre et justifier, le mépris des objections, le renoncement à la philosophie et aux sciences (qui ne servent point au *salut*). Ce n'est pas de l'esprit lui-même qu'il veut dire : « Qu'avez-vous à perdre ? » — quoique cela y mène.

opposées, dans un genre commun, auxquelles on peut arriver quand on ne rejette pas seulement le pur intellectualisme, mais bien la raison pratique en même temps que la raison théorique pure, et qu'on n'admet pas l'existence de raisons pouvant et devant motiver les jugements d'un être raisonnable, et qui n'aient pourtant ni l'évidence des phénomènes, ni le genre de force qui vient de l'habitude. Tous deux, il est vrai, concluent à l'acceptation de l'apparence et à la soumission à l'habitude, dont ils ont étudié si profondément l'empire ; ils s'accordent ainsi dans la vraie et unique philosophie pratique du scepticisme. Mais Montaigne, plus tranquille et plus froid, résigné à croire sans bien croire, se fixe dans un sentiment d'indifférence et de mollesse qui le dispose à prendre dans la vie une attitude semblable à celle des épicuriens. La religion avec ses mystères ne le choque point, parce que la nature, avec les siens, ne lui paraît pas moins inexplicable, ni les sciences au fond plus claires, ou Copernic plus certain que Ptolémée ; mais il ne permet pas que la religion lui trouble l'esprit ; car, non plus qu'autre chose au monde, elle ne vaut et s'impose, si ce n'est par l'habitude, aux temps et lieux où elle règne. Son mérite est le repos qu'elle procure à ses adhérents et au peuple, tant qu'on ne s'en écarte point. Montaigne est en général opposé aux innovations, hostile aux Huguenots, déconseille la lecture de la *Bible*, etc. Il représente éminemment l'esprit des penseurs *politiques* qui furent cause que la France « manqua le coche » au XVIᵉ siècle, et qui, opposant au fanatisme l'indifférence, dans l'intérêt de la paix, mais respectant la coutume et l'autorité, ne songèrent pas que les racines du mal demeureraient intactes tant que la liberté de religion, de prédication et de culte ne serait pas assurée (1). Ni la satire de Rabelais, ni son esprit laïque et politique, ou celui de Montaigne, ni leurs vues de réforme morale et pédagogique n'influèrent sur l'esprit du siècle suivant. L'intolérance et la persécution s'appuyèrent sur la raison d'État, qu'ils n'avaient point combattue, et à laquelle le pyrrhonisme n'a rien à opposer. Et le pyrrhonisme lui-même est un

(1) Sainte-Beuve, en un chapitre de son *Port-Royal*, a présenté l'esprit de Montaigne sous un jour différent et que je crois faux. Il voit chez ce grand pyrrhonien un ancêtre des penseurs qui ont voulu faire la guerre au christianisme sans déclarer ouvertement leur incrédulité. Il prête une intention ironique et malicieuse à des professions de foi qui ne sont que simples et naturelles pour l'époque et au point de vue même de l'écrivain. Pour moi, je ne trouve pas ombre de méphistophélisme dans les *Essais*, mais bien une fine prudhommie avec une rare indifférence intellectuelle. Sainte-Beuve s'est imposé parfois, en vue de son auditoire de Lausanne, des manières de voir qu'il n'aurait pas eues en d'autres circonstances.

chemin pour aller au mysticisme et au fanatisme, ainsi qu'on le vit bien par l'exemple de Pascal. Ce n'est plus là qu'une question de tempérament moral, après que l'intelligence s'est employée avec succès à vider l'esprit de toutes croyances rationnelles.

Le point de départ de Pascal n'est pas autre en fait que celui dont Montaigne voit mieux que lui la faiblesse (1). « Nous ne recevons notre religion qu'à notre façon et par nos mains, et non autrement que comme les autres religions se reçoivent. Nous nous sommes rencontrés au pays où elle était en usage : ou nous regardons son ancienneté, ou l'autorité des hommes qui l'ont maintenue, ou craignons les menaces qu'elle attache aux mécréants, ou suivons ses promesses... Une autre région, d'autres témoins, pareilles promesses et menaces nous pourraient imprimer par même voie une créance contraire. Nous sommes chrétiens à même titre que nous sommes ou Périgourdins ou Allemands. » Seulement, là où Montaigne se contente visiblement de cette croyance d'habitude, croyance professée, mais neutralisée par l'aveu intérieur de son origine et de sa raison d'être, Pascal entend, lui, que l'habitude se change en une foi systématique par l'action du vouloir, et il n'éprouve que de la pitié ou de l'horreur pour les gens qui consentent à rester dans l'incertitude et cherchent le « divertissement ». Tous ceux des pyrrhoniens d'esprit qui sont, par le caractère où le cœur, incapables de se fixer dans le doute ne recourent pas, pour y échapper, à la méthode paradoxale de Pascal. Beaucoup la suivent pourtant sans qu'il y paraisse, et cette méthode est bien connue et pratiquée dans l'Eglise catholique, encore qu'elle s'y soit établie sans le moindre appareil mathématique. D'autres s'abandonnent à un mysticisme plus ou moins individuel, dont le doute a préparé les voies, si bien qu'ils arrivent à ce résultat de croire sans raison, ou contre toute raison, pour ne s'être trouvés satisfaits d'aucune raison naturelle de croire. Ceux-là diffèrent des précédents, en ce qu'au lieu de se conformer, en matière de vérité, à l'habitude du milieu, ils visent à la satisfaction de leurs sentiments particuliers, et obéissent à des habitudes d'esprit propres, sur lesquelles ne peuvent plus rien ni les idées courantes, qu'ils envisagent d'un œil critique, ni l'application des règles et lois de la raison, puisqu'ils y ont renoncé. Parmi les poursuivants de la vérité absolue, les uns

---

(1) *Essais*, livre II, chap. xii.

déclarant l'évidence, mais une évidence qui n'est que pour eux, les autres concluant à l'inaccessibilité de la certitude, ces derniers devraient se montrer les plus difficiles en fait de preuve ; car il est naturel de leur prêter une idée de la vérité, plus pure et plus sévère que celle des autres : cependant ce sont eux qui finissent par s'arrêter aux affirmations qui paraissent à autrui les moins fondées de toutes. Faute de propositions assez certaines à leur gré, ils nous en offrent pour les remplacer d'irrationnelles ou d'arbitraires.

Pendant que l'école aprioriste de l'évidence cherchait, à la suite de Descartes, avec Spinoza, Leibniz ou Malebranche, à fonder la philosophie comme science déductive, sur principes définitivement assurés, l'école de la psychologie analytique travaillait à la ruine de ces principes, fondements communs des constructions diverses de ces philosophes. On sait comment les tâtonnements de la méthode de Locke aboutirent, chez Berkeley, à la négation de la substance matérielle ; chez Hume, de plus, à la négation de la substance spirituelle, à celle de l'identité de la personne, et à celle du principe de causalité, si ce n'est dans le sens d'une succession constante de phénomènes, observée d'abord empiriquement, et puis conclue et attendue, pour les mêmes circonstances, grâce à l'habitude que fait contracter l'expérience. Il était naturel qu'en poursuivant des analyses dans lesquelles on entendait n'avoir affaire qu'à des phénomènes qui relèvent exclusivement de l'expérience, en même temps qu'ils ne se déroulent que sur le théâtre de l'esprit, on en vint à regarder l'esprit lui-même comme constitué par des *impressions*, par des *idées* qui en sont les images, et par des *associations d'idées*, ou connexions de fait, dont il n'y a plus qu'à décrire les modes, en y joignant quelques autres rapports fondamentaux qu'on ne peut éliminer pour se rendre compte des opérations intellectuelles. La tendance de ce phénoménisme empirique, si elle pouvait être poussée à bout, serait de donner de tous ces rapports sans exception, et de tous les modes d'association possibles, la même explication que du principe de causalité, c'est-à-dire de réduire toutes les représentations à des « impressions, » quant à leur origine, et d'attribuer toutes leurs connexions et synthèses à des habitudes contractées par l'expérience de certaines liaisons données entre les impressions elles-mêmes auxquelles les idées remontent. Dans l'esprit de ce système, — et c'est encore une thèse importante de Hume, — la croyance n'est plus elle-même qu'une idée, du même genre que les autres idées, dont elle diffère seulement par plus de force et de vivacité.

Le plan de ce pur mécanisme idéaliste, à l'exclusion totale des concepts de l'entendement et des formes générales de la sensibilité, n'a pu être exécuté pleinement par Hume, ni par ses successeurs de l'école empirique. Un grand résultat est obtenu néanmoins, c'est la réfutation, qu'on peut dire acquise *ipso facto*, de la doctrine de l'évidence, sur les points mêmes où l'école aprioriste avait pensé pouvoir l'établir inébranlablement. Et, d'un autre côté, l'impuissance de l'associationisme à faire naître de l'expérience les idées générales et les jugements universels dont il faudrait pour cela qu'on pût la séparer, et dont on ne peut pas la séparer, condamne l'école de Hume à ne satisfaire jamais ses propres aspirations d'évidence dans le sens de la méthode analytique. « Il faut, on l'a très bien dit, compter trois espèces de faits de conscience ou de perception, et non pas deux seulement comme l'a fait Hume : 1° les impressions ; 2° les idées ; 3° les concepts des rapports des impressions et des idées. On pourra discuter ensuite sur le nombre de ces concepts, examiner si quelques-uns de ceux qui ont été distingués par tel philosophe ont un caractère vraiment spécifique ; ou bien s'ils peuvent se réduire à d'autres. C'est une autre question. Mais il faut avant tout admettre cette troisième classe d'éléments de la connaissance. Si l'on veut réfléchir à l'impossibilité où s'est trouvé Hume de parler des impressions et des idées sans parler de leurs rapports et sans introduire immédiatement en son analyse les concepts de *ressemblance* et de *succession*, on comprendra combien Kant a eu raison de montrer dans cette troisième classe d'éléments de l'esprit les principes régulateurs, les formes et les conditions mêmes de l'expérience » (1). Cette impossibilité où s'est trouvé Hume, ses disciples l'ont éprouvée à leur tour et l'éprouvent. Leurs plus grands et curieux efforts n'arrivent qu'à la constater de plus en plus.

J'emprunterai au philosophe que je viens de citer une exposition abrégée, nette et forte, des résultats dus au génie de Hume, sur les questions de la substance et de la causalité, les plus importantes de toutes pour la discussion de la doctrine de l'évidence (2).

---

(1) Hume, *Traité de la nature humaine*, trad. française, introduction par M. F. Pillon, p. 14.
(2) *Ibid.*, p. 15 et 34 et suivantes.

« Jusqu'à Berkeley, l'école sensationiste s'était appliquée à montrer que la sensation est le fait primitif d'où sortent les idées et auxquelles elles peuvent être ramenées par l'analyse, même lorsqu'elles paraissent en être le plus éloignées. Mais elle n'avait pas pénétré tout ce qui est renfermé dans cette thèse et ne l'avait pas poussée à ses dernières conséquences logiques. Berkeley produisit le premier, au point de vue sensationiste, une critique profonde de l'idée de substance matérielle. Il établit que cette idée, ou n'avait aucune réalité, ou n'était jamais que l'idée complexe d'un ensemble de qualités perçues par les sens. Hume ne fait que généraliser la critique de Berkeley en l'appliquant à l'idée de substance en général. Si l'idée de substance, dit-il, est une idée simple, on doit pouvoir indiquer l'impression primitive, sensation ou émotion, dont elle est la copie. On ne le peut pas; donc, ce n'est pas une idée simple; donc, c'est une collection d'idées simples représentant des qualités particulières unies par l'imagination et désignées par un nom qui les rappelle toutes ensemble.

« Comment sont-elles unies par l'imagination? en vertu des relations de contiguïté et de causalité, c'est-à-dire de deux des principes d'association mentale dont il a été question plus haut.

« Il y a bien peu de chose à changer dans cette critique de l'idée de substance pour la rendre irréprochable. L'idée de substance n'appartient certainement pas à la classe des idées dérivées des impressions. Hume a très bien vu qu'elle résulte des rapports de certaines idées de qualités ou de phénomènes. C'est une perception plus ou moins complexe et plus ou moins exacte de ces rapports. Mais pourquoi n'accorderait-on pas la même importance et la même réalité à ces rapports qu'aux phénomènes ou qualités qu'ils relient? Pourquoi ne rangerait-on pas les concepts de ces rapports parmi les éléments essentiels et les produits nécessaires de l'esprit? Pourquoi y verrait-on l'œuvre à moitié arbitraire d'une faculté supposée libre, telle qu'est, selon Hume, l'imagination, comme s'il était permis de les confondre avec les entités fictives, comme s'il n'était pas possible de les en séparer. Sous le mot substance, dit le sensationisme logique, on ne peut montrer d'idée qui vienne d'une impression; donc, il n'existe pas d'idée sous ce mot. L'idée de substance, dit le criticisme contemporain, appartient ou bien à la classe des idées d'impressions, ou bien à la classe des idées de rapports; elle n'appartient certainement pas à la première; donc, il faut chercher sa place dans la seconde; on peut trouver là, mais là seulement ce qu'elle a de réel. »

Passons à la théorie phénoméniste empirique de la causalité : « l'apparition de cette doctrine a été, on peut le dire, un événement de premier ordre dans l'histoire de la philosophie. Elle a réduit la question aux vrais termes dans lesquels elle doit être posée, en détruisant certaines illusions traditionnelles qui embarrassaient le terrain du débat. Elle a montré que le principe de causalité, considéré en général, n'est pas susceptible de preuve ; qu'il est vain de chercher et qu'on ne peut se flatter de trouver *a priori* dans les qualités de la cause la raison suffisante de l'effet, dans l'effet les attributs en un degré quelconque et l'image de la cause ; que la nécessité causale n'a rien de commun avec la nécessité logique et n'est pas donnée dans l'antécédent causal comme la nécessité logique de la conséquence dans les prémisses d'un raisonnement ; que c'est la raison pour laquelle toute prétention de se passer de l'expérience dans la recherche des causes et des effets serait absolument chimérique ; que c'est se former de l'effet une image trompeuse, de le considérer comme contenu et préexistant virtuellement et comme en germe dans la cause ; que la détermination causale laisse subsister le mystère du commencement réel qui se manifeste en tout effet, et que c'est se payer de mots de croire l'expliquer par cette image de préexistence et d'inclusion des effets dans les causes. Elle a ruiné définitivement l'idole de la causalité transitive, de l'influx causal, et supprimé l'ancien problème de la communication des substances. Elle a justifié, au point de vue psychologique, en leur imposant une pleine généralité qui en ôte toute inconséquence, les systèmes de l'*occasionalisme* et de l'*harmonie préétablie*.

« Hume a eu toute raison de le dire, la force, l'énergie causatrice n'est pas dans les objets une qualité dont on ait l'impression. Mais ici, comme à propos de la substance, nous pouvons repousser le critère qu'il invoque, en disant que la causalité appartient non à la classe des idées d'impressions, mais à la classe des idées de rapports, des concepts, des lois de l'esprit. Pas plus que la causalité, la ressemblance et la succession ne sont des qualités données dans les objets ; et les idées qu'on en a n'ont pas d'impressions correspondantes. Ce qu'il faut se demander, ce n'est pas de quelle impression dérive l'idée de causalité, mais simplement si le concept de ce rapport peut se ramener à celui du rapport de succession. »

Après avoir montré le vice de cette réduction, que Hume a tenté d'opérer ; défini le caractère spécifique du rapport de causalité parmi les autres rapports de succession ; constaté la croyance que l'esprit accorde immédiatement au principe de la relation causale, et qui est le fondement de certitude des lois physiques établies par l'expérimentation ; réfuté l'insuffisante explication d'une telle croyance par le fait empirique des séquences constantes de phénomènes, et l'habitude de les observer et de les attendre ; enfin réclamé l'existence d'une généralisation spontanée inhérente à l'entendement, c'est-à-dire d'un jugement apriorique : « l'universalité dont il s'agit, continue l'auteur de cette remarquable exposition critique, doit s'entendre de l'extension à l'entier domaine de l'expérience. Elle ne peut, selon la remarque de Kant, recevoir d'application que dans les limites de ce domaine. Il faut qu'elle s'arrête au commencement, s'il y en a un, de l'expérience possible. Elle ne peut, par conséquent, fournir de conclusion légitime contre l'idée d'un premier antécédent causal, premier, c'est-à-dire sans cause, d'un premier anneau de la chaîne des causes et des effets, si cette idée est fondée à se présenter, au nom du principe de contradiction, comme une limite logiquement nécessaire de l'expérience possible, en même temps que de notre faculté de penser.

« Ce n'est pas tout. Quand on a reconnu, avec le criticisme contemporain, l'absolue nécessité logique de cette limite, de ce point de départ des choses, de cet arrêt dans la régression de l'esprit, on n'a pas de peine à admettre en outre la possibilité et la probabilité morale d'un principe, tel que la liberté, qui apporte et impose d'autres exceptions au principe de causalité, au déterminisme universel, et qui introduit dans le monde d'autres commencements, qu'on peut appeler aussi *premiers* et *absolus* en ce sens qu'ils ne sont pas et ne doivent pas être considérés comme des conséquents nécessaires. Nous ferons observer en passant qu'une philosophie qui, comme celle de Hume, affirme la distinction et la séparation possibles des idées de commencement et de cause, et qui supprime tout lien logique et tout lien substantiel entre la cause et l'effet, est plutôt favorable que contraire à la doctrine du libre arbitre, parce qu'il en écarte une partie des difficultés, celles qui sont ordinairement élevées du point de vue substantialiste. »

La doctrine empirique de Hume, ramenant toute causalité à l'expérience externe et à la vérification des séquences constantes, d'où procède l'habitude, — ce qui n'a pas empêché ce philosophe d'adhérer à la croyance nécessitaire, en vertu d'une induction universelle, dont l'habitude et l'expérience toujours particulière, et à certains égards impossible, ne fournissent point un fondement légitime, — entraîne la négation de cette conscience réelle d'un pouvoir intérieur, ou action mentale, qui correspond pour l'observation psychologique à l'idée générale de la cause, au jugement apriorique de la causalité. M. Pillon réfute l'argument que Hume tire, contre l'énergie consciente de la volonté, du fait que l'agent volontaire ne connaît qu'*a posteriori*, et là comme ailleurs par l'observation des phénomènes, les moyens et les limites des effets dépendants de son état mental. Ce fait, dit-il, n'est pas à contester. « Les moyens d'action de la volonté sont les effets intermédiaires qui séparent l'acte de volition de l'effet voulu. Les limites de l'action de la volonté sont les obstacles qui en rendant impossibles ces effets intermédiaires s'opposent à la production de l'effet voulu. Il est parfaitement sûr que nous ne saurions prévoir, avant toute expérience, ni ces effets intermédiaires, ni ces obstacles. Mais l'argument de Hume n'a pas d'autre portée. Il reste que l'effet voulu, ou, comme dit Hume, « l'événement *désiré* qui se produit au bout d'une longue série » est connu d'avance par cela même qu'il est désiré. Il est clair qu'il est désiré avant d'être produit, et qu'il ne peut être désiré sans être envisagé comme futur, sans être prévu. La prévision dont il est l'objet est inhérente à la volonté, inséparable de la volonté... Toute volonté, même considérée en son degré le plus bas et le plus obscur, regarde l'avenir, pressent et prévoit, c'est-à-dire anticipe l'expérience, parce que c'est sa nature de se déterminer, comme on dit, *en vue* d'une fin. Toute volonté, pour se manifester, suppose la croyance à un effet qui devra suivre, à un changement qui sera lié à sa manifestation ; autrement, il faudrait voir dans les premières manifestations de la volonté le produit d'une spontanéité aveugle, absolument semblable à la causalité physique, ce qui revient à dire que les premières manifestations de la volonté ne seraient pas des manifestations de la volonté.

« C'est bien la conscience, disent Hume et ses disciples, qui nous donne l'acte de volition, et qui nous donne ensuite le phénomène mental dont l'acte de volition est constamment suivi ; mais c'est l'expérience seule qui nous donne le rapport des deux termes. L'antécédent et le conséquent sont objets de conscience, mais leur conjonction est objet d'expérience.

— Eh bien ! non, ce n'est pas l'expérience seule qui nous donne cette conjonction ; elle entre, comme prévue, dans la conscience que nous avons de la volition même. Il est vrai que la prévision ou préconception dont il s'agit est confirmée et singulièrement fortifiée par l'observation mentale, qui, en nous montrant, autant de fois qu'on le veut, entre la volition et son effet le même rapport de séquence, nous offre le premier type, et le plus simple, de l'expérimentation, mais il suffit que, naissant avec la volition, elle précède nécessairement cette observation mentale, pour qu'on ne puisse l'y rapporter, pour qu'on doive la considérer comme une loi spécifique et irréductible de l'esprit. Cette prévision est un fait premier : il n'y a pas à en chercher l'explication, la raison suffisante, dans la nature intime et l'énergie mystérieuse directement perçues de la causalité volitive ; il n'y a pas à la déduire logiquement du sentiment du pouvoir causateur, comme une conséquence de son principe. Il n'y a qu'une chose à dire : c'est qu'elle s'identifie avec ce sentiment, qu'elle en rend compte, qu'elle en contient tout ce qu'il a d'intelligible, ou plutôt qu'elle le produit dans la conscience. »

La négation de toute réelle raison d'être de l'idée de cause, soit sur le théâtre intime de la volonté, soit dans le monde externe, où la croyance humaine la transporte et l'applique sous le nom de volonté encore, et sous le nom de force, devait naturellement s'accompagner de la négation de ce monde lui-même et de celle de l'identité personnelle ; car le système de Hume consiste à réduire toutes les existences à des impressions et à des idées douées de la vertu associative, par conséquent au moi, sujet de ces phénomènes ; et ce sujet, à son tour, n'ayant pour lien et pour appui ni les formes et concepts généraux qui sont le ciment intellectuel des idées, ni la volonté, si ce n'est à titre de désir, ou phénomène engagé dans le cours et les rapports des autres phénomènes, nulle place n'est laissée, nul moyen pour la définition d'un moi qu'on puisse dire identique à lui-même. Ici, nier ce doit être expliquer, parce qu'il faut rendre compte de l'opinion universellement répandue suivant laquelle le monde et le moi seraient quelque chose de plus que des agglomérations empiriques d'idées copiant des impressions ; et expliquer, ce sera dévoiler l'illusion et, par conséquent, en nier l'objet comme réel. Hume *explique* donc la croyance au monde extérieur, c'est-à-dire la croyance à des objets qui ont une existence distincte de nos perceptions. Cette croyance, ni les sens, selon lui, ne la suggèrent, puisqu'ils ne donnent que des impressions détachées; ni la réflexion n'y mène, puisqu'elle est spontanée; ni le raisonnement, puisqu'on ne peut la déduire de rien qui soit vraiment donné. Elle vient de l'imagination; comment cela? « Les impressions que nous rapportons à un *même* objet se reproduisent dans notre esprit à différents intervalles, semblables, en chaque nouvelle apparition, à ce qu'elles ont été dans les précédentes. Ces impressions semblables, nous sommes portés à les unir, à les fondre en une seule et même idée, en supprimant les intervalles qui les séparent, et en ajoutant, par un passage que l'association rend facile, à la similitude de nature la continuité d'existence. Mais l'esprit ne peut imaginer une existence continue sans se mettre en contradiction avec lui-même, s'il ne la distingue en même temps de celle des impressions successives et séparées. C'est ainsi que, pour ramener l'harmonie entre ses facultés, il établit entre les impressions semblables dont nous parlons un lien qu'il place dans un objet extérieur, unique et identique. C'est par cette fiction que ces impressions deviennent les représentations et les effets d'un même objet. Il n'y a pas d'ailleurs à se demander comment une fiction de l'imagination se transforme en affirmation du jugement, en croyance, lorsqu'on accepte la doctrine qui réduit la croyance à une conception plus forte et plus vive ». (1).

Voyons maintenant l'explication du sentiment de l'identité personnelle. Hume doit l'étendre à la notion de l'identité en général, puisque son système n'admet point de connexion *réelle* entre des choses ou perceptions susceptibles d'être distinguées, point de loi qui, servant à réunir les multiples dans l'unité d'une fonction, rende compte de ce qu'on appelle identité dans un groupe de phénomènes sujet à changement. L'imagination et l'association des idées tiennent lieu, pour lui, non seulement des substances que les philosophes, soit matérialistes, soit spiritualistes, regardent comme indispensables à la conservation de ce lien et de cette unité qui fait nommer une chose identique, mais encore des fonctions naturelles ou psychiques de phénomènes, auxquelles il semble ne pas même songer, et que son explication réduit à n'être que fictives, tandis que son discours même les suppose. « Il montre que, dans un très grand nombre de cas, la ressemblance, la contiguïté et la causation nous font unir en un objet

---

(1) F. Pillon, *loc. cit.*, p. 55.

que nous supposons et appelons identique des impressions distinctes. Une masse de matière dont on retranche et à laquelle on ajoute quelque chose reste identique à nos yeux après ce changement, pourvu qu'il ne soit pas considérable. Pourquoi ? parce que l'imagination peut facilement et sans secousse passer d'une impression à l'autre et les fondre en une seule idée. Si le changement dépassait une certaine limite, la différence des deux impressions serait trop grande pour qu'elles pussent s'unir, et l'identité de l'objet nous semblerait détruite. Le changement pourrait devenir considérable sans détruire l'identité, s'il se faisait graduellement, ou s'il portait sur la matière de l'objet seulement, non sur la forme, l'arrangement et la fin commune des parties qui le composent. Il peut même arriver que le changement s'étende à la forme de l'objet, sans que nous cessions de lui attribuer l'identité, si les rapports de dépendance réciproque que nous observons entre ses parties se conservent invariablement : « Un chêne qui devient d'une petite plante un grand arbre est « toujours le même chêne ; il n'y a pourtant plus une particule restée la « même et la matière n'a plus la même figure ».

« Cette théorie de l'identité, Hume l'applique à la personne humaine. « L'identité que nous attribuons à l'intelligence de l'homme, n'est que « fictive et d'espèce semblable à celle que nous attribuons aux corps des « animaux et des végétaux ». Quant au sentiment que chacun a de son identité personnelle, il vient de la mémoire, qui, en rappelant et en rassemblant nos perceptions passées, en représentant sans cesse leurs rapports de ressemblance et de causalité, permet à l'imagination de passer facilement des unes aux autres, d'après ces principes d'association, et de les unir toutes dans l'idée d'une existence intérieure, unique et continue » (1).

Parvenu à cette extrémité de négation des croyances communes, Hume opéra sur sa propre pensée et sur la valeur des résultats qu'il avait obtenus, un retour « sceptique » dont il nous a laissé le curieux, naïf et profond

---

(1) F. Pillon, *loc. cit.*, p. 64. — Je m'écarterais trop de mon sujet si je voulais montrer ici comment les thèses paradoxales du phénoménisme empirique absolu peuvent être corrigées, le monde extérieur et l'identité personnelle définies, la croyance humaine en ces deux points fondée rationnellement, sans diminuer en rien la valeur de l'œuvre de Hume en tant que critique de la doctrine des substances et des causes transitives. On trouvera un bref résumé des vues nouvelles de la philosophie criticiste et du phénoménisme rationnel à base morale, dans la belle étude de M. Pillon, à laquelle je viens de faire de nombreux emprunts.

témoignage dans son grand ouvrage sur la *Nature humaine*. A l'inverse de tant de philosophes qui paraissent circonspects au début de leur spéculation, et, à la fin, impertubablement assurés, celui-ci est jeté dans le doute par son propre système, une fois achevé. Il se souvient d'avoir regardé la croyance comme n'étant rien de plus qu'une idée forte et vive de ce que l'on croit, et il est forcé de se dire que le cours de ses pensées de philosophe n'a pu lui offrir d'autres signes ni de meilleures garanties de la vérité de ce qui lui a semblé vrai que des idées fortes et vives de cette sorte. Il n'est pas même arrivé à se bien satisfaire lui-même, sur le point de savoir en quoi consiste au juste cette force ou cette vivacité, qu'il voudrait définir. Au moment de passer de la première partie de son livre, concernant l'entendement, à la seconde, qui est un traité de morale, — et qu'il n'a pas laissé d'écrire en entier en se fondant sur les principes et les raisonnements de la première, — il est effrayé de la « solitude où il se place par sa philosophie » et des inimitiés qu'elle ne peut manquer de lui attirer. Il se sent tout près d'abandonner son entreprise :

« Quelle confiance, en effet, pourrais-je apporter dans l'entreprise hardie où je me risque, lorsqu'en outre des infirmités sans nombre qui me sont particulières, j'en aperçois tant d'autres qui sont le commun lot de la nature humaine ? Puis-je m'assurer qu'en délaissant les opinions établies, je marche à la vérité ? et à l'aide de quel critère la distinguerai-je, même au cas où la fortune me mettrait sur ses traces ? Arrivé à la conclusion du plus sévère et du plus exact de mes raisonnements, je ne puis donner de raison de mon assentiment; tout ce que je sens n'est qu'une *forte* propension à considérer les objets *fortement* à ce point de vue auquel ils m'apparaissent. L'expérience est un principe qui m'instruit de différentes conjonctions d'objets dans le passé. L'habitude est un autre principe qui me détermine à attendre les mêmes assemblages dans l'avenir. Tous deux conspirent en agissant sur mon imagination à me faire former certaines idées d'une manière plus vive et plus intense que d'autres auxquelles ne s'attache pas le même avantage. N'était cette qualité, par laquelle l'intelligence avive quelques idées par-dessus d'autres (ce qui, en apparence, importe si peu et est si peu fondé en raison), nous serions hors d'état d'accorder notre assentiment à quelque argument que ce fût, et de porter notre vue au delà du petit nombre d'objets présents à nos sens. Bien plus, à ces objets mêmes nous ne pourrions attribuer aucune autre existence que celle qui dépend des sens : nous devrions les renfermer entièrement dans cette succession de perceptions qui constitue notre moi ou notre personne. Bien plus encore, nous ne pourrions admettre parmi les termes de cette succession que les perceptions immédiatement présentes à notre conscience : ces vives images que nous présente la mémoire ne pourraient jamais être reçues comme les vraies peintures des perceptions passées. *La mémoire, les sens et l'entendement ont donc un seul et même fondement dans l'imagination, ou dans la vivacité des idées* » (1).

La vivacité des idées, voilà donc le signe unique auquel on peut, suivant Hume, distinguer celles d'entre elles qui sont vraies, passé les perceptions sensibles, actuelles et immédiates. Il qualifie lui-même ce signe de « principe inconstant et fallacieux ». En présence des résultats auxquels il est conduit par l'enchaînement de ses propres idées vives, sous la forme du raisonnement, et particulièrement en ce qui touche la question de l'identité personnelle, il fait la remarque et l'aveu que voici :

« Les philosophes commencent à s'accoutumer à ce principe, *que nous n'avons d'une substance externe nulle idée qui soit distincte des idées des qualités particulières*. Ceci doit frayer le chemin à un principe similaire concernant l'esprit, à savoir : *que nous n'avons de lui nulle notion qui soit distincte des perceptions particulières.*

« Jusqu'ici, je semble m'appuyer d'une suffisante évidence. Mais après que j'ai délié toutes nos perceptions particulières, quand je procède à l'explication d'un principe de connexion qui les assemble et les enchaîne, et nous permette de leur attribuer une simplicité et une identité réelles, je m'aperçois que ma théorie est très défectueuse, et qu'il n'y a que le semblant d'évidence de mes raisonnements qui ait pu m'induire à l'accepter. Si les perceptions sont des existences distinctes, elles forment un tout uniquement par leur connexion mutuelle. Mais nulles connexions entre des existences distinctes ne sauraient se découvrir à l'entendement humain. Nous *sentons* seulement une connexion ou détermination de la pensée, pour passer d'un objet à un autre. Il s'ensuit de là que la pensée seule aperçoit une identité personnelle, lorsque réfléchissant à la suite des perceptions passées qui composent un esprit, les idées qu'on en a sont senties en connexion mutuelle et s'amènent les unes les autres. Quelque extraordinaire que cette conclusion puisse paraître, elle n'est pas de nature à nous étonner. La plupart des philosophes

---

(1) Hume, *Traité de la nature humaine*, trad. Pillon et Renouvier. Appendice, p. 377.

sont portés à penser que l'identité personnelle *naît* de la conscience, et la conscience n'est rien qu'une pensée ou perception réfléchie. Jusque-là donc la philosophie actuelle s'offre sous un aspect encourageant. Mais tout mon espoir s'évanouit lorsque j'en viens à l'explication des principes qui unissent nos perceptions successives dans notre pensée ou conscience. Je ne puis découvrir aucune théorie qui me donne satisfaction sur ce chapitre.

« Au résumé, il y a deux principes auxquels je ne peux donner de la solidité, et il n'est cependant en mon pouvoir de renoncer ni à l'un ni à l'autre : *Toutes nos perceptions distinctes sont des existences distinctes;* et : *L'esprit ne perçoit jamais de connexion réelle entre des existences distinctes.* Si nos perceptions étaient inhérentes à quelque chose de simple et d'individuel, ou si l'esprit percevait entre elles quelque connexion réelle, le cas ne présenterait aucune difficulté. Quant à moi, j'ai à réclamer le privilège du sceptique, et je confesse la difficulté trop forte pour mon entendement. Je ne prétends pas pour cela la déclarer absolument insurmontable; d'autres peut-être, ou moi-même après de plus mûres réflexions, pourront découvrir quelque hypothèse capable de lever ces contradictions » (1).

Une hypothèse n'était pas nécessaire pour lever la *difficulté* qui tenait l'esprit de Hume en suspens. Il aurait suffi que des *réflexions* prolongées lui eussent fait abandonner le principe du pur sensationisme dans l'origine des idées, et de l'empirisme absolu dans l'association des idées. S'il avait seulement admis l'existence des lois propres de l'entendement qui président à l'expérience et sont des conditions de sa possibilité même, il aurait compris que l'espèce de *connexion réelle* qui est le fondement de réalité que le substantialisme a le tort de chercher en abstrayant et puis en *réalisant* l'idée toute relative de substance, nous est donnée dans les lois inséparables de la représentation des phénomènes, inséparables, par conséquent, des phénomènes eux-mêmes. Les « existences distinctes » soit vues dans le sujet, soit vues dans l'objet, lui auraient paru dès lors des existences qui ne se peuvent comprendre que liées et rapportées les unes aux autres en des relations dont il ne reste qu'à trouver les définitions générales. Et, en matière de causalité, il était suffisamment préparé à comprendre que la fausse imagination des actions transitives doit faire place, pour la connaissance rationnelle sévère, à la pensée de ce genre de

---

(1) Hume, *Traité de la nature humaine,* trad. Pillon et Renouvier, p. 347.

liaison qui forme le système de la nature, et qui consiste en ce que certains phénomènes étant déterminés dans le temps, certains autres phénomènes le sont par là même, les uns comme antécédents et les autres comme conséquents des premiers, dans le cours du devenir. Tel est le remède philosophique à la dispersion, à l'universel *déliement* des existences phénoménales, que Hume sentait bien être une réfutation par l'absurde du phénoménisme empirique.

Il nous est aisé maintenant de nous rendre compte de ce qu'on a appelé, se fiant d'ailleurs à lui pour cela, le scepticisme de Hume. Si nous considérons que ce philosophe a composé un système complet et admirablement lié de psychologie et de morale ; si surtout nous avons égard à l'importance de ses arguments critiques sur la substance et la cause, et à ce fait qu'une grande école qui ne passe point pour sceptique vit aujourd'hui en grande partie sur ses théories, peu profondément modifiées, nul penseur plus que celui-là ne pourra prendre rang dans l'histoire de la philosophie, à côté de ceux qui ont fait toute autre chose qu'une œuvre de pyrrhoniens. Si ensuite nous revenons au jugement qu'il a porté lui-même des dernières conséquences de sa doctrine psychologique, — qu'il a porté néanmoins sans cesse de déclarer qu'elles lui *paraissaient évidentes* chaque fois que son esprit repassait par les raisonnements qui l'y avaient conduit, — nous reconnaîtrons dans son attitude une espèce particulière de scepticisme qu'une comparaison va nous permettre de définir. Supposons que Protagoras, cet ancien « sophiste » dont les thèses favorites étaient à peu près les siennes, ou que Pyrrhon lui-même se fût avisé en ses loisirs de former un système lié des apparences, au moyen de principes apparents, et de raisonnements apparemment vrais, le tout durant qu'il le considérait ; que, cela fait, d'autres idées venant à la traverse, ou ne fût-ce que cette considération que d'autres hommes ont d'autres idées, il se fût senti prêt à abandonner tout cet arrangement phénoménal, à la simple condition de ne se pas remettre dans la même disposition d'esprit où il lui avait été suggéré : si Pyrrhon avait fait cela, sa conclusion définitive serait demeurée celle que lui connaît l'histoire, mais n'aurait point infirmé nécessairement la valeur à d'autres yeux de telle ou telle partie de sa spéculation. Pyrrhon, dans cette hypothèse, et pour employer les termes de son école, aurait pratiqué sérieusement la *skepsis* avant d'aboutir à l'*aporésis* et à l'*époché* ; et, même en concluant, il aurait pu dire ce que nous savons qu'on a dit également dans cette école : « Je *n'affirme pas* que les dificultés soient insurmontables, ou que d'autres, dans la suite, ne puissent avoir un meilleur succès de leurs recherches ». C'est ainsi que Hume a parlé, de bonne foi ; et, par le fait, l'erreur de méthode qui rendait sa position phénoméniste intenable a été corrigée par la théorie kantienne des jugements synthétiques.

Je dois maintenant caractériser d'un dernier mot cette attitude particulière, à la fois systématique et sceptique, en la rapportant aux notions méthodiques d'évidence et de croyance, dont je m'occupe surtout ici. Ces notions n'ont rien d'opposé, chez Hume, et même elles se confondent puisqu'elles s'appliquent l'une comme l'autre à l'influence exercée sur l'esprit par une idée *forte et vive*, — *pendant qu'elle s'exerce*. Cette manière de définir le mode d'assentiment de l'esprit aux idées est éminemment intellectualiste ; on peut dire que Hume adhère en ce sens à la méthode cartésienne de l'évidence ; mais il en coupe le nerf, en déliant, comme il dit, ou dissolvant les phénomènes, qui ne font foi que séparément pour eux-mêmes, et selon que leurs associations les amènent. Il devrait s'ensuivre de là que toute proposition réellement affirmée et soutenue constituât un acte de croyance ; mais Hume, tout en ne songeant pas sans doute à les nier, ne paraît guère tenir compte des émotions ou passions d'ordre intellectuel et moral qui contribuent à décider et à maintenir l'esprit ferme dans ses affirmations. Encore moins a-t-il égard à la volonté comme facteur de croyance ; sa définition de la croyance exclut formellement l'intervention du vouloir. En fait et comme auteur tantôt de raisonnements et de propositions, tantôt d'une conclusion dubitative, il use de la liberté de l'esprit. La sienne est entière, comme celle du pyrrhonien, qui s'emploie à la constante suspension du jugement ; mais, en tant qu'il trouve à propos de laisser la balance pencher, il pense ne faire que céder passivement à de fortes apparences. En un mot, il n'entre rien de moral dans l'attitude et les déterminations de cet éminent penseur ; son système est sans âme, il le regarde lui-même comme une sorte de jeu, attrayant et fatigant, dont il se délasse en passant à d'autres divertissements qui ont du moins le mérite de tenir tout ce qu'ils promettent. La doctrine de Kant est, sous ce rapport, en plein contraste avec le système de Hume.

J'ai dû, a dit Kant, caractérisant l'œuvre de la critique de la raison pure, « j'ai dû supprimer le *savoir* (*das Wissen*) pour y substituer la *croyance* (*das Glauben*) » (1). Cette formule hardie est juste en son application, si l'on considère l'ensemble d'une critique qui dévoile les paralogismes de l'ontologie et de l'ancienne psychologie, dite rationnelle, renverse les démonstrations de l'existence de Dieu, de la simplicité de l'âme et de la liberté, et remplace cette *philosophie théorétique* par une *philosophie pratique* dont les *postulats*, essentiellement fondés sur la notion du *devoir*, semblent bien ne pouvoir se réclamer au fond que de la croyance de celui qui les propose et de celui qui les accepte. Est-il bien vrai cependant que l'œuvre de Kant ait cette netteté ; que lui-même n'ait pas habituellement dogmatisé ; qu'il n'ait pas cherché certains modes de déduction rationnelle, sans être assuré de ses prémisses, dans l'établissement de ses *catégories*, par exemple ; qu'il ne se soit pas complu en de nombreuses définitions et classifications, sans bien justifier des raisons qui les lui faisaient adopter et devaient les imposer à une philosophie *critique* ; qu'il n'ait pas prêté à des *jugements synthétiques a priori* une nécessité, une valeur absolue, qui dès qu'on la reconnaît est favorable aux prétentions des purs métaphysiciens ; que, jusque dans ses analyses de la raison pratique et de la doctrine des mœurs, il ne se soit pas exprimé en des termes qui éloignent l'idée de croyance et posent on ne sait quel dictamen irrésistible ; enfin qu'il n'ait pas infiniment dépassé les limites que sa propre méthode devait lui fixer, quand il est sorti de l'ordre des relations phénoménales en posant des substances et portant à l'absolu le principe de causalité, ou qu'il s'est servi du *noumène*, encore qu'absolument inconnu et indéterminable, de son propre aveu, pour résoudre les difficultés dans lesquelles il se jettait par sa façon de comprendre le monde des phénomènes ? Sur tous ces points, il n'est pas facile de voir en quoi la méthode d'exposition et de démonstration suivie par Kant diffère de celle des écoles évidentistes ordinaires.

Les catégories, selon Kant, et c'est là pour lui un principe essentiel, souvent invoqué, « n'ont d'usage relativement à la connaissance des choses qu'autant que les choses sont regardées comme des objets d'expérience possible. » Or rien de ce qui tombe sous l'expérience n'y peut venir que relativement, c'est-à-dire en de certaines relations par lesquelles

---

(1) Préface de la seconde édition de la *Critique de la raison pure*.

il se détermine. Exprimée en termes abstraits, l'une de ces relations qui servent de forme et de règle à l'expérience représentée en notre entendement est le *rapport général de l'accident à la substance*, ou des phénomènes à un sujet d'inhérence. Ce ne saurait être un procédé légitime, à ce point de vue, de prendre ce rapport lui-même et d'en *réaliser* les termes, comme s'ils pouvaient être des objets de connaissance de la même manière que les choses dont ils servent à formuler un mode de connaissance. C'est cependant ce qu'a fait Kant, en énonçant absolument et réalistiquement un *Principe de permanence*, comme il suit : « Le substratum de tout ce qui est réel, c'est-à-dire de tout ce qui appartient à l'existence des choses, est la *substance*, et tout ce qui appartient à l'existence ne peut être conçu que comme sa détermination. » — C'est l'ancienne définition scolastique, sur laquelle Spinoza a élevé tout son édifice de doctrine. — « Par conséquent, le permanent relativement à quoi seul tous les rapports temporels des phénomènes peuvent être déterminés est la substance dans les phénomènes, c'est-à-dire ce qu'il y a en eux de réel (*das Reale derselben*), et ce qui demeure toujours le même, comme substratum de tout changement. Et comme la substance ne peut changer dans l'existence, son quantum dans la nature ne peut augmenter ni diminuer. » On voit que Kant ne craint pas de matérialiser la substance, puisqu'il lui attribue la quantité, et au reste ce n'est pas là ce qu'on peut lui reprocher, car les idées de matière en général et de substance ne sont pas vraiment distinctes. En conséquence de ce principe, il adhère au vieil axiome : *Gigni de nihilo nihil, in nihilum nil posse reverti*, sans autre réserve (en faveur de la doctrine théologique) que de remarquer que ces propositions ne s'appliquent pas à des *choses en soi*, mais seulement à « la manière dont nous nous représentons l'existence des choses (dans le phénomène). » Cette manière ne laisse pas d'être nécessaire pour cette représentation des choses, selon Kant, et ces choses sont formellement celles qu'il qualifie de *réelles*, en sorte que la réserve devient complètement inefficace, à moins de penser que la réalité et la représentation de la réalité sont une pure fantasmagorie (1).

Si nous cherchons de l'existence *réelle de la substance des phénomènes*, une preuve meilleure, chez Kant, que le fait de la représentation, inhérente

---

(1) *Critique de la raison pure, Analytique transcendantale : première analogie de l'expérience.*

à l'esprit, de la relation générale *de phénomène à groupe de phénomènes*, nous ne rencontrons plus qu'un argument : à savoir, que si on niait de pouvoir « penser » les objets de l'expérience comme choses en soi, — il accorde que, comme tels, on ne peut les « connaître », — « on arriverait à cette absurde proposition, qu'il y a des apparences phénoménales sans qu'il y ait rien qui apparaisse » (1). Mais cette proposition est équivoque et Kant fait là une très évidente pétition de principe, car la question est de savoir si les phénomènes sont des apparences de quelque chose qui n'a rien de phénoménal ; et c'est là ce que nient les adversaires du réalisme substantialiste. Au surplus il n'y a pas à contester à Kant la possibilité de *penser* des choses *en soi*. Ce sont alors des abstractions que l'on pense. On fait bien plus, on *pense* des contradictions ! C'est une pensée fort claire par exemple, que celle d'un nombre plus grand que tout nombre possible, ou d'un rapport exact entre la diagonale et le côté du carré.

Sur la question de la causalité, de même que sur celle de la substantialité, Kant a été infidèle à son principe des catégories, simples règles de l'expérience possible, ou relations à considérer exclusivement entre les objets de cette expérience. « C'est, dit-il, une *loi* essentielle de la *représentation empirique* de la succession dans le temps, que les phénomènes du temps passé déterminent ceux du temps suivant, et que ces derniers n'aient lieu, comme événements, qu'autant que les premiers déterminent leur existence dans le temps, c'est-à-dire la déterminent d'après une règle... Pour que ma perception puisse enfermer la connaissance d'un événement... il faut qu'elle soit un jugement empirique qui suppose la succession comme devant être déterminée ; en sorte que cet événement suppose, dans le temps, un autre phénomène qu'il suit nécessairement, ou selon une règle... Le principe du rapport de causalité dans la série des phénomènes a donc une valeur qui s'étend à tous les objets de l'expérience (sous les conditions de la succession) puisqu'il est lui-même le fondement de possibilité de cette expérience. » A ce principe du déterminisme dans le devenir, Kant ajoute la loi de la continuité à l'infini de tout changement : « Le principe de cette loi est celui-ci : Ni le temps ni un phénomène dans le temps ne se composent de parties qui soient les plus petites possibles, et pourtant la chose, dans son changement, n'arrive à un nouvel état qu'en passant par toutes ces parties comme étant ses éléments. *Il n'y*

(1) Préface de la seconde édition de la *Critique de la raison pure*.

a aucune différence du réel dans le phénomène, ni dans la quantité des temps, qui soit *la plus petite*, et le nouvel état de la réalité passe, en partant du premier, où il n'était pas, par tous les degrés infinis de cette même réalité » (1).

Cette dernière loi est une déclaration d'infinitisme réaliste, qu'on ne peut que trouver bien étrange, si l'on songe qu'il s'agit d'appliquer à l'*expérience possible* la règle d'une relation entre des états successifs *réels*, et non pas l'imagination mathématique de la décomposition indéfinie du devenir, accompagnant la décomposition indéfinie du temps abstrait. Kant remarque, avec juste raison, que pour ce qui est de savoir « comment en général quelque chose peut être changé », nous ne possédons pas « *a priori* la moindre notion », mais il prétend que nous connaissons *a priori* la forme et la condition nécessaire de tout changement empirique, de tout passage d'un état à un autre état de quelque chose ; et cette condition de l'expérience, c'est la production d'un nombre actuellement infini de phénomènes entre deux phénomènes quelconques tombant sous l'expérience ! Est-il est possible d'imaginer une condition plus incompatible avec ce que chacun entend par des conditions de l'expérience ?

Quant à la thèse déterministe, au « principe de la raison suffisante comme fondement de toute expérience possible, c'est-à-dire de la connaissance objective des phénomènes au point de vue de leur rapport dans la succession du temps », — je cite encore les termes de Kant, — il y a dans les passages ci-dessus une confusion à éclaircir. Kant y parle de la loi de causalité en tant que jugement qui établit un rapport de séquence nécessaire entre un phénomène donné et d'autres phénomènes qui le précèdent dans le temps. Il est vrai que c'est une « condition de l'expérience » que nous nous représentions les *événements* comme ayant, dans leurs antécédents, des conditions nécessaires de leur production, et des conditions suffisantes pour qu'ils se produisent. Même au point de vue de Hume, un tel jugement existe en toutes circonstances, parce que l'expérience même et l'habitude y ont donné lieu ; et au point de vue de Kant, il anticipe toute expérience. Mais c'est une question tout autre, et que le principe ainsi posé ne tranche pas, de savoir si telle condition nécessaire et suffisante d'un événement observé et acquis *n'aurait pas pu* remplir le même rôle à l'égard d'un événement différent de ce dernier, et qui, si l'hypothèse

---

(1) *Critique de la raison pure, Deuxième analogie de l'expérience*, 1re édition.

est admissible, *aurait pu* arriver à sa place, se trouver acquis, lui aussi, en l'excluant, et satisfaire également bien à la loi de causalité. La supposition de l'existence des agents libres entraîne celle d'un ordre de causes dont la puissance serait ambiguë à l'égard de leurs effets. Or cette supposition et ses conséquences n'empêchent nullement le cours des phénomènes, envisagé *a posteriori*, d'être réglé conformément à la loi et de remplir ainsi la « condition de l'expérience », réclamée par Kant. Seulement, on ne peut plus alors, en se reportant à la considération *a priori* des phénomènes, les regarder comme formant un enchaînement unique et nécessaire d'événements. On sait que Kant prête ce sens à la loi de causalité, et cette confusion le conduit à poser pour condition de l'expérience l'identification du possible avec le nécessaire, c'est-à-dire une opinion que l'expérience souffre que beaucoup d'hommes rejettent après y avoir bien pensé, et dont elle oblige tous les hommes sans exception à tenir l'objet pour faux dans la pratique.

Un corollaire nécessaire du principe de causalité, interprété dans le sens déterministe, est qu'il n'y a point eu de premier commencement des phénomènes, puisque tout événement supposerait une cause antécédente qui serait elle-même un effet, et ainsi de suite, en une regression sans fin. La doctrine de l'infini réalisé, une doctrine contradictoire pour l'entendement, nous est proposée de la sorte comme une condition mise par l'entendement à la possibilité de l'expérience ! L'expérience elle-même est violée par ce passage à l'absolu d'un principe dont l'unique fonction est de définir un rapport entre des phénomènes antécédents et conséquents, *les uns et les autres donnés dans le cours de l'expérience*, et auquel, au contraire, on prête le rôle de décréter et de dogmatiser sur la question de la limite de l'expérience et par conséquent en dépassant toute représentation possible de phénomènes.

Il nous reste maintenant à expliquer le mystère de la métaphysique kantienne. Si la doctrine de la substance et de la causalité qu'on vient de voir s'applique à la réalité du monde, elle est toute semblable en ses fondements à celle de Spinoza et ne devrait pas en différer par les conséquences. Le rapport de la causalité à la substance ne diffère pas, aux yeux de Kant, de ce qu'il apparaît dans le panthéisme. Les causes ne sont que certaines modifications dites actives de la substance immuable : « Puisque tout effet consiste dans ce qui arrive, c'est-à-dire dans le variable, indiqué par le temps dans la succession, le dernier sujet en est donc le *permanent*, comme substratum de ce qui change, c'est-à-dire la substance. En effet, d'après le principe de causalité, les actions sont toujours le premier fondement de tout changement des phénomènes, et par conséquent elles ne peuvent résider dans un sujet qui change lui-même, puisqu'alors il faudrait recourir à d'autres actions et à un autre sujet qui déterminât ce changement » Il est vrai que Kant ne se place pas directement au point de vue de l'unité de substance du monde ; il ne parle pas seulement de *la substance*, mais *des substances*, et de la substance « envisagée comme phénomène » (expression qui n'est point claire) ; mais son principe de causalité, et un autre principe encore, dont il fait une troisième condition nécessaire de l'expérience, et qui n'est rien de moins que celui de la communauté et de l'action réciproque générale de toutes les substances, entraînent l'admission d'un fond commun de substance, d'une cause universelle immanente, et d'une évolution unique du monde (1). La doctrine de Kant se place donc ainsi quelque part entre celle de Spinoza et celle de Leibniz. Mais maintenant est-ce bien sur des réalités qu'il spécule dans cette partie de son *Analytique transcendantale ?* Ce réalisme substantialiste et infinitiste représente-t-il sa véritable conception de l'univers ?

Les deux parties de cette question sont profondément distinctes, si singulier que cela puisse paraître. La réponse à la seconde ne me paraît point douteuse. La réponse à la première soulève une question d'emploi des mots et dépend du sentiment avec lequel le penseur aborde l'idée suprême du *réel*. Commençons par la seconde.

Les trois principes de substantialité, de causalité et d'action réciproque générale ne sont pas établis par Kant « sur des concepts » : il insiste beaucoup sur ce point, par où il entend se distinguer radicalement des métaphysiciens ses prédécesseurs. Il ne suit pas la méthode de l'évidence ; il ne déduit pas les conséquences de certaines propositions premières indubitables ; il se contente d'analyser les conditions de possibilité de l'expérience,

---

(1) Ce troisième principe (*troisième analogie de l'expérience*) est affecté spécialement par Kant à l'explication de la perception de la simultanéité des phénomènes coexistants. Il semble qu'une induction naturelle devrait suffire pour nous faire penser comme simultanés les phénomènes que nous percevons, quand nous le voulons, successivement, mais l'un avant ou après l'autre indifféremment. Kant veut que le concept de la « succession réciproque des déterminations des choses » soit le moyen d'une perception de la simultanéité.

telles qu'elles ressortent à ses yeux des formes propres de l'entendement, et il les formule tout aussi dogmatiquement que le pourraient faire les évidentistes, quoiqu'il affirme, en opposition avec leur genre de spéculation *a priori*, que l'expérience seule et la connaissance des lois de l'enchaînement empirique des phénomènes autorisent à « deviner ou pénétrer l'existence de quelque chose ». Les idées générales sur l'ordre de l'univers, auxquelles il arrive par ce procédé, sont donc renfermées dans la pensée, dans la représentation, mais ne laissent pas de s'appliquer à cet univers, de la seule manière dont il puisse nous être représenté.

Il ne reste plus qu'à savoir si cet univers est réel. Or Kant a tenu essentiellement à distinguer sa doctrine d'avec un *idéalisme*, soit *dogmatique*, comme celui de Berkeley, soit *problématique*, comme celui de Descartes, et il s'est efforcé de démontrer l'existence du monde extérieur en faisant valoir cette considération, que la conscience de l'existence personnelle, comme d'une chose déterminée dans le temps et permanente dans la perception, suppose l'existence de choses au dehors, capables de la déterminer en ses changements; et que l'expérience externe n'est pas moins immédiate que cette expérience interne qu'elle conditionne (1). Il s'ensuit de là que les phénomènes représentés extérieurement et leurs lois n'ont pas moins de réalité que la pensée et les siennes. En conséquence, les trois grands principes que Kant regarde comme des conditions de l'expérience sont bien des formes et des règles de cette réalité externe que seule cette expérience nous fait connaître. On a généralement regardé la démonstration du monde extérieur comme vicieuse. On a objecté qu'elle ne prouvait ni ne pouvait prouver que les phénomènes perçus comme extérieurs sont quelque chose

(1) *Critique de la raison pure: Les postulats de la pensée empirique. — Réfutation de l'idéalisme* (2ᵉ édition). — On sait que la « réfutation de l'idéalisme », sous forme de démonstration toute spéciale et apodictique, ne se trouve que dans la seconde édition, où elle a été introduite par Kant. Ce n'est pas que la première édition ne renferme le même fond d'idées, entièrement opposées, *selon Kant*, à l'idéalisme ordinaire ; ni que, dans la seconde, il ait fait disparaître les thèses dans lesquelles les lecteurs reconnaissent un idéalisme « subjectif » qu'il ne leur est pas facile de distinguer de celui de Berkeley, à moins que ce ne soit pour le juger beaucoup plus radical. La différence entre les deux éditions est cependant réelle; un disciple tel que Schopenhauer, qui s'en est indigné, n'a pas pu s'y tromper tout à fait. Elle consiste en ce que Kant, sans modifier positivement sa doctrine, a retranché ou retouché des passages qu'il croyait avoir pu donner au lecteur une idée fausse de son *véritable* « idéalisme transcendantal ». Parmi les morceaux retranchés, il y en a un très important et considérable sur la psychologie rationnelle, où se rencontrent les expressions les plus fortes possibles qui caractérisent cet idéalisme.

de plus qu'une face, la face objective de la représentation interne elle-même. Mais l'objection tombe, quand on a bien compris Kant, car il n'entendait nullement démontrer le contraire ; il fait un seul et même sort aux deux classes de phénomènes par rapport à la représentation, et il les oppose tous ensemble à la *chose en soi*. Mais alors qu'est-ce que la *réalité ?* C'est ici que nous revient la première partie de la question : est-ce sur la réalité même des choses ou sur de pures apparences, que porte une doctrine qu'il faudrait appeler simplement panthéistique, si son auteur n'envisageait rien au delà.

Voici quelques passages entièrement décisifs, pris entre beaucoup d'autres qui ne le sont pas moins, où l'on peut voir à la fois ce que Kant entendait par l'idéalisme transcendantal, et de quelle espèce de coefficient d'illusion générale il frappait les objets du domaine de la représentation, comparativement au sujet, quoique absolument inconnu, dont l'existence pourrait être dite *en soi* : « L'idéaliste transcendantal, dit-il, peut être un réaliste empirique, et par conséquent un *dualiste*, c'est-à-dire accorder l'existence de la matière, sans sortir de la simple conscience de soi-même... En effet, comme il ne donne cette matière, et même sa possibilité intrinsèque, que pour un phénomène, qui, séparé de notre sensibilité, n'est rien, elle n'est pour lui qu'une espèce de représentations (d'intuitions) qu'on appelle extérieures, non parce qu'elles se rapportent à des objets *extérieurs* en soi, mais parce qu'elles rapportent les perceptions à l'espace, où toutes choses existent les unes en dehors des autres, tandis que l'espace lui-même est en nous... J'ai conscience de mes représentations ; elles existent donc, et moi-même avec elles. Or les objets extérieurs (les corps) ne sont que des phénomènes, et par conséquent ne sont rien qu'une classe de mes représentations, dont les objets sont quelque chose par le moyen de ces représentations, mais ne sont rien en dehors d'elles. Les choses extérieures existent donc tout aussi bien que moi-même, et cela, dans les deux cas, sur le témoignage immédiat de ma conscience, avec cette seule différence que la représentation de moi-même comme sujet pensant est seulement rapportée au sens intérieur, tandis que les représentations qui désignent des êtres étendus sont rapportées aussi au sens extérieur. Je n'ai pas plus besoin de me fier à une inférence par rapport à la réalité des objets extérieurs que par rapport à celle de l'objet de mon sens intérieur (de mes pensées), car les premiers et le dernier ne sont que des représentations dont la perception immédiate (la conscience) est en même temps une preuve suffisante de leur réalité (1).

« Si on tient les phénomènes extérieurs pour des représentations produites en nous *par leurs objets comme par des choses existantes en soi hors de nous*, on ne voit pas comment on pourrait connaître l'existence de ces choses autrement que par un raisonnement concluant de l'effet à la cause; en quoi il est toujours douteux si cette cause est en nous ou hors de nous. Or on peut bien accorder que nos intuitions extérieures ont pour cause quelque chose qui, dans le sens transcendantal, peut être hors de nous; mais ce quelque chose n'est pas l'objet que nous comprenons par les représentations de la matière et des choses matérielles; car celles-ci ne sont que des phénomènes, c'est-à-dire de certaines espèces de représentation qui n'existent jamais qu'en nous et dont la réalité repose sur notre conscience immédiate tout aussi bien que la conscience de nos propres pensées. *Qu'il s'agisse de l'intuition interne ou de l'intuition externe, l'objet transcendantal nous est également inconnu...*

« Toute perception extérieure prouve immédiatement quelque chose de réel dans l'espace; *ou plutôt elle est le réel même.* Le réalisme empirique est donc parfaitement vrai, c'est-à-dire que quelque chose de réel dans l'espace correspond à nos intuitions externes. Sans doute l'espace même, avec tous ses phénomènes, comme représentations, n'existe qu'en moi; mais dans cet espace, pourtant, le réel ou le matériel de tous les objets de l'intuition extérieure ne laisse pas d'être donné, indépendamment de toute imagination ou fiction. Il est impossible d'ailleurs que quelque chose d'*extérieur à nous* (dans le sens transcendantal) soit donné *dans cet espace*, puisqu'il n'est rien lui-même en dehors de notre sensibilité... *Le réel des phénomènes extérieurs n'est donc réel que dans la perception, et ne peut être donné d'aucune autre manière* ». Plus loin, Kant nous offre cette formule, pour distinguer les représentations vraies des représentations trompeuses de l'imagination ou des sens : « Ce qui s'accorde avec une perception suivant des lois empiriques est réel ».

(1) *Critique de la raison pure : Paralogismes de la raison pure : quatrième paralogisme.* — Ce passage appartient à la première édition kantienne seulement, et l'on voit qu'il contient en substance la *démonstration de l'existence du monde extérieur*, que Kant a ajoutée ou mise en vedette dans la seconde; mais on y trouve énergiquement accusée la pensée idéaliste fondamentale, dont cette démonstration ne s'écarte pas, mais, au premier énoncé, semble vouloir s'écarter.

Le dernier mot, qui n'est pas toujours bien compris, de cette doctrine s'éclaircit avec une question de terminologie. Kant appelle *réel* le monde des phénomènes réduit à l'unité d'une représentation de conscience : à l'unité, car sa méthode ne lui permet pas même de poser la multiplicité des consciences, comme *réelle*, en quelque autre sens de la réalité que celui dont on vient de voir la définition. Aussi n'en parle-t-il pas. Fichte n'a point eu de peine à tirer de là l'idéalisme *solipsiste* dont il a prêté la pensée à Kant. Ce monde des phénomènes étant réel, réelles comme lui sont les lois empiriques des phénomènes, réelles les conditions de l'expérience, qui procèdent il est vrai de l'entendement, mais sans lesquelles l'expérience n'étant pas même possible ne saurait à plus forte raison apporter ce réel qu'elle apporte dans les perceptions. Or ces conditions sont les principes de substantialité, de causalité, de communauté et de continuité infinie, dont le sens et la portée nous ont été expliqués ci-dessus. Le monde réel est celui de la conception panthéistique. Mais, d'un autre côté, il y a une espèce absolument différente de *réalité*, qui ne reçoit pas ce nom dans la langue de Kant : c'est « l'objet transcendantal de l'intuition, soit externe, soit interne », cet *extérieur à nous*, mais extérieur dans un autre sens que celui de l'extériorité spatiale, cet *intérieur* aussi, mais qui n'est point phénomène et ne peut en aucune façon devenir un objet d'intuition ; en un mot, la *chose en soi*, le *noumène*. Pour qui envisage cette réalité « transcendantale », la réalité phénoménale n'est plus qu'une fantasmagorie, et c'est ainsi que Schopenhauer a interprété la doctrine kantienne.

Nous avons ici la clé des « antinomies de la raison pure ». Elles eussent été insolubles pour Kant, si aux quatre thèses *finitistes* de ces antinomies, il eût opposé, comme il fait, les quatre antithèses *infinitistes* qui répondent selon lui au monde *réel*, et qu'ensuite il n'eût pas eu pour infirmer ces dernières, — sans cependant affirmer pour cela les premières, — cet argument, que, ce monde réel n'existant pas du tout *en soi*, la question de savoir s'il est fini ou infini est une question vaine et qui n'aboutit qu'à une opposition de termes entre lesquels le choix n'est pas forcé.

Les quatre antithèses établissent : Que le monde n'a ni commencement dans le temps ni bornes dans l'espace ; — Que le monde n'admet en lui rien de simple et ne se compose pas de parties simples ; — Qu'il n'y a pas de spontanéité pouvant commencer un état en échappant aux lois de la nature ; — Qu'il n'y a rien ni dans le monde, ni hors du monde, qui en soit la cause. Elles ont toutes également trait à la division à l'infini des phénomènes, comme cela est facile à voir et comme le montre d'ailleurs le développement que leur donne Kant. La fin de non recevoir qu'il leur oppose peut donc se résumer ainsi (1) : « La multitude des parties, dans un phénomène donné, n'est en soi ni finie ni infinie, puisque un phénomène n'existe pas par lui-même, et que ses parties s'obtiennent uniquement par la régression de la décomposition, et dans cette régression, qui ne peut jamais être donnée entièrement, ni comme finie ni comme infinie. Il en est de même de la série des causes antécédentes et conséquentes, ou de la série des existences conditionnées jusqu'à l'existence inconditionnée et nécessaire : La série ne peut jamais être regardée ni comme finie ni comme infinie en soi, dans sa totalité, puisque, comme série de représentations subordonnées, elle ne forme qu'une régression dynamique, et qu'elle ne saurait exister avant cette régression, comme une série en soi de choses, ou par elle-même. »

Quoi qu'on puisse penser de l'*en soi* du monde, au sens métaphysique et absolu de ce terme *en soi*, il y a un autre point à considérer ici ; c'est celui de la *réalité*, que Kant accorde au monde et maintient énergiquement. Or ce monde de la représentation, ce monde phénoménal, ce monde de l'expérience, doit subir les lois de la représentation, et ces lois sont celles qui répondent aux *antithèses*, et non point aux *thèses* des antinomies : Kant a prétendu nous le démontrer. Quiconque donc tiendra sérieusement ce monde pour *réel* lui appliquera, appliquera au vrai monde, au monde tout court, et dans un sens également réel, les propositions formulées dans les antithèses. Ces propositions, à la vérité, sont contradictoires en elles-mêmes ; mais cette circonstance, qui n'a point arrêté Kant, qui ne l'a pas empêché de les mettre en balance avec les propositions opposées, — celles des *thèses* des antinomies, — dont il aurait dû reconnaître au moins ce mérite comparatif de n'impliquer par elles-mêmes aucune contradiction, cette circonstance n'est pas non plus, on le sait, un obstacle au panthéisme infiniste, à cette doctrine dans laquelle on donne un sens réaliste et matériel à des propriétés contradictoires qui *ne sont*, aux yeux de Kant, que celles du monde de la représentation, du monde qui n'est pas en soi. Et maintenant que peut opposer Kant à l'interprétation du panthéisme réaliste ? les *thèses* des antinomies : le com-

---

(1) *Critique de la raison pure. L'antinomie de la Raison pure*, § VII.

mencement et les bornes du monde, le terme final de la décomposition des phénomènes, la cause première et la liberté? Nullement, puisqu'il enveloppe ces thèses dans la même fin de non recevoir que les antithèses, sous prétexte que ni les unes ni les autres ne s'appliquent au monde. Il ne peut donc opposer au panthéisme que cette chose en soi elle-même, c'est-à-dire l'idée de quelque chose d'absolument étranger à toute représentation, et dont toute définition possible se réduit à dire qu'elle ne peut recevoir aucune définition ou détermination quelconque.

Hegel a très nettement caractérisé et réduit, en peu de mots, à sa juste valeur cette idée abstraite qui est la chose en soi de Kant, le noumène. « La *chose en soi*, dit-il, — et sous cette dénomination l'on comprend aussi l'esprit, Dieu, etc., — est l'objet où l'on fait abstraction de tout ce qui le rend saisissable à la conscience, de tout élément sensible, comme de toute pensée déterminée. L'on voit aisément qu'il ne reste après cela qu'une pure abstraction, un être vide qui recule indéfiniment et échappe à la pensée, une négation de toute représentation, de tout sentiment et de toute pensée définie. Mais on peut faire, à cet égard, cette réflexion bien simple : à savoir que ce *caput mortuum* est lui-même un produit de la pensée, de la pensée qui forme cette abstraction pure, ou du moi vide qui se donne pour objet cette identité également vide. La détermination négative, qui contient comme objet cette identité abstraite, se trouve énumérée parmi les catégories de Kant, et elle est tout aussi bien connue que cette identité vide. On doit, par conséquent, s'étonner d'entendre si souvent répéter qu'on ignore ce qu'est la *chose en soi*; car il n'y a pas de connaissance plus facile que celle-là... L'expérience ne saurait atteindre à cette identité indéterminée, parce que son contenu est déterminé. *Si l'on considère l'inconditionnel comme formant la connaissance réelle et absolue de la raison, la connaissance expérimentale ne sera plus qu'une illusion et une apparence* » (1).

Cette identité vide, rapprochée des propriétés que Kant impose au monde de la représentation, à titre de « conditions de l'expérience », place le penseur dans ce dilemme : ou de se contenter de ce monde réel et de ses propriétés (qui le conduisent au réalisme panthéistique), arguant de ce que le noumène est un pur non être ; ou d'envisager dans le noumène l'être absolu, et alors de regarder la connaissance expérimen-

---

(1) *Logique de Hegel*, traduite par A. Vera, t. I, p. 281-283.

tale comme illusoire, suivant la juste remarque de Hegel. C'est pourtant dans cette *identité vide* de la *chose en soi*, que Kant a cherché le fondement rationnel de l'existence de Dieu et de la liberté, — de la liberté rigoureusement exclue du monde des phénomènes. Et il est arrivé de là que les *postulats de la raison pratique*, au lieu d'être *pratiquement* réclamés de la croyance humaine, et considérés, en leur application au monde phénoménal, qui est le monde réel, se sont trouvés emmêlés dans la métaphysique, dont le but de la critique de la raison pure semblait être de les séparer.

Ce n'est pas la contradiction qui déplaît à Hegel dans les antinomies kantiennes. Il regrette, au contraire, que Kant ait voulu résoudre les antinomies; et lui-même trouve la contradiction partout. « *Cette pensée*, dit-il, *que la contradiction est essentiellement et nécessairement posée dans la raison par la détermination de l'entendement, marque le progrès le plus important et le plus profond de la philosophie moderne*. Mais autant ce point de vue est profond, autant la solution des antinomies (celle de Kant) est superficielle. On a éprouvé une sorte de tendresse pour le monde : on a pensé que la contradiction serait une tache pour lui, et que c'est à la raison, à l'essence de l'esprit, qu'il faut l'attribuer. L'on accordera sans difficulté que l'esprit trouve des contradictions dans le monde phénoménal, c'est-à-dire dans le monde tel qu'il apparaît à la pensée subjective, à la sensibilité et à l'entendement. Mais lorsqu'on rapproche l'essence du monde et l'essence de l'esprit, l'on est étonné de cette espèce de bonhomie et d'humilité avec laquelle on affirme que ce n'est pas l'essence du monde, mais bien l'essence de la pensée, la raison, qui contient la contradiction ». — Il y a lieu à stupéfaction, en effet, pour le penseur qui, suivant la marche de Kant, croit découvrir que la responsabilité de la contradiction n'incombe pas à l'objet, à ce monde, auquel après tout il ne peut rien, mais à lui-même et à sa représentation qu'il devrait pouvoir changer, si c'est bien à lui que tient la difficulté. Il faudrait trouver le moyen de corriger cette raison fautive.

« On doit éviter la difficulté, continue Hegel, en disant que la raison ne tombe dans la contradiction que par l'application des catégories ». — Mais ce n'est là qu'une mauvaise défaite et le mérite de Hegel est de le voir :

« Mais l'on fera remarquer, ajoute-t-il immédiatement, que *cette application est nécessaire, et que la raison n'a, pour connaître, d'autres déterminations que les catégories.* Connaître, c'est, en effet, avoir une pensée déterminante ou déterminée : une raison vide, une pensée indéterminée ne pense rien. Que si l'on veut réduire la raison à la pensée d'une identité vide, on l'affranchira, il est vrai, de toute contradiction; mais on la dépouillera en même temps de toute réalité et de tout contenu.

« On peut ensuite remarquer que c'est pour ne pas avoir examiné plus attentivement les antinomies que Kant n'en a compté que quatre... Le point essentiel qu'il faut remarquer ici, c'est qu'il n'y a pas seulement quatre antinomies tirées du monde, mais *qu'il y en a dans tous les objets de quelque nature qu'ils soient, comme dans toute représentation, dans toute notion et dans toute idée.* Établir ce point et reconnaître cette propriété dans les choses, c'est là l'objet essentiel de l'investigation philosophique; c'est cette propriété qui constitue le moment dialectique de la logique » (1).

Voilà comment Hegel, partant de ce *progrès profond* de la philosophie moderne, la découverte des antinomies, et les généralisant, brisant le cadre fictif où Kant les renfermait par sa table des catégories, enfin les affranchissant d'une prétendue solution générale, fondée sur une conception vide, a pu construire un système évidentiste nouveau, remarquable par ces deux caractères : 1° que l'évidence y a été demandée aux idées pures, comme dans la doctrine cartésienne, mais tirée surtout d'un enchaînement universel de ces idées, enchaînement qui explique et développe la totalité de la pensée, en toutes ses applications possibles, et semble ainsi se démontrer par le simple fait d'une immense déduction, équivalente à la production même des choses; 2° que le grand obstacle à la rationalité de l'infinitisme panthéiste (c'est-à-dire la loi de détermination et de nombre, l'impossibilité de l'infini actuel) y a été écarté par la manœuvre hardie qui prend précisément la contradiction pour loi et fait en quelque sorte rentrer dans l'évidence cela qui passe pour le renversement de l'évidence. En définitive, c'est le système des *antithèses* des antinomies kantiennes qui a fourni la conception du monde de Hegel, avec cet amendement capital, que les *thèses* correspondantes ont pu paraître conservées, à la faveur de la règle des contraires, dans le mouvement de l'idée, et que la

---

(1) *Logique de Hegel*, traduite par A. Vera, t. I, p. 289-291.

chose en soi, au lieu de s'opposer au monde phénoménal, est devenue cet *être identique au non être* qui marque l'origine idéale des choses, antérieure à toute détermination. Tel fut, grâce à la métaphysique abstruse dont s'accompagna le criticisme de Kant, le résultat le plus considérable et le plus renommé d'une œuvre entreprise avec beaucoup de confiance pour « substituer la croyance à la science » dans la méthode philosophique!

Cependant une idée de la croyance, à la fois pratique et d'extension égale à l'esprit, embrassant la science, s'était montrée un moment aux contemporains de Kant. Je ne veux pas parler de Jacobi, qui confondit la croyance avec certaine intuition ou connaissance immédiate, et ne sut pas distinguer la certitude, état moral, d'avec la certitude se donnant pour science certaine. Je parle de Fichte, dont les fortes déclarations touchant la fonction de la volonté et de la personnalité pour engendrer toute conviction, depuis la simple croyance au monde extérieur jusqu'aux déterminations de la foi qui donnent seules du sérieux à la vie humaine, partent d'un fond de sentiment qu'on voudrait avoir été plus familier à Kant. Et chez Fichte lui-même, je n'ai pas à m'occuper des théories qui purent obtenir finalement son adhésion, mais seulement de l'idée qu'il se forma de la nature d'une telle adhésion réfléchie, au moment où le penseur reconnaît que la pure « doctrine de la science », c'est-à-dire l'idéalisme égoïstique absolu, est inséparable d'un doute profond, non seulement sur ce qu'il lui importe essentiellement de connaître, mais même sur sa propre existence en tant que siège d'une activité réelle.

« Il se fait en moi un effort vers ce qui est hors de moi ; voilà ce qui est vrai ; voilà même la seule chose qui le soit dans tout ce que je viens de dire ». — Il s'agit d'une récapitulation des raisonnements qui réduisent la réalité au moi. — Or, comme c'est moi qui ai le sentiment de cet effort, comme ma conscience se trouve nécessairement resserrée dans les limites du moi, je ne puis avoir d'aucune façon le sentiment de ce qui est au delà de ces limites; et comme ce n'est donc qu'en moi, qu'en moi seul que je perçois cet effort, il résulte de là que cet effort me semble venir de moi, qu'il me paraît être le produit d'une activité qui m'appartient en propre. Mais il pourrait bien se faire qu'à mon insu cet effort fût produit en moi par une force qui par sa nature serait invisible pour moi... Je ne sens rien en effet de l'activité que je m'attribue, chose étrange ! sans en rien savoir. Cette activité n'a pas d'autre existence pour moi que celle des facultés de l'intelligence ou des forces de la nature. Si elle existe pour moi, c'est aussi, c'est seulement en vertu des lois de la pensée qui, à l'aspect d'une chose modifiée, me contraignent irrésistiblement à supposer une chose modifiante.

« Ce passage de la notion pure à une prétendue réalisation de la notion pourrait donc n'être vraiment que le procédé ordinaire de la pensée qui, du moment où elle se fait objective, ne veut plus être simple pensée, mais chose distincte de la pensée... J'ai le sentiment qu'un effort est produit au dedans de moi. Je me le dis, le pensant pendant que je le dis. Mais ce sentiment l'ai-je réellement, ou pensé-je seulement l'avoir? Ce que j'appelle le sentiment d'une chose ne serait-ce pas seulement une modification de moi-même produite en moi par ma pensée dans l'acte même où elle s'objective...

« Si cette doctrine », — la doctrine qui réduit le moi à des phénomènes passifs, confondus et perdus dans ceux de la nature, sans aucune libre activité véritable, — « était autre chose pour moi qu'un jeu d'esprit bizarre dont je voulusse m'amuser un moment, si j'en voulais faire la règle de ma vie réelle, il est évident que je devrais refuser obéissance à la voix intérieure qui m'a parlé », — cette voix qui porte à l'action comme à la vraie destination de l'homme, en conséquence du savoir, — « Pourquoi, dans quel but voudrais-je me donner la peine, le souci d'agir? Cette doctrine ne m'enseigne-t-elle pas qu'il m'est refusé de savoir si je puis agir? que ce qui m'apparaît comme un acte réel, exécuté par moi, m'appartenant bien en propre, n'est au fond qu'une vaine illusion? Quel droit me resterait-il alors de prendre ma vie au sérieux? Ma vie, de même que ma pensée, serait-elle autre chose qu'un jeu frivole et puéril !

« Mais refuserais-je d'obéir à la voix intérieure? Non; je ne le ferai pas. Loin de là, c'est de ma pleine, de mon entière volonté que je me voue librement, tout entier à l'accomplissement de la destination que cette voix m'a révélée. J'emploierai toutes mes facultés, je mettrai toute l'énergie de mon intelligence à saisir la pensée dans sa vérité, dans sa réalité; je saisirai de même dans leur vérité, dans leur réalité les choses que la pensée suppose. Et pour cela, je demeurerai constamment au point de vue où me placent mes instincts intimes, à celui du sens commun dont je me garderai bien de m'éloigner dorénavant d'un pas, de peur de m'égarer de nouveau dans de vains sophismes, dans de bizarres subtilités ».

Ce n'est cependant pas le *sens commun* qui est le vrai nom de l'organe dont le penseur doit se servir en son effort pour se mettre « en possession de la réalité »; Fichte va définir avec plus de précision l'instrument de la raison pratique, en même temps qu'il l'opposera à la science :

« Cet organe n'est pas la science. La raison de chaque science se trouve toujours dans une autre science d'un ordre plus élevé que cette science, ce qui fait de la science entière une chaîne dont les extrémités nous échappent, ce qui rend la science inhabile à se fonder elle-même. Mais la croyance, c'est-à-dire cet assentiment spontané que je donne aux convictions qui se présentent le plus naturellement à moi, comme celles au moyen desquelles il m'est donné d'accomplir ma destination, la croyance, dis-je, est cet organe. C'est la croyance qui donnant aux choses la réalité, les empêche de n'être que de vaines illusions ; elle est la sanction de la science. Peut-être pourrait-on même dire qu'à proprement parler il n'y a réellement pas de science, mais seulement certaines déterminations de la volonté qui se donnent pour la science, parce que la croyance les constitue telles...

« Je ne puis admettre que mes convictions sont croyance, non science, sans admettre en même temps qu'elles naissent du sentiment intime, non de l'entendement... Je sais que mes convictions se forment dans une sphère inaccessible au raisonnement... Dès lors je sais donc que le germe d'où se sont développées mon intelligence et l'intelligence des autres hommes est la volonté, non l'entendement... Dès lors donc il m'est devenu facile d'écarter toute fausse science qui voudrait prévaloir contre ma croyance. Je sais qu'il n'appartient pas à la pensée d'engendrer à elle seule la vérité. Je sais que toute vérité qui ne se réclame pas de la croyance, qui ne s'appuie que sur la science, est par cela même incomplète ou trompeuse; car la science ne nous apprend que cette seule chose, c'est que nous ne savons rien (1). Je sais qu'il n'est pas de science qui,

(1) Il est peut-être bon de remarquer que la science impossible est la science intégrale et absolue qui serait capable de démontrer ses conclusions, parce qu'elle aurait d'abord démontré ses prémisses, — et non point la science qui rattache des faits à d'autres faits en généralisant progressivement des lois vérifiables qui les embrassent, sans pouvoir atteindre jamais ni le principe ni la fin de son objet. La science irréalisable est la seule qui pût faire valoir un titre à remplacer universellement la croyance et, par suite, à dicter des lois souveraines à la raison

après nous avoir fait errer dans un labyrinthe plus ou moins compliqué de déductions intermédiaires, puisse nous faire rencontrer dans ses conclusions les plus éloignées autre chose que ce que la croyance a d'abord déposé dans ses prémisses. Or, savoir cela, n'est-ce pas avoir un moyen infaillible de discerner la vérité dans toutes choses? Car, puisque c'est de la conscience morale (et nous n'en doutons pas) que découle toute vérité, n'est-il pas évident que toute assertion qui se trouverait en opposition avec les inspirations de la conscience ou qui tendrait à infirmer ses décisions ne peut être une vérité? Ne dois-je pas être convaincu qu'elle contient une erreur, quand bien même il me serait impossible de démêler exactement en quoi consiste cette erreur, ou bien sur quoi elle est fondée?

« Aussi est-ce bien là ce que font tous les hommes qu'éclaire la lumière du soleil. Tous se mettent en possession de la réalité à l'aide d'une croyance née avec eux, grandie avec eux. Et comment en serait-il autrement? La science, l'induction ou la réflexion ne nous apportent aucun motif de voir dans nos représentations autre chose que de simples images se succédant en nous dans tel ou tel ordre, en vertu de je ne sais quelle loi de nécessité. Nous tenons néanmoins ces images pour autre chose que de simples images ; nous leur donnons à toutes un support, un substrat qui n'était point dans nos représentations... Quelle est la main cachée qui nous emprisonne, nous enchaîne dans ce point de vue? N'est-ce pas, sans aucun doute, l'impérieux besoin que nous avons tous de croire réel ce que nous faisons, de croire à une réalité que nous créons tous, l'homme de bien en accomplissant ses devoirs, l'homme sensuel en recherchant la jouissance. Nul n'échappe à ce besoin. Il n'est donné à personne de vivre hors de la croyance. La croyance est le joug universel, inévitable, que porte sans le voir celui à qui le don de la vue a été refusé, que porte en la voyant celui dont les yeux sont ouverts, mais dont ni l'un ni l'autre ne sauraient s'affranchir. Nous naissons tous dans la croyance...

« Ouvrant donc enfin les yeux, j'ose regarder en face la prétendue nécessité à laquelle j'ai obéi jusqu'à présent. Je brise son joug. Je sais que ma destination est de faire moi-même ma pensée, d'être indépendant de toute influence extérieure. Je cesserai donc de voir, dans l'esprit qui

---

pratique et à la vie morale. De cette science-là, toutes les sciences constituées nous apprennent que *nous ne savons rien*.

fait ma pensée, qui anime ma vie, par qui se fait ce qui est en moi, pour moi et par moi ; dans cet esprit de mon esprit, pour ainsi dire, je cesserai donc de voir une chose qui me soit étrangère. Je veux au contraire que dans toute la rigueur du mot cet esprit soit mon ouvrage. Bien plus, puisque je me suis refusé à devenir aveuglément ce que ma nature intellectuelle voulait que je devinsse, puisque je me suis refusé à n'être que l'œuvre de la nature, il faut que moi aussi je devienne à l'avenir l'œuvre de mes mains, que moi aussi je sois à l'avenir ma propre création. Or, pour que cela soit, il me suffit de le vouloir. Il me suffit de renoncer à toutes les subtilités au moyen desquelles j'étais parvenu à jeter des doutes et de l'obscurité sur le témoignage spontané de ma conscience ; et c'est ce que je fais. Je reviens avec liberté, sachant ce que je fais, n'adoptant ce parti qu'après mûres délibérations, qu'après avoir hésité entre plusieurs autres partis ; je reviens, dis-je, à mon point de départ primitif, à celui où ma nature intellectuelle m'avait tout d'abord placé. J'y reviens, décidé à prêter l'oreille, à donner croyance entière à tout ce que ma conscience intime me révélera. Mais ce que je croirai je ne le croirai pas parce que je devrai le croire, parce qu'il faudra que je le croie ; je le croirai parce que voudrai le croire » (1).

De ces pages éloquentes, sans s'arrêter à tels traits qui mériteraient explication, il faut seulement ici retenir ces deux points :

1° La *croyance* est opposée à la *science*, en tant que la science est incapable d'atteindre son principe, et que, considérée par rapport à l'effort philosophique pour la définition de la réalité, la science est arrêtée par la reconnaissance méthodiquement préalable du *solipsisme* des représentations empiriques de la conscience. A ce point de vue, les inductions relatives à la réalité de l'effort et de l'objet extérieur de l'effort sont infirmées par l'hypothèse de certaine nécessité inhérente à la série de ces sortes de représentations, et aux rapports qu'elles posent, et qui pourraient n'être que de simples apparences, bornées aux moments où elles apparaissent. On se trouve alors rejeté dans le doute et mis dans l'impossibilité d'en sortir par la science. De là une manière nouvelle d'envisager la position du penseur, dans le moment défini par la formule du *Cogito ergo sum*. La racine de l'affirmation est cherchée dans l'activité de l'es-

(1) *Destination de l'homme. La Science, le Doute, la Croyance*, p. 233-248 de la belle traduction de ce très beau livre, par Barchoux de Penhoën (1832, in-8°).

prit, dans l'assurance que l'esprit veut se donner de son existence réelle comme volonté libre ; ce n'est donc plus le point de vue intellectualiste de la *chose qui pense*, et des *idées claires et distinctes* pour faire foi sans la volonté. Et le fantôme du *Grand Trompeur* de Descartes, cet empêchement hypothétique à toute affirmation certaine, est remplacé philosophiquement par l'hypothèse de la nécessité, qui, si elle était fondée, impliquerait négation de la réalité de la conscience, sous l'aspect d'activité originale où Fichte l'envisage. Descartes n'a pu éviter, au fond, le cercle vicieux, patent pour la logique pure, que s'il a supposé tacitement un acte de croyance dont la méthode intellectualiste a cependant la prétention de se passer.

2° La question dilemmatique de la nécessité et de la liberté est ainsi posée par rapport à l'ordre général des choses, en même temps et dans le même acte qu'elle est posée à l'origine de la connaissance : dans la première affirmation demandée à la conscience, et pour la définition même que la conscience doit se donner de sa réelle nature. Le premier acte de croyance accompli dans le moi, par rapport au moi, est aussi un acte qui prononce sur l'existence réelle du non moi, objet de l'effort du vouloir, et sur la borne posée par la conscience à la conception de l'Être comme série universelle et nécessaire de phénomènes. Enfin l'affirmation de la liberté est elle-même un acte libre qui précède et conditionne toute science au point de vue philosophique.

Un profond penseur contemporain a donné du dilemme de la liberté et de la nécessité, — après avoir examiné les deux thèses et reconnu la force particulière de chacune, ainsi que l'impossibilité d'imposer l'une ou l'autre à l'esprit par l'évidence, — une analyse remarquable, qu'on peut regarder comme le complément de la pensée de Fichte sur l'acte premier de la croyance humaine. Cette analyse doit trouver place ici. Je l'ai résumée ailleurs dans les termes suivants :

« Ou c'est la nécessité qui est vraie, ou c'est la liberté.

« Dans la première hypothèse, il se peut que j'affirme la nécessité, il se peut que j'affirme la liberté, mais ce sera toujours nécessairement que j'affirmerai. » — N. B. La possibilité (*il se peut*) ne s'entend ici que comme l'expression de notre ignorance.

« Si j'affirme nécessairement la nécessité, je serai toujours hors d'état d'en garantir la réalité, puisque, d'autre part, l'affirmation contradictoire est également nécessaire. » En effet, je sais par expérience que cette affirmation contradictoire a été produite en fait ou peut l'être, ou chez d'autres hommes ou chez moi-même, en telles ou telles conditions ou circonstances différentes de celles où se produit mon affirmation actuelle; et cela toujours nécessairement, suivant l'hypothèse de la réalité de la nécessité, qui est celle que j'examine. Il m'est donc impossible de trouver une garantie de la vérité de mon affirmation actuelle, dans cette hypothèse, et je suis condamné au doute.

« Si j'affirme nécessairement la liberté, je trouve dans le parti que je prends, outre l'avantage d'une affirmation nécessaire, égal de part et d'autre, cet autre avantage des propriétés morales que je viens de reconnaître à mon postulat. » — L'auteur avait défini précédemment ces propriétés bien connues, tant de fois exposées depuis Aristote.

« Dans la seconde hypothèse, dans celle où c'est la liberté qui est vraie, si j'affirme la nécessité, je l'affirme librement, je suis dans l'erreur, et je ne me sauve pas du doute, puisque la nécessité, que je crois, n'exclut pas le doute.

« Enfin, si j'affirme librement la liberté, la liberté étant vraie, je suis à la fois dans le vrai, par hypothèse, et je recueille les avantages de mon affirmation libre.

« Il est donc clair que, des quatre termes de la double alternative : — Nécessité affirmée nécessairement, — Nécessité affirmée librement, — Liberté affirmée nécessairement, — Liberté affirmée librement, — le troisième offre à l'agent moral une position plus favorable de beaucoup que les deux premiers, et le quatrième l'emporte sur tous les autres. Nous devons donc nous y déterminer, si nous nous souvenons que c'est ici logiquement un cas de doute, un cas dans lequel la croyance est inévitable pour nous, quelque parti que nous prenions.

« Définitivement, deux hypothèses : la liberté ou la nécessité. *A choisir entre l'une et l'autre, par le moyen de l'une ou de l'autre.* Je préfère affirmer la liberté et affirmer que je l'affirme au moyen de la liberté. Ainsi je renonce à imiter ceux qui cherchent à *affirmer quelque chose qui les force à affirmer.* Je renonce à poursuivre l'œuvre d'une connaissance qui ne serait pas la mienne. J'embrasse *la certitude dont je suis l'auteur.*

« Et j'ai trouvé *la première vérité* que je cherche. Si je considère la science en son principe, dans le premier principe de ses théories, quelles qu'elles soient, je déclare *la liberté condition positive de la connaissance, moyen de la connaissance.*

« Et si je regarde à la science, dans cet ordre pratique qui est le premier en dignité, qui est la connaissance de moi-même, j'écris hardiment ces paroles :

« La formule de la science : FAIRE.

« Non pas *devenir*, mais faire, et, en faisant, SE FAIRE (1). »

Revenons à Fichte, et voyons quelle transformation, ou plutôt quel complément de pensée concrète et de vie l'impératif kantien de la *raison pratique pure* et le principe des postulats reçoivent d'une méthode où le nœud de la réflexion morale systématique est pris dans la croyance libre et dans l'action, — sans distinction de liberté phénoménale ou nouménale, — et où l'affirmation même du monde extérieur est demandée à la croyance, comme l'un de ces postulats, lié à la reconnaissance du moi libre et à la conscience du devoir.

« Le rôle de la réalité extérieure n'est pas seulement de fournir matière à mes intuitions; ce n'est pas seulement pour me servir d'un vain spectacle, c'est pour me fournir des occasions d'agir et des moyens d'action qu'elle a été placée devant moi. Or, je n'ai qu'une chose à faire dans ce monde; il en est une du moins qui embrasse toutes les autres, et cette chose s'est accomplir ma destination, remplir mes devoirs. Le monde est pour moi l'objet du devoir, la sphère où s'accomplit le devoir. Il n'est rien d'autre, rien de plus pour moi ou pour tout être fini; il serait même de toute impossibilité qu'il fût autre ou qu'il fût quelque chose en sus de cela; en d'autres termes, qu'un autre monde existât pour nous; car pour un être fini, il n'est d'autre monde possible qu'en vertu, qu'au moyen du rapport que je viens de signaler entre ce monde et lui. La réalité se présenterait d'elle-même à nous sous quelqu'autre point de vue que nous manquerions d'organe pour la saisir.

« A cette question que je me suis faite souvent : le monde dont j'ai la représentation a-t-il une existence réelle? je ne saurais par conséquent

---

(1) Voir les analyses et fragments de la philosophie de J. Lequier dans mes *Essais de Critique générale*, — *Psychologie*, 2ᵉ édit., t. II, pp. 156 sq., 273 sq. et 370 jusqu'à la fin du volume.

trouver une réponse plus inaccessible à toute objection que ce qui suit :
En moi je trouve la conscience de certains devoirs auxquels je ne pourrais concevoir d'objet, que je ne saurais mettre en pratique ailleurs que dans un monde identique à celui dont j'ai la représentation. Ce monde existe donc...

Les choses extérieures n'ont d'existence pour nous qu'autant que nous les savons. Les impressions que font sur nous ces choses ne sont pourtant pas le germe d'où est sortie notre conscience de la réalité extérieure ; de vains simulacres nés en nous de l'imagination ou de la pensée, et d'où ne peuvent naître que d'autres simulacres aussi vides qu'eux-mêmes, ne le renferment pas davantage ; mais c'est de notre croyance en notre liberté, en nos facultés, en nos actes, qu'est vraiment sortie, que s'est développée en nous notre conscience du monde réel. Cette conscience qui vient d'une croyance n'est donc elle-même qu'une croyance. Nous avons d'abord en effet la croyance que nous agissons, puis que nous agissons de telle et telle façon, puis enfin que les actes que nous exécutons s'accomplissent dans une sphère donnée que nous appelons le monde. De la nécessité d'agir où nous nous sommes trouvés est donc née en nous la conscience du monde réel. Mais la réciproque n'a pas lieu ; car nous n'agissons pas parce que nous savons, et tout au contraire nous savons parce que nous agissons. La raison spéculative a ainsi ses racines dans la raison pratique. Or, comme ce sont les lois qui régissent nos actes, dont nous avons la certitude immédiate, qui nous donnent en même temps la certitude du monde extérieur, il en résulte que nous soustraire à ces lois serait anéantir du même coup et le monde et nous-mêmes. C'est donc la loi morale qui nous a tirés du néant ; c'est donc la loi morale qui nous empêche seule d'y retomber (1) ».

La partie étroite et exclusive de cette théorie est inacceptable. Mais on peut, en rejetant des vues systématiques qui n'iraient pas à moins, semble-t-il, qu'à refuser la conscience du monde extérieur aux êtres qui, pour y arriver, ne passeraient pas par la conscience du devoir, on peut conserver ce qui concerne le rôle essentiel de la croyance, chez tous les hommes, en toute affirmation positive ; le rôle de la liberté d'affirmer, nier ou douter, au début de la pensée spéculative ; le rôle même de la notion du devoir, au point de vue d'un idéalisme solipsiste auquel

(1) *Destination de l'homme*, p. 260-266.

il s'agirait d'échapper et que nul argument de logique pure ne saurait atteindre en son dernier retranchement. L'existence du monde extérieur est affirmée indépendamment de toute notion proprement morale, en vertu d'une impulsion puissante dont le sentiment et les passions sont de suffisants mobiles. Pour la réflexion, la même affirmation se justifie par le raisonnement inductif le plus fort, au moins quand il s'agit d'êtres semblables à nous-mêmes, ou analogues, qui nous présentent les mêmes signes par lesquels les effets de nos modifications internes et de nos actions nous apparaissent empiriquement et extérieurement. Toutefois une induction invérifiable, cette dernière ainsi que tout autre, n'a pour garantie qu'une croyance. L'affirmation instinctive et naturelle est une croyance également, à d'autant plus forte raison qu'elle n'est point réfléchie. Enfin la confiance que nous accordons à nos facultés, à nos fonctions et opérations mentales, en tout ce qui dépasse le témoignage actuel d'un phénomène, c'est-à-dire dès les premiers et moindres pas de la mémoire et de la comparaison, cette confiance est éminemment une croyance. Ceci admis, les croyances naturelles et spontanées, ou dont l'expérience et l'induction posent des fondements que l'intelligence est apte à reconnaître, sans aucune idée de devoir, mais à l'aide des seules représentations de fins et de causes, ont été méconnues par ce philosophe qui était resté sous l'influence de son premier système d'idéalisme égoïstique. Mais le fait des croyances naturelles n'exclut point la considération de la croyance morale. L'erreur de Fichte n'ôte rien à son droit de regarder la loi morale comme le véhicule philosophique pour quitter la position logiquement inexpugnable du moi phénoménal unique et passer du doute à la croyance.

Après Kant et Fichte, la thèse de la croyance, dans le domaine philosophique, reste posée irrévocablement, la dernière venue des thèses que j'étudie en regard de leurs contradictoires, et celle de toutes qui conquiert le plus difficilement sa place entre des systèmes intéressés en commun au privilège de s'imposer à l'esprit. Avant ces philosophes, la doctrine de l'évidence, sous ses formes multiples, avait eu pour adversaire capital le scepticisme, qui, toutes choses examinées, concluait à ne rien conclure et, par conséquent, refusait toute satisfaction à deux besoins impérieux : le besoin de donner aux sciences de la nature, à la logique même, et, d'autre part, aux lois de la conduite, un fondement meilleur que le phénomène, tel qu'il apparaît au sceptique, et l'habitude; et le besoin de pourvoir aux intérêts supérieurs, et de céder aux attraits de l'âme, en matière de vérités requises qui dépassent l'expérience et les apparences. Le scepticisme lui-même avait servi à frayer une voie à la croyance, mais alors à un genre de croyance gratuite, arbitraire et mystique, puisqu'elle prenait son point de départ dans l'incertitude conclue des investigations diversement poursuivies de l'ordre rationnel. La liberté du jugement, lasse de s'exercer au maintien résolu du doute, se donnait brusquement carrière dans les affirmations et, par le fait, ne pouvait souvent que se conformer dans ce cas à la coutume, qui est la règle du sceptique, en la corroborant seulement par le désir et la volonté d'en déclarer l'objet comme certain. Enfin, au milieu de ce conflit du scepticisme, de la foi et des systèmes variés de l'évidence empirique ou apriorique, des philosophes avaient tenté de sortir d'embarras en invoquant le consentement universel, ou le sens commun, ou certaines intuitions réputées par eux indéniables, à l'appui des propositions qu'ils tenaient pour des vérités premières. Ce n'était toujours là que la méthode de l'évidence, plus ou moins déguisée par une vaine tentative de confirmer l'évidence par l'autorité des hommes en général, que l'on disait la reconnaître : on n'avait point égard aux opinions des philosophes qui la niaient sur un point ou sur un autre, et qui seuls cependant étaient en état de donner des définitions exactes des termes et de traiter complètement des questions philosophiques; et quand on avait à réfuter ces philosophes, ne voulût-on que leur opposer des convictions prétendues universelles, encore fallait-il parler leur langue et se servir d'arguments de leur ressort, qui ne sont pas du ressort du sens commun. On invoquait aussi les intérêts moraux contre certaines propositions issues de la métaphysique (et parfois réellement indifférentes à la morale), mais on ne possédait aucun moyen, en dehors du scepticisme, que l'on combattait, de rabattre les prétentions de la métaphysique sur les sujets où l'on trouvait la morale intéressée. L'état des choses n'a été changé sous ce rapport que par l'analyse criticiste de la connaissance.

Il faut reconnaître et louer, dans les écoles du consentement universel et du sens commun, notamment chez Reid et chez le P. Buffier, son prédécesseur, le sentiment, quoique mal exprimé et analysé, d'une fonction humaine de croyance qui domine toutes les doctrines et use justement du droit de les confirmer ou de les répudier. Mais l'unique fondement logique de ce droit de la conscience est la négation de l'évidence, qui, si elle existait, annihilerait le sens propre de ce qu'on appelle croyance. C'est ce que ces philosophes n'ont pas senti. La croyance est essentiellement individuelle, quelque aptitude qu'elle ait à régner sur la généralité des hommes, en de certains sujets. Elle est toujours placée sous la responsabilité de la personne et de la raison personnelle. Quand on entreprend d'en généraliser l'idée et la fonction, en la déguisant sous les noms de sens commun ou de consentement universel, on se heurte à ce fait qu'elle n'est pas réellement générale, qu'elle est contredite, qu'elle varie spécialement chez ceux dont la profession est de la définir et de la motiver. On est alors forcé d'imiter ces derniers, de leur proposer comme évidentes, afin de les convaincre, les propositions mêmes dont ils contestent la vérité, ou, comme universellement approuvées, celles que précisément l'existence de la philosophie, toujours divisée contre elle-même, prouve n'être pas universelles. Il faudrait donc opposer aux principes des philosophes les opinions des hommes qui ne philosophent point; mais comme ces dernières ne sont jamais définies philosophiquement, logiquement, il faut les mettre en forme philosophique. On retombe, qu'on le veuille ou non, dans la mêlée des doctrines, on emprunte des arguments à l'arsenal commun de la spéculation et de la critique. Il se trouve toujours au fond que l'on a combattu pour une évidence qu'on soutient, contre l'évidence alléguée par autrui. Si Buffier et Reid n'avaient pas ainsi fait, ils se seraient vu réduits à n'adhérer au sens commun que pour des propositions vagues, les seules que le sens commun connaisse, auxquelles, en ce sens vague, les philosophes, entre eux les plus opposés, consentent sans peine, et à s'abstenir de toute philosophie rigoureusement définie, ce qui est un renoncement à la méthode scientifique dans ce domaine, et une manière de scepticisme.

L'école écossaise du sens commun est née d'une protestation de Reid contre les conclusions de la psychologie de Hume, touchant la substance et la cause. Un point capital pour Reid a été d'établir la doctrine de la perception directe des corps, et pour cela de réfuter des principes admis à la fois dans les deux branches, apriorique et empirique, entre lesquelles se divisait la philosophie, depuis Descartes. Or, la question de la perception est un vrai type de celles où il est facile et même nécessaire qu'un homme quelconque et un philosophe s'entendent toujours, en ne s'expliquant point.

Et, toute explication philosophique étant dès lors appelée à se justifier, — comme Berkeley, par exemple, n'a pas manqué de justifier sa théorie, — en montrant qu'elle rend compte des impressions et opinions communes des hommes, et, en d'autres termes, qu'elle est d'accord avec le sens commun, il est complètement vain de vouloir employer le sens commun lui-même en guise d'argument contre l'explication. Ce qu'il faut prouver, c'est que la théorie proposée ne fournit pas la base suffisante des jugements du sens commun. D'autres arguments deviennent indispensables, on se trouve ramené à invoquer l'évidence, que l'adversaire ne vous accorde pas. D'une manière générale, le réalisme substantialiste et l'imagination des causes transitives ne sauraient se réclamer du sens commun contre les doctrines opposées, qui ne paraissent le contredire qu'en prétendant lui être conformes, et dont il n'a nul moyen de contrôler les propositions, fondées sur l'analyse de la connaissance.

Il était naturel que l'école du sens commun fût hostile à tous les systèmes métaphysiques et prît à tâche de les réfuter ; mais ses principes, qui n'étaient de nature à lui permettre aucune construction dogmatique en propre, ne lui fournissaient non plus ni règle ni moyen pour une vraie critique de la métaphysique. Elle fut conduite, afin de donner quelque apparence de méthode scientifique aux « sciences philosophiques », à assimiler ces dernières aux sciences naturelles, et à faire fond sur l'induction, appliquée aux phénomènes de l'esprit, en même temps qu'elle entendait proscrire les hypothèses, ce qui est contradictoire. Cette assimilation est une des plus grossières erreurs où jamais philosophe ait pu tomber, car il n'y a pas de problème philosophique de quelque importance, qui, traité par la méthode inductive, puisse remplir deux conditions essentielles d'une induction scientifique : la première, de partir de faits avérés, indépendants de toute interprétation, indépendants de tous principes qui, affirmés ou niés, changeraient la définition de ces faits en servant à les interpréter ; la seconde, de porter sur une affirmation ou ultérieurement vérifiable, ou dont l'objet du moins soit à l'abri, comme sont supposées l'être les prémisses, de toute opposition directe, motivée par ces mêmes principes dont l'éclaircissement ou la démonstration n'ont point été fournis. En un mot, ce n'est plus une philosophie, celle qui prétend avancer d'un pas sans discuter ses principes. On le vit bien dans l'école écossaise elle-même, quand la théorie kantienne des antinomies vint s'imposer à l'attention, et qu'il fallut répondre par oui ou par non à des questions inéludables, pour lesquelles le sens commun manque de lumières, et qui intéressent profondément, d'un côté, la logique appliquée à la représentation du monde, de l'autre, certaines croyances. Dans l'intérêt de celles-ci, Hamilton se résigna à la plus étrange des positions. Ne sachant pas plus reconnaître que ne l'avait fait Kant, une différence radicale de valeur logique entre les *thèses* et les *antithèses*, les unes dont l'objet surpasse l'entendement, mais sans toucher au souverain principe de ses fonctions, les autres formellement contradictoires en elles-mêmes, Hamilton les regarda comme également *inconcevables*, ou, selon lui, également répugnantes à la raison et absurdes. Ainsi la logique (le principe *exclusi medii*) nous forcerait à tenir les unes pour vraies, les autres pour fausses, sans savoir lesquelles vraies, lesquelles fausses; voilà ce que dit Hamilton, et il veut après cela que le choix quel qu'il soit, ne puisse éviter de tomber sur l'absurde. Au nom des intérêts religieux, ce philosophe crut avoir à prendre parti entre deux absurdités. Il serait difficile de constater plus clairement que par cet exemple la présence des plus ardus et troublants de tous les problèmes, là où l'on voudrait confier à l'évidence ou au sens commun la fonction de définir et de décider.

Essayons de nous rendre compte des causes qui ont empêché l'œuvre de Kant de porter les fruits qu'on aurait pu en attendre pour la position nette de la question entre la croyance philosophique et l'évidence. Les unes tiennent à la doctrine métaphysique du réformateur lui-même, les autres, encore plus puissantes, à la disposition générale des esprits qui, soit qu'ils suivent la méthode *a priori*, soit même qu'ils prétendent ne pas s'écarter de celle de l'expérience, font toujours de la philosophie une manière de recherche de l'absolu et sont bien décidés à trouver dans les idées ou dans les choses, extérieurement à leur conscience, des motifs nécessaires et irrésistibles de leurs opinions, sans y rien mettre de leur liberté de jugement, sans y engager leur responsabilité morale. Nous avons vu Kant déclarer, dans un remarquable passage, qu'il ne voyait pas comment on pourrait conclure autrement que par une induction douteuse à l'existence réelle de choses *hors de nous*, alors que les phénomènes ne nous sont tous donnés que dans nos représentations, et ne pas songer que la vraie conclusion est en pareil cas une fonction de la croyance qui s'unit à l'opération logique et sert à l'accomplir. Aussi concluait-il lui-même, non pas à l'existence d'êtres plus ou moins semblables à nous-mêmes, ayant leurs phénomènes à eux, en leurs représentations propres, comme nous avons les nôtres, et en rapport avec les nôtres, mais bien à l'existence de noumènes indéterminables et inintelligibles, qui ne sont pas dans l'espace, l'espace n'étant qu'en nous. La doctrine du noumène a eu pour effet de faire passer les questions qui sont la matière des postulats, — la liberté, l'immortalité, la divinité, — dans un domaine spéculatif abstrus où la croyance ne trouve plus une application facile et naturelle. En même temps, la théorie des antinomies a favorisé l'essor de la métaphysique qui se met au-dessus du principe de contradiction, et la prétendue solution générale des antinomies a transporté au sein du noumène, pour les y engloutir, des problèmes qui exigent impérieusement une réponse, si l'on veut se former une idée claire de la nature du monde des phénomènes. Les principaux systèmes des philosophes aprioristes, après Kant, ont consisté en des déterminations diverses de ce noumène qu'il n'avait voulu définir qu'en ne le définissant pas (ce qui aurait dû lui en interdire l'usage) ; et on peut dire qu'ils sont revenus à la méthode illusoire de l'évidence, puisqu'ils se sont présentés comme des constructions intégrales de la réalité, sur le fondement de principes rationnels certains, contestés en fait, mais que leurs auteurs tenaient pour incontestables. Fichte, lui seul, a été l'auteur d'une doctrine vivante ; mais cette doctrine de raison pratique, appuyée sur la loi morale et sur la croyance, avait été, dans une première phase, un absolutisme idéaliste opposé à la croyance universelle ; elle devint, dans une phase dernière, un panthéisme assez peu différent des panthéismes d'une autre origine et produits d'une autre méthode. Fichte a laissé la mémoire d'un grand caractère et d'un effort philosophique des plus originaux, mais l'impression due à son œuvre personnelle sur l'esprit des penseurs n'a pas été en rapport avec les sentiments puissants qui l'ont inspirée.

Cependant un aveu s'impose à ceux des philosophes de notre temps qui ne se font pas l'illusion de tourner en certitude philosophique les inductions incertaines des sciences, et qui restent attachés à la méthode d'investigation directe des principes du savoir, quoiqu'ils soient revenus de la suprême ambition d'atteindre l'absolu de la connaissance. « La philosophie, dit Lotze, ne signifie pour nous, à partir de ses premiers commencements, qu'un mouvement intérieur de l'esprit humain, dans l'histoire duquel elle a, seule, aussi la sienne; un effort pour acquérir, dans des limites supposées, à nous-mêmes inconnues, que nous trace notre existence terrestre, une idée du monde, en soi concordante, qui nous élève au-dessus des nécessités de la vie, et nous enseigne à nous y proposer des fins louables et à les atteindre... Cette subjectivité humaine de toute notre connaissance, nous l'avouons d'autant plus simplement que nous voyons d'ailleurs avec plus de clarté qu'elle est inévitable, et que si, — comme il est vrai, — nous pouvons renoncer à toute connaissance, nous ne pouvons jamais remplacer celle qui est mise en doute par aucune autre à laquelle ne s'adresserait pas le même reproche... Un tel sort n'est certainement pas un désavantage particulier à l'esprit humain, mais doit être partagé par tout être qui se trouve en rapport avec quelque chose en dehors de lui. Aussi, par cette raison précisément, ce caractère général de la subjectivité de toute connaissance ne peut-il absolument rien décider quant à la vérité ou la non-vérité de celle-ci; ajouter foi à l'une de ses parties, regarder l'autre comme erronée, c'est ce que nous ne pouvons légitimement faire qu'après avoir examiné ce qu'affirme chacune d'elles; nous devons écarter ou transformer toutes les opinions primitivement admises qui ne subsistent pas sans contradiction dans le complet ensemble de nos pensées, et peuvent être remplacées, sans contradiction, par d'autres; quant aux derniers principes que nous suivons aussi dans cette critique de nos pensées, il ne nous reste en effet, pour ce qui les concerne, qu'une confiance de la raison en elle-même, ou la certitude de la croyance qu'il y a partout du sens dans le monde, et que la nature de la Réalité, qui nous contient aussi nous-mêmes en soi, n'a donné à notre esprit que les nécessités de conception qui s'accordent avec elles (1). »

Mais cet aveu et cette concession que fait, à propos de l'idéalisme de Fichte, un métaphysicien très subtil, réaliste et panthéiste sous une forme originale, ne sont pas complets, ne sont pas suffisants; ils ne nous font pas sortir du pur intellectualisme, ils ne nous donnent de la croyance, à laquelle ils font place dans la connaissance, qu'une idée où manquent des éléments essentiels. Ainsi, Lotze reconnaît qu'il est possible de « renoncer à toute connaissance »; il pourrait ajouter que le motif et la justification du scepticisme qui se peuvent tirer de la « subjectivité de la connais-

---

(1) *Métaphysique, par Hermann Lotze*, trad. franç., p. 187.

sance » sont les moindres de tous, et qu'il y en a de plus graves, qui tiennent à l'impuissance des philosophes à s'accorder entre eux sur les principes de cette connaissance « subjective », et puis aussi aux contradictions qui semblent se révéler à l'examen des principes mêmes dont l'acceptation semble d'abord facile. Si donc le penseur passe outre à l'affirmation, il est à croire que la volonté, la passion (je prends ce dernier mot dans son acception la plus générale) et des motifs moraux entrent comme coefficients dans la fonction et les opérations de l'intelligence.

Lotze ne parle que de soumettre les opinions au contrôle du principe de contradiction : il oublie que l'emploi de ce contrôle soulève les plus grandes difficultés et de continuelles mésententes entre les philosophes, comme on peut s'en assurer en consultant leurs débats sur les antinomies et sa propre discussion du problème de l'infini dans le temps et dans l'espace. Il oublie de plus que l'abandon systématique du principe de contradiction, pour la construction de la « Réalité », est un caractère essentiel de certaines grandes doctrines dont les similaires n'ont manqué à aucune époque importante de la spéculation philosophique. On ne peut pas se servir du principe de contradiction pour décider de la valeur du principe de contradiction comme critère du Réel.

Lotze veut que la « confiance de la raison en elle-même » suffise au philosophe. Il accorde en cela une place due à la croyance, et nous ne lui reprocherons pas, nous le louerons plutôt de se servir de ces mots : « la certitude de la croyance ». Mais une telle certitude a ses degrés et porte un caractère plus ou moins universel ou personnel. Au premier degré, la croyance au monde extérieur et à la rectitude, en thèse générale, des fonctions de l'entendement est un bien grand point, mais qui ne mène pas loin le philosophe, non pas même jusqu'à lui apprendre s'il doit attribuer des bornes à tout objet *réel* de sa connaissance, à raison des bornes que les règles de l'entendement imposent à sa connaissance même, ou s'il est en possession de quelque faculté supérieure et mystérieuse qui lui permette d'atteindre l'infini, l'inconditionné, l'absolu, sans sortir du réel. Les uns l'affirment, les autres le nient. Si maintenant nous passons sur un terrain de croyance plus déterminé que celui de ces premières affirmations souveraines, un terrain plus particulier, qui est cependant le grand champ de bataille de la philosophie ; s'il s'agit de la liberté et de la nécessité, de la loi morale, de l'ordre moral du monde et des postulats de la raison pratique, l'histoire entière de la philosophie et son état actuel démontrent, autant que l'expérience peut démontrer quelque chose, non seulement que la croyance est le facteur le plus profond des doctrines, et cela dans la négation comme dans l'affirmation, mais encore qu'elle revêt chez chacun des penseurs un caractère éminemment personnel.

Enfin, Lotze, formulant le postulat de l'accord entre la « nature de la Réalité qui nous contient » et les « nécessités de conception » qui sont des données de notre esprit, ne songe pas que le perpétuel sujet des controverses philosophiques, est précisément, presque toujours, une question de savoir si une idée, une proposition, répondent ou non à une *nécessité de conception*. Si cette difficulté était levée, on cesserait bientôt de disputer. Mais, selon que chaque système se croit assuré d'une nécessité de cette sorte, il se fixe lui-même sur ses fondements, et s'oppose à d'autres systèmes qui invoquent une autre nécessité, une autre évidence; car évidence et nécessité expriment une seule et même prétention, au point de vue intellectualiste. Soit donc que les divergences des philosophes doivent s'expliquer au fond par la liberté du jugement, en leurs croyances respectives, soit qu'il faille admettre le déterminisme universel, auquel cas la nécessité dicte également leurs jugements contradictoires, le fait est toujours le même, c'est-à-dire que la *nécessité de conception* ne peut plus servir de critère du vrai, aussitôt qu'on sort des points, — s'il en est qui importent beaucoup, — desquels on ne dispute pas. On est donc bien peu avancé, en philosophie, pour avoir admis l'existence d'une harmonie entre les jugements nécessaires de l'esprit et la réalité des choses ou de leurs rapports. La question capitale demeure, de décider quels jugements sont nécessaires, entre plusieurs qui se donnent pour tels et sont incompatibles entre eux; plus haut que cela encore, de savoir s'il existe des jugements réellement *nécessaires* en matière de déterminations réfléchies de l'esprit, touchant des vérités d'ordre universel ou des faits en dehors de l'expérience immédiate. Notre métaphysicien n'éprouve aucun doute sur ce dernier point, et il est vrai que sa croyance est partagée, et pour cause, par des philosophes de toutes sortes d'opinions; mais il n'en est plus ainsi quand il leur propose ses *propres* jugements nécessaires, par exemple ses opinions sur la substance de l'âme, sur l'unité de l'être, fondement de la causalité, ou sur le caractère illusoire de la loi de succession des phénomènes. Toute tentative pour faire en quelque sorte endosser à la *nécessité de conception en général* une opinion philosophique qui est simplement ce qu'un philosophe croit pouvoir déterminer comme sa *nécessité de conception particulière* devrait sembler une puérilité à qui voudrait assez y réfléchir.

Telle est cependant la condition faite aux doctrines aprioriques et au dogmatisme individuel, à une époque où il n'y a plus ni autorité reconnue ni croyances générales. Le fâcheux état des choses, de ce côté, explique le succès croissant de la méthode opposée à l'apriorisme : non que cette méthode, en philosophie, ne tende elle-même à établir des propositions universelles (qui sont de véritables équivalents logiques des aprioris répudiés), tout en prétendant ne pas abandonner le principe de l'empirisme ; mais parce que l'expérience et l'analyse des faits posent d'abord une base dont on ne saurait à aucun point de vue éviter la reconnaissance et contester la solidité, et qu'ensuite, en s'élevant au-dessus de ce terrain, on se flatte d'imiter les sciences, de démontrer comme elles des lois, et de participer de leur genre de certitude. On mêle d'ailleurs, autant qu'on le peut, les sujets particuliers des sciences de la nature à l'étude de l'esprit humain, afin de créer une illusion sur la méthode propre de cette dernière, et de la faire paraître rigoureusement démonstrative, alors que des démonstrations qui ne sont pas même encore acquises sur le terrain scientifique exigeraient, pour le parti qu'on en prétend tirer, une généralisation dépassant celle qui appartient et qui suffit aux inductions et hypothèses des sciences, et des moyens de vérification qu'on ne peut espérer que pour celles-ci, dans certaines limites.

Les psychologues purs, de l'école associationiste, ne sont probablement pas loin d'avoir terminé la carrière de leurs recherches. Stuart Mill aura peut-être été le dernier penseur éminent de cette école, à laquelle on doit de nombreuses et très précieuses découvertes sur l'enchaînement empirique des idées et les phénomènes de l'habitude. Mais, en ce qui concerne les premiers principes, ces philosophes, intellectualistes à leur manière, confiants dans la méthode de l'évidence, autant que l'ont pu être, à la leur, les aprioristes issus de l'école de Descartes, et attachés au principe de la réduction radicale de l'esprit et de son contenu à l'enseignement des sens, avaient à mettre ce principe au-dessus de toute contestation, en montrant tout au moins comment les facultés ou lois de l'entendement et les synthèses de l'intuition peuvent être ramenées les unes aux autres, et finalement à des combinaisons naturelles d'impressions sensibles. On peut constater aujourd'hui qu'il a été au-dessus de leur subtilité et de leurs efforts d'accomplir une pareille tâche sans laisser un résidu d'idées générales et d'opérations inexpliquées, ne fût-ce, et de leur propre aveu, que le temps, la mémoire, l'esprit lui-même, en tant que fonction commune des lois de l'association. Il a fallu se donner un nouveau thème. On a pensé à la science, à la physiologie, qui avait été quelque temps laissée de côté comme ne pouvant apporter aucun véritable éclaircissement pour la définition et l'analyse des opérations proprement dites de l'esprit. On a commencé par une étude mixte des phénomènes de l'organisation, dans ceux de leurs rapports qu'on pouvait observer, décrire ou supposer avec les phénomènes psychiques. On n'a rien appris par là d'important sur ces derniers, sur ce qui en eux nous intéresse, mais on a été soutenu par l'espoir de toucher le fond solide où siègent les substances et les causes que la psychologie pure renonçait à atteindre, et de prendre possession d'une méthode vraiment expérimentale, promettant des résultats certains. C'était simplement revenir aux doctrines matérialistes ou panthéistes, en tâchant de faire passer, sans les discuter, des principes métaphysiques sous le couvert d'une science particulière, à peine ébauchée elle-même en ce qui concerne les questions mixtes des fonctions du système nerveux et des fonctions intellectuelles et émotionnelles.

A la hauteur où la spéculation philosophique s'élève inévitablement sitôt qu'une carrière lui est ouverte, la physiologie entraînant la psychologie n'est bientôt plus cette science particulière qu'on pensait ; mais elle subit à son tour la généralisation scientifique et devient une branche de la physique générale, pour laquelle tous les phénomènes sont des mouvements. Alors on rencontre l'idée abstraite de *force*, et, dans le moment même où la mécanique vraiment scientifique renonce à voir dans cette idée autre chose qu'un nom pour une fonction du mouvement local, on la recueille et on en fait un mode d'être à la fois concret et universel, comprenant toutes les manifestations possibles de la substance ou matière. L'imagination mythologique des transformations offre ses services, et l'on emploie la loi des équivalences du travail mécanique en rapport avec différents phénomènes physiques intéressant la sensibilité, pour se figurer une certaine essence dont le type serait un mouvement, ou la cause d'un mouvement, et dont les formes variées épuiseraient tout ce qui est et se fait dans le monde des sens et dans l'ordre de la pensée. Enfin la loi de la *conservation de l'énergie* se présente, on l'étend, on la généralise sans mesure et sans preuve, et l'on en conclut que rien au monde ne peut commencer ni finir, et que tous les phénomènes sont absolument enchaînés à leurs antécédents. Le mécanisme et le déterminisme universels se tirant ainsi d'une spéculation sans frein, commencée dans une sphère où se poursuivent des études scientifiques correctes et positives, se donnent hardiment pour des résultats de celles-ci, et réclament pour eux le crédit qu'on accorde à *la science*. L'ancienne et trop naïve théorie de l'évidence est remplacée par une autre qui a cet avantage, que ceux qui ne se rendent pas encore tout à fait à ses dogmes, comme démontrés, peuvent les regarder, la confiance dans le Progrès aidant, comme des vérités en train de se faire et ratifiées d'avance par une autorité plus imposante que celle des plus brillantes individualités philosophiques. Au demeurant, ce ne sont toujours que des sortes de croyances, mais bien décidées à se prendre elles-mêmes pour toute autre chose, pour quelque chose de nécessaire.

La logique n'est pas sans avoir à souffrir de la popularité, — j'entends parmi les philosophes, — d'une méthode nouvelle qui renonce aux définitions strictes et aux arguments serrés. Les systèmes manquent de netteté et les raisonnements ne sont bien souvent que des approximations de raisonnements. Les prétendus emprunts qu'on fait aux sciences tendent à fausser l'esprit, parce que les notions transportées hors de la sphère empirique et limitée, pour laquelle elles étaient suffisamment déterminées, deviennent vagues et trompeuses, et parce que l'enchaînement mathématique des idées, que recherchaient les philosophes d'une autre époque, est remplacé par des inductions plus ou moins libres et des analogies. C'est ainsi, par exemple, que des psychologues sensationistes, à bout de ressources pour montrer comment des états de l'esprit peuvent être engendrés par d'autres qui ne leur ressemblent pas, ont imaginé que peut-être ils étaient des synthèses de ceux-ci en vertu de quelque loi telle que celle qui fait de l'eau un composé d'hydrogène et d'oxygène. Dans un autre genre, les philosophes qui allèguent journellement, contre le libre arbitre, le fait de la constance approximative du nombre des événements d'une certaine espèce (toutes choses égales d'ailleurs), dont le libre arbitre passe pour l'un des facteurs, ne paraissent pas se croire obligés de démontrer régulièrement l'existence de la contradiction qui se trouverait là, suivant eux ; et les lecteurs pour lesquels ils écrivent ne sont pas plus exigeants.

Il semble être entendu que ce qui n'est qu'hypothèse pour la méthode des sciences expérimentales a des titres suffisants pour se dire vérité en philosophie : non seulement les hypothèses, mais les hypothèses transformées et changées de sens pour s'appliquer à des sujets que leur établissement ne concernait en aucune manière. La « nébuleuse » primitive qui, pour la spéculation du pur physicien, est une masse dont les mouvements internes représentaient la même somme de produits de molécules par les carrés de leurs vitesses, qui existe encore aujourd'hui, quoique autrement distribuée dans le monde, devient pour le métaphysicien transformiste et évolutioniste ce que, dans l'ancienne métaphysique, on aurait appelé l'être universel *en puissance*, mais envisagé sous l'aspect d'une matière à propriétés essentiellement mécaniques et susceptibles de se changer en toutes sortes d'autres propriétés. On peut bien introduire ici cette réserve, que, derrière la matière, il y a quelque chose d'inconnaissable qui est cause que le mécanisme, à travers toutes les transformations de *la force*, obéit à une loi générale d'évolution et produit successivement tout ce que nous voyons et savons, qui ne paraît plus être le mécanisme, et qui finit par être la représentation mentale du mécanisme. Mais placer un Absolument Inconnu en arrière d'un système qu'on dit qui enveloppe tout le connaissable, c'est comme n'y rien mettre, à moins que ce ne soit la *puissance* abstraite et la *causalité* abstraite embrassant toute réalité suivant une loi de l'entendement. C'est donc ne poser rien de plus que ce que le matérialisme ordinaire trouve clair et suffisant : à savoir la matière, donnée universelle, et les propriétés de la matière expliquant tous les phénomènes. Aussi M. Spencer a-t-il eu à s'attaquer au problème général du matérialisme : la génération de l'esprit. Ce problème, il s'est défendu fortement de le vouloir résoudre en principe ; il n'a pas laissé d'en donner une solution satisfaisante pour ceux qui admettent sa philosophie et ne tiennent nul compte d'un inconnaissable qu'ils n'ont pas tort de trouver sans intérêt, puisqu'il s'est proposé de décrire la formation progressive de l'intelligence, en prenant pour donnée originelle et permanente le sujet externe, cette matière modifiée et incessamment transformée que la fonction de l'intelligence est de représenter. L'idée générale qui a servi à M. Spencer pour la construction de ce système est encore une hypothèse inspirée par une loi scientifique, empruntée cette fois à l'histoire naturelle. La loi de l'adaptation nécessaire des êtres vivants à leurs milieux, et des modifications qu'ils subissent, au moins dans une certaine mesure, selon que leurs milieux eux-mêmes se modifient, cette loi déjà démesurément étendue par les naturalistes les plus aventureux, en vue de réduire les espèces à l'unité d'un seul et même développement, a été transportée par ce philosophe aux rapports de la représentation avec la chose à représenter. Partant d'une chose à représenter, il pouvait rapporter toute connaissance à l'expérience : un point capital pour l'école dont il ne se séparait pas au fond. Il considérait les états de conscience comme des relations engendrées par l'expérience de relations externes, et formées *sur le modèle* de ces dernières. Le principe général de l'associationisme lui fournissait l'explication de la fixité des idées produites par la répétition constante des mêmes associations. Le principe de l'hérédité lui rendait compte de la transmission et du développement de ces formes idéales, toujours liées à des modifications correspondantes de structure organique. Les lois de la pensée n'étant ainsi que « des uniformités du dedans, engendrées par la répétition des uniformités du dehors », l'esprit tout entier n'était plus que l'expression générale d'un genre d'adaptation. La théorie des sélections naturelles et de la survivance des plus aptes, toujours en sa plus extrême généralisation hypothétique, et finalement la doctrine du progrès universel complètent ce système qui a le caractère d'une histoire intégrale et absolue de l'univers, esprit et matière, et le précieux avantage d'offrir une synthèse des idées essentielles de l'empirisme, de l'associationisme, de l'utilitarisme, du matérialisme, du déterminisme et du panthéisme, même encore du nouménisme, et de ces grandes vues hypothétiques de physique, de biologie et d'histoire naturelle auxquelles la *Science*, d'où elles sont sorties, assure la faveur du public.

Reprenons maintenant notre question principale, la question d'évidence ou de croyance, et voyons ce que peuvent être la position et la méthode d'un système de philosophie qui établit son fondement dans les sciences. La première pensée forte et bien éclaircie d'un tel système, chez un penseur en état d'en poursuivre l'exécution, appartient à Auguste Comte, appliquant l'une des idées originales de Saint-Simon. Mais la « philosophie positive », — pour ne parler ici que de son rapport à des sujets proprement philosophiques, et laissant de côté ses vues de philosophie de l'histoire et ses visées sociales, — était aussi éloignée que possible de prétendre au titre de théorie de l'univers, de la nature et de l'homme. Elle n'entreprenait même pas l'examen des principes sur lesquels les philosophes s'appuient dans leurs spéculations. L'usage qu'elle faisait de la science était pour borner et non pas pour étendre les prétentions du savoir. Son but était de systématiser les connaissances *positives*, et de fixer la méthode des recherches destinées à les compléter, en excluant les hypothèses invérifiables et les tentatives de réduction les unes aux autres des sciences (quoique *hiérarchisées*) dont il est au-dessus de la portée de l'esprit humain d'identifier les objets. C'est le système ainsi constitué qui devait composer la vraie philosophie, sans psychologie, sans métaphysique, sans aucune tendance, ou plutôt contrairement à toute tendance à dépasser cette sphère d'idées scientifiquement déterminables. Il est vrai que Comte et Littré, suivant les habitudes intellectuelles d'un certain milieu, que l'école sensationiste et empirique avait formé autour d'eux, n'ont pas évité d'adhérer, explicitement ou implicitement, à des thèses de philosophie, surtout du genre négatif, dont il aurait fallu que la « philosophie positive » fût indépendante; et il était inévitable, en effet, que l'établissement d'un système de la connaissance méthodiquement borné, exigeât l'emploi de principes supérieurs à la sphère qu'il s'agissait de constituer, et aptes à en définir, à en imposer les limites. Mais l'inconséquence de ces philosophes, si elle peut servir à les réfuter, ne détruit pas leur idée maîtresse, qu'on peut énoncer en trois points : systématisation des sciences positives, sans s'écarter de leurs méthodes, ce qui exclut la science universelle ; renoncement et indifférence de parti pris, à l'égard de tout objet étranger à ces sciences, et tenu pour inaccessible ; refus formel d'accepter des dénominations de doctrines métaphysiques, auxquelles on n'échapperait pas si l'on niait ces objets que l'on se contente de bannir de la pensée. Le positivisme est donc une doctrine qui se réclame de l'évidence, en la bornant d'intention, mais non point de fait, aux choses du ressort de l'expérience et du raisonnement. Il emploie à sa propre construction des principes qui ne sont point de ce ressort et qui lui sont contestés, mais il ne consent pas à les discuter. En tant qu'il en rejette certains autres, et, avec eux, les connaissances ou croyances auxquelles ils peuvent conduire, il est une sorte de criticisme sans critique. Et en tant qu'il reconnaît la possibilité et bannit toute préoccupation d'existence d'objets supérieurs à sa sphère d'évidence, d'objets qui seraient dès lors, ou, pour mieux dire, qui sont naturellement matière de croyance, il est une sorte bizarre de scepticisme moins l'examen, moins la recherche et moins le doute, puisqu'il est une doctrine affirmative et *positive* d'*incroyance*, professant que l'activité mentale ne doit s'appliquer qu'aux objets définis par la méthode positive.

Ce positivisme, qui avait du moins le mérite de se former une idée juste de la véritable constitution des sciences, et de leur domaine légitime et de leur portée circonscrite, semble déjà ne plus appartenir qu'à l'histoire. Il date d'une époque où les grandes hypothèses qui ont offert aux philosophes, dans l'enceinte même des sciences, les moyens de franchir la barrière des méthodes scientifiques, n'existaient encore qu'en germe ou ne trouvaient pas de crédit. Pour ce qu'en a connu Comte, il n'y était point favorable. Ni l'unité des espèces, ni la réduction des sciences physiques et de la biologie à la mécanique ne pouvaient s'accorder avec la manière dont il comprenait la division des différents ordres de phénomènes et la coordination des sciences. Le positivisme actuel, — car on donne encore quelquefois ce nom aux systèmes qui prennent pied dans les sciences positives, quoique pour se jeter dans les définitions et les généralisations de l'espèce la moins positive, — est une métaphysique aussi bien caractérisée qu'aucune qu'on ait à prendre dans l'histoire des systèmes. Aussi ne peut-on adresser à M. Spencer le reproche de s'être cru dispensé, à l'exemple de Comte, de soumettre à l'examen les principes de la connaissance et de formuler un critère de la certitude. Il a fait l'un et l'autre en métaphysicien, avec une grande insuffisance, mais autant de bonne volonté que s'il lui eût été donné réellement d'en faire sortir la justification des hypothèses sur lesquelles repose sa construction de l'univers.

M. Spencer pose le problème de la certitude en ces termes : « Quand nous divisons nos connaissances en celles dont les prédicats existent invariablement avec leurs sujets, et celles où il n'en n'est pas ainsi, la question s'élève : Comment nous assurons-nous de leur existence invariable. » (*How do we ascertain their invariable existence*). On voit que la question se rapporte à l'état de fait d'un esprit en qui s'est établie une telle *existence invariable d'un certain prédicat avec un certain sujet* : c'est ainsi qu'elle doit naturellement se présenter, au point de vue de l'hypothèse de la formation des connaissances quelconques par la voie de l'expérience constamment répétée des générations successives. Ce trait de la théorie était encore plus à découvert dans une formule que M. Spencer avait employée d'abord (1), où, à la place des « connaissances dont les prédicats existent invariablement avec leurs sujets », on lisait : « les croyances qui existent invariablement » (*Beliefs wich invariably exist*). C'est au fond le fait d'un consentement universel, résultat du moulage de l'intelligence, et non point une règle logique valant toujours par elle-même, encore moins un acte de raison pratique, et qui pourrait être refusé, qui est le fondement de la certitude dont le critère est demandé. M. Spencer a renoncé à l'emploi de ce mot *croyance*, dans sa formule, parce qu'il l'a trouvé équivoque, parce qu'il a voulu distinguer entre la fausse croyance des choses qu'on croit croire (*the things they believe they believe*) et la vraie croyance, ou connaissance d'un rapport qui s'impose. Le mot *connaissance* lui-même ne lui paraît pas d'un emploi irréprochable, mais on voit toujours clairement son intention, qui est d'éliminer l'élément caractéristique de ce que tout le monde entend par une croyance, et d'y substituer l'idée d'affirmation intellectuellement forcée, qui est commune à tous les partisans de l'évidence.

Et en effet, le « postulat universel », en réponse à la question posée ci-dessus, affecte la forme d'une nécessité intellectuelle (2) : « L'inconcevabilité de sa négation est ce qui montre qu'une connaissance possède le plus haut sang ; c'est le critère par lequel son insurpassable validité est connue. Si la négation d'une connaissance est concevable, l'équivalent de le découvrir est de découvrir que nous pouvons l'accepter ou ne pas l'accepter. Si sa négation est inconcevable, nous découvrons, en découvrant cela, que nous sommes obligés de l'accepter. Et une connaissance que nous sommes obligés d'accepter, en est une que nous classons comme ayant la plus haute certitude possible. Affirmer l'inconcevabilité de sa négation, c'est en même temps affirmer la nécessité psychologique où nous sommes de la penser (de penser cette connaissance); et c'est nous

---

(1) Cette formule, qui se trouve dans la première édition des *Principles of psychology*, est celle à laquelle se rapporte ma critique du « Postulat universel », telle qu'elle est dans mes *Essais : Logique*, 2me édit., t. I, p. 20. M. Spencer a donné dans sa seconde édition (t. II, p. 405) les raisons qui l'ont porté à remplacer les « croyances invariables » de sa formule primitive par des connaissances (*cognitions*), d'ailleurs qualifiées de la même manière.

(2) *Principles of psychology*, seconde édition, p. 407.

justifier logiquement de ce que nous la tenons pour indubitable » (*to give our logical justification for holding it to be unquestionable*). Il ne resterait qu'à déterminer le caractère des connaissances qui satisfont à la condition requise : invariabilité de l'affirmation du rapport d'un prédicat à un sujet. Est-ce simplement un fait, que cette invariabilité ? La méthode d'acquisition des connaissances quelconques, selon M. Spencer, exige que ce ne soit pas autre chose. En ce cas, il a tort de parler de justification *logique*. La justification ne peut jamais être que de fait. Or, en fait, il se trouvera ceci : certaines connaissances qu'on aura dites indubitables, aux termes de la formule, seront mises en doute à tel moment et de telle manière.

Considérons successivement la question logique et le point de fait. Les propositions qui établissent les rapports de l'espèce la plus incontestable sont des jugements analytiques, sont celles, en d'autres termes, qui supposent le principe de contradiction et ne supposent aucun autre principe que celui-là. Si nous prenions là le caractère distinctif des propositions *dont la négative est inconcevable ;* — et certains exemples d'application du postulat universel, donnés par M. Spencer, impliquent en effet le seul principe de contradiction, — ce postulat n'aurait rien de nouveau que son nom. Il ne resterait plus qu'à examiner les difficultés soulevées par certaines doctrines contre les conséquences qu'on tire de ce principe pour la détermination des réalités. Je n'ai pas à revenir sur ce sujet.

Viennent ensuite les jugements synthétiques, les uns *a priori*, les autres *a posteriori*. Les premiers ne s'imposent pas si nécessairement à l'esprit, que tels et tels d'entre eux, les plus importants pour la philosophie, ne trouvent des négateurs résolus, et que tous ne soient niés, en leur qualité propre, par les écoles empiristes, qui en réduisent la validité à l'expérience. Quant aux synthèses *a posteriori*, l'expérience qui est leur agent de formation ne leur donne aucune garantie *logique*. En résumé nous ne trouvons, au point de vue logique, aucun caractère assignable à des propositions dont la négative soit inconcevable, à des propositions qu'on soit dans la « nécessité logique de penser », à des propositions impossibles à mettre en doute, à moins de nous borner à celles *dont la négative est contradictoire*, et de les envisager exclusivement dans les opérations intérieures de la pensée, ce qui ne permet aucune conclusion du genre qu'on voudrait, c'est-à-dire transportable aux réalités extérieures. Cette sphère interne est le vrai et unique théâtre de la parfaite évidence.

Prenons maintenant la question au point de vue empirique. L'expérience n'est susceptible de contrôle et de généralisation, ni dans son œuvre entière, qui a fui et nous échappe, ni dans ses effets actuels (ou historiquement connus) pour produire des affirmations invariables ; car il faudrait ces deux choses impossibles : qu'on pût faire des énumérations complètes et s'assurer de la parfaite uniformité des cas et des déclarations de croyances ; et qu'on sût s'entendre pour poser des questions exemptes d'équivoque, sur des points non pas de commun discours, mais précis, et de ceux dont la décision est de nature à ne pas rester infertile pour la philosophie. Rien de cela n'étant praticable, l'application effective de l'inconcevabilité selon le témoignage de l'expérience consiste en ce fait, qu'une ou plusieurs personnes assurent ne pas concevoir la négative d'une certaine proposition. Mais d'autres prennent le contre-pied, et c'est l'affirmative qu'elles assurent ne pas concevoir. L'histoire de la philosophie, qui est aussi une expérience, le prouve, et même la constante recherche de principes indubitables par les philosophes et tous leurs débats constatent précisément qu'ils ne sont pas d'accord sur ce qui est à la fois indubitable et promet d'être fécond en conséquences de théorie. Or ce sont bien les philosophes qui doivent être consultés, M. Spencer le comprend ainsi lui-même. Considérons encore ceci, dans la doctrine empirique : les opinions et les convictions humaines sont des produits d'associations d'idées et d'habitudes. Quoi que l'on pense de l'œuvre de la nature qui aurait constitué les « connaissances invariables » de M. Spencer en établissant les « associations inséparables » de l'école associationiste (si bien étudiées par Stuart Mill), il reste que, soit dans l'histoire des idées, soit en l'état actuel des choses, beaucoup d'associations qu'on a pu supposer de cette espèce arrivent à se rompre ; et tel est spécialement le cas pour celles dont les doctrines philosophiques dépendent. Stuart Mill a fait quelque part cette juste remarque, qu'une fonction essentielle du philosophe est de défaire des associations qu'on a tenues pour inséparables, et qu'il n'en est aucune qui soit absolument capable de résister à l'analyse, du moment surtout qu'on s'est rendu compte du mode de formation de toutes, ainsi qu'on le fait dans cette école. En résumé, l'hypothèse de la constitution des connaissances invariables par voie d'hérédité, même si on l'accepte, ne fournit pas la dispense de vérifier le fait de l'invariabilité actuellement établie, et aucune des difficultés de la vérification voulue ne se trouve écartée. On retombe dans le critère inapplicable et antiphilosophique du sens commun et du consentement universel, à moins qu'on ne découvre un caractère intrinsèque des propositions « inconcevables. »

M. Spencer a dû chercher ce caractère, pour défendre son postulat universel contre des objections prises du point de vue même de l'expérience, mais il n'est point parvenu à le définir. Les exemples dont il s'est servi sont imparfaitement analysés, et les termes mêmes des propositions mal éclaircis. Il n'a pas fait la distinction, capitale dans l'espèce, des jugements analytiques et des jugements synthétiques, mais là où ses arguments d'inconcevabilité ont une portée réelle, on peut s'assurer que c'est du principe de contradiction seulement qu'ils la tiennent (1).

La discussion des antinomies est étroitement liée à la question de l'évidence, ou, ce qui revient au même, à la recherche du caractère de l'inconcevabilité. M. Spencer s'y est engagé, dans ses *Premiers Principes*, à la suite de Hamilton et de Mansel, et elle l'a conduit aux mêmes étranges conséquences, elle l'a mis en demeure d'opter entre des propositions contradictoires qui, suivant lui, sont également inconcevables. C'est ce qu'il faut montrer en passant en revue les principales notions qu'il a appelées les « données de la philosophie ».

L'espace et le temps, selon M. Spencer, sont des « entités », des choses et non des attributs, et néanmoins « il est impossible de se les représenter comme des choses, parce qu'il est impossible de se les représenter finis, impossible de se les représenter sans bornes. Ils sont incompréhensibles. La théorie de Kant est déclarée, à cette occasion, « inconcevable » encore bien que Kant apparemment, l'ait conçue. Mais c'est la distinction entre l'*objectif* représentatif et l'*objectif* dans le sens de sujet donné en

---

(1) Le premier exemple allégué par M. Spencer est ce jugement : « Tout ce qui résiste a de l'étendue ». La proposition négative est inconcevable, dit-il, parce qu'on est impuissant à penser la résistance et, en même temps, à bannir de sa pensée l'étendue. Avec le sujet (quelque chose de résistant) *existe invariablement* le prédicat (étendue) (*Psych.*, t. II, p. 407). — Or, la séparation est impossible, comme il le dit, parce que l'union se fait par un jugement analytique, mais à une condition : c'est qu'on pense à ce *quelque chose de résistant* à propos d'une étendue qu'on s'efforce de pénétrer, et que le sens du mot *résistance* soit tiré de la difficulté qu'on trouve à cela faire. Et je n'ai pas besoin de dire que la proposition, en ce cas, finit en elle-même et ne mène à rien. Mais si on pense à la résistance simplement comme à une certaine action liée à une impression spéciale du sujet sensible, action qui n'émane pas de lui, ce n'est plus que par un jugement synthétique qu'on la rapporte à un sujet réellement étendu en soi; et alors la séparation du résistant, ou force résistante, et de la chose étendue peut se faire dans la pensée. Elle se fait même effectivement chez les savants qui prennent, pour sièges réels des forces, des éléments inétendus. L'inconcevabilité n'existe plus.

soi, qui échappe, quoique bien connue, à la conception de M. Spencer, évidemmment dominée par des habitudes intellectuelles que l'expérience des générations successives n'a pas encore établies dans tous les esprits comme dans le sien. Mais continuons cette revue.

La matière est inconcevable comme divisible sans fin, inconcevable comme bornée en ses divisions possibles, incompréhensible en sa nature intime, dans toutes les suppositions : on a le « choix seulement entre des absurdités opposées ». Le mouvement, son rapport avec la matière sa communication, sa transmissibilité, sa continuité, ne sont pas des « objets de connaissance » ; on a, pour en comprendre la nature intime, « à choisir entre deux pensées également impossibles ».

Quant à la force, c'est une absurdité de penser ce qu'il est cependant nécessaire de penser pour se la représenter : à savoir qu'elle ressemble à la sensation que nous en avons. Ensuite l'action de la force sur la matière est impossible à comprendre, soit en elle-même, soit dans les lois qu'elle suit.

La série des changements dans la conscience est incompréhensible, si on lui suppose des limites ; et de même si on veut l'étendre sans limites. A l'égard de la substance de la conscience, la croyance à sa réalité est inévitable, c'est une *entité*, c'est de tous les faits le plus certain, et pourtant le rapport du sujet à l'objet est inconcevable, puisqu'il implique leur séparation, qui est impossible. « La connaissance de la personnalité est interdite par la nature de la pensée ».

En général, un état premier des choses et toute limitation des choses, la substance et l'origine, sont impénétrables. Le plus simple fait « considéré en lui-même » est incompréhensible. Partant de là, M. Spencer expose le principe de « la relativité de toute connaissance », il en développe les motifs, mais ce n'est pas pour y adhérer. Suivant les formules de Hamilton et de Mansel, qui identifient l'Absolu et l'Inconditionné avec la « négation de la concevabilité », il faudrait dire que « nous ne pouvons affirmer l'existence positive de quoi que ce soit, au delà des phénomènes »; mais non ; selon M. Spencer, l'existence de l'Absolu et du Noumène est posée dans l'esprit, quoique « sous une représentation indéfinie » ; elle est impliquée par celle du relatif et du phénomène. Hamilton a soutenu (contre Victor Cousin) que l'*absolu* n'est que le corrélatif du *relatif*, un corrélatif de négation, — les termes contradictoires s'appelant l'un l'autre dans la pensée : — à la thèse logique de Hamilton, M. Spencer oppose l'existence, qu'il affirme, de quelque chose de plus qu'une simple négation, dans le terme négatif; à savoir, d'une certaine existence, quoique indéterminée; d'une « certaine espèce d'être ». Hamilton admettait, mais pour des motifs de l'ordre pratique seulement, l'existence d'un inconditionné surpassant la sphère du compréhensible; c'était là pour lui une détermination de croyance : M. Spencer fait de même, avec la prétention en plus d'opérer dans l'ordre théorique, et en dépit de l'inconcevabilité des thèses qu'il soutient; car nous allons voir qu'il ne se contente pas de poser une espèce d'être indéterminée, laquelle ne lui fournirait point de données pour sa construction universelle et ne le mènerait à rien. Son noumène n'est pas l'X de Kant, il a des propriétés, qui correspondent à celles des choses relatives, et ces propriétés sont inconcevables, nous pouvons dire contradictoires en elles-mêmes.

S'il s'agit de la conception générale de l'inconditionné, M. Spencer en explique la formation en le présentant comme « l'abstrait de toutes les pensées, idées ou conceptions : ce qui leur est commun à toutes et que nous ne pouvons rejeter, ce que nous désignons par le nom commun d'existence ». On pourrait objecter que cette définition définit un genre d'existence de ce qui n'existe point. En tout cas, c'est la définition d'une idée, et non d'une réalité; et il faudrait démontrer la réalité. Ce mode de formation de l'idée générale de l'inconditionné, M. Spencer l'applique également à l'espace et au temps, abstraits universels de certaines classes, et dont l'expérience est l'agent de formation. Mais cette manière de voir s'éloigne beaucoup du réalisme, et il s'agit d'y revenir. Il suffira pour cela de remarquer que la conscience attribue à ces abstraits la réalité. L'Espace infini, le Temps infini, la Cause infinie, dit M. Spencer, sont pensés comme réels ; « nous avons dans notre esprit la substance informe de ces conceptions ». Le réel est ce qui est persistant dans la conscience ; l'absolu entre dans ce persistant, ainsi que le relatif, et ceci permet le retour aux « conceptions réalistes, que la philosophie, à première vue, semble dissiper ».

Le réalisme de M. Spencer se distingue du simple réalisme des non philosophes, — et il ne diffère pas sensiblement en cela du réalisme panthéiste des philosophes qui assemblent les termes contradictoires dans la conception du réel, — en ce qu'il joint au relatif ce qu'il appelle l'absolu.

Tout en regardant le premier comme seul connaissable, il tire parti du second pour établir des propositions qui dépassent tout ce que le monde réel nous offre de relations à connaître, et qui contredisent la logique, règle intérieure de ces relations, et pour laquelle elles sont infranchissables. La réalité relative de l'espace et du temps implique, selon M. Spencer, une réalité absolue « quoique les vérités d'une réalité relative » soient « les seules qui existent pour nous, ou que nous puissions connaître ». « Bien que nous ne connaissions la matière que sous relation, elle est aussi réelle, au sens véritable du mot, que si nous pouvions la connaître hors de relation ». Elle est dans une « relation persistante ou réelle avec l'absolue réalité. Nous pouvons donc sans hésitation nous confier à ces conditions de pensée que l'expérience a organisées en nous ». La résistance est le fait primordial, dans cet ordre de l'expérience ; l'étendue en est dérivée. « Notre expérience de force est l'élément dont se compose l'idée de matière ». Les atomes étendus et résistants, l'éther universel composé de molécules, ces hypothèses sont « un développement nécessaire des formes universelles que les actions de l'Inconnaissable ont créées en nous ». Le Mouvement, cette réalité relative, répond à une réalité absolue. La Force est le « principe des principes ». Le Temps, l'Espace, la Matière et le Mouvement, « données nécessaires de l'entendement, en apparence, sont édifiés avec des expériences de force, ou en sont tirés par abstraction ». Les expériences de force sont donc le fond de tout. La Matière et le Mouvement sont fonctions de la Force, et la Force est la « quantité inconnue » dont la valeur ne peut être exprimée en fonction de rien autre. Enfin la Force est l'« effet conditionné d'une cause inconditionnée,... la réalité relative qui nous indique une réalité absolue par laquelle elle est produite directement... Le noumène et le phénomène se présentent dans leur relation primordiale comme deux côtés du même changement, et nous sommes obligés de les regarder tous deux comme également réels. »

« Une cause inconnue d'effets connus que nous appelons phénomènes, des ressemblances et des différences entre ces effets connus, et une séparation des effets en sujet et objet, tels sont les postulats sans lesquels nous ne pouvons penser (1)... Les manifestations vives qui constituent le *non*

---

(1) On voit bien pourquoi M. Spencer appelle la *cause inconnue* un postulat ; mais pourquoi les ressemblances et différences des phénomènes ? Pourquoi la distinction du sujet et de l'objet ? Ce ne sont pas là des postulats, ce sont des faits psychiques.

moi n'ont pas simplement de la cohésion entre elles, mais une cohésion suivant certains modes invariables, et, parmi les manifestations faibles qui constituent le *moi, qui sont le produit des vives,* il existe des modes correspondants de cohésion. Ces modes de cohésion sous lesquels les manifestations se présentent invariablement, et, par conséquent, se représentent invariablement, nous les appelons, quand nous les considérons à part, Espace et Temps, et, quand nous les considérons en même temps que les manifestations elles-mêmes, Matière et Mouvement. Ce que ces modes sont au fond est aussi inconnu que ce que la chose qu'ils manifestent est au fond. Mais la même raison qui nous permet d'affirmer la coexistence du sujet et de l'objet, nous autorise à affirmer que *les manifestations vives appelées objectives existent sous certaines conditions constantes, symbolysées par les conditions constantes auxquelles sont soumises les manifestations subjectives* » (1).

Ces propositions forment la parfaite antithèse de l'*idéalisme transcendental* et *réalisme empirique* de Kant, dont il convient de rappeler ici les définitions suivantes (2).

« Tout ce qui est perçu dans l'espace et dans le temps, ou tous les objets d'une expérience possible pour nous, ne sont pas autre chose que des phénomènes, c'est-à-dire de simples représentations, et, par conséquent, en tant que nous nous les représentons comme des êtres étendus ou comme des séries de changements, ils n'ont point, en dehors de nos pensées, d'existence fondée en soi. C'est ce point de doctrine que je désigne sous le nom d'*idéalisme transcendental.* » — « L'idéaliste transcendantal peut être un réaliste empirique, et par conséquent, comme on dit, un *dualiste,* c'est-à-dire accorder l'existence de la matière, sans sortir de la simple conscience de soi-même et admettre quelque chose de plus que la certitude des représentations en moi, par conséquent que le *cogito ergo sum.* En effet, comme il ne donne cette matière et même sa possibilité intrinsèque, que pour un phénomène, qui, séparé de notre sensibilité, n'est rien, elle n'est chez lui qu'une espèce de représentations (d'intuitions) qu'on appelle extérieures, non parce qu'elles se rapportent à des objets extérieurs *en soi,* mais parce qu'elles rapportent les percep-

(1) *Les Premiers Principes,* par H. Spencer, trad. de M. E. Cazelles, passim, p. 142-182. Conf. *ibid.*, p. 49-71.
(2) *Critique de la raison pure,* trad. Barni, t. II, p. 99 et 451.

tions à l'espace, où toutes les choses existent les unes en dehors des autres, tandis que l'espace lui-même est en nous ».

Le réalisme de M. Spencer est, au contraire, ce que Kant appelle un *réalisme transcendantal*, mais ne laisse pas pour cela de vouloir remplir les conditions du plus parfait empirisme. Il prend pour fondement la *Force*, inconnue, dit-il, mais qu'il connaît assez pour la dire *cause*, par ses manifestations *vives*, de toutes les manifestations *faibles*, qui appartiennent à la conscience. Berkeley et d'autres philosophes ou savants plus récents ont regardé les phénomènes matériels, tels que notre sensibilité les présente, comme des symboles ou signes pour notre conscience, et destinés à servir à ses fins. M. Spencer, au contraire, y voit des réalités *symbolisées* par la conscience, c'est-à-dire dont les phénomènes de conscience ne sont plus que des signes. Ce réalisme, qu'il appelle « transformé » serait un vulgaire réalisme, s'il n'y joignait cette déclaration, que le vrai réel est inconnu et impossible à connaître; mais cette déclaration ne change rien à son système. La conscience et la cause (la cause en son acception mentale) sont pour lui des inconnaissables : il ne les prend pas pour points initiaux de l'existence et de l'explication de l'univers. La Force et la cause (la cause en son acception qu'on peut dire physique) sont également pour lui des inconnaissables; et c'est là qu'il jette son dévolu, pour le primitif de l'être en soi et l'origine de la spéculation. Pourquoi cela ? Ce choix entre des inconcevables est arbitraire ; cet athéisme est purement gratuit. Avec ce point de départ, la suite des propositions tombe naturellement dans un réalisme aussi vulgaire que si la réalité première et ses premiers produits, si la Force, et puis la Matière et le Mouvement, avaient été posées comme les choses les plus concevables du monde. Quelles sont, en effet, ces propositions? l' « indestructibilité de la matière » et son existence sans commencement; la « persistance de la force » et la « persistance des relations de force »; la « transformation et l'équivalence des forces »; en un mot l'affirmation de l'enchaînement nécessaire et absolu de toutes choses, et la négation de toute liberté et de tout commencement possible des relations phénoménales; à quoi il faut ajouter la continuité sans limites du mouvement, c'est-à-dire la réalité du nombre infini.

Que les raisons données par M. Spencer, à l'appui de ces propositions de physique absolue dont il se dispense de définir les sujets ultimes, n'aient une apparence scientifique qu'aux yeux de ceux qui sont tout préparés à s'en contenter, c'est, je pense, ce qu'on peut poser en fait. Il est inutile ici de les examiner, mais je remarque que le philosophe qui les embrasse tout en professant l'agnosticisme sur le fond du sujet physico-métaphysique dont sa spéculation dispose sans scrupule (nature de la matière, cause du changement, etc.), donne par là même son assentiment aux *antithèses* des antinomies Kantiennes, après les avoir déclarées inconcevables. Il n'a pourtant à reprocher aux *thèses*, qu'il rejette, un autre défaut que celui d'être inconcevables. N'est-ce pas visiblement une croyance qui décide de son choix, en ce cas, et tout aussi clairement que dans le cas de Hamilton et de Mansel, encore que ses motifs de croire tiennent à des habitudes et tendances d'esprit et de cœur différentes de celles de ces philosophes?

La distinction qu'on pourrait essayer d'appliquer ici, et que fait parfois M. Spencer, entre une espèce d'inconcevabilité et une autre, ne serait pas favorable à celle des deux dont il lui a plu d'excuser le vice radical. En effet, les hypothèses de l'absence de toute limitation, et de la continuité absolue des phénomènes, quand elles portent sur des choses données en soi, au lieu de porter sur des représentations idéales, pour lesquelles l'infini n'est rien de plus que le possible indéfini, ces hypothèses entraînent l'affirmation de la totalité à la fois *ineffectuable et en soi effectuée*. De là une contradiction dans la pensée même, qui constitue essentiellement le genre d'inconcevabilité auquel convient un nom que M. Spencer emploie, mais qu'il semble appliquer sans autre règle que sa fantaisie : l'*impensable* (*unthinkable*). Les propositions contraires, forcées qu'elles sont par la logique, quand on rejette les premières, n'ont contre elles que la pure incompréhensibilité de thèses posées *à la limite*, et non *dans l'enceinte* des relations que règle l'entendement. Et si l'on remarque que le simple fait de l'*existence en général* est quelque chose d'incompréhensible en ce dernier sens, qui n'admet rien que de relatif, il ne sera point facile de soutenir qu'un tel genre d'inconcevabilité doit être pour nous un empêchement d'affirmer.

La comparaison de la conception de Kant avec celle de M. Spencer, en ce qui concerne le *noumène*, achèvera de nous montrer la faiblesse de la position que ce dernier a crue tenable en métaphysique. On a vu plus haut quelles objections s'adressent au noumène kantien, soit considéré en lui-même (idée réaliste de substance), soit par rapport à la solution générale des antinomies. Le noumène de M. Spencer soulève les mêmes difficultés de théorie, avec celle-ci en plus, qui est une vraie contradiction : que, d'une part, la réalité suprême est présentée comme l'Inconditionné ou l'Absolu, dans l'affirmation et le sentiment duquel la Religion et la Science sont destinées à se réconcilier, — au moins quand la religion aura appris à se contenter de cette abstraction ; — et que, d'une autre part, cette même réalité est définie essentiellement par la *Force éternellement persistante et transformable, ultime des ultimes, coextensif avec tous les ordres de phénomènes*. Au point de vue de la Force comme Inconditionné inconnaissable dont toutes les choses connaissables sont des symboles, eux-mêmes inconcevables au fond, on pourrait montrer que le monde tout entier n'est qu'un système de signes plein de contradictions, et on tomberait tout net dans la doctrine éléatique de l'Un, complétée par une physique, ou philosophie des apparences. Mais, au point de vue de la Force envisagée dans les entités de l'espace et de la matière, ainsi que M. Spencer les nomme, et prise pour le sujet des théorèmes de la mécanique, ce monde éternel est simplement celui qui suffit à l'école matérialiste et pour lequel le noumène inconnaissable est une tentative de superfétation métaphysique entièrement vaine.

Le noumène Kantien, étant par hypothèse hors du temps et de l'espace, peut prétendre à donner une solution générale des antinomies, qui, bonne ou mauvaise, se comprend ; car si le monde de l'espace et du temps n'est pas *en soi*, alors, comme le dit Kant, ce monde n'a point à être *fini en soi* ou *infini en soi ;* les antinomies se réduisent à un « jeu de la dialectique »; les contradictions s'évanouissent avec leur sujet d'inhérence, et il vient, à la place de ce dernier, la représentation, qui à la fois exclut l'infini et en satisfait l'idée dans ce qui peut s'accorder avec la logique : l'indéfinité des possibles imaginables. Au contraire, M. Spencer, qualifiant d'entités cet espace et cette matière qu'il appelle des symboles de la cause première, se condamne à subir les contradictions que lui-même reconnaît inévitables pour qui cherche à concevoir ces entités, et sa métaphysique agnostique se tourne en physique dogmatique et panthéiste, assujettie, comme le sont tant d'autres panthéismes, à expliquer les réalités par des attributs contradictoires.

Je ne crains pas de m'être arrêté plus longtemps que mon sujet ne l'exigeait à l'examen des points fondamentaux d'un système qui n'est pas seulement important par l'attention que lui accorde la pensée contemporaine, mais qui est remarquable en tant qu'effort pour déplacer en la renouvelant la méthode de l'évidence en philosophie. La métaphysique classique, avec ses jugements dits universels et nécessaires, ou ses intuitions, a été abandonnée par les penseurs les plus indépendants et les plus profonds. Les doctrines qui, depuis Kant, n'ont tenu qu'imparfaitement compte de la critique de la raison et en ont méconnu le caractère moral, celle de Hegel, la plus considérable de toutes, n'ont pas pu établir ou garder leur empire. D'autres n'ont été que des produits d'éclectisme individuel, ou des renouvellements de pensées anciennes et de conséquences connues, sans preuves nouvelles. L'école empirique pure, associationiste et utilitaire, n'est point parvenue à faire sortir de l'expérience et de l'analyse une méthode d'établissement certain des principes premiers de la connaissance, réclamés par les aprioristes et dont elle prétend vainement se passer. En ce désarroi, un fait continue d'apparaître, c'est que les philosophes répugnent à chercher dans les postulats de la raison pratique, dans la loi morale, la justification souveraine des plus hautes affirmations de la philosophie, comme le demandait Kant. L'impossible évidence pure, l'introuvable unité nécessaire des esprits, leurrent toujours la spéculation philosophique, divergente et discordante. Quoi qu'il arrive, on ne doit pas s'attendre à ce que le positivisme sévère ait jamais gain de cause auprès de l'esprit humain, qu'il engage à se contenter du lot de connaissances dont les sciences circonscrites et traitées avec méthode, lui offrent le système nécessairement borné. Mais la doctrine qui jouit naturellement du plus grand prestige est celle qui abuse du crédit toujours croissant des sciences expérimentales et de l'éclat de leurs applications, pour faire croire à l'existence d'une méthode unique allant à un savoir sans limites, et pour réclamer, en faveur d'hypothèses d'ordre universel, et d'une construction idéale et intégrale du monde, une certitude jusqu'alors inconnue, prise du fond commun d'où sortent journellement tant de vérités avancées, puis justifiées, et tant de découvertes qui ne se discutent plus.

En résumé, l'opposition de la croyance rationnelle et de l'évidence (ou de la raison théorétique pure et de la raison pratique) la dernière venue, ou du moins la plus tardivement dégagée des six grandes antinomies historiques de détermination des idées générales, en matière de savoir humain, est naturellement celle de toutes à l'égard de laquelle l'inclination mentale des penseurs a le plus de peine à s'éloigner de l'illusion première où fut le point de départ de la philosophie. A chaque époque où une réforme de la méthode a été proposée, une direction nouvelle ouverte, et même, aurait-on dit, suivie, dans un esprit relativement pratique et criticiste, après la mise en doute des moyens de certitude auparavant reconnus, on a assisté à un puissant reflux du dogmatisme antérieur, ramenant les mêmes prétentions à l'absolu de la connaissance. Plus tard, longtemps après, la critique reprenait son œuvre avec une nouvelle force, puis on voyait se reformer des cycles nouveaux, analogues aux cycles anciens et apportant des systèmes analogues, contre les ambitions réunies desquels le scepticisme était la seule réclamation bien nette au point de vue de la raison pure.

Le criticisme socratique, par l'une des tendances de Socrate lui-même, ne s'était prononcé contre la science absolue, à fondement physique ou métaphysique, qu'en posant hardiment un autre idéal de science absolue, à fondement psychologique, moral et social ; et celui-ci même ne put tenir ferme contre le retour de la spéculation ou mécanique, ou physiologique, ou métaphysique pure à la fin. La protestation générale du scepticisme fut toute négative : contre la *science* théorétique, elle ne fit pas valoir des postulats, des croyances rationnelles, mais bien l'*inscience*, affirmée pratiquement par la suspension volontaire du jugement ; et les philosophes de la Nouvelle Académie ne différèrent pas des sceptiques assez profondément pour qu'on doive qualifier mieux que de pressentiment et de velléité leur tentative pour substituer au vain idéal de la certitude purement logique les probabilités morales. Ce fut, toutefois, la première ouverture en ce sens et pour longtemps la seule.

Des croyances s'établirent dans l'ordre religieux, par la méthode religieuse, et la philosophie se trouva subordonnée, réduite à la fonction logique, instrumentale. Ses efforts de renaissance furent d'abord des essais plus ou moins hardis de restauration ou de reconstruction des doctrines originales des anciens, sans aucune méthode vraiment nouvelle pour reprendre la spéculation à sa base. La philosophie moderne, dont Descartes est le véritable initiateur, fut essentiellement intellectualiste, aussi peu fondée que possible sur des principes du genre moral, et aussi peu faite pour mener directement à des applications ou conséquences pratiques : insigne faiblesse, comparativement à ce qu'avaient été, à la fonction qu'avaient remplie les écoles de penseurs dans la société antique. La cause de ce fait, encore très sensible aujourd'hui, est que le terrain éthique et pratique de connaissance et d'action fut confié ou abandonné tout entier à la religion, par suite d'habitudes contractées dans un temps ou les philosophes n'auraient pas eu la liberté de s'y établir. L'*Ethique* de Spinoza est, à tous les égards, une grande exception ; encore cette morale est-elle une doctrine dont les fondements portent sur la métaphysique la plus pure, les définitions et les axiomes les plus abstraits et les plus vides. La religion s'est trouvée seule, — avec son accompagnement de superstitions, — pour répondre à des besoins moraux que ne satisfont pas des systèmes tout intellectualistes, rationnels seulement en ce que chacun d'eux tire la raison de son côté. Mais l'esprit religieux est allé s'affaiblissant de plus en plus chez les esprits cultivés, chez tous les autres par contagion, parce que les philosophes ont été impuissants à marquer, dans leur méthode propre, un point d'arrêt aux négations que l'intelligence pure tolère. Ils n'ont pas su reconnaître à la foi religieuse des fondements communs avec la raison, qui pussent subsister encore après que le théisme et le spiritualisme auraient cessé de passer pour des vérités démontrées. Par là même ils n'ont pas défini la nature et la sphère des croyances, et tracé les limites de celles qui appartiennent à la philosophie et de celles où le sentiment religieux peut s'étendre.

Les principales doctrines, depuis Descartes jusqu'à Kant, représentent donc des constructions de pur entendement, soit que leurs auteurs aient été de francs aprioristes, ou que, procédant par analyse, ils aient dissimulé de leur mieux ce qu'ils n'évitaient pas d'introduire de postulats ou d'hypothèses dans l'interprétation de l'expérience et des sensations. Kant lui-même, créateur d'une méthode entièrement nouvelle pour l'établissement des conditions de la certitude et pour la définition des vérités d'ordre universel impliquées par la loi morale, Kant est revenu à la plus abstruse métaphysique, en recourant à un dogme à la fois étranger à toute raison pratique, et aussi transcendant qu'aucun de ceux que sa critique de la raison pure avait ruinés, pour résoudre les antinomies qu'il avait cru rencontrer dans le cours de cette critique.

Les successeurs de Kant, comme ceux des précédents réformateurs de la méthode, ont prétendu établir leurs systèmes sur ce qu'on doit toujours nommer l'*évidence*, sur des nécessités d'affirmer qui leur apparaissaient et que d'autres philosophes n'éprouvaient nullement. Enfin nous avons vu M. Spencer déplacer le siège, et non pas changer l'ultime garantie des évidences à se procurer. Dans sa tentative pour élever cet édifice de la « connaissance complètement unifiée » qui est, selon lui, la philosophie, et pour lui donner des fondements certains, ce philosophe n'a pas trouvé de moyen meilleur ou plus neuf que de traiter d'inconcevables les thèses qu'il rejette et que ses adversaires soutiennent être concevables parce qu'ils les conçoivent. Sa faculté personnelle de concevoir ou ne pas concevoir, ce produit empirique de l'exercice et des habitudes de sa pensée propre, en une direction donnée, ne peut pourtant pas de lui-même faire loi contre les conceptions affirmées d'autrui, et leur imposer sa mesure. Il faut donc que M. Spencer persuade que l'« expérience accumulée des générations successives » l'a constitué vase d'élection pour contenir, dans le moment présent, le résultat certain et définitif de l'« organisation des relations externes » dans une intelligence qu'elles ont toute modelée !

On doit voir maintenant par quel intime rapport le dogmatisme de l'évidence se lie à la doctrine de la nécessité. Les hommes, et, parmi eux, les penseurs, tout comme le vulgaire, tiennent à recevoir leurs convictions du dehors, et à se les juger de manière ou d'autre imposées, au lieu de regarder leurs systèmes d'idées et de croyances comme une œuvre qu'ils ont à accomplir en propre, et dans leur liberté, avec le secours de l'expérience, de la tradition et de la réflexion. De même que, pour la foi religieuse, ils voudraient des révélations en paroles infaillibles, et qu'en politique ils rêvent toujours des solutions par voie de décrets souverains, de même, en matière de raison, ils cherchent dans les faits extérieurs, ou en eux-mêmes, mais alors dans la partie passive de leur être, quel moyen ils pourraient avoir de se sentir contraints et forcés, dans l'affirmation ou la négation des hautes connaissances qui ne sortent réellement pas de l'observation externe ni interne, et ne se tirent pas du raisonnement. Quand il s'agit de penser, de croire et de faire, ils veulent autant que possible se faire penser nécessairement, se faire croire et se faire faire. Mais quand ils se flattent d'en avoir trouvé le moyen, ils s'aperçoivent que la vérité *nécessaire* ne se produit pas suivant un mode constant et universel, qu'elle a des contradicteurs, qu'on ne parvient pas à mettre ceux-ci à l'ordre, quelque désir qu'on en ait et quelque peine qu'on y prenne, et qu'en un mot la nécessité ne se conduit pas bien, défaisant chez l'un ce qu'elle fait chez l'autre. C'est dans une situation comme celle-là, après qu'elle s'est perpétuée ou reproduite tout le long de l'histoire, qu'on en vient enfin à charger le *Progrès* de réaliser, dans l'avenir, cette assiette fixe et cette unité forcée qu'on voudrait de l'esprit, et de tous les esprits, dans la connaissance certaine. Un déterminisme dynamique, une évolution, — qui malheureusement réclame, elle aussi, sa preuve incontestable, — supplée à l'insufisance du déterminisme statique, impuissant jusqu'à cette heure à imposer à tous ce que doit vouloir au fond la nécessité, qu'on suppose tendre à quelque fin qui lui ressemble. Le Progrès vient ainsi au secours de l'évidence, discréditée par la variabilité de ses attestations. Chaque auteur de doctrine *certaine* peut, en attendant jouir de la pensée d'avoir anticipé, par privilège, l'évidence vraie à laquelle un jour aucun homme ne se refusera. Cette douce illusion lui est une dispense de la cruelle obligation d'engager sa responsabilité morale dans la déclaration de la vérité.

SEPTIÈME PARTIE.

CONSÉQUENCES TOUCHANT LA CLASSIFICATION DES DOCTRINES.

Nous pouvons revenir maintenant à ce que nous disions, en commençant ce travail, au sujet de certaine doctrine qui s'est présentée au monde comme la philosophie absolue, avec la prétention de montrer, dans les systèmes du passé, des degrés de « la découverte progressive de la pensée par elle-même », et de les « absorber » tous, en apportant le résultat définitif de leurs productions et de leurs destructions mutuelles. L'histoire de la philosophie, ainsi envisagée comme une évolution dont il serait possible de définir la loi, et qui ne devrait plus permettre à la liberté du penseur de retourner à l'un des *moments* passés du développement général de l'esprit, et de s'y fixer par la franche exclusion des *moments* contradictoires, cette histoire prétendue est une élimination de son propre sujet, l'esprit individuel en ses libres déterminations, puisqu'elle fait de lui un simple anneau d'un enchaînement nécessaire. Elle lui refuse la faculté d'affirmer et de croire aucune vérité pure, et la puissance corrélative d'errer, les affirmations et les négations n'ayant de valeur qu'en tant que mises à leur place, expliquées, balancées et finalement effacées par l'œuvre de l'évolution, c'est-à-dire par l'œuvre du philosophe qui vient, comme à la fin des temps, se poser en interprète de la loi et conciliateur ou juge universel. Il ne peut plus être question de classification, à ce point de vue, mais seulement d'une série et de la loi de cette série. Si, au contraire, l'histoire de la philosophie n'étant, comme je l'ai montré, qu'une opposition progressivement déclarée et éclaircie, mais demeurée constante, irréductible, du *sic et non*, sur des questions d'intérêt souverain pour la pensée, qui exigent logiquement ce *sic* ou ce *non* pour réponse, l'un à l'exclusion de l'autre; si, dis-je, les affirmations et les négations valent par elles-mêmes et énoncent des vérités ou des erreurs, si le principe de contradiction est vrai, alors c'est une classification, dans le sens propre du terme, que réclament les doctrines philosophiques, et cette classification doit se faire dichotomiquement, par les contraires et inconciliables les plus importants, groupés ensuite eux-mêmes, autant que possible, de deux côtés opposés, suivant les affinités que l'expérience ou le raisonnement décèlent entre eux.

Il est vrai que le principe de contradiction peut être nié quant à son application légitime aux affirmations et négations dont on s'occupe ici ; mais il ne dépend pas de ceux qui le nient de faire mieux que de s'opposer à ceux qui l'affirment et qui ne se montrent pas près de l'abandonner ; ils ne font donc que se classer eux-mêmes, en admettant que les arguments de part et d'autre se neutralisent empiriquement, à l'un des côtés de l'une de ces oppositions radicales au-dessus desquelles il faudrait qu'ils eussent le pouvoir de s'élever. Mais on ne voit pas d'où leur viendrait ce pouvoir.

Il en est de même de l'évidence, s'il plaît à quelqu'un de l'invoquer à l'appui de ses arguments particuliers, c'est-à-dire, au fond, à l'appui des principes que ces arguments supposent ; car ces principes seront niés ou mis en doute par les philosophes qui n'admettent point un critère de certitude de cette sorte. Nous retombons ainsi dans l'opposition de l'évidence et de la croyance, celle de toutes qui, dégagée la dernière, dans le développement et le conflit des méthodes, en matière de vérités universelles, domine définitivement les autres. On voit que l'œuvre de classification des doctrines doit avoir ce résultat de montrer le penseur mis en demeure d'opter entre des propositions contradictoires, touchant les points principaux sur lesquels porte la classification, et d'opter, en premier lieu, sur ce point : ou de déclarer, touchant les autres sujets, sa libre croyance, après examen et mûre réflexion, ou d'énoncer des affirmations qu'il prétende lui être imposées par l'évidence et la nécessité. Il peut l'un ou l'autre ; mais ce qui ne dépend pas de lui, c'est d'obliger le témoin extérieur à porter sur la nature et les conditions de son option le même jugement que lui-même. Aux yeux de ce témoin, il pourra toujours être rangé simplement au nombre de ceux qui prennent l'un des deux côtés d'une alternative dont l'autre côté est préféré, donc préférable, en considérant d'autres personnes. Les choses auront le même aspect que si le partisan de l'évidence et de la nécessité et son adversaire optaient et agissaient librement l'un et l'autre, et non pas nécessairement l'un et l'autre, en subissant la loi d'une divergence nécessaire. Rien donc ne peut être décidé d'autorité entre eux. La classification conserve toute sa force, et le choix toutes ses apparences. Le dogmatiste qui s'inscrit pour ainsi dire en faux, au nom d'une théorie, contre la classification par contradictoires, et contre ses conséquences pratiques, ne peut sortir de sa vision personnelle sans se trouver en révolte contre les faits, encore bien que la puissance ne soit pas donnée aux faits de l'atteindre en son for intérieur et de le contraindre à capituler. Et s'il compte sur l'avenir qui doit réaliser l'unité des convictions humaines en consacrant nécessairement comme la vraie celle-là même où son propre esprit est dès à présent établi, nous avons le droit de le ranger, avec ses pareils, dans une secte innommée de mystiques *sui generis* qui, depuis l'âge de Thalès et de Pythagore, attendent l'avènement du Messie de la raison et de la philosophie ; — si tant est qu'il ne se prenne lui-même pour l'incarnation de ce *Logos* de la science pure, et ne traite ses prédécesseurs et ses rivaux de simples précurseurs ou de faux Messies.

Le système de Hegel, en son intégrité, paraît avoir vécu, quoiqu'on lui voie encore des foyers épars ; une brillante comète nouvelle s'est élevée sur l'horizon de la philosophie, et fait pâlir les astres antérieurs ; mais l'esprit de Hegel est encore très vivant, surtout dans la manière de comprendre la marche historique des idées générales. Le plus complet et l'un des plus érudits historiens de la philosophie grecque, dont l'ouvrage est consulté aujourd'hui par tous les philosophes, s'est notamment inspiré de cet esprit pour arriver, touchant la nature de la vérité, ou des efforts de l'esprit humain qui la poursuit, à une conclusion sophistique et obscure, éliminant la vraie et la seule intéressante question à se poser pour un penseur sérieux qui n'entend point se payer de phrases creuses : conclusion ou doctrine dont je renoncerais à donner une idée claire, si je ne la trouvais résumée par un excellent interprète (1). Suivant Zeller, « L'idée d'une explication *naturelle* et *universelle*, substituée aux explications partielles et surnaturelles, est déjà présente à l'esprit d'un Thalès, d'un Pythagore et d'un Parménide ; et c'est par là que ces personnages ouvrent, pour la pensée humaine, un âge nouveau. Quant à l'élément qu'ils choisissent pour lui faire jouer le rôle de cause universelle, c'est celui-là même qui est le plus près d'eux, celui qu'ils ont en quelque sorte sous la main : l'élément sensible. Et ils ne commencent pas par considérer l'élé-

---

(1) M. E. Boutroux, dans l'*Introduction du traducteur*, 1er vol. de la traduction française de *la Philosophie des Grecs considérée dans son développement historique*, par Edouard Zeller, 1877 (p. LII et suivantes).

ment sensible *en général*; ils s'attachent d'abord à l'un des éléments sensibles qui tombent immédiatement sous les sens, tel que l'eau, l'air ou le feu, etc.; bientôt ils analysent les données des sens, et y démêlent ou en induisent des principes de plus en plus subtils, plus dignes à leurs yeux du titre de cause universelle. En somme, jusqu'à Socrate, selon la judicieuse appréciation d'Aristote, les philosophes restent *physiciens*, c'est-à-dire persistent à identifier l'être avec le sensible. »

Ce jugement sur la philosophie antésocratique est foncièrement erroné et marque une singulière inintelligence de l'ensemble du sujet, chez un homme qui en a scruté minutieusement tout le détail. On y relèvera d'abord l'inqualifiable confusion de l'objectif et du sensible, dans les déterminations de l'agent universel par les philosophes de cette période. Qu'ils aient tous attribué l'*en soi* à leurs conceptions, cela est certain, mais il est absurde de regarder le nombre pythagorique, ou l'être pur et pensée pure des éléates, comme tirés des éléments sensibles que le penseur primitif a *sous la main*. L'atome de Démocrite est lui-même un concept abstrait, une hypothèse de physique idéale, qui exclut l'existence en soi des qualités. La négation éléatique du mouvement est la plus violente des protestations contre la réalité des choses sensibles. Plusieurs *physiciens* ont également traité les phénomènes des sens avec irrévérence. Aussi, des *sophistes*, contemporains de Socrate, ont-ils pu passer d'un seul bond de l'idée de la réalité en soi des objets à celle d'un subjectivisme individualiste absolu. En second lieu, c'est une vue étroite et fausse des choses, d'imaginer que ceux des Ioniens qui ont fait les plus grossières des applications de l'idée d'assigner et de démontrer, dans les *éléments*, la cause universelle n'ont pas eux-mêmes entendu par là « considérer l'élément sensible en général ». Que signifieraient, s'il en était ainsi, les transformations supposées, auxquelles ils ont dû recourir tous pour expliquer le passage phénoménal des éléments sensibles les uns les autres, ou pour opérer la réduction des apparences à la nature intime de celui de ces éléments auquel ils donnaient le rôle de *substratum*? Ce transformisme exige évidemment que l'élément choisi pour ce rôle soit l' « élément sensible *en général* », dont tous les autres sujets ou qualités sensibles ne soient que des formes. Aussi voit-on, au point culminant du système, chez Héraclite, cet élément choisi, le *Feu*, représenter un concept métaphysique d'agent universel, qui rappelle bien moins les phénomènes observables de la combustion, qu'il ne nous suggère un rapprochement avec la doctrine également métaphysique de la *Force* et de ses transformations, que nous voyons aujourd'hui faire fortune en philosophie, grâce à l'application de la théorie mécanique de la chaleur. Et, à vrai dire, quand il ne s'agit que du point de vue philosophique, et que l'on fait abstraction de l'apport moderne des sciences expérimentales pour l'interprétation et les applications de l'idée substantialiste et transformiste, cette idée nous apparaît des deux parts la même.

L'historien qui méconnaît ainsi l'esprit profond et la portée des doctrines créées à une époque où presque toutes les grandes initiatives de la pensée spéculative ont été prises, et qui traite les débuts de la philosophie de « relativement humbles », ne s'arrête pas non plus au fait capital des déterminations contradictoires des principes ou affirmations souveraines des premiers philosophes : déterminations destinées en fait à n'arriver jamais à l'accord et à l'unité. Et cependant l'empirisme et le rationalisme, dans la vue objective des choses, le vitalisme et le mécanisme, le finitisme et l'infinitisme, l'individualisme sensationiste et l'universalisme abstrait, l'évolutionisme de la matière et le démiurgisme de l'esprit étaient dès lors aux prises, et n'ont pas cessé de l'être, et bien peu de générations passèrent avant que l'opposition du libre arbitre et de la nécessité, et celle de la doctrine du devoir et de la doctrine du bonheur, de latentes qu'elles étaient, fussent devenues formelles pour compléter la grande et inépuisable matière des controverses philosophiques.

Mais ces sortes de questions se noient dans la dégoûtante phraséologie d'une théorie hégélienne de l'erreur : « La philosophie débute naturellement par l'erreur ; et cette erreur consiste à ériger dogmatiquement le contenu actuel de la raison, à savoir une notion contingente et incomplète du monde sensible, en explication universelle et nécessaire, conforme à l'idéal philosophique lui-même. Mais ce n'est là, pour la pensée, qu'un point de départ, et bientôt se produit en elle une évolution, gouvernée par une loi de plus en plus précise.

« L'erreur est de sa nature instable et caduque. Car elle implique une double contradiction, à la fois interne et externe ; or, ce qui est en lutte, et avec soi-même, et avec les forces extérieures est destiné à périr.

« L'esprit qui affirme l'erreur est en contradiction avec lui-même. Car son essence est la forme de l'universel et de l'un ; et l'erreur est la combinaison de cette forme avec une matière inadéquate. Or, tant que l'esprit est à peine réalisé, cette contradiction elle-même n'existe guère qu'en puissance ; mais à mesure que l'esprit, comme un centre d'attraction, groupe davantage autour de lui les éléments qui ont de l'affinité pour sa nature, et accroît, par là même, son être et l'énergie de son action, la lutte entre l'essence et l'accident, entre le tout et la partie, entre la loi et le fait, devient de plus en plus inégale. L'organisme, une fois constitué, repousse ce qui n'entre pas dans son concert. C'est ainsi que le contingent, qui est le désordre, recule devant le nécessaire, qui est l'ordre, à mesure que celui-ci acquiert plus de réalité et de consistance.

« D'ailleurs, l'erreur n'est pas seulement en contradiction avec la vérité : elle est aussi en contradiction avec les autres erreurs. Il n'y a pas d'harmonie durable et profonde dans le domaine du faux ; et c'est une nécessité que les puissances qui sont en lutte avec la vérité soient également en lutte les unes avec les autres. Ce qui n'est pas l'Un et l'Infini ne peut qu'être multiple et fini, c'est-à-dire composé de contraires : ainsi l'opposition et l'antagonisme est de l'essence même de l'erreur. Mais, par là même, les erreurs tendent spontanément à s'entre-détruire et à laisser se dégager la vérité. Tout fait qui se dresse contre la loi est en butte aux assauts des faits analogues comme à ceux de la loi elle-même, et, ne trouvant où se prendre, retombe dans le néant. La loi et l'esprit se dégagent ainsi et se constituent par une sorte de sélection naturelle, les éléments hétérogènes s'éliminant d'eux-mêmes.

« L'erreur, d'ailleurs, ne disparaît pas sans laisser à l'esprit d'utiles enseignements et de fécondes impulsions. D'abord, elle lui a, la première, fourni un contenu et communiqué l'existence effective. C'est grâce à elle qu'il a pris conscience de sa nature et de sa destination. Ensuite, elle ne succombe que parce qu'elle a méconnu le caractère borné des représentations qu'elle érigeait en vue complète et définitive des choses. Elle appelle donc une définition nouvelle, qui la corrige en la complétant ; et la spontanéité de l'esprit, sous l'empire de cette sollicitation, va instituer une série d'expériences dirigées dans un autre sens. Mais l'affirmation nouvelle sera d'autant plus propre à combler la lacune constatée, qu'elle sera elle-même plus distincte de la précédente ; et ainsi la chute d'une erreur doit avoir, tôt ou tard, pour résultat, la formation d'une doctrine symétriquement opposée à cette erreur même.

« De plus, le discrédit où est légitimement tombée l'erreur précédente, et en même temps la nécessité de développer une idée pour elle-même, si l'on veut que cette idée acquière toute la précision et toute la fécondité qu'elle comporte, entraînent cette conséquence, que l'idée nouvelle ne se bornera pas à revendiquer une place à côté de la précédente, mais la refoulera plus ou moins complètement, et prétendra, à elle seule, être le tout. Ce moment est à la fois un progrès et une décadence : un progrès, en tant qu'un nouveau principe est mis au jour ; une décadence, en tant que sont dédaignés et sacrifiés les avantages que le précédent principe portait en lui. Il doit même arriver que tout d'abord la révolution apparaisse comme plus funeste qu'utile ; car elle écarte un principe arrivé à son maximum de développement, et doué, par le temps lui-même, de sérieuses conditions d'existence, pour y substituer une idée à peine éclose à la réalité, et dont les avantages, si elle en possède, n'existent encore qu'en germe. Mais l'erreur qu'il s'agit d'extirper continue d'exercer sa mission salutaire, en montrant à quelles conditions doit satisfaire le nouveau principe, pour suppléer et dépasser l'ancien. Il se produit une lutte qui favorise et règle l'essor du nouveau principe, et qui lui fait acquérir peu à peu tout le développement et toute la puissance dont il est capable.

« Cependant le second principe, qui est l'antithèse du premier, n'est pas plus que lui adéquat au tout ou à l'infini. Servi par son caractère exclusif tant qu'il se bornait à lutter pour l'existence, il rencontre, dans ce caractère même, un obstacle imprévu et insurmontable, lorsqu'il prétend suffire à discipliner tous les éléments de la réalité. Une troisième démarche de l'esprit devient donc nécessaire pour ressusciter le premier principe dans ce qu'il avait de légitime, tout en maintenant le second, auquel l'insuffisance du premier a donné naissance.

« Ce troisième moment consiste à chercher un principe, non plus opposé, mais supérieur, sous lequel puissent se coordonner et se réconcilier les principes antagonistes. Ici encore, l'esprit qui marche sur un terrain nouveau pour lui, essaie plus d'une direction avant de rencontrer la voie qui mène au but. Il doit arriver cependant que, dans le nombre des principes mis en avant, il finisse par s'en rencontrer un, qui réponde à la question proposée. Dès lors, l'esprit a fait un pas vers la vérité, vers lui-même. Il a pleinement réalisé une face de son essence. Il est sorti de l'ordre des abstractions pour entrer dans celui des réalités :

il a fixé sous forme de loi et de nature une partie de sa spontanéité libre.

« Toutefois, il n'est point arrivé au but que lui marque son essence idéale. Car la thèse et l'antithèse qu'il a conciliées en une synthèse ne représentent point les deux pôles de la réalité tout entière, mais les deux faces de l'objet restreint sur lequel se portaient alors ses regards. Il a exploré complètement le domaine sur lequel il se trouvait placé, mais il se trompe en prenant son horizon pour la limite des choses. Il y a, par delà le milieu où les circonstances l'ont situé, d'autres contrées non moins étendues et non moins riches. Une seconde phase va donc commencer, dans laquelle l'esprit érigera en thèse le résultat acquis, opposera à cette thèse une antithèse, et réconciliera ces deux propositions dans une synthèse nouvelle.

« Cette loi doit peu à peu acquérir fixité et rigueur, à mesure que l'esprit, s'en pénétrant davantage, réussit mieux à s'épargner les tentatives condamnées d'avance.

« Ainsi se produit, d'une manière de plus en plus régulière, une dialectique de la liberté, créant et éliminant tour à tour, pour réaliser l'idée d'une science où le tout des choses serait compris dans son unité. Cette idée, à l'origine, n'existant dans l'esprit que sous la forme la plus abstraite, ne peut être pour lui qu'un principe régulateur, non un principe constitutif : elle peut agir comme aiguillon, non comme guide. Mais à mesure que d'abstraite elle devient concrète, à mesure qu'elle se convertit en faculté vivante, elle donne plus de décision aux actes de la liberté, elle lui fournit à son tour des points d'appui pour s'élever plus haut. L'un et l'harmonieux prennent corps, la pensée se crée, le principe de contradiction descend de la sphère du possible dans celle du réel. Ce processus s'accomplit avec toute la contingence et le désordre de l'action libre et individuelle. Toutefois, l'histoire, mettant en relief les tentatives fécondes, constate entre elles un certain ordre de succession, qui devient plus visible, à mesure que l'on considère des périodes plus étendues.

« L'esprit, en résumé, mettant en œuvre les connaissances dont il dispose, débute par l'invention d'un certain nombre d'idées qui arrivent à se grouper autour d'une thèse précise et universelle. Cette thèse n'a pas effectivement la généralité qu'elle s'attribue ; et l'insuffisance est bientôt constatée. Alors, l'esprit sollicité à la réaction, invente d'autres idées qui se groupent autour d'une antithèse. L'antagonisme qui existe désormais étant contraire à l'idéal d'unité qui est le mobile du travail philosophique, l'esprit invente une forme supérieure où se puissent réconcilier la thèse et l'antithèse, c'est-à-dire une synthèse. Ainsi, sélection des doctrines conséquentes avec elles-mêmes et conformes à la vérité déjà réalisée ; développement et organisation de ces doctrines survivantes : telle est la loi générale qui tend à se réaliser de plus en plus dans l'évolution historique. Cette évolution n'est donc autre chose que l'établissement progressif d'un règne de la vérité. »

Cette marche de l'esprit, de contradiction en contradiction, sans que nul puisse jamais se donner légitimement à lui-même l'assurance de posséder une vérité générale capable d'échapper, dans l'avenir, et dès la première comme à la dernière heure, à une contradiction juste et nécessaire, c'est l'application systématique du principe de contradiction à toute affirmation universelle ; et c'est, par conséquent, la négation de ce principe. On devait d'ailleurs s'y attendre de la part d'un disciple de Hegel. Et cet « Esprit » qui n'est l'esprit de personne, cette « dialectique de la liberté », qui n'opère que sur l'ensemble d'un développement, c'est la négation de la personne et de sa liberté, dans l'acte de l'assentiment simple et définitif à une vérité embrassée et affirmée. Et l'on chercherait en vain, à travers les enfantements, les luttes, les destructions et les renaissances des systèmes, ces synthèses nées de l'action des thèses et des antithèses, aux moments combinés de progrès et de décadence de l'Esprit, et, finalement, ce produit « un et harmonieux » de l'accumulation successive des contradictoires. Les grandes doctrines d'un passé lointain sont restées vivantes en leurs premiers principes, et défient les efforts de celles qui les déclarent mortes afin d'affirmer leur propre vie plus énergiquement. Il serait inutile de suivre ici l'auteur dans les vérifications qu'il ose demander à l'histoire réelle de la philosophie, pour son étonnante *philosophie de l'histoire de la philosophie* ; car je crois avoir assez montré, dans les différentes parties du présent travail, qu'un esprit exempt de préventions trop fortes est obligé d'envisager sous un jour absolument opposé cette histoire réelle. Il est vraiment effrayant, pour qui craindrait de se trop bien convaincre de la puissance d'erreur systématique d'un philosophe, de penser que l'un des plus familiers, par ses études, avec les faits doctrinaux et leurs continuelles vicissitudes, a pu les croire bons pour confirmer certaine vue de l'édification progressive de la vérité une, universelle et totale, au moyen de thèses, antithèses et synthèses, multipliées depuis Thalès et Pythagore jusqu'à Hegel. On voudrait d'ailleurs apprendre d'un hégélien à quelle source il puise le droit de regarder son système comme complet et définitif, et comme échappant à la loi générale de la contradiction, suite nécessaire d'une affirmation universelle toujours inadéquate. Car il ne suffit pas de se dire adéquat pour l'être effectivement, alors que la contradiction se produit en fait, et que les adversaires n'hésitent pas à qualifier de contre-vérités et de platitudes toutes ces formules qu'on vient de voir : l'erreur instable et caduque et qui se contredit elle-même ; l'utilité de l'erreur ; la synthèse du vrai et de sa négation ; l'Esprit qui va se réalisant par une sélection naturelle, et finit par se constituer à la façon d'un organisme dont l'essence est l'Un et l'Universel ; le contingent qui est le désordre ; la liberté qui ne sert qu'à nous tromper, jusqu'à ce qu'elle s'élimine d'elle-même ; et enfin la vérité qui est l'*Infini*.

Le philosophe à qui nous avons emprunté le résumé ci-dessus est loin d'admettre, pour son compte, les vues de Zeller sur la nature et la marche de la philosophie. La critique dont il les fait suivre est d'une grande force, sous une forme modérée, et ses arguments sont au fond les nôtres (1).

« Aujourd'hui, comme au temps des sophistes, on reproche aux philosophes de n'être pas d'accord sur les principes mêmes de leur science, sur l'objet qu'elle étudie, sur la méthode qu'elle doit employer, sur les résultats définitifs qu'elle a pu obtenir. Or, nous contenterons-nous de répondre que ce reproche vient d'une vue superficielle des choses, et qu'un regard plus pénétrant démêle l'harmonie et le progrès sous l'apparence de la contradiction et de l'immobilité, lorsqu'en fait nous voyons les philosophes remettre perpétuellement toutes les doctrines en question, et se demander tantôt si la loi de causalité est un principe nécessaire ou une habitude de l'esprit, tantôt si le libre arbitre est une apparence subjective ou une réalité, tantôt si nous voyons les choses telles qu'elles sont ou seulement telles qu'elles nous apparaissent? Y a-t-il un problème qui soit véritablement résolu, lorsque sont pendants ceux-là mêmes qui dominent tous les autres?

« Cette science a donc l'infirmité singulière d'en être, aujourd'hui encore, à chercher sa voie, à attendre une vérité de quelque importance

---

(1) Voyez l'*Introduction* citée plus haut, p. LXIX et suivantes.

qui soit universellement admise. Aussi l'histoire de la philosophie est-elle l'objet des interprétations les plus diverses. Tandis que M. Zeller la construit étage par étage, de manière à en former un édifice harmonieux et solide, tel philosophe (1) estime que l'ancienne physique est, en somme, supérieure à toute la philosophie ultérieure, laquelle n'a eu d'autre rôle que de montrer l'impuissance de la méthode subjective à atteindre le but objectif, judicieusement posé par les premiers physiciens. Tel autre (2) met hors de pair l'antique Héraclite, pour avoir entrevu l'identité de l'être et du non être. Les matérialistes ne voient pas que la philosophie ait fait des progrès essentiels depuis Démocrite. Les panthéistes trouvent l'hylozoïsme antique très supérieur au dualisme cartésien. Chacun en un mot s'attribue le droit d'apporter à l'étude de l'histoire de la philosophie ses opinions personnelles, et place l'apogée de la philosophie à ce point, voisin ou reculé, de l'espace et du temps, où s'est réalisée la doctrine qui lui agrée le plus. »

Comparant ensuite l'objet et la méthode de la « science », ou « raison théorique », avec le but et les ambitions de la philosophie, afin de montrer l'impossibilité de les unir : « La raison théorique, telle que le temps l'a faite, continue M. Boutroux, ne se confie désormais qu'à la méthode expérimentale. Elle ne reconnaît plus ceux qui, se réclamant d'elle, pratiquent une autre méthode. Si donc cette faculté de connaître est la mesure dernière et unique de la valeur des idées, le progrès de la philosophie ne peut consister qu'à prendre de plus en plus conscience de la vanité de ses prétentions, et à s'effacer de plus en plus devant la science positive.

« Mais la philosophie est-elle réellement placée sur ce terrain de la raison théorique, où la science positive réclame de plus en plus la domination? Est-ce à la seule pensée qu'elle emprunte ses principes, est-ce dans le seul champ de la pensée qu'elle s'exerce? Cette idée du tout, de l'un, de l'harmonie universelle, qui est, nous dit-on, le mobile suprême de la philosophie, émane-t-elle uniquement de cette raison théorique, qui ne dispose que d'intuitions sensibles, et qui est par là même, à tout jamais, enfermée dans le particulier et le contingent? Cette idée ne serait-elle pas plutôt une aspiration du sentiment, un acte de la volonté libre et

(1) Lewes, *The history of philosophy*, I, 103 et passim.
(2) Lassalle, *Die Philosophie Heracleites der Dunkeln*, I, 81 sq.

infinie, qui, dans son opération interne, se soustrait aux entraves des lois réalisées, et s'élance du réel vers l'idéal? Si l'idée du tout a dans la raison sa *matière*, n'aurait-elle pas sa *forme* dans la volonté? La philosophie, en un mot, au lieu de se placer sur le terrain des sciences, ne demande-t-elle pas précisément quelle est la signification et la valeur de la science, et si la science peut prétendre à représenter l'absolu dans l'esprit humain? Ne démêle-t-elle pas l'existence d'une activité pratique distincte de la spéculation, et possédant des principes qui lui sont propres, tels que le devoir ou le beau, modèles irréalisables du fait et des lois physiques? Ne poursuit-elle pas, en définitive, d'abord la distinction de la chose donnée et de l'agent créateur, de l'objet et du sujet, de la raison et de la volonté, de la science et de la morale, ensuite le rapprochement et la réunion de ces deux termes en un principe suprême?

« S'il en était ainsi, la philosophie conserverait sans doute un lien de parenté avec la science ; mais elle en aurait un aussi avec la religion et l'art, qui sont les créations relativement immédiates de l'activité pratique ; et cette double parenté constituerait son caractère propre. La philosophie ne serait fondée exclusivement, ni comme la science, sur les principes de la raison théorique, ni comme la religion, sur les principes de la volonté. Elle participerait à la fois de la volonté et de la raison, cherchant si l'une doit être élevée au-dessus de l'autre, ou si toutes deux doivent être mises sur le même rang ; si elles doivent être ramenées à l'unité, et de quelle manière. Elle impliquerait et des éléments scientifiques et des éléments religieux ou artistiques ; et elle aurait pour mission spéciale d'établir de justes rapports entre ces éléments. Dès lors, sans empiéter en aucune façon sur les sciences ou les religions positives, qui, pour elle, constituent les *faits*, elle aurait sa place légitime dans une sphère distincte, où résideraient les *principes créateurs et directeurs* de la raison et de la volonté. »

On voit que M. Boutroux définit essentiellement la philosophie comme une *critique*, encore bien qu'il ne se serve pas de ce terme ; et, dans cette critique, il introduit les facteurs du sentiment et de la volonté, ce qui revient à reconnaître la primauté de la raison pratique et l'individuelle personnalité de la raison. Nous ne saurions approuver toutefois, — à moins que nous ne devions pas attacher tant d'importance au mot « éléments », dans l'expression de la pensée de ce philosophe, — l'espèce de domaine mixte de science, de religion et d'art qu'il attribue à la philosophie, tout en lui reconnaissant une sphère distincte et la domination. Il eût mieux valu, ce semble, considérer la philosophie comme une « raison théorique », essentiellement, quoique sous l'impulsion et pour l'objet de la raison pratique, puisqu'il est certain qu'elle construit et doit construire des théories, sur d'autres fondements et d'autres preuves que ne font les sciences, et sur un terrain où nulle science ne peut étendre ou élever les siennes. Non seulement la raison théorique n'est point exclusivement revendicable en faveur des sciences, mais il leur est interdit de pousser aucune théorie absolument à bout, soit quant à l'intégralité de l'objet, soit quant à l'absoluité de la démonstration, puisqu'elles ont toutes l'expérience pour borne, et que les inductions portées à un certain degré tombent toujours sous le contrôle de la philosophie.

« Cette conception de la philosophie, continue M. Boutroux, explique et justifie pleinement le mélange de symétrie et d'incohérence que présente en réalité cette forme de l'activité humaine. Nul ne s'étonne que le progrès artistique ou religieux ne soit pas continu et méthodique. Nul ne songe à nier la valeur de l'art, sous prétexte que les œuvres de Phidias n'ont pas été égalées après lui, ou la valeur de la religion, sous prétexte qu'elle offre, dans le passé, une pureté à laquelle le présent ne peut atteindre. Or si, dans la philosophie, l'élément rationnel se combine avec un élément mystérieux, propre à la volonté libre et infinie, analogue à celui qui est le ressort de l'art et de la religion, on ne peut retourner contre elle l'irrégularité persistante qui se manifeste dans sa marche. Cette irrégularité de développement, moindre d'ailleurs pour la philosophie que pour l'art et la religion, est chez elle, comme dans ces domaines voisins, la suite naturelle et légitime de l'intervention de la liberté. »

L'élément « mystérieux » et la qualification un peu étrange d' « infinie », donnée à la volonté, répondent mal à ce qu'il y a de très clair et de parfaitement défini et déterminé, soit dans l'objet, soit dans le genre d'intervention des passions et de la liberté, appliquées aux assertions philosophiques. D'une autre part, nous ne voyons pas que l' « irrégularité du développement » puisse être moindre en philosophie que dans les autres domaines, puisque ces assertions se produisent contradictoirement les unes aux autres, et cela à chaque époque, et sur les mêmes questions, fondamentalement, et si bien, qu'il est besoin d'une grande étude, et à la fois d'un parti pris personnel, chez le philosophe, pour découvrir et définir ce qu'il lui sera permis d'appeler, *à son point de vue,* un « développement ». Mais M. Boutroux constate lui-même ce caractère d'une œuvre qui est, en fait, vouée aux contradictions, quand on veut la considérer comme une œuvre collective :

« La transcendance relative de la philosophie explique encore ce singulier phénomène, qu'à travers tous les progrès des sciences positives, la plupart des grandes solutions essayées, même par les anciens, sont, en somme, dans leurs principes essentiels, demeurées possibles. Certes, la forme et l'expression de l'hylozoïsme, du mécanisme ou du dualisme ne peuvent demeurer ce qu'elles étaient chez un Thalès, un Démocrite ou un Platon ; mais aujourd'hui encore, on voit des philosophes ramener les choses, soit à une force intelligente et en même temps inconsciente, qui rappelle la matière vivante de Thalès, soit à une pluralité infinie de forces aveugles qui rappelle les atomes de Démocrite, soit à une opposition du réel et de l'idéal qui rappelle le platonisme. Jusque chez les philosophes les plus versés dans les sciences positives et les plus soucieux de mettre leur métaphysique en accord avec les faits, nous voyons se produire des théories qui, dégagées de leur enveloppe scientifique, ne diffèrent guère des théories antiques que par un degré supérieur de précision, de méthode et de développement. Il est clair que la sélection s'exerce beaucoup moins dans le domaine de la métaphysique que dans celui des sciences positives. Quel critique circonspect oserait préjuger les opinions philosophiques d'un homme d'après ses connaissances scientifiques ? Inexplicable si la philosophie était proprement une science, ce caractère n'a rien d'étonnant, si la philosophie participe de l'art et de la religion, lesquels ne disposent, eux aussi, que d'un petit nombre de formes essentielles, applicables d'ailleurs aux matières les plus différentes. »

Mais c'est manifestement se servir de termes impropres, que de présenter la philosophie comme participant de l'art et de la religion ; car la philosophie ne tient ni de la nature de l'art, ni de la nature de la religion, quand on considère les caractères propres de l'art ou de la religion, soit sous le rapport des méthodes, soit sous le rapport des œuvres. La suprématie critique et l'essentielle rationalité des formes de la philosophie démentent ce rapprochement. La pensée vraie, c'est que la constitution réelle d'une doctrine philosophique suppose ce que supposent aussi les conceptions de l'artiste et les déterminations vivantes de la foi religieuse : à savoir des facteurs de l'ordre passionnel, l'exercice d'une libre activité, et l'opération de la raison pratique.

La conclusion de M. Boutroux mérite d'être rapportée. « On s'explique par là, dit-il, l'intérêt que présentent, aujourd'hui encore, les plus antiques solutions métaphysiques, considérées en elles-mêmes. Elles répondent à des aspirations qui, appartenant à la volonté libre, sont supérieures au temps et à l'espace. Tandis que l'*entendement* moderne, synthèse dynamique des efforts accumulés de nos devanciers, ne peut penser comme l'entendement primitif, la *volonté* libre peut embrasser les mêmes objets qui ont charmé les premiers hommes, s'attacher au même idéal. A cet égard, c'est le génie de l'auteur, bien plus que le contenu de sa doctrine, qui exerce un attrait sur nous. Aussi préférons-nous invinciblement les maîtres aux disciples, la source vive à la rivière canalisée... Dans la philosophie, comme dans la religion et dans l'art, c'est en restaurant le passé qu'on réforme le présent; et les révolutions les plus fécondes sont celles qui ressuscitent les œuvres les plus antiques. Ne voyons-nous pas en ce moment un grand nombre de philosophes faire table rase de la métaphysique des Fichte, des Schelling et des Hegel, pour revenir à Kant lui-même; d'autres s'attacher à Leibniz ou à Descartes; et telle école de philosophie rétrograder au delà des Kant, des Descartes, des Aristote et des Platon, pour remonter jusqu'à Héraclite et au boudhisme?

« Enfin, c'est cette double origine, à la fois intellectuelle et morale, qui explique la persistance de la philosophie, malgré ses échecs sans nombre et le peu d'évidence de ses progrès... Elle recommence éternellement son œuvre, comme l'artiste, qui ne se propose pas de compléter, par un détail nouveau, la part de beauté qu'ont pu réaliser ses prédécesseurs, mais qui prétend exprimer, pour son propre compte, et d'un seul coup, le beau total, tel qu'il le conçoit. La philosophie est œuvre personnelle. En un sens, elle ne se transmet pas. Chaque homme se fait son système, qui n'est autre chose que la mesure dans laquelle il sait prendre conscience de ses dispositions et de sa culture intellectuelles et morales. Aussi la philosophie n'a-t-elle rien à redouter de son impuissance à se constituer définitivement. Si elle ne répondait qu'à un besoin scientifique, les raisonnements des anciens sophistes ou des anciens sceptiques auraient dès longtemps suffi à la ruiner; car ils valent, à coup sûr, la plupart des objections qu'élèvent contre elle ses ennemis modernes.

« Mais elle répond précisément au besoin de mesurer la portée et la valeur de la connaissance scientifique, et de déployer cette faculté d'initiative et de création qui se sent à l'étroit dans le réel et le nécessaire; et comme cette faculté de l'âme n'est pas moins essentielle ni moins noble que la raison théorique, à laquelle d'ailleurs elle est indispensable, elle assure la permanence de la philosophie, témoignage de ses vues élevées, comme de sa libre marche, qui déjoue les calculs.

« La philosophie est donc inexpugnable si, refusant de descendre sur un terrain qui n'est pas le sien, elle s'établit d'abord dans cette région supérieure de l'unité suprême et idéale où doivent se concilier les maximes de la pratique et les lois de la spéculation. Ainsi, mais seulement ainsi, elle justifie pleinement son existence et imprime à ses œuvres ce double caractère scientifique et artistique, qui leur assure une place d'honneur parmi les créations de l'esprit humain. »

Après les critiques de détail que nous avons adressées à cette remarquable apologie des *variations* de la philosophie, nous n'avons plus qu'un regret à exprimer : c'est que l'auteur, qui a été si justement frappé de ces variations, paraisse l'avoir été si peu des contradictions qui en sont la forme ordinaire, et sur lesquelles tout penseur a un parti à prendre. Il y a quelque chose de vague et de trop peu rationnel, et aussi de peu satisfaisant pour la morale, dans cette manière de considérer le philosophe comme auteur d'une œuvre d'art, qui lui serait ou qu'il se rendrait propre, et qui aurait bien son côté scientifique, mais mal défini, et qui, d'un autre côté, se formulerait sans une suffisante préoccupation des conditions de la certitude, des principes directeurs de la croyance, de la nécessité d'opter entre des affirmations contradictoires, touchant la nature et l'ordre du monde, et enfin du caractère moral de la décision prise par chacun dans la doctrine qu'il embrasse, et dans les jugements qu'il entend porter sur les convictions d'autrui, sur le conflit des idées et des méthodes dans tout le cours de l'histoire. N'est-il pas à craindre que l'artiste en philosophie, le poète en spéculation transcendante, ne se complaise en un certain dilettantisme, ou du moins n'y encourage ses disciples, et ne se fasse point une idée assez sévère de sa responsabilité devant la vérité? Nous n'avons garde de penser que ce reproche puisse être justement adressé à un philosophe aussi sérieux que l'auteur de la *Contingence des lois de la nature*.

Ce reproche me paraît tomber de tout son poids sur une école qui, n'ayant aucune franche doctrine à recommander à ses élèves, mais seulement un certain nombre de thèses convenues pour un enseignement exotérique et soumis à un contrôle extérieur, a cependant remis en honneur les grandes doctrines du passé. En apprenant à les suivre impartialement, dans n'importe quelle direction de la pensée philosophique, et à les reconstruire, cette école a agi sur les intelligences accessibles au sentiment de l'art, capables d'admirer la poésie des hautes spéculations et des vastes hypothèses. Mais, comme il était admis que nul système ne devait prétendre à posséder l'entière vérité, et qu'ils devaient tous être tenus en échec les uns par les autres, et déboutés du droit de faire passer aucune des propositions absolues qui sont respectivement leurs raisons de se produire, on se trouvait dans l'impuissance de prendre réellement parti sur les fondamentales thèses contradictoires où le faux ne peut se trouver d'un côté que le vrai ne se trouve de l'autre. Le sentiment du beau arrivait ainsi à prendre la place des inaltérables jugements logiques, dans l'attitude à prendre vis-à-vis des doctrines imposantes auxquelles on accordait toujours une « part de vérité », avec une « part d'erreur », dont on avait à la dégager au moyen d'on ne sait quel procédé. C'est ainsi, par exemple, qu'on témoignait une vive admiration pour l'*Ethique* de Spinoza, sans le moins du monde répudier les principes d'autres philosophes qui avaient traité cet ouvrage d'absurde autant qu'abominable. On ne craignait pas de dire, étrange formule! qu'il fallait « se défier de la logique », et on ne s'apercevait pas que, *logiquement*, cela signifiait, ou que tous les principes doivent passer pour suspects, ou que, de principes vrais, il peut arriver qu'on tire des conséquences fausses! V. Cousin avait dit une fois, parlant du système de Schelling : « ce système est le vrai »; puis il se défendait de « panthéisme », en prétendant qu'il fallait distinguer Dieu et le monde en les unissant, et non pas les confondre, comme le faisaient, suivant lui, les panthéistes. C'était ne rien définir, et ne point répondre aux vraies questions dont la décision seule, par oui ou par non, permet de juger ce qu'on entend par l'union de Dieu et du monde. Plus tard, ce philosophe trouva bon de professer nettement le théisme, et prit pour les représentants principaux de cette doctrine Descartes et Leibniz; mais il laissa de côté tout ce qui fait la force et l'originalité des conceptions de ces maîtres. L'éclectisme avait cette habitude, partout où il s'appliquait, de couper les nerfs des systèmes, et de les concilier en en extrayant des propositions banales (1).

L'éclectisme devait naturellement se donner la tâche de définir et de classer les doctrines philosophiques divergentes, afin de constituer, pour ainsi dire, la matière sur laquelle il avait à opérer, en délibérant son choix et appliquant son critère de vérité, supposé qu'il en possédât un. Mais la classification, un moment célèbre, de V. Cousin, ne mériterait pas même une mention ici, tant elle pèche du côté de la précision, et tant elle aide peu à se former une idée des vraies et profondes oppositions de détermination de l'esprit humain, si elle n'avait cet intérêt de nous montrer le philosophe abandonnant la considération des principales thèses philosophiques en elles-mêmes, et de leurs preuves ou motifs directs, pour en envisager une certaine succession historico-psychologique. Et le développement, ainsi imaginé, de la pensée générale n'était pas présenté comme un progrès, mais comme une sorte d'enchaînement naturel d'états mentaux, dont on ne verrait pas, s'il était réel, le moyen de se dégager au profit de la réflexion, de la croyance réfléchie.

Deux points de vue se présentent d'abord, selon cette théorie, et s'opposent l'un à l'autre. D'un côté, c'est la sensation, le phénoménal, le multiple, le fini, etc.; de l'autre, l'unité, l'identité, la substantialité, l'infini, etc. La formule de l'opposition, ainsi présentée, renferme une erreur capitale; en effet, le premier système, que V. Cousin appelle le *sensualisme*, n'exclut chez ses adhérents, en aucune façon, ni l'unité, ni la substantialité, ni l'infini; c'est ce que prouve surabondamment la moindre étude des doctrines anciennes et modernes. Le second système, qu'il appelle *idéalisme*, comporte parfaitement, chez plusieurs des philosophes qu'il entend sans doute classer sous ce chef, la multiplicité et le fini. On ne sait, en somme, à quoi s'applique précisément la division, ni quel est le sens de ces termes vagues.

Au premier système, on nous dit que se rattachent le fatalisme, le matérialisme, l'athéisme; au second, le spiritualisme à tous ses degrés. Ce-

(1) Voyez un résumé impartial des opinions de V. Cousin dans un article de M. Janet *Revue des Deux Mondes*, 1er mars 1884.

pendant, il est certain que le *sensualisme* peut être idéaliste et peut être théiste. Le matérialisme lui-même peut être théiste. L'*idéalisme* peut être athéiste, et le spiritualisme peut être fataliste et n'être pas idéaliste, etc. Tous ces mots auraient exigé des définitions précises.

De la lutte de ces deux systèmes, dont aucun ne réussit à vaincre l'autre, naît le doute, suivant la théorie. On aurait cru plutôt, et simplement, le doute né du conflit de principes divers, en toute matière, et de doctrines diverses, prétendant toutes à la systématisation de la pensée et à l'explication de l'univers. La remarque, il est vrai, n'est pas nouvelle : elle date de Socrate, qui ne fut cependant pas un sceptique. Mais, des deux systèmes, tels qu'il les conçoit vaguement et les expose, V. Cousin fait sortir, au moyen du doute, un « troisième système » : le *scepticisme*. Il confond ainsi le fait d'un état de l'esprit, état plus ou moins répandu parmi les hommes cultivés d'une époque et d'une contrée, avec une doctrine toute particulière, dont le domaine est très distinct et circonscrit. Et cette confusion la conduit à une vue manifestement fausse ; car la doctrine sceptique, bien loin de régner sur les ruines des grands systèmes, forme son établissement, le plus réduit et le moins en vue de tous, en face de quatre grands dogmatismes, le platonisme, l'aristotélisme, l'épicurisme et le stoïcisme, destinés tous les quatre à prolonger leur carrière aussi longtemps que la civilisation antique. Si, au lieu de l'antiquité, c'est la philosophie moderne que nous considérons, le scepticisme nous apparaît au commencement et non pas à la fin de la spéculation poursuivie depuis Descartes jusqu'à Hegel et Spencer. En tant que né de la lutte de « deux systèmes », on ne saurait où le trouver. Il n'est pas sérieux de regarder Kant comme un sceptique, ainsi que le font ceux dont il a mis à découvert les paralogismes ; mais alors même qu'on s'en attribuerait le droit, sur certains points, il faudrait avouer qu'entre les « deux systèmes », autant qu'on peut les comprendre, qui auraient à se détruire l'un l'autre pour faire place au doute, Kant a opté et choisi le second. On peut en croire là-dessus l'école empiriste, qui opte pour le premier.

Du troisième système naît le quatrième et dernier ; du scepticisme procède le *mysticisme*, parce que le doute engendre la lassitude, et qu'un besoin de croire est inhérent à l'âme humaine. L'inanité de la théorie paraît encore ici clairement, l'auteur érigeant en principe de classification et vérité d'ordre général le cas bien connu, mais particulier, du passage du doute absolu aux affirmations plus ou moins arbitraires, dans un esprit donné. Mais le fait est que ce mode de transition est accidentel. Le mysticisme, qu'il serait bon d'ailleurs de définir avant de faire de son nom un tel usage, a, sous une forme ou sous une autre, en philosophie, précédé les sophistes, Socrate et le pyrrhonisme, de même qu'il a suivi Platon et régné dans le néoplatonisme, sans préjudice d'autres doctrines, ses contemporaines, très différemment qualifiées. On le retrouve, en un mot, dans tous les temps, sans qu'on ait à lui reconnaître un rapport de filiation avec le scepticisme.

Aucun principe de classification ne peut donc se tirer, ni pour l'histoire des idées, ni pour l'éclaircissement des doctrines et des méthodes, de cette espèce de processus psychologique allant du conflit d'un matérialisme et d'un idéalisme mal définis au doute, et de là à n'importe quelles assertions non justifiées. Un critique bienveillant (1) a cru trouver, pour le caractère trop général et vague de cette théorie, une excuse dans le goût de l'époque où écrivait V. Cousin ; et il nomme à ce propos le système des « époques organiques et critiques » des Saint-Simoniens et la « loi des trois états » d'Auguste Comte. Mais ces dernières conceptions peuvent être fausses ou faussement appliquées ; en elles-mêmes, elles ne sont point vagues, leurs auteurs les expliquent fort bien et donnent un sens clair aux termes dont ils se servent. Et la prétendue classification de l'éclectisme n'est pas seulement vague ; elle n'est pas vague parce qu'elle est *trop générale* ; car on ne peut même pas la dire générale, faute de savoir au juste ce que c'est qu'elle veut ériger en loi générale.

L'éclectisme ne pouvait lui-même tirer aucun parti de cette vue sur les rapports de succession des doctrines, alors qu'il s'agissait de savoir ce qu'on devait penser des doctrines mêmes et de leurs prétentions rivales à la possession de la vérité. Pour ce dernier objet, nous trouvons à l'« idée de l'éclectisme » d'autres formules, dans lesquelles se montre un esprit hégélien, à peu près semblable à celui que nous avons vu plus haut chez l'historien de la philosophie, Zeller. Résumons-les d'après une exposition récente, due à M. P. Janet. « La philosophie est la science de l'absolu, des premiers principes, du tout. Elle ne peut donc pas se faire par par-

(1) M. Janet, dans l'article cité ci-dessus.

celles ». Arrêtons-nous déjà ici, car il y a bien lieu. Si la philosophie est la *science des principes*, elle devrait pouvoir se faire par parcelles, puisque tout le monde sait qu'il y a des principes qu'on affirme, qu'on nie, qu'on met en doute, sur lesquels les philosophes ont soutenu et soutiennent des opinions contradictoires. Si la philosophie peut réussir à mettre tels ou tels de ces principes hors de question, il semble bien qu'elle se constituera elle-même pour autant, c'est-à-dire *par parcelles*. D'autre part, si la philosophie est la *science du tout*, comme il n'y a pas de tout sans parties, il faut bien qu'on procède à la connaissance des parties, ou qu'on dise que la philosophie est la science d'un tout qui n'est pas un tout. L'absolu est sans doute le nom de ce qui satisfait à cette dernière condition, mais comment va-t-il se trouver matière de *science*? Et que pourra être *la philosophie*?

« Elle ne peut donc pas se faire par parcelles », continue-t-on ; « et chaque système est un tout, un absolu ». Il s'agit maintenant de se former une idée de ces touts et de ces absolus qui ne sont pas le tout et l'absolu :

« Chaque système est un tout, un absolu ; mais c'est un absolu qui a passé par un esprit relatif et individuel ; c'est un absolu connu relativement : c'est l'univers réfléchi par une monade. C'est pourquoi tout système est à la fois vrai et fragile ; vrai, parce qu'il est un reflet de l'absolu ; fragile, parce qu'il n'est qu'un reflet ». — Si l'on devait s'arrêter à la comparaison qui met l'univers à la place de l'absolu, et une monade réfléchissante à la place du relatif, on demanderait compte de la courbure de la surface de la monade, qui déforme l'objet réfléchi, et, au lieu de l'absolu, qui est cet objet, en donne plusieurs à choisir, *et qui sont faux*? car c'est un euphémisme, de dire les systèmes à la fois vrais et fragiles ; ils doivent être vrais et faux, suivant la logique de cette théorie : vrais, parce qu'ils sont des reflets de l'absolu ; faux, parce que chacun l'est au point de vue des autres. Mais ceci n'est pas le point principal. La comparaison elle-même est un contre-sens. On peut *sans contradiction* supposer connu un ensemble de relations constituant l'univers ; mais qu'est-ce qu' « un absolu, connu relativement ? » Ou il n'est pas absolu, ou il n'est pas connu : deux contradictions entre lesquelles on n'a que le choix. Au reste, un absolu qui *passe* par un esprit individuel, et qui sort de là pour former un tout vrai et fragile, est une conception qui réclame un violent effort, même de la part des plus complaisants amis de la philosophie mythologique.

Mais, dans le passage qui suit, apparaît une tendance à nous présenter, sous le nom de philosophie, quelque chose qui aurait une existence réelle : « Il y a donc, malgré les systèmes, et à travers tous les systèmes, une philosophie objective; mais elle est diffuse, inconsciente, mêlée à des systèmes particuliers et transitoires. Elle est analogue à ce que Hegel appelle l'*esprit objectif;* par exemple, l'esprit d'une nation, l'esprit d'une époque, qui n'est formulé ni condensé dans aucun homme en particulier, mais qui n'en est pas moins présent et réel dans tous et principalement dans les grands hommes. » — On voit que, malgré la tentative ainsi faite pour l'*objectiver*, la philosophie reste une abstraction. En tant que réelle, elle est comparée à quelque chose qui n'est pas, ne peut pas être l'œuvre réfléchie de la personne libre, mais seulement la pensée confuse de certaine unité collective et fatale, ou celle des *grands hommes* que l'on dit représenter une telle unité. Mais ce n'est pas tout; il est trop clair que l'esprit d'une nation ou d'une époque, par cela seul qu'on les détermine de cette manière, ne sont pas l'expression même de la vérité. Aussi, la comparaison, se poursuivant, laisse-t-elle encore la philosophie en dehors de tout ce qui peut se formuler et s'affirmer : « Ainsi de la philosophie », continue ce résumé de la pensée générale de l'éclectisme : « c'est elle qui soutient et anime tous les systèmes; *mais elle les dépasse et les débordé;* elle est plus qu'eux. Les systèmes passent, mais tous laissent quelque chose après eux ». Suivent des exemples, bien choisis d'ailleurs, pour montrer que « chaque grand système a son esprit propre, qui ne meurt pas avec le système »; et puis encore, que la « matière » des grands systèmes se conserve souvent elle-même, et reste pour former un élément nécessaire de la pensée. Nous accordons cela sans la moindre difficulté. Il faudrait, pour le nier, regarder les méditations des philosophes comme un travail stérile, qui ne serait d'aucun profit pour leurs successeurs, qui ne laisserait pas à ceux-ci des vérités qu'ils seraient libres de contempler à leur tour, et de tenir pour bien acquises, et, en outre, des exemples d'application de telle méthode de penser, qu'à leur tour aussi ils estiment être la bonne. Mais la question n'est pas là; et non seulement elle n'est pas là, mais même on soulève, quand on essaie de la poser de la sorte, une difficulté tout autrement grave que celle dont on croit se tirer. C'est fort bien de justifier les philosophes en remarquant qu'ils ne sont pas condamnés à ne jamais rien trouver ni de vrai ni qui mérite de durer. Mais il ne faudrait pas oublier qu'il y a quelque autre chose qui dure dans les systèmes : à savoir leurs contradictions mutuelles et l'opposition de leurs principes. Vous demandez qu'on vous accorde qu' « ils laissent quelque chose après eux » ; mais on vous accordera bien davantage, et ce que vous ne demandez pas, et ce que vous ne pouvez refuser, en présence des faits : c'est que les systèmes subsistent tout entiers, et que nul d'entre eux n'a jamais été définitivement mis hors de combat, si vous les considérez dans leurs principes généraux, qui traversent les âges sous différentes formes, et demeurent inconciliables. Qu'est-ce alors que cette *philosophie*, que vous voulez qui soit au-dessus de tous les systèmes, et dont vous cherchez à nous donner l'idée? Tout à l'heure c'était une « science de l'absolu » ; et voici que vous arrivez, sans vous apercevoir de la déviation, à parler d'elle comme d'un assemblage de vérités éparses, recueillies çà et là dans les systèmes, et choisies, — d'après une marque certaine et reconnaissable de vérité, il le faudrait, mais on n'a jamais pu nous dire laquelle. L' « idée de l'éclectisme », après avoir volé si haut, et pris son essor vers l'absolu, vers la philosophie qui « ne peut pas se faire par parcelles », entreprend les assortiments et les raccommodages, et tombe dans la banalité de la maxime : il faut en prendre et en laisser.

« On a dit que cette juxtaposition de vérités éparses et hétérogènes n'était autre chose que du scepticisme. Mais était-on sceptique en physique quand on ajoutait les découvertes les unes aux autres sans les pouvoir lier, parce que le moyen de les lier manquait encore? » — L'argument ne s'applique à rien ; car on n'a vu l'éclectisme ni faire des découvertes, ni *lier* les découvertes antérieures. Quand les physiciens ont fait des découvertes sans être cependant en état de les lier, c'est qu'ils ont pu établir expérimentalement des faits, et, en cela, n'être pas contredits.

« L'éclectisme, continue M. Janet, n'a jamais dit qu'il n'y aurait plus de système et qu'il n'en fallait plus faire; et l'eût-il dit, ce ne serait qu'une exagération semblable à celle de tous les autres philosophes; mais les systèmes nouveaux eux-mêmes devront s'assimiler tous les éléments du passé ». — La tâche sera rude : faudra-t-il que les systèmes nouveaux s'assimilent le déterminisme et le libre arbitre, le dieu créateur et l'éternel Protée, Force-Matière, la raison juge universel et l'expérience unique règle, l'impératif catégorique et l'utilité seul mobile de la conduite?

« La philosophie ainsi entendue a une tradition, il y a un lien entre les siècles, entre tous les penseurs, même entre les penseurs qui paraissent se combattre le plus : c'est le contraire du scepticisme ; car si l'on soutient qu'il y a une seule et même raison entre les hommes, malgré la diversité de leurs jugements, pourquoi n'y aurait-il pas une seule et même philosophie présente aux philosophies les plus diverses ? Une telle doctrine était nécessaire surtout en France, où l'on a toujours pratiqué, en philosophie aussi bien qu'en politique, la méthode révolutionnaire ». — Ce n'est point particulièrement en France, ni particulièrement dans l'ère moderne de la pensée libre, qu'on a pratiqué la méthode révolutionnaire, en philosophie. En tout temps, les doctrines considérables ont tranché fortement, et, sur des points de première importance, contradictoirement, avec celles qui les précédaient ; et, quand il est arrivé que de puissantes écoles ont pu durer et maintenir leurs traditions, ce n'a jamais été qu'en rivalisant avec d'autres écoles, où l'on niait ce qu'elles affirmaient, où l'on affirmait ce qu'elles niaient. C'est cela qui est la loi réelle, et non point l'unité et l'accord. M. Janet demande pourquoi il n'y *aurait* pas une seule et même philosophie présente aux philosophies les plus diverses ? mais simplement parce que la diversité, en ce cas, est de l'espèce appelée *contradiction*, laquelle exclut la conciliation et l'unité. Et ce philosophe s'appuie sur l'existence d'une seule et même raison, malgré la diversité des jugements. Les faits se chargent de lui répondre que ce qu'il y a d'unité dans la raison n'est apparemment pas tel qu'il empêche les jugements, parmi les penseurs, de différer jusqu'à se contredire. Il est juste, au surplus, de donner acte aux éclectiques de ce qu'ils ne veulent pas être des sceptiques. Ceux qui les appellent sceptiques entendent probablement leur reprocher de manquer de convictions assez fortes pour être exclusives, de prendre, comme on dit, *leur bien* où ils le trouvent, dans différentes doctrines, mais de n'être pas assez attachés à la logique et à la vérité pour éprouver le besoin de former un corps d'idées homogènes et d'en éliminer tous les éléments étrangers, ou pour être sensibles à l'impossibilité, qu'ils n'ignorent pas tout à fait, de concilier des idées que différents motifs les engagent à soutenir. Si les sceptiques proprement dits avaient étendu à la composition et à l'enseignement de la théorie ce principe de la coutume et de la convenance, qu'ils embrassaient en ce qui touche la conduite de la vie, ils auraient été les éclectiques de l'antiquité. Mais ils avaient pour cela une trop haute idée des exigences de la vérité (1).

Nous arrivons maintenant à la conclusion de M. Janet : « Cette philosophie, dit-il, qui croyait en finir avec les systèmes se présentait encore comme un système ; et, d'après la loi posée par elle-même, elle dut à son tour se dissoudre et disparaître comme tous les autres ; mais en même temps, et d'après la même loi, elle a dû laisser quelque chose d'elle-même qui est venu accroître le domaine général de l'esprit humain : c'est cet esprit d'intelligence appliqué au passé, cet effort de rapprochement et de conciliation entre les opinions les plus diverses, cette ouverture, cette libéralité de pensée qui cherche partout ce qu'il y a de bon et de vrai. Tout cela est resté. La conciliation totale est impossible, car elle ne pourrait se trouver que dans la possession d'une vérité absolue ; mais les emprunts réciproques, le sage emploi de l'héritage du passé, l'habitude de démêler une pensée commune sous des formes plus ou moins discordantes, voilà ce que l'éclectisme a légué à la philosophie ultérieure ; et ce sont des gains d'une haute valeur. Cette croyance à l'unité de la philosophie est sans doute un idéal irréalisable ; mais cet idéal est en même temps un postulat nécessaire, et un acte de foi sans lequel aucune philosophie n'est possible ; et je formulerais volontiers, sur le modèle du criterium de Kant, cette règle fondamentale pour tout philosophe : « Pense de telle manière que chacune « de tes pensées puisse devenir un fragment de la philosophie univer- « selle. »

M. Janet termine l'apologie de l'éclectisme par la citation des dernières paroles que V. Cousin a prononcées *à la Sorbonne*, à une époque où, dit-il, ce maître ne pensait encore qu'à la vérité pure et à la science absolue ; et il paraît s'en approprier l'esprit : « La philosophie n'est pas telle et telle école, mais le fonds commun et pour ainsi dire l'âme de toutes les écoles. Elle est distincte de tous les systèmes, mais elle est mêlée à chacun d'eux, car elle ne se manifeste, elle ne se développe, elle n'avance que par eux ;

---

(1) L'antiquité n'a pas connu l'éclectisme dans le sens que l'école de V. Cousin a consacré pour la présente génération. On a bien appelé *éclectisme* la doctrine d'Ammonius Saccas et de ses disciples, mais c'était tout autre chose, et le terme de *syncrétisme* est en ce cas celui qui convient. Les nouveaux académiciens avaient parfois été des éclectiques en un sens plus réel, mais c'était alors en matière de vraisemblances à reconnaître, et non point en prétendant faire œuvre de raison pure.

son unité est leur variété même, si discordante en apparence, en réalité si profondément harmonique; son progrès et sa gloire, c'est leur perfectionnement réciproque par leur lutte pacifique... Ce que je professe avant tout, ce n'est pas telle ou telle philosophie, mais *la philosophie elle-même*; ce n'est pas l'attachement à tel système, mais l'esprit philosophique supérieur à tous les systèmes. La vraie science de l'historien de la philosophie n'est pas la haine mais l'amour; et la mission de la critique n'est pas seulement de signaler les extravagances de la raison humaine, mais de démêler et de dégager du milieu de ces erreurs les vérités qui peuvent et doivent y être mêlées, et par là de relever la raison humaine à ses propres yeux, d'absoudre la philosophie dans le passé, de l'enhardir et de l'éclairer dans l'avenir. »

Il est curieux de trouver, dans une profession de foi si courte, deux formes, simplement juxtaposées, de l'idée de l'éclectisme : la forme d'esprit hégélien, et la forme empirique, à la portée des plus vulgaires auditeurs. Dans les dernières phrases de ce petit morceau, il n'est évidemment question, pour le philosophe, que de procéder à un triage. Mais, dans le solennel verbiage des premières phrases, si l'on peut démêler et extraire quelque idée précise, c'est celle-ci : que les contradictions *des philosophies* ne signifient rien par elles-mêmes, ne se rapportent pas à des propositions dont les unes sont nécessairement fausses, si les autres sont vraies, et réciproquement, en sorte que le philosophe est mis en demeure d'opter entre elles; mais que ces propositions contradictoires elles-mêmes doivent être considérées comme les éléments de *la Philosophie, dont leur variété est l'unité*. En ce cas, il s'agit de construire la vaste synthèse des discordances qui forment le tout *si profondément harmonique*; et la sophistique dogmatique de Hegel se présente, avec cette œuvre accomplie. Ou, si l'on n'a pas tout le courage qu'il faut pour embrasser cette dernière, on peut encore parler, comme V. Cousin, d'un « esprit philosophique supérieur à tous les systèmes »; se désintéresser de la nécessité logique de se prononcer, dès maintenant, entre des doctrines inconciliables; espérer dans l'avenir pour les réduire à l'unité, et remplacer en attendant la philosophie par une espèce de philo-philosophie.

N'est-ce pas un peu cela qu'entend M. Janet? Il nous parle des services rendus par l'éclectisme aux études, dans notre pays, — et il serait bien étrange, en effet, qu'une école qui a été maîtresse de l'enseignement, et dont la maxime était qu'on doit faire « la part de l'erreur et la part de la vérité » dans tout système, n'eût pas encouragé l'étude des systèmes qu'il s'agissait pour elle de mettre en pièces ; — mais ce philosophe ajoute, à ce mérite de son école, des louanges pour l'effort de rapprochement et de conciliation qu'elle a tenté, entre les opinions les plus diverses. Or, la conciliation est toujours excellente, comme sentiment du cœur ; mais, comme disposition de l'esprit, *entre les opinions les plus diverses*, elle suppose ou l'indifférence, ou l'inaptitude à constater les incompatibilités. Des incompatibilités, M. Janet sent bien qu'il en existe ; car il ajoute aussitôt : « La conciliation totale est impossible ». Mais ce mot *totale* n'exprime pas ici le fait vrai : ce fait, c'est que la conciliation impossible concerne des couples de *propositions, contradictoires deux à deux*, dont l'affirmation ou la négation est ce qui caractérise essentiellement les systèmes. L'idée vague d'une « conciliation totale » répond, au lieu de cela, pour M. Janet, à l'idée indéfinie de la « possession de la *vérité absolue* », qu'il déclare impossible ; mais cette idée d'une chose impossible ne laisse pas de permettre à l'éclectique de se soustraire à l'obligation de se prononcer *absolument*, ce qui serait possible, entre les propositions qui semblent actuellement inconciliables. Dire, en effet, que la « croyance à l'*unité de la philosophie* » est à la fois un « idéal irréalisable » et « un acte de foi sans lequel aucune philosophie n'est possible », ce n'est au fond que substituer le leurre métaphysique de l'unité des esprits, dans le sein d'une vérité absolue qui se manifesterait quelque jour, si elle pouvait se manifester, — mais on déclare en même temps qu'elle ne le peut pas ! — au droit et au devoir de la conscience du penseur, moralement obligé de choisir entre les croyances qu'il ne peut concilier.

Il est vrai que M. Janet conclut en proposant un criterium qui établirait le lien entre les philosophies particulières et l'unité de la philosophie. Il ne s'agirait simplement que de n'accepter jamais aucune pensée qui ne fût susceptible de « devenir un fragment de la philosophie universelle ». Malheureusement, il faudrait connaître cette philosophie universelle, afin de juger de l'aptitude des pensées philosophiques concurrentes à en être des fragments ; et l'éclectisme nous dit que nous ne la connaissons pas, et puis que, si nous la connaissions, nous reconnaîtrions que les pensées les plus discordantes des philosophes s'y unissent harmonieusement. Fâcheuse condition pour entreprendre l'examen des *fragments !*

Il n'était pas inutile d'examiner ici une méthode, si tant est que les formules de l'éclectisme aient la clarté voulue pour mériter ce nom, une méthode qui dirige encore beaucoup d'esprits, en France, à leur insu, et qui est opposée doublement au principe de classification par les contraires, que je soutiens. L'opposition est *logique* et porte sur le principe même de contradiction, ou d'*exclusi medii*. Je ne doute pas qu'il ne faille attribuer à l'affaiblissement de ce principe, à l'énervement des forces logiques de l'esprit, en grande partie, les tentatives de conciliation philosophique universelle, qu'on a vues se produire à la suite de la sophistique de Hegel, ainsi que les prétentions fort réduites, et cependant sans effet, de ceux qui se sont flattés de composer une philosophie de juxtaposition et de neutralisation (1). Et l'opposition est *morale*, parce que l'éclectisme dogmatique et transcendant de Hegel, et l'éclectisme incertain et terre à terre de V. Cousin, exemptent le penseur de la tâche et de l'effort des affirmations robustes et des franches négations correspondantes, qui procèdent toujours d'un principe moral bien ou mal dirigé. La pensée des endormeurs philosophiques est que la dispute n'a pas une raison d'être et de durer profonde, dans la nature du problème posé à l'homme, et des ressources qu'il trouve pour en essayer en son esprit les solutions ; qu'elle doit naturellement s'épuiser ; qu'à force de s'expliquer on finira par tomber d'accord, et même qu'au fond, sans le savoir, on a toujours été uni en une certaine synthèse d'idées qu'il ne s'agirait que de construire. Je soutiens, au contraire, la thèse logique et le fait historique de l'existence des contradictions irréductibles entre des affirmations absolues, et qui se maintiennent sans défaillance, sur les points principaux et caractéristiques des doctrines rivales de tous les temps ; et, après examen des débats sur la question de l'évidence et de la certitude — l'une de celles sur lesquelles on se divise, et d'où dépend le parti à prendre sur les autres, — je conclus qu'il est nécessaire d'opter pour affirmer, et que

---

(1) La *droite* et la *gauche* de l'hégélianisme, en se divisant sur les points capitaux historiquement les mieux définis de la spéculation philosophique, ont constaté l'échec même de cette école, c'est-à-dire l'impuissance où Hegel demeurait de satisfaire ses adhérents par sa méthode fameuse de nier en affirmant et d'affirmer en niant. Il a fallu en venir à dire clairement ce qu'on croyait et ce qu'on ne croyait pas. L'éclectisme français a échappé jusqu'à un certain point à cette décomposition, grâce à des professions de foi vagues et circonspectes, où entraient d'autres considérations que celle de la pure vérité. Et cependant le maître lui-même s'est porté *à droite*, et les disciples qui ne l'ont pas suivi forment dans son école une sorte de gauche à laquelle il ne manque que des idées plus définies.

le choix, à moins qu'on ne se fixe à l'attitude sceptique de la suspension du jugement, est un acte de foi philosophique, que tout philosophe est *en demeure* de faire (1).

Cherchons maintenant de quelle manière doivent le plus naturellement s'opérer les groupements entre les thèses que nous avons examinées, et sur lesquelles porte la contradiction, dans tout le cours de l'histoire de la philosophie. Chacun de ces groupements forme une doctrine, et nous avons déjà remarqué, en traitant de l'évidence et de la croyance, comment, pour quelles raisons, il ne fallait pas compter qu'on rencontrerait toujours, chez un philosophe, les assemblages les plus logiques des concepts que nous avons classés comme thèses ou antithèses. Pour bien juger de l'affinité réelle de ces concepts les uns avec les autres, prenons la première des oppositions, celle que nous avons désignée par ces mots : *la chose, l'idée*, et considérons-la aux deux points extrêmes de notre observation en matière de systèmes : au point initial de la philosophie grecque, et au moment où nous sommes arrivés par un progrès de la réflexion qui se marque surtout dans l'éclaircissement des méthodes.

A ce dernier moment, nous pouvons regarder comme accordé par tous les philosophes vraiment capables d'approfondir la question, que toute connaissance humaine est relative à la conscience humaine individuelle et personnelle, dépend des phénomènes particuliers de cette conscience, des formes ou lois psychiques qu'ils revêtent ou subissent pour s'y assembler, et suppose, par conséquent, au point de vue strictement logique, ou de la méthode, l'existence même de cette personnalité, témoignée à elle-même, et sans laquelle aucune chose ne pouvant plus être posée, faute du théâtre où la pose nécessairement celui qui dit qu'elle existe, tout s'évanouirait. Cette concession forcée à l'idéalisme méthodique absolu, monistique individualiste, non seulement n'empêche pas le penseur d'affirmer l'existence de consciences autres que la sienne, telles que la sienne, ou analogues, — c'est alors une croyance naturelle et le premier pas de toute croyance ; — mais même elle n'est point un obstacle à la démarche

(1) Littré cite dans son dictionnaire un texte qui ne sera pas mal placé ici, sur ce mot *en demeure*, c'est-à-dire *en retard*, selon l'étymologie : « Je me trompe en doutant de tout, et je suis en demeure à l'égard de la vérité qui se présente à moi » (Fénelon, *Traité de l'existence de Dieu*).

également naturelle de l'esprit, qui, en vertu de propriétés à lui inhérentes, porte au dernier degré de généralisation l'idée d'existence, puis fait de cette idée des applications à tels ou tels phénomènes, qu'il suppose indépendants de ses propres perceptions, extérieurs à lui. Cette opération d'un réalisme instinctif que la réflexion peut combattre avec succès, sur tel ou tel point, mais n'atteint jamais dans sa racine, s'applique avec la plus grande facilité à ceux des phénomènes qui, d'une part, s'offrent à la conscience sous la forme la plus objectivement représentative, et à l'égard desquels elle se sent, d'une autre part, à l'état réceptif ou passif, et non pas libre de les produire ou de les rejeter à volonté. Mais cette opération peut s'appliquer également à tout autre des objets, pourvu qu'ils soient susceptibles de définition, que la conscience distingue d'avec elle-même, quoiqu'ils ne soient peut-être que ses propres formes, ou ses propres éléments constituants, et dont elle fait des sujets en soi, au moyen de l'espèce de projection extérieure qui se lie à une forte objectivation.

Ce second procédé constitue ce qu'on a le plus anciennement appelé, en philosophie, le *réalisme;* et l'esprit, en le suivant, se trouve souvent conduit, sinon à se renier, au moins à consentir à son effacement devant l'universel, et quant à cette forme de conscience, individuelle et personnelle, où il a eu son point de départ et où il a sa propre condition première et nécessaire, qui, par suite, est aussi la condition de tout ce qu'il pose hors de lui. Mais le premier procédé, — nommons-le le réalisme de la sensibilité, — est celui qui peut mener le plus directement au renversement complet de l'ordre méthodique exigé par la condition radicale de la conscience. Dès que l'être en général est conçu comme indépendant de celle-ci, et que, de plus, il est qualifié, caractérisé, comme la Chose présentée aux sens, laquelle est donnée en elle-même, et ne demande aux sens que d'en transmettre les images à la conscience, il arrive aisément, par une application des concepts de *substance* et de *cause,* inséparables de la pensée, toujours prêts pour tous les emplois, que la conscience est expliquée comme une *qualité de la Chose*, au point de vue substantialiste, ou comme un *produit de la Chose,* au point de vue causaliste. L'idée générale de matière et l'idée générale des transformations de la matière sortent de là; il ne reste plus qu'à spécifier le mieux possible le sujet, l'agent et les actions, de manière à ce que l'expérience paraisse en vérifier les définitions.

L'opposition irréductible, poussée à son extrême limite, peut donc s'envisager aujourd'hui entre deux philosophes que je suppose prendre un point de départ commun dans la thèse de l'*idéalisme méthodique* que j'ai indiquée plus haut ; et cette thèse, remarquons-le, rappelle, avec une simple affirmation en plus, l'attitude du sceptique, qui n'admet de certitude que celle du phénomène, mais qui est bien forcé de poser empiriquement le fait de la conscience personnelle, inséparable de la perception, donc inséparable du phénomène lui-même. L'affirmation en plus, c'est l'idée générale d'existence, et il s'agit de l'appliquer en dépassant le phénomène. Partant de là, ayant à faire un premier pas dans la théorie, l'un des philosophes supposés, après avoir formulé l'idée générale de conscience, c'est-à-dire après avoir satisfait aux idées d'identité et de stabilité, soit au moyen de la notion de substance, soit au moyen de la notion de loi, consentira bien à étendre hors de lui-même cette idée générale de la conscience, mais non à supposer de l'être en dehors d'une ou de plusieurs consciences possibles dont les phénomènes sont les représentations. L'autre philosophe passera par le même acte de généralisation ; mais ce sera pour définir l'être comme un objet de conscience, objet possible, mais plus qu'objet, autre qu'*objet*, et indépendant en soi de toute représentation où il se pose objectivement, c'est-à-dire de toute conscience, de tout genre et de toute forme de conscience. C'est ce que j'ai appelé la Chose, au commencement de ce travail. Cela fait, c'est la Chose, en cet ordre de conceptions, qui sera chargée de produire ou de contenir, de manière ou d'autre, la conscience même au moyen de laquelle elle (la Chose) peut arriver à être perçue en ses variétés et même connue dans son acception générale.

Il n'y a pas lieu de s'arrêter, à ce propos, à la distinction qui s'établit entre les systèmes de ce dernier genre, selon qu'on y considère, entre les phénomènes appelés matériels et les phénomènes psychiques, un lien de génération admettant les premiers comme précédents, ou qu'on place les uns et les autres en correspondance, sur le même rang ; car il y a toujours cette base commune aux deux doctrines : la Chose, soit qu'on la nomme matière, ou substance, ou même Dieu, support universel ou cause ultime, indépendante de la conscience et d'où les consciences ont à procéder.

Pour comprendre que l'opposition soit irréductible, si ce n'était pas assez de l'expérience de l'histoire pour en constater le fait, il suffit de se placer au point de la spéculation marqué par le *Cogito* de Descartes, et de se demander quel argument, quelle preuve *irrésistible*, on pourra trouver pour empêcher un philosophe de faire, avec Hobbes ou Gassendi, en faveur de l'idée générale d'un sujet, et puis d'un sujet qualifié par un attribut autre que la pensée, et tenu pour primitif, la même démarche spéculative que Descartes faisait en faveur de la pensée substantialisée, et que lui-même ne refusait pas d'appliquer, quoiqu'en seconde ligne à l'affirmation d'une *materia subjecta* de l'étendue. Tous les arguments possibles sont impuissants contre la volonté d'obéir à l'imagination, en acceptant, à titre de *sujets* en soi, certains *objets* constants de la pensée. Les termes d'*objectif* et de méthode *objective*, qui s'emploient aujourd'hui, en langage philosophique courant, pour désigner et ce qu'on suppose être des *sujets* en soi, et la méthode pour laquelle ils figurent comme tels, ces termes, avec ce sens faussé (1), montrent la puissance d'illusion qui appartient au substantialisme et à toutes ses applications.

Cette opposition irréductible ne s'est pas affirmée à l'origine avec la netteté que nous lui trouvons maintenant. Elle n'a pas laissé de se déclarer, comme nous l'avons vu dans la première partie de ce travail, en ce que, au plus fort de la tendance subjectiviste, alors universelle, certaines écoles empruntaient aux notions pures, aux données propres de la conscience, les objets ou idées qu'elles subjectivaient pour la définition et l'explication du monde; tandis que d'autres écoles opéraient, pour le même but, sur des objets, plus ou moins généralisés, de l'ordre de l'expérience et des phénomènes sensibles. Les premières — les pythagoriciens, les éléates, Démocrite peut-être, ou en un sens, puisque les atomes sont après tout des concepts, des êtres idéaux, et non pas des objets pour les sens (2), enfin les platoniciens, — ont été, en principe et par leurs tendances, de ce côté de la philosophie où l'on ramène essentiellement le monde à la conscience. Seulement ils ne se sont pas rendu compte de la nécessité du fait même de la conscience, et, par conséquent, de l'existence personnelle, comme condition de ces formes ou notions

---

(1) Voyez la note au bas de la page, p. 11 du volume premier.
(2) Il y a de grandes lacunes dans ce qu'on sait des idées de Démocrite; mais Anaxarque, Métrodore et Protagoras furent de ses disciples, et cela joint à d'autres indices permet de supposer chez lui une sorte d'idéalisme en pendant avec la doctrine atomistique.

qu'ils ne pouvaient prendre qu'en elle pour les ériger en essences. Il est arrivé de là que leurs doctrines ont pu se rencontrer, dans leurs déductions, avec celles de leurs adversaires sur des points de capitale importance. Ce n'en est pas moins à ces dernières qu'il faut s'adresser, pour le but que nous poursuivons en ce moment, c'est-à-dire pour voir les conséquences les plus logiquement ralliées à la doctrine de la Chose. Le principe général de cette doctrine s'est transmis jusqu'à nous sans changement et fait toujours grande figure. Le principe opposé a subi bien des vicissitudes et accepté çà et là de ruineuses transactions, durant tout son cours historique, sous l'influence de l'instinct réaliste; à peine s'est-il jamais produit dans toute sa pureté et dans toute sa force; mais il n'a pas cessé et ne cesse pas de susciter la contradiction, tantôt sur un point et tantôt sur un autre des thèses fondamentales dont le terrain est pris hors de la conscience.

Attachons-nous donc à l'idée de la Chose, en sa simplicité grossière, et appliquons-lui, tout en la *subjectivant,* les formes *objectives* de la sensibilité et les concepts de l'entendement, dont nous ne soumettrons à aucune critique l'aptitude à instituer des sujets en soi. Nous imaginerons aussitôt la Chose dans l'espace et dans le temps, sujette à varier, à former des choses; chaque chose particulière se rattachant à une chose antérieure, que nous appellerons sa cause et dont nous la dirons l'effet, parce que nous avons l'idée du *pouvoir* et l'expérience d'une même modification par l'exercice d'un même pouvoir. Mais ce n'est encore là qu'une vue empirique et particulière de la Chose; il s'agit de la généraliser. Nous ne nous préoccuperons pas, question difficile, de l'essence de l'espace et du temps, ces choses qui ressemblent si peu à des choses; nous nous contenterons de placer toutes les autres dans celles-là, pour constituer la Chose en général, et nous aurons seulement à nous rendre compte de cette relation. Nous rendre compte, comment? La Chose a-t-elle commencé dans le temps, a-t-elle des bornes dans l'espace? Elle laisserait donc le temps et l'espace en dehors? Et d'où viendrait une première chose particulière, et qu'est-ce qui bornerait l'existence? Quels que soient le principe interne et l'essence d'unité de la Chose, il faut toujours envisager la suite et l'ensemble des choses dont elle se compose; or, toute chose particulière succède à d'autres choses, est causée par d'autres choses. Voilà ce qu'enseigne la simple généralisation *réaliste* de l'expérience, aidée par l'intuition et les concepts. Les choses considérées dans le temps forment donc un *infini numérique* qui se trouve déjà *effectué* à quelque moment qu'on le prenne. Ainsi l'infini actuel sous la forme d'éternité successive est une conséquence de la doctrine de la Chose.

Quant à l'existence dans l'espace, on pourrait sans doute, et sans être obligé de dire pourquoi, imaginer que les choses perceptibles finissent à certains endroits de l'espace ; mais la *chose espace* elle-même se prolonge inévitablement, en vertu du concept *réalisé* : l'argument est bien connu ; et comme l'espace a des parties réelles (le réalisme de la Chose ne peut nier cela), on est conduit encore ici à un infini actuel. Et on y est conduit en deux sens ; car ces parties elles-mêmes ont des parties, à la fois données et sans fin, toujours d'après le concept *réalisé*. Et ce n'est pas tout, mais chaque partie dont on matérialise le contenu, pour en faire un plein, dur, impénétrable, ne fût-ce que l'atome, indivisible de fait, mais imaginé dans l'espace et faisant face à différentes directions par où il est accessible, il faut qu'on lui suppose des parties intimes et une division intrinsèque, quoique sans séparation. Les philosophes placés au point de vue réaliste dont nous parlons peuvent ne pas appliquer partout, ou tous de la même manière, l'idée de l'infini actuel, mais, ici où là, ils sont toujours forcés d'y venir.

Après la thèse de l'infini, voyons celle de l'évolution. L'idée d'une évolution universelle se rattache immédiatement à la doctrine de la Chose, *et elle lui est propre*. Mais, ici, entendons-nous bien sur les mots, et distinguons deux sens et deux applications fort différentes de l'idée générale d'une évolution de phénomènes. Toute recherche ou toute théorie de cosmogonie physique ou d'histoire naturelle générale, étant relative à un ordre et à des lois de succession des phénomènes astronomiques, géologiques, etc. et des phénomènes de la vie, est indubitablement une recherche ou une théorie d'évolution. Le nom d'évolution se donne légitimement à toute coordination faite ou à faire de phénomènes dans le temps, qui nous en découvre l'enchaînement, partant d'un certain état des choses, pour arriver à un autre état des choses. De savoir ensuite si telles de ces théories sont justifiées, si les hypothèses d'état initial, ou d'ordre de succession, ou de causes de variation sont plus ou moins probables, c'est ce qui regarde essentiellement chaque science dont la méthode et les connaissances acquises établissent un droit de contrôle dans l'espèce. Quand ces hypothèses sortent du terrain scientifique ou par des inductions absolues, qui, n'admettant pas de vérification possible, impliquent certains premiers principes qu'il faudrait qu'on pût prouver, ou par la nature des sujets mis en cause, à l'égard desquels nulle science constituée n'a de compétence reconnue, la critique philosophique peut intervenir, au défaut des savants eux-mêmes, et montrer qu'il n'y a rien de plus qu'un système métaphysique, là où l'on a prétendu formuler une vérité de l'ordre des sciences.

La doctrine métaphysique de l'évolution universelle, que j'ai ici en vue, est en dehors de toute science, non pas précisément parce qu'elle abuse de l'hypothèse et qu'elle porte ses généralisations au delà de ce qu'autorisent les saines méthodes ; ce ne serait pas assez ; mais ce qui la caractérise, c'est *l'intégralité extérieurement inconditionnée* du sujet sur lequel on entend qu'elle porte. Ce sujet est le tout infini, excluant les raisons et les causes de limitation quantitative (de nombre, de temps et d'espace), ainsi que de détermination de qualité ou nature, et ne comportant pas l'opposition réelle d'une pensée qui en le pensant le déterminerait. Au contraire, les consciences sont au nombre de ses produits spontanés, tels que se présentaient les dieux personnels des cosmogonies antiques, nés des mariages des divinités mythologiques ; ou tels que les modes de l'attribut infini de penser qui appartient à la Substance, dans le système de Spinoza ; ou tels encore que les moments de l'Idée se faisant esprit, dans le système de Hegel, ou que les formes de la Force arrivée à une suffisante adaptation du représentatif au représentable, dans le système de Spencer. Le point de vue intégral, et à la fois infiniste, auquel se placent en usant de différentes terminologies tous ces systèmes, c'est celui du développement sans commencement et sans fin de la variété dans l'unité de la Chose. Et c'est cette évolution universelle que l'expérience oblige le penseur à ajouter, soit à titre de réalité, comme Héraclite, les stoïciens, les néoplatoniciens, Hegel, Spencer, soit à titre d'illusion, comme les éléates, à ajouter, dis-je, à l'essence absolue de la Chose.

Il est vrai que l'évolution elle-même ne saurait se passer de définition, et cette circonstance fâcheuse, que toute définition et toute pensée circonscrivent leurs sujets, réduit le métaphysicien à la nécessité de marquer un point initial et un point final du développement qu'il envisage. Cette nécessité est subie de différentes manières, en même temps qu'elle est répudiée dans le fond. Elle peut paraître esquivée par l'adoption d'un point de départ tout logique et abstrait (ex. les néoplatoniciens, Hegel). Elle apparaît clairement dans les doctrines évolutionistes de forme physique (ex. Héraclite, les stoïciens, Spencer). Dans ce cas, les recommencements et les redéveloppements périodiques rendent à l'infinitisme sa place, qui semblait compromise par la définition physique de l'évolution, et l'intégralité indépendante et absolue de la Chose est conservée. J'ai déjà fait cette remarque en traitant de l'évolution.

Une autre remarque est indispensable, afin de comprendre en toute sa généralité l'idée de l'évolution universelle, telle que je la présente ici, c'est-à-dire liée à la doctrine de la Chose. Le système de Spinoza nous fournira le thème dont nous avons besoin. On a coutume de dire que ce système n'est pas évolutioniste, et rien n'est plus vrai, si l'on entend par là qu'il n'implique point un progrès des choses ; or, nous savons combien il arrive souvent que les idées d'évolution et de progrès sont confondues. C'est à tort qu'elles le sont ; mais non seulement le spinosisme n'enseigne pas le progrès universel, mais encore il bannit cette méthode transformiste qui a permis aux anciens *physiciens*, et qui permet à la *physico-métaphysique* moderne de considérer le monde comme le développement d'une essence unique : le Feu, l'Éther, la Force, etc. Il bannit également l'idée alexandrine de la descente de l'être et des déterminations successives de la vie et de la pensée individualisées, et il ne tend pas, en sa construction logique, à composer, — ce qui serait une similitude avec l'évolutionisme moderne, — une *histoire* des modes de cet attribut universel qui est la Pensée, ou une *histoire* des modes de cet attribut universel qui est l'Étendue. Il se contente de poser parallèlement l'un à l'autre les développements de ces deux attributs infinis (deux seulement, entre une infinité d'autres qu'il ne nomme point), et il ne s'occupe pas d'une loi universelle de ces développements. On voit donc en quel sens il est vrai que Spinoza n'a pas construit un système d'évolution. Mais il n'en a pas moins, par l'ensemble de sa conception de l'univers, supposé une évolution réelle de la substance, une évolution impliquant l'infini par son sujet et par son extension, excluant toute personnalité ou conscience capable de lui être adéquate, ou ne fût-ce que permanente, à son égard, et, en un mot, inabordable à la connaissance finie, hormis dans la pensée de son existence et de la nécessité par laquelle elle embrasse, engendre et détruit sans commencement ni fin tous les modes infinis et transitoires qu'elle déroule éternellement.

Il résulte de là que, pour le point de vue où nous nous plaçons, et pour le sens des mots qui s'y rapporte, les systèmes panthéistes dont le spinosisme est le type, et qu'on pourrait appeler *statiques*, en comparaison de ceux qui prétendent définir une loi d'évolution universelle, ne sont pas affranchis cependant du lien logique que nous trouvons entre la pure doctrine de la Chose et l'idée de l'évolution. Le mécanisme atomistique lui-même, ordre de conception tout différent, qui se présenterait, comme celui de Démocrite, sans aucune loi pour régir la formation et la destruction des mondes, serait encore un système d'évolution de la Chose, — ou des choses, — dans le sens où il faut l'entendre ici. Dans un autre sens, il en est le contraire, ainsi que nous l'avons remarqué à un autre endroit. Mais il suppose toujours une suite de changements, sans origine première ni fin possible, qui, regardés comme nécessaires, sont le produit de la nature et des propriétés des atomes, et les effets, à chaque moment, des causes constituées par ces mêmes atomes, le moment d'avant. Alors, même que, avec Épicure, on admettrait un facteur de hasard, dans les modifications locales atomiques, il y aurait toujours à considérer un fait unique et universel de progression et de régression interminables de phénomènes, par rapport à tout phénomène actuel, ce qui compose une évolution, à laquelle il ne manque rien excepté d'avoir une loi générale assignable pour le philosophe. Dans d'autres systèmes, spécialement appelés évolutionistes (on doit voir maintenant pourquoi), le philosophe se flatte d'embrasser une telle *loi*; dans ceux-ci, il ne laisse pas d'en poser le *fait*. Le caractère qui leur est commun et qui ressort des derniers le plus logiquement, c'est qu'ils excluent toute relation essentielle et fondamentale de l'ensemble — infini, éternel, infiniment et éternellement modifié et muable — des choses à la conscience et à la personnalité. Après l'idée de l'infini réalisé, l'idée de l'évolution en son universalité absolue vient ainsi se joindre à la conception réaliste de la chose en soi, à la pure doctrine de la Chose.

L'idée de la nécessité, c'est-à-dire du déterminisme absolu de la liaison des phénomènes successifs, se joint à son tour à l'idée de l'évolution universelle. La notion de loi est, quoiqu'on en dise, aussi ancienne que l'esprit humain; ce sont les applications de cette notion, les déterminations de lois particulières, qui ont été lentes. Il n'est pas douteux que les auteurs de certaines cosmogonies antiques n'aient imaginé des développements de substances en vertu de propriétés inhérentes, même quand ils désignaient ces propriétés, faute de termes abstraits, sous des formes mythologiques et anthropomorphiques. Fallait-il rien de plus qu'observer les phénomènes de l'incubation, de l'éclosion et de la croissance, ou, dans un autre genre, les rapports invariables d'antécédents à conséquents dans les phénomènes de l'eau, du feu, de l'atmosphère, pour apprendre à appliquer au monde extérieur l'idée de causalité, quoique née d'abord de l'exercice de la volonté et de l'expérience de ses effets? L'esprit de la science et la philosophie survenant, une science telle que la géométrie enseignant en outre l'existence de rapports, entre les choses, autres que ceux qui dépendent de la vie et de l'activité, et encore plus nécessaires que ceux-ci, la pensée du déterminisme sous sa double face, physique et logique, avait tout ce qu'il faut pour se produire et se porter de suite au plus haut point de généralisation. Et du moment que cette pensée avait pour objet l'être antérieur et supérieur à toute conscience, la Chose et ses modifications, on pouvait écarter de la conception fondamentale les variations irrégulièses et en apparence indéterminées du domaine de la volonté. On verrait plus tard à les réduire au déterminisme par des considérations directes; mais, en attendant, l'évolution, de quelque façon qu'on en conçut la matière et le mode, impliquerait le caractère de nécessité pour le lien entre deux états successifs, partout où un tel lien est observable de fait. Ce n'est que de cette manière qu'il est possible d'attribuer l'unité à quelque chose qui s'étend dans l'infinité du temps et subit, à mesure que le temps s'écoule, d'infinies modifications. L'idée des propriétés de la Chose, en tant qu'apte à subir des changements déterminés ou par voie de composition et de décomposition de ses parties, ou par voie de transformations de son essence, est une idée naturelle, un certain mode d'expression de l'expérience pour l'imagination. Une fois qu'elle est admise comme propre à exprimer le fond des phénomènes, en une nature donnée, d'où pourrait venir une dérogation à ces propriétés ou à leurs conséquences, puisqu'on ne suppose rien d'externe et rien de nouveau dont l'intervention modifierait la marche de la Chose?

En un mot, les idées générales de *propriété* et de *cause*, jointes à l'idée générale de la Chose et de ses changements, suffisent, ceux-ci étant projetés dans l'*infini* du passé et de l'avenir, pour fonder la nécessité du tout des phénomènes et le déterminisme absolu de leurs successions. Nulle différence, quant à cela, entre un Démocrite et un Spinoza, un Héraclite et un Hegel, un Plotin et un Schopenhauer, quelque éloignement qui puisse exister d'ailleurs entre les images que ces génies absolutistes se forment des choses, ou entre les noms qu'ils leur donnent, ou enfin entre les sentiments avec lesquels ils les envisagent. Le plus grand écartement de vues se trouve ici entre l'hypothèse du pur mécanisme des éléments constitutifs de l'univers et celle du développement d'un tout vivant, puisque, sous le premier aspect, l'idée du hasard peut se substituer à celle de la nécessité, comme l'a bien montré Épicure, tandis que, sous le second, le philosophe est maître d'imaginer une direction générale et une finalité des phénomènes, ou de la rejeter, à volonté. Mais quel que soit le choix entre la pure nécessité logique et physique, dont le spinosisme a fourni le meilleur type, et la nécessité providentielle de plusieurs autres grands systèmes, il faut reconnaître que l'esprit de ces derniers, conformément au principe de la Chose, et en opposition avec le principe de la Conscience, implique toujours la double négation : savoir, 1° de la personnalité, comme logiquement et moralement antérieure à toute chose, et 2° de la donnée des personnalités distinctes, autrement qu'à titre de modes passagers de la Chose. Il y a de l'incohérence et de l'illogicité, au fond, dans ces doctrines qui font usage des idées de fin et de providence, appartenance exclusive de la conscience, en même temps qu'elles posent le souverain principe comme indépendant de cette conscience dont elles empruntent la forme essentielle pour en *informer* les opérations. Mais alors même qu'on fermerait les yeux à ce vice logique, on doit reconnaître que tous les systèmes infinitistes, évolutionistes et déterministes aboutissent à la double négation dont je viens de parler, soit que la matière de l'évolution, la Chose, soit définie pour eux mécaniquement ou par des concepts d'un autre genre, et soit qu'ils supposent ou non sa marche dirigée vers une certaine fin. C'est assez pour leur créer une communauté fondamentale, au point de vue de ma classification, quoique je sois aussi bien disposé que possible à tenir compte de la différence des sentiments qui peuvent animer leurs auteurs et en faire dévier certains des conséquences auxquelles d'autres se portent impertubablement.

La thèse de la nécessité se joint presque toujours au mécanisme; celle du hasard est généralement conspuée. Toutefois, il est remarquable que celle-ci, quand elle se joint à la conception purement mécanique du monde, n'en altère pas beaucoup la physionomie. Épicure, en amendant le système déterministe des propriétés et des mouvements des atomes de Démocrite, par l'introduction de certaines variations arbitraires dans ces mouvements, a bien pu donner un fondement physique au libre arbitre humain, qu'il admettait ; mais alors la liberté ne partait pas de la conscience posée pour elle-même, et capable de modifier, non nécessairement, les choses extérieures. C'était le hasard qui, partant du dehors où l'épicurisme envisageait les éléments dont la composition forme la conscience, ne cessait pas d'être le hasard en ce qui concerne les actes libres produits en cette dernière : en sorte que, pour elle, ce hasard ou la nécessité étaient la même même chose. Les atomistes déterministes de notre époque, n'étant pas en état de définir les lois nécessaires en vertu desquelles les différents êtres du monde et les phénomènes psychiques résultent des propriétés des atomes, n'auraient rien à perdre, et on ne voit pas en quoi leurs idées seraient gravement modifiées, s'ils admettaient un certain indéterminisme mécanique, au dernier fond des choses et dans une certaine mesure, les résultats étant toujours forcés quant aux phénomènes observables. Ils n'ont à opposer à cette hypothèse que le concept abstrait de la détermination entière et nécessaire de tout phénomène par des phénomènes antérieurs, et de ceux-ci par d'autres, et ainsi de suite à l'infini. Mais, si nous consultons, au lieu de l'esprit des savants et des philosophes, toujours obsédés par des *fantômes de théâtre*, la pensée du vulgaire, de cette partie du vulgaire, aujourd'hui nombreuse, chez laquelle l'ignorance et l'athéisme vont de compagnie, nous trouverons que les idées de la nécessité et du hasard se distinguent mal l'une de l'autre, dans leur opposition commune à l'idée d'un monde rationnel, subordonné aux lois de la conscience et allant à une fin morale. Il n'est pas facile d'amener une personne étrangère aux intérêts de la science abstraite à attacher de l'importance morale au fait que le système des choses est enserré par des lois et ne se conduit pas à l'aventure, à moins qu'on ne lui fasse entendre aussi que l'ensemble de ces lois soutient un rapport d'origine et de fin avec la conscience ; car, sans cela, ces lois elles-mêmes ou leur ensemble ne pourront lui sembler qu'une chose d'aventure.

Au plus haut sommet d'une certaine spéculation métaphysique, on peut observer la même indifférence des idées du nécessaire et du fortuit. Lorsqu'une doctrine d'évolution déterminée, entre deux limites, nous fait envisager les choses comme réduites, en leur point final, à l'état négatif, identique avec l'état où elle les prend en leur point initial, et que l'impuissance où se trouve l'entendement de se vider lui-même de l'idée de l'existence, à laquelle s'appliquent toutes ses catégories, le contraint à se poser la question du redéveloppement des phénomènes, sur quel fondement peut s'établir le retour du monde ? L'infini et la nécessité fournissent la réponse ordinaire ; mais le hasard en fournit une autre, ainsi que l'a montré récemment le philosophe qui a regardé ce retour, après extinction totale, comme simplement *possible*, et a tenté d'en soumettre l'hypothèse au calcul des chances (1). L'indifférence des deux points de vue tient à ce que l'ensemble des phénomènes et de leurs lois est posé pour tous deux, peu importe avec quels attributs, comme la Chose : un fait qui est l'ensemble de tous les faits. Or, quand on réduit à néant, par la pensée, la Chose, et qu'on se demande comment et pourquoi elle reviendrait après avoir été anéantie, cette chose en dehors de laquelle on ne suppose rien, il ne se trouve dans l'esprit aucune différence définissable entre l'idée qu'elle reviendrait *par hasard*, et l'idée qu'elle reviendrait *par nécessité*. En effet, la nécessité, ne pouvant avoir un fondement là où il n'y a rien, est un mot qui exprime seulement le fait, et ne peut par conséquent l'exprimer qu'en tant qu'il est, non pas avant qu'il soit. La notion de la *puissance* antérieure à l'*acte* n'apporterait dans la question aucune distinction réelle, à moins qu'on n'attachât à la puissance un autre sens que celui de l'un des deux termes abstraits du rapport logique de la possibilité à l'existence. Mais chercher cet autre sens, ce sens réaliste de la puissance, ce serait toujours supposer quelque chose d'antérieur à la chose qu'on suppose être le tout. Et, même dans ce cas, l'idée de puissance serait compatible avec l'ambiguïté tout comme avec la nécessité.

La conception systématique de *la Chose infinie, évolutive, nécessaire en tous ses modes solidaires d'être et de devenir* réunit dans une seule et même grande classe de nombreuses écoles, et des doctrines, d'apparence souvent très diverse, qui appartiennent à toutes les époques de la spéculation philosophique. Le caractère de cette classe est tiré du dernier fond d'un dogmatisme, *physique*, comme les anciens l'appelaient, *métaphysique*, comme l'appellent les modernes, quoiqu'il s'agisse du même sujet, c'est-à-dire de la vue la plus générale à prendre de l'existence. Rendons-nous

---

(1) Voyez ci-dessus, t. I, pp. 92 et 182.

compte maintenant des idées qui s'attachent en vertu de l'affinité la plus naturelle à une semblable *théorie*, en fait de *pratique* et en fait de *logique*, c'est-à-dire sur ces deux questions : — Que faut-il penser de la situation de l'homme dans le monde, et d'après quelles maximes a-t-il à se conduire, autant que cette situation dépend de sa volonté? — Comment sait-il qu'il n'est pas trompé dans ses jugements, et quelle garantie peut-il s'attribuer contre l'erreur? — Nous avons passé la revue historique des deux oppositions d'idées relatives à ces problèmes : l'opposition du bonheur et du devoir, comme objets pratiques de la vie; l'opposition de l'évidence et de la croyance comme moyens d'atteindre la certitude. Il sera facile de s'assurer, par un examen direct, que la doctrine de la Chose doit avoir sa pente naturelle du côté de la recherche du bonheur et de la conviction de l'évidence. Il faudra seulement reconnaître les exceptions, qui sont considérables, et les expliquer.

S'il est une fois admis, en conséquence de l'absolutisme de la Chose, que l'homme est une simple partie d'un tout infini, et un simple produit transitoire de l'évolution de ce tout, à un moment donné du cours éternel; si l'on se juge confirmé dans l'opinion de la chaîne invariable des choses par une étude spéciale des successions psychiques de l'individu, laquelle le montrerait toujours et en tout déterminé par des motifs que les antécédents et les circonstances rendent prédominants sur tous les autres, il semble clair que la question de la conduite et des maximes de la conduite se réduit logiquement à ces deux points : 1° se former un jugement sur le destin de l'homme, et sur ce qu'il peut attendre de bon ou de mauvais de ce monde où il est placé; 2° se déterminer soi-même, autant que cela dépend de soi, par le choix de celles d'entre les relations qu'on peut avoir avec ce monde qui promettent le plus de bien et le moins de mal à celui qui les recherche ou qui s'y tient volontairement.

Mais ici se présentent deux difficultés qu'il est indispensable d'éclaircir, pour bien comprendre la matière. Que peut-on entendre de sensé, dans le système de la nécessité, par cette idée que l'on a d'un individu capable de se former un jugement plutôt qu'un autre jugement, et d'adopter des maximes de conduite de préférence à d'autres maximes, alors que, tout se trouvant enchaîné et solidaire, aucun individu ne s'appartient réellement à lui-même et ne dispose de lui-même? Ensuite, sur quel fondement établir la distinction du bien et du mal dans un ensemble de choses solidaires, qu'on peut dire toutes conditionnées les unes par les autres, en tant qu'inséparables du tout où elles entrent par des relations mutuelles dont aucun terme ne saurait être distrait?

La première difficulté est beaucoup moins sérieuse qu'elle ne le paraît de prime abord, quoique les défenseurs du libre arbitre se soient obstinés à en faire sortir une contradiction, inhérente, suivant eux, à l'attitude du déterministe, au regard de l'avenir. Les partisans de la nécessité, depuis Chrysippe jusqu'à Stuart Mill, ont très bien su la lever, comme je l'ai montré ailleurs. Je me bornerai ici à remarquer sommairement qu'il n'est pas interdit au déterminisme de distinguer, dans l'individu appelé à arrêter un jugement ou à décider un acte, deux faces, l'une qui regarde le passé, l'autre le futur. L'individu, sous le premier point de vue, est le produit des antécédents et des circonstances tant externes qu'internes de sa vie. Cela est vrai pour toutes les doctrines, en n'examinant pas la nature des antécédents, en ne se demandant pas s'il y en a eu ou non dans le nombre qui ne fussent pas nécessaires. Sous le second point de vue, le déterminisme soutient, c'est là qu'est le système, qu'il n'y a jamais qu'un seul jugement à venir, ou qu'un seul acte à venir, qui soit réellement possible, pour l'individu donné, à ce point de sa carrière où on le considère tout entier comme un produit du passé. Mais cet individu, tel qu'il est, avec sa nature, son caractère et son acquis en tous genres, on ne perd pas le droit de le dire l'auteur et le maître de ses déterminations. Il l'est, en effet; sans être indéterminé avant de les prendre, il les prend selon qu'il les veut, et se rend témoignage du rapport de sa volonté non contrainte à son acte. Il n'y a donc pas de difficulté insurmontable à soulever sur ce fait, qu'un philosophe déterministe arrête son jugement sur la vie et se prescrit des maximes de conduite, exactement sous l'impression des mêmes apparences internes que celui qui croit ses délibérations libres et ses décisions incertaines avant qu'elles soient prises, et non pas invariablement fixées d'avance avec l'ordre éternel du monde. Il ne peut sans doute, à ce qu'il croit, penser et agir autrement qu'il le fait; mais ceci n'empêche pas que ce ne soit bien lui qui pense et agit, et sa philosophie aussi est bien la sienne, puisqu'elle est, il s'en flatte, celle que l'ordre indissoluble des phénomènes prédestinait à s'écrire dans son esprit et à devenir ainsi sa propriété. Nous verrons plus loin ce qu'on peut tirer de là pour la question de la certitude.

Mais la difficulté relative à la distinction du bien du mal, dans la doctrine de la Chose, est d'une autre nature : c'est elle qui pousse logiquement le penseur à prendre le terrain de la morale dans le problème du bonheur. En effet, le monde étant ce qu'il est, incontrôlable en lui-même, et indivisible à raison de la solidarité des phénomènes donnés en toutes sortes de directions également nécessaires, la conscience ne saurait se poser en juge de son plan, ni condamner en soi aucune de ses parties, qui sont inséparables. On n'a pas même à considérer un *plan*, dans cette affaire, non plus qu'une intention générale, mais simplement un *fait ;* et ce fait, la première question qui se pose alors naturellement, c'est de savoir si on l'estimera bon ou mauvais pour l'homme engagé dans l'évolution : bon ou mauvais, en ce sens que l'homme puisse se plaire à ce qui est, trouver dans ce qui est les satisfactions résumées par le mot *bonheur*. Le bien et le mal sont de la sorte rapportés à l'individu, et cela sous le point de vue du plaisir, de l'utilité, des passions et, en un mot, des attraits, de quelque nature qu'ils soient (les plus élevés sont compris ici avec les autres), dont la privation ou le désappointement sont ressentis comme des maux. Le jugement porté sur le grand monde, par ce petit monde d'une personne autorisée par les facultés mêmes qu'il lui a départies à se le rapporter à soi, sera l'optimisme ou le pessimisme, au moins comme tendance, mais sans qu'il y entre aucune appréciation de ce genre moral qui supposerait ou un auteur ou un juge du tout, en tant que tout, et des idées du bien et du mal universelles, applicables à ce tout. De telles idées ne naissent que de la contemplation directe des lois de la conscience ; elles sont exclues logiquement par le système de l'évolution nécessaire, universelle. Après le jugement optimiste ou pessimiste, ainsi compris, une seconde question se pose : quelles sont les maximes de conduite qui sont les plus propres à assurer des biens ou à éviter des maux à l'individu ; et qu'avons-nous à rechercher par dessus tout dans la vie ? Les solutions de ce problème ont été très diverses et souvent contraires, ce qui tient aux opinions, elles-mêmes diverses ou opposées que les hommes se font du bien et du mal par rapport à eux, c'est-à-dire sur la nature et les moyens de leurs vraies satisfactions. Ils appellent vraies celles auxquelles ils sont sensibles, et fausses les autres.

Il n'y a pas dans tout le champ de la philosophie, qui pourrait s'en étonner ? un sujet où l'action secrète des aprioris moraux se soit exercée plus activement que pour la définition du souverain principe de la conduite, contrairement aux conséquences logiques de la doctrine de la Chose, dans l'esprit des plus grands penseurs qui ont admis les principes métaphysiques de cette doctrine. Ce sont bien des aprioris moraux, ou des postulats cachés, ou des sentiments obscurs et puissants, nés du plus profond de la conscience, qui posent le vrai fondement de ces thèses dont la justification empirique ou par le raisonnement est impossible. Des philosophes partisans de l'évolution d'un sujet matériel unique, ont placé une providence universelle dans l'*Éther*, exactement comme le faisaient, suivant un procédé à peine plus mythologique, les chantres aryens de Varuna et les adorateurs de cet *hoc sublime candens quem invocant omnes Jovem*. D'autres croient au progrès continu de la *Force* en toutes ses transformations et adaptations successives, et imaginent le monde et l'humanité conduits à leur perfection par ce développement qui réalise les mêmes effets qu'on pourrait attendre d'une providence immanente. Les uns et les autres, les anciens et les modernes, et le plus complet, le plus rigoureux des substantialistes de tous les temps, Spinoza, au lieu de chercher le modèle et l'exemplaire de la vie dans le grand monde, ou nature, le prennent dans le petit monde de la nature humaine, et même, plus réduit que cela encore, dans un point central de ce petit monde, qui n'est, à y bien regarder, que la conscience morale, son exclusive propriété. Il semblerait, d'après ces exemples, que la doctrine de la Chose est à tout le moins ouverte à ces thèses, appartenances manifestes de l'ordre de la conscience. Ce ne sont pourtant là que des importations étrangères que les exigences du sentiment et le pouvoir secret des notions et des fins morales forcent d'entrer en conciliation avec la construction tout intellectuelle du sujet matériel, infini, éternellement évoluant en vertu de ses propriétés nécessaires. Mais quiconque se représentera nettement la position du philosophe « sans préjugés », — et, *a fortiori*, de l'homme ordinaire, dont les données et les vues sont moins compliquées, — en face d'un monde qu'il croit n'être qu'une chose, fondement et cause inconsciente de toutes les choses, et à l'égard de laquelle rien de partiel n'a ni consistance, ni durée, ni pouvoir de contrôle, ni vérité enfin, faute de pénétrer ou d'embrasser l'ensemble ; quiconque, dis-je, comprendra le rapport de la partie consciente, passagère, au tout éternel aveugle, conclura que la fonction naturellement dévolue à cette partie intelligente est de tirer pour elle-même, selon ses lumières et ses forces, le plus grand profit, et d'éprouver le moindre dommage de ce qui est ou arrive de nécessité. Cette fonction même est une part de l'ordre nécessaire, vu dans l'individu qui, bien que solidaire du tout, est placé dans les voies du Léviathan universel et du Léviathan social, de telle manière qu'il puisse en utiliser les forces et en parer les coups, grâce à quelque connaissance qui lui en est départie. En d'autres termes, on ne voit pas d'où pourrait naître à ce point de vue, s'il est sans mélange, une autre question que celle du bonheur et des appréciations que chaque individu, suivant son sentiment propre, inspiré par sa nature, son milieu et les circonstances, peut faire de la vie, des biens sensibles, des désirs et des moyens de les satisfaire. Il ne s'agit point du tout ici d'une morale conduisant toujours de fait à l'égoïsme dans la conduite; encore moins s'agit-il d'un égoïsme de précepte, mais simplement, si l'on pouvait, sans commettre un contre-sens, emprunter un mot à un ordre d'idées différent, du droit à l'égoïsme. Mais le droit est pareil pour des directions de sentiment du genre altruiste. Le désir du bien d'autrui, les passions de la famille, de la patrie, de l'humanité même, se classent dans les désirs personnels, les passions personnelles, du moment que leurs objets sont faits les objets de la personne, que la bienveillance et la sympathie ont des sources naturelles et spontanées, et que la satisfaction de ces sentiments se trouve dès lors intéressée, en un certain sens philosophique et profond de ce terme d'*intérêt*. Ce qui est interdit ici par la logique, ce n'est ni le bon vouloir, ni les actes dictés par une considération d'utilité dépassant la sphère de ce qu'on appelle, au sens restreint, l'intérêt personnel; et ce n'est pas non plus le sacrifice et le dévouement, pourvu que tout cela soit donné de fait dans l'état passionnel de l'agent; c'est seulement le devoir, le commandement moral; car ils ne peuvent être puisés que dans la conscience, et la conscience, dans le système de la Chose et de son évolution nécessaire, est un produit subordonné, qui est ce qu'il est, déterminé comme il est déterminé, en chaque lieu, à chaque moment, à raison des antécédents et des circonstances, et n'a rien en soi qui puisse faire loi pour les phénomènes au cours desquels elle est entraînée. Le devoir, quand il a été ajouté à ce système, lui est venu du dehors. Son principe propre est le bonheur : le bonheur tel que chacun l'entend et l'apprécie, parce qu'il est impossible de lui trouver une définition générale et du goût de tous, ou de prescrire des règles à sa poursuite (1).

Il nous reste à reconnaître la relation du système de la Chose avec la

(1) Voyez t. I, pp. 314-318, 357-359, 411 et 433.

méthode de l'évidence. Nous avons déjà énoncé la question en ces termes : Comment le philosophe sait-il qu'il n'est pas trompé dans ses jugements sur le monde, et quelle garantie peut-il s'attribuer contre l'erreur? Si nous posions nettement la thèse de la liberté de la conscience et de la dissolubilité de tous les jugements allant au delà de l'affirmation des phénomènes actuels et immédiats, les seuls valables aux yeux du sceptique, nous répondrions que la croyance est à elle-même sa garantie ultime, puisqu'elle est un facteur inséparable des motifs quelconques sur lesquels elle s'estime fondée; et nous dirions que la connaissance de la vérité n'est point un savoir matériel et positif, ayant pour matière des rapports inébranlablement fixés dans la chaîne universelle des choses, et qu'il ne s'agirait que de percevoir comme ils sont, mais bien un état mental et moral de la personne du penseur, un état complexe où le travail de l'entendement sert d'instrument au désir et à la volonté d'arrêter la croyance sur des sujets qui échappent à l'expérience, à l'intuition pure et aux déductions catégoriques. Mais, lorsque, au lieu de la liberté de la conscience et de la dissolubilité des jugements, nous posons cette conséquence de la doctrine de la Chose nécessaire et évolutive : le déterminisme absolu des modes de penser et de juger, n'importe comment divisés et individualisés là où ils se produisent, et qui ne sont tous que des termes de la série indissoluble, à leur place dans l'espace et dans le temps, l'idée aussitôt nous devient accessible et naturelle, d'un philosophe tellement informé et conformé, relativement à l'essence et à l'ordre de l'univers, qu'il se trouve par l'action nécessaire elle-même de la Chose, en un point de son évolution, être une représentation adéquate de cet ordre et de cette essence. L'adéquation parfaite est-elle impossible? on a du moins une traduction exacte de la part traduisible de l'œuvre, et c'est l'auteur universel qui la donne sous un nom individuel. L'individu phénoménal qui jouit de ce privilège se le témoigne en affirmant la méthode de l'évidence. Que cela soit sous la forme d'une vision intellectuelle, ou d'une autre sorte d'intuition qu'on regarde comme portant avec soi sa preuve, ou encore de quelque pénétration intime, ou participation, ou inspiration, nous pouvons dire que, dans tous ces cas également, l'évidence est réclamée par ce philosophe. Elle l'est en diverses manières, mais dont un caractère commun ressort de l'opposition où elles sont toutes avec la croyance libre, tenue pour libre, d'une conscience qui ne rapporte pas son œuvre à une action extérieure, certaine et infaillible.

En ce sens général de l'évidence, les idées exemplaires de Platon, dont la contemplation suffit pour engendrer la sagesse ; les idées claires et distinctes de Descartes, sources de déterminations où la liberté s'identifie avec la nécessité ; les notions inébranlables des stoïciens, la connaissance adéquate de Spinoza, tout ce que tant de philosophes ont prétendu poser de principes supérieurs à la liberté de l'esprit, et desquels toute vérité descend, est de la même famille d'opinions, en matière de certitude, que le dire symbolique du vieil Héraclite, touchant ce « logos commun et divin, juge de la vérité », ce « milieu logique et pensant que nous respirons, en attirant à nous le divin logos par lequel nous devenons intelligents » (1). Le fond de la méthode qu'on pourrait nommer *hétérologie*, pour rendre, au point de vue de la connaissance, une idée analogue à celle que Kant a rendue par le mot *hétéronomie*, au point de vue moral, consiste, chez les adhérents d'ailleurs les plus divers de la doctrine de la Chose, à supposer que la Chose informe l'esprit et dicte les jugements en bannissant la liberté d'affirmer ou de nier.

J'ai parlé d'un privilège que la nature et la nécessité doivent accorder à l'asserteur de la vérité, suivant cette méthode. C'est qu'une terrible difficulté est soulevée par l'expérience des doctrines mutuellement contradictoires : une difficulté à laquelle les dogmatistes n'ont jamais pu opposer, chacun en particulier, que leurs préventions, une étrange insensibilité en présence d'un fait aveuglant, ou, tous ensemble, une sorte de conspiration du silence. Il est clair, à voir les systèmes d'un œil empirique et impartial, que *celui* d'entre eux qui est le vrai jouit d'un privilège à lui concédé par la nécessité qui les produit tous ; et il n'est pas moins clair qu'on ne saurait décider *lequel*, ni en assignant une autorité acceptable à tous, pour donner raison aux uns et tort et aux autres, en leurs contradictions, ni en allant aux voix, parce qu'ils se déclarent d'avance rebelles à la loi des majorités, supposé qu'on pût en invoquer une. Ils ne placent pas là leur autorité, et ils font bien, mais toujours est-il qu'ils ne peuvent se nommer un juge. Quoi qu'il en soit du rapport, que nous envisagerons tout à l'heure, de cette attitude philosophique à la question de la certitude, le partisan de la doctrine d'un agent unique, enveloppant et développant la chaîne universelle des choses, est forcé de penser qu'un même ordre nécessaire de l'univers,

---

(1) Sextus, *Adversus logicos*, I, 27.

a comporté et produit, d'une part, l'affirmation, et, d'une autre part, la négation de cette doctrine elle-même, dans les esprits des penseurs; que, d'un côté, est la vérité, c'est-à-dire la conformité aux faits et l'évidence de cette conformité; de l'autre, l'erreur, c'est-à-dire la conformité apparente, la trompeuse évidence, l'illusion, et toutefois la conformité encore et la nécessité, à un point de vue supérieur auquel rien de ce qui est ne peut échapper.

Partons maintenant de la Conscience et des fonctions de la personnalité, et suivons, pour former le groupe des antithèses qui correspondent aux thèses que nous venons de réunir, la marche inverse de celle qui s'est présentée comme la plus naturelle quand nous partions de l'existence de la Chose. Pour cette dernière, l'origine de la déduction était le *réalisme* spontané de l'esprit humain, au moment où, se séparant du *personnalisme*, qui lui était uni dans les mythologies et dans les cosmogonies antérieures aux systèmes des purs philosophes, il se met, sous l'empire de la méthode d'abstraction d'où sont nées les sciences, et dont il fait naître ainsi la métaphysique, à subjectiver (à poser comme des sujets en soi) les objets généralisés de la sensation ou de l'entendement. Les concepts de l'infini, de la nécessité et de l'évolution nécessaire se forment alors, en s'appliquant à un sujet universel, auquel on voudrait souvent rapporter des propriétés de l'ordre de la conscience, mais qui leur est et leur demeure rebelle. Si l'on veut se rendre compte d'une marche logique de l'esprit prenant son point de départ dans la conscience, et non plus dans l'objet de la conscience généralisé et subjectivé, il faut oublier un moment l'histoire de la métaphysique, et saisir d'emblée la plus haute conception idéaliste que la critique de la connaissance a pu atteindre en réagissant contre cette histoire presque tout entière. Le vrai fond de la doctrine opposée à la doctrine de la Chose, ce fond que la philosophie a eu tant de peine à pénétrer, malgré tous les efforts des penseurs idéalistes, depuis la rupture ancienne entre la spéculation subjectiviste et le personnalisme mythologique, c'est que *la Chose c'est l'objet* : à savoir *le terme objectif d'une représentation*, et que l'opération par laquelle on subjective cet objet à part de toute représentation ne consiste qu'à en généraliser l'idée et à lui prêter par abstraction une existence séparée.

Un sujet réel, — une vraie chose, dirait-on, si l'on voulait entendre maintenant ce mot dans un tout autre sens que ci-dessus, — ne pouvant donc être qu'une conscience, avec des objets inséparables d'elle-même, une nouvelle remarque s'impose aussitôt : c'est qu'au point de vue strict de la certitude phénoménale, nous ne connaissons que notre connaissance individuelle, empirique, formée de phénomènes successifs, dont nous avons la mémoire, dont nous composons la synthèse, et à laquelle nous rapportons à chaque instant tous nos objets, y compris ses propres opérations. Les questions suivantes se posent dès lors au penseur, ainsi descendu à la racine ultime de toute connaissance possible :

Existe-t-il, en regard de la conscience individuelle, des objets qui ne soient pas simplement *ses objets*, mais *des objets pour eux-mêmes*, des *sujets-objets*, tels qu'elle-même, en ou tout cas formant des espèces variées de la représentation de soi ? — Existe-t-il un monde composé d'objets de cette sorte, et qui soit, pour chaque conscience donnée, une matière externe réelle de son expérience, une source des perceptions à l'endroit desquelles elle ne se sent qu'à l'état de receptivité ?

D'où procèdent la communication, la causalité ; qu'est-ce que ces lois de correspondance et d'accord entre les perceptions de différentes consciences, et ces lois de corrélation du passif et de l'actif, dont la réunion forme un seul ordre, à tant d'égards, des ordres formés par les développements particuliers des consciences ?

Quelle confiance pouvons nous accorder aux fonctions de notre entendement, à leur rectitude en elles-mêmes, aux interprétations qu'elles nous suggèrent de nos impressions, et aux jugements que nous portons sur la vérité et la réalité en ce qui touche le monde extérieur ?

L'ordre de ce monde est-il tel, qu'il trouve son unité dans une représentation universelle, qu'il se subordonne à une loi générale ayant son siège dans une conscience, et qu'il assure en outre aux consciences individuelles, dans une économie à venir, des fins dernières propres qui leur sont refusées dans les bornes de l'expérience présente ?

Il est facile de voir que les doctrines philosophiques ne sont toutes que des réponses diverses à ce petit nombre de questions, par rapport auxquelles toutes celles dont on traite ne sont qu'auxiliaires, ou peuvent être regardées comme de peu d'importance. Mais, on voit également que, de la manière dont ces questions sont posées ici, il n'est possible d'y répondre que par des actes de croyance. Ainsi, du point de vue de la pure conscience, le litige de l'évidence et de la croyance, — dernière des oppositions que nous avons examinées du point de vue de la doctrine de la Chose, — est résolu en faveur de la croyance. Et il est résolu le premier, par cette simple raison que la conscience ne saurait faire autrement un seul pas hors d'elle-même et de ses phénomènes empiriques, quand c'est d'elle-même qu'elle part sérieusement, et quand elle ne prétend rien connaître que par l'entremise d'elle-même. Je n'insisterai pas davantage sur un point que je pense avoir éclairci par ma critique du problème de la certitude. Mais il importe d'ajouter que la reconnaissance même de cette condition suprême du connaître, et de cette primauté de la conscience, est un acte de croyance, puisque des philosophes soutiennent en fait l'opinion contraire, prétendent connaître immédiatement certains de leurs objets comme sujets en soi, tels qu'ils sont en soi, et font ainsi un acte de croyance opposé au premier et pour lequel ils réclament d'autres noms, revenant tous au fond à celui de l'évidence.

Il s'agit d'appliquer la croyance. Elle ne va jamais sans des mobiles de l'ordre pratique et passionnel, ou sans des motifs tirés de l'exercice de la raison. Les uns et les autres interviennent dans l'idée générale à se faire du monde, au point de vue de la conscience. Voyons d'abord les premiers.

« La logique toute seule », dit un philosophe, qui a défini le caractère rationnel des conceptions sous un aspect essentiellement pratique (1), « la logique toute seule, en son affaire avec l'univers, ne peut atteindre aucune conception purgée de tous vertiges d'irrationnalité. Il s'y rencontre toujours quelque chose qui, au dernier moment, met un point d'arrêt. La rationalité, *considérée psychologiquement,* ne signifie rien de plus que la conscience d'un mouvement libre, coulant et sans obstacle de la pensée. Elle ne reconnaît d'autre loi que celle du roulement facile et des transitions aisées d'une idée à l'autre. C'est quand cette dernière loi est violée que naissent la perplexité, le doute et le mystère ». L'insuccès de la méthode purement logique provient essentiellement de ce que les philosophes font violence à la nature de l'esprit : ils aboutissent, dans le cours de leurs spéculations, à des impasses, faute de reconnaître que « *la conception est*

---

(1) M. W. James. Voyez les deux études traduites et publiées dans la *Critique philosophique* : *Le sentiment de la rationalité,* t. XVI, pp. 72, 81, 113 et 129 ; et *Rationalité, activité et foi,* t. XXII, pp. 129, 147 et 161. Conf. *Considérations sur la méthode subjective,* t. XII, p. 407.

un instrument téléologique ». Ils n'ont pas encore assez médité la loi, généralement admise aujourd'hui, qui présente « l'unité structurale de l'esprit comme une triade, commençant par une impression sensible, finissant par un mouvement, et se formant, au milieu, d'un sentiment de plus ou moins grande étendue... Peut-être les obstacles qui s'élèvent dans la sphère purement théorétique pourraient-ils être évités, si le cours de l'action mentale se détournait à temps pour entrer dans la sphère pratique... Un passage de la fonction mentale à son troisième période, avant que le second vînt se terminer dans le *cul-de-sac* de la contemplation, ranimerait l'énergie du mouvement et conserverait le sentiment vivant d'aise et de liberté qui en est la contre-partie psychique (1) ».

« Si la pensée n'est pas vouée à rester vis-à-vis de l'univers dans l'embarras d'un étonnement sans secours et sans espérance, son mouvement doit être détourné du chemin sans issue de la contemplation purement théorétique... Une conception du monde qui rendrait la liberté du mouvement à l'esprit empêché, arrêté et pour ainsi dire bloqué dans sa voie purement théorétique, donnerait de nouveau à ce monde un aspect rationnel. Or, de deux conceptions égales quant à leur aptitude à satisfaire l'exigence logique, en cette question, l'une peut, beaucoup mieux que l'autre, éveiller les impulsions d'activité, ou satisfaire à d'autres conditions esthétiques. C'est celle-là qui sera tenue pour la conception la plus rationnelle et qui prévaudra à juste titre...

« Supposons différents systèmes inventés, tous également cohérents en eux-mêmes, et aptes par conséquent à satisfaire nos besoins purement logiques. Il faudra de nouveau les passer en revue, les approuver ou les

---

(1) Cette vue profondément philosophique de M. James fait penser à l'étonnement, mêlé de reproche, qui a été si souvent manifesté par le public, à propos d'une méthode dont Kant a donné l'exemple le plus frappant, malheureusement avec de graves défauts d'exécution. Cette méthode à double compartiment consisterait, — ainsi la comprend une critique superficielle, — à rétablir pratiquement des propositions qu'on a niées théoriquement. Elle ne fait pourtant, si on l'entend bien, que corriger dans sa seconde partie le vice de pur intellectualisme qui, dans la première, la condamnait à stationner dans le *cul-de-sac* dont parle M. James. Et la correction si elle est bien faite, doit n'entraîner aucune contradiction avec des propositions antérieurement admises, quand elles l'ont été sans réserve expresse ou sous-entendue. Il serait à désirer que le double coefficient de pensée, intellectuel et pratique, rationnel et raisonnable, fût maintenu dans tout le cours d'exposition d'une doctrine, ou que les thèses et leurs correctifs fussent partout réunis pour la satisfaction de la raison *au total*. Mais la nécessité de la division du travail, en des sujets d'analyse très complexes, a rendu jusqu'ici une telle œuvre inexécutable.

rejeter en vertu de la constitution esthétique de notre nature *pratique*. Des termes tels que Dieu, Pensée et autres semblables peuvent bien logiquement ne rien changer à notre étonnement, non plus que ne font les termes Matière, Destin, etc.; ils sont néanmoins beaucoup plus généralement acceptables, comme bases d'une explication universelle. C'est un fait qui dépend de nos besoins pratiques. Ils sont au nombre de trois : 1° il faut déterminer l'*attente*; 2° il faut mettre en œuvre les facultés actives et émotionnelles; 3° il faut que la faculté de foi, ou croyance non contrainte, ne subisse aucune violence. Toute vue de l'univers qui répondra à ces exigences (et qui en même temps sera claire, simple et consistante autant que le permet la logique) paraîtra rationnelle au plus haut degré. L'esprit ne saurait trouver sa vérité au delà. »

L'*attente* (ou *expectation*) à déterminer se rapporte à la présence constante du sentiment de l'avenir dans l'esprit, et à cette inquiétude inséparable de toutes nos impressions (ainsi que de celles des animaux, en ce qui touche leur sécurité et leurs intérêts), tant que les futurs dont elles éveillent l'idée restent dans l'incertitude. La définition et la satisfaction du premier de nos besoins pratiques consiste, pour une conception proposée du monde, à *bannir du futur toute incertitude*, au moins d'une manière générale. « En toutes les explications ultimes de l'univers, que la passion de la rationalité a fait naître, toujours les réclamations de l'attente à satisfaire ont joué un rôle capital. Le terme posé par les philosophes, à titre de primordial, a été pris tel qu'il bannit l'incalculable. *Substance*, par exemple, est un terme qui signifie ce qui ne varie point avec le temps, ce qui sera comme il a été, parce que son être est essentiel et éternel. Et quoique nous soyons hors d'état de prévoir les phénomènes à venir qui naîtront de la substance, nous pouvons nous mettre l'esprit en repos d'une manière générale quand nous avons appelé la substance Dieu, Perfection, Amour ou Raison; car il nous suffit alors de cette réflexion, que, quoi que ce soit qui nous est réservé, cela ne pourra jamais rien être au fond qui ne s'accorde avec le caractère de ce terme. De cette façon notre attitude, même au regard de l'inattendu, se trouve définie en un certain sens général. Prenons encore la notion de l'immortalité, qui, pour le commun des hommes, paraît être la pierre de touche de toute croyance philosophique ou religieuse : que signifie-t-elle, si ce n'est que la détermination de l'*attente* est le facteur principal de la rationalité? »

Le terme de *substance*, soit à cause de ses connotations (dans le matérialisme, dans le panthéisme stoïcien, etc.), soit, au contraire, à cause de l'extrême abstraction et de l'illusion réaliste qu'il comporte, et que marque bien son étymologie (exemple capital : le spinosisme), dirige presque toujours la pensée en sens opposé des satisfactions que le philosophe dont je mets ici l'analyse à profit réclame pour la raison pratique, en demandant que la substance soit *appelée* de certains noms qui lui confèrent, autant que cette raison peut leur prêter un sens, des attributs de personnalité. La seconde des notions que M. James pose pour satisfaire l'*attente* de la conscience, l'immortalité est également compromise par les doctrines substantialistes : l'histoire entière des doctrines philosophiques en fait foi. Mais s'il était possible, laissant de côté cette idée de substance, qui n'est jamais ou qu'un synonyme de matière, ou qu'un symbole, ou qu'une pure abstraction, de définir la vraie signification du fondement de l'attente satisfaite : à savoir, la stabilité d'un monde gouverné par des lois, on remplirait la condition demandée ; car la notion générale de loi est certainement ouverte aux interprétations et aux applications, anthropomorphiques au fond, désignées par les quatre grands noms dont s'est servi M. James. Or, cela est possible, et c'est la méthode même inaugurée par le phénoménisme rationaliste et criticiste qui en donne le moyen.

La seconde des exigences de la *rationalité* (suivant le langage de M. James), c'est-à-dire de la nature humaine *raisonnable*, ou raison pratique, est la mise en œuvre des facultés actives et émotionnelles. « Une philosophie, si elle aspire à un succès universel, doit définir le futur d'une manière *conforme à nos puissances spontanées*. Son principe ultime ne doit pas être tel qu'il désappointe et confonde essentiellement nos plus chers désirs et celles de nos puissances auxquelles nous tenons le plus. Un principe pessimiste, comme l'incurablement vicieuse Volonté-substance de Schopenhauer, ou comme ce méchant maître-Jacques, l'Inconscient de Hartmann, ne peut jamais être qu'un appel pour d'autres philosophies à essayer. Chez la plupart des hommes, l'incompatibilité de l'avenir supposé avec leurs désirs et tendances actives est, en fait, une source de mécontentement plus constant que l'incertitude elle-même. Témoin les tentatives pour venir à bout du « problème du mal », pénétrer le « mystère de la douleur ». De problème du bien, il n'y en a point.

« Mais le second défaut d'une philosophie, pire que celui de se poser en contradiction avec nos propensions actives, c'est de ne pas leur fournir l'objet, quelqu'il soit, où s'appliquer. Une philosophie dont le principe a si peu de rapport avec nos plus intimes puissances qu'il leur dénie toute possibilité d'application aux affaires de l'univers, et met d'un coup leurs motifs à néant, sera plus impopulaire encore que le pessimisme. Plutôt faire face à l'ennemi qu'à l'éternel Vide ! Voilà pourquoi le matérialisme n'arrivera jamais à se voir adopté universellement, si bien qu'il réussisse à dissoudre les choses dans l'unité atomistique, si clairement qu'il puisse prophétiser l'éternité future. Car le matérialisme refuse la réalité aux objets de presque toutes nos plus chères impulsions. La réelle *signification* des impulsions est, dit-il, quelque chose qui n'a pour nous aucun intérêt émotionnel quelconque. Or, ce que nous appelons *extérioration* est tout aussi caractéristique de nos émotions que de nos sens. Dans les deux cas, un Objet est visé comme la raison d'être du sentiment présent. Quel intense rapport objectif n'y a-t-il pas dans la peur ! Un homme ravi et un homme douloureusement affecté ne font pas simplement que s'apercevoir de leurs états internes. Si c'était ainsi, la force de leurs sentiments s'évaporerait. Tous deux croient qu'il y a une cause extérieure *pour* qu'ils sentent comme ils font. Toute philosophie qui détruit la validité de ce rapport, en éliminant ses propres objets par sa façon de les expliquer, ou en les traduisant en termes auxquels il ne s'attache rien d'émotionnel, laisse à l'esprit peu de chose dont il ait à prendre souci, ou qui puisse motiver son action. C'est la condition opposée de celle du cauchemar, et pourtant elle cause une horreur toute semblable, quand la conscience en est vivement saisie et pénétrée. Dans le cauchemar, nous avons des motifs d'agir ; c'est le pouvoir qui nous manque : ici, le pouvoir existe, mais les motifs n'y sont plus. Une sorte d'inexprimable malaise nostalgique s'empare de nous à la pensée qu'il n'y a rien d'éternel dans nos vues concernant les fins, dans les objets de ces amours et de ces aspirations où se déploient nos plus profondes énergies. L'équation boiteuse de l'univers et du *savant*, que nous adoptons ainsi pour l'idéal de la connaissance, a pour parfait pendant l'équation non moins boiteuse de l'univers et de l'*agent*. Nous y regrettons l'absence d'un caractère avec lequel nos émotions et nos penchants actifs fussent assortis. Si petits que nous soyons, et si menu que soit le point où l'univers vient rencontrer chacun de nous, chacun pourtant est désireux de sentir que sa réaction à ce point est conforme à ce que ce grand tout demande, qu'il est en équilibre avec ce tout, pour ainsi parler, et capable de faire ce qu'il attend de lui. Mais comme ses capacités de *faire* sont toutes situées dans la ligne de ses penchants naturels, et qu'il aime à réagir par des émotions telles que force d'âme, espérance, ardeur, admiration, ravissement, et autres semblables, tandis que c'est contre son gré seulement qu'il réagit par la crainte, le dégoût, le désenchantement ou le doute, une philosophie qui ne sera bonne qu'à légitimer les émotions de cette dernière espèce est bien certaine de laisser l'esprit livré au mécontentement et aux désirs inapaisés.

« C'est une vérité beaucoup trop méconnue, que toute la structure de l'intellect repose sur des intérêts pratiques. La théorie de l'évolution commence à nous rendre un vrai service, en réduisant l'ordre mental tout entier au type de l'action réflexe. La connaissance, au dire de ce système, n'est qu'un moment fugitif, la traversée d'un certain point par quelque chose dont le tout est un simple phénomène de mouvement. Pour les formes inférieures de la vie, personne ne prétend que la connaissance soit rien de plus que le guide de l'action propre à chaque cas. La question originelle, au sujet des choses apportées pour la première fois devant la conscience, n'est pas la question de théorie: « Qu'est-ce? » mais de pratique: Qui va là? », ou plutôt, comme un philosophe l'a très bien formulé: « Qu'y a-t-il à faire? » Dans toutes nos discussions sur l'intelligence des animaux inférieurs, l'unique règle que nous consultons est qu'ils agissent comme s'ils visaient à un résultat. Bref, la connaissance est incomplète qui ne se décharge pas dans l'acte. Et quoiqu'il soit vrai que le développement mental ultérieur, qui atteint son maximum par le moyen du cerveau hypertrophié de l'homme, engendre une vaste activité théorétique, au-dessus et au delà de ce qui est immédiatement au service de la pratique, cependant l'exigence primitive, n'est en ce cas que reculée, non point supprimée, et la nature active affirme ses droits à la fin. »

La troisième condition posée par M. James à une conception de raison pratique du monde consiste, on l'a vu, en ce qu'il n'y soit pas fait violence à la liberté de croire, en ce qu'on ne prétende pas enchaîner le pouvoir humain de la foi. Nous citerons encore ici des considérations d'une grande force, à l'adresse des savants, quoique la question ait été déjà traitée ci-dessus, mais d'une manière différente et moins directement relative à la pratique:

« Il y a un élément de notre nature active que la religion chrétienne a hautement reconnu, mais dont avec un grand manque de sincérité les philosophes ont éloigné le plus possible la vue, dans leur prétention à fonder des systèmes d'une certitude absolue. Je veux parler de la foi. La foi signifie la croyance en quelque chose sur quoi le doute est encore possible en théorie ; et comme l'épreuve de la croyance est la bonne volonté d'agir, on peut dire que la foi consiste à être prêt à l'action dans une cause dont l'heureuse issue n'est pas certaine pour nous à l'avance. C'est au fait la même qualité morale qu'en affaires pratiques nous appelons le courage. Et on peut même observer, chez les hommes d'une vaillante nature, une tendance portée très loin à jouir d'une certaine somme d'incertitude dans leur croyance philosophique, exactement comme le risque sert d'aiguillon à l'activité de l'ordre mondain. Les philosophies à prétention d'absolue certitude, qui cherchent l'*inconcussum aliquid*, sont le produit des natures mentales chez lesquelles la passion de l'identité (qui n'est pourtant que l'un des facteurs de l'appétition rationnelle) joue un rôle exclusif, anormal. Pour la moyenne des hommes, au contraire, la puissance de *se fier*, de courir quelque risque, en s'avançant au delà de ce dont ils ont à proprement parler la preuve, est une fonction essentielle. Tout mode de concevoir l'univers est assuré de rencontrer de nombreux adhérents, qui en appelle à cette généreuse puissance, et qui fait, dirait-on, l'homme apporter individuellement son aide à la création actuelle de la vérité dont il prend sur lui d'affirmer la réalité métaphysique.

« Les philosophes attachés aux méthodes scientifiques, à notre époque, ne sont pas sans insister fortement sur la présence nécessaire d'un élément de foi dans notre état mental. Mais, par un caprice singulièrement arbitraire, ils n'en admettent la légitimité qu'autant que la foi sert exclusivement les intérêts d'une proposition particulière, à savoir de celle qui affirme l'uniformité du cours de la nature. Que la nature suivra demain les mêmes lois qu'elle suit aujourd'hui, cela, une vérité dont nul homme ne peut rien *savoir*, ils l'admettent tous : c'est une supposition, ou un postulat, que réclament à la foi les intérêts de la cognition et ceux de l'action. Comme le dit Helmholtz : « Il n'y a ici qu'une sentence qui vaille : Fie-toi et marche » ; et le professeur Bain, de son coté : « notre seule faute est de vouloir donner une raison ou justification du postulat, et de le traiter autrement que comme demandé, dès le début...

« L'homme tout entier, en nous, se met à l'œuvre, quand nous nous formons nos opinions philosophiques. L'intellect, la volonté, le sentiment et la passion y coopèrent, tout comme elles font dans les affaires pratiques. C'est une idée inepte, autant qu'impossible à réaliser d'ailleurs, que celle d'une intelligence qui formulerait sa preuve entière par des mots, et qui apprécierait les probabilités sans être autrement influencée que par les valeurs du numérateur et du dénominateur d'une vulgaire fraction arithmétique. Il est presque incroyable que des hommes qui ont fait eux-mêmes œuvre de philosophes prétendent qu'une philosophie peut ou a pu jamais être construite sans l'aide d'une préférence personnelle, ou croyance, ou divination. Comment en sont-ils venus à s'abrutir ainsi, à perdre le sentiment des faits vivants de la nature humaine, au point de ne pas voir que tout philosophe, et tout homme de science encore, dont l'initiative compte pour quelque chose dans l'évolution de la pensée, a pris d'abord position en vertu d'une sourde conviction que la vérité devait se trouver dans une direction plutôt que dans une autre, et par une sorte d'assurance préalable que *son idée* pouvait être mise à l'œuvre; et qu'il a dû son meilleur succès à sa tentative pour la *mettre en œuvre*. Ces instincts mentaux, chez différents hommes, sont les variations spontanées sur lesquelles est fondée la lutte intellectuelle pour l'existence. Les conceptions les mieux adaptées survivent, et, avec elles, les noms de ceux qui les ont soutenues brillent pour toute la postérité. »

Je ne pousserai pas plus loin, tout en regrettant d'avoir à me borner, des citations sur lesquelles il y aura à revenir pour discuter la conclusion de l'auteur. Elles étaient à leur place ici, comme offrant les principaux traits d'une analyse de la position de la conscience, en regard du monde dont elle se propose de se faire une idée générale, — position inverse de celle que fait à la conscience la doctrine de la Chose. Les trois conditions posées par M. James : la croyance, la satisfaction à donner aux puissances actives et aux puissances émotionnelles, enfin la détermination et la satisfaction de l'attente, ces conditions, avec les idées de garantie d'ordre divin et d'immortalité, qui en sont les conséquences requises, paraissent se rapporter surtout à la partie des phénomènes mentaux dont le caractère est la passion, l'attrait, le contentement ou le mécontentement. Toutefois le principe d'activité n'est pas oublié ; il ne peut pas l'être, puisqu'on se place à un point de vue essentiellement pratique, que la conduite et ses maximes ne peuvent qu'être mises dans la dépendance des croyances embrassées, et que, si le monde est conçu tel qu'il donne satisfaction aux besoins de la conscience, il est inévitable que, réciproquement, les déterminations propres de la conscience soient conçues telles qu'elles satisfassent à l'ordre du monde. L'harmonie ne saurait s'envisager du côté d'un seul des deux termes que sa réalisation intéresse. Aussi l'auteur de cette analyse a-t-il écrit, répétons ses paroles : « Si petits que nous soyons, et si menu que soit le point où l'univers vient rencontrer chacun de nous, chacun pourtant est désireux de sentir *que sa réaction à ce point est conforme à ce que ce grand tout demande, qu'il est en équilibre avec ce tout, pour ainsi parler, et capable de faire ce qu'il attend de lui* ». Cette formule me semble, quelque bonne qu'elle soit à d'autres égards, réclamer un amendement. Que chacun *désire sentir* (*each one desires to feel*) sa réaction en accord avec l'action du monde, c'est malheureusement ce qui cesse d'être vrai d'une manière absolue, quand nous envisageons le monde sous un aspect moral et que nous lui attribuons des exigences morales. Mais que chacun *doive le vouloir*, aussitôt qu'il s'est formé une telle idée du monde, voilà la vérité. C'est sans doute aussi ce que pense M. James. L'équation horriblement boiteuse, comme il la nomme si bien, entre l'agent individuel et l'univers, dans le système qui refuse de satisfaire aux besoins de la conscience, cette équation, redressée dans son premier terme par l'introduction des garanties dues à l'homme en un monde moral, ne peut être juste dans son second terme qu'à la condition d'y introduire le devoir correspondant de l'homme. En un mot, la doctrine de la Conscience amène avec elle, comme suite et application de la croyance, qui est sa méthode, l'idée du devoir, la croyance au devoir, étrangères au fond à la méthode qui naît de la doctrine de la Chose.

Cette façon de considérer l'univers, qui est propre à la conscience, repose uniquement sur la représentation de certaines fins qui nous intéressent et dont il aurait les moyens. Demander à l'univers la réalisation de ces fins, c'est admettre implicitement qu'en vertu du plan que nous lui supposons, il est n'importe comment soumis à la loi d'une *dette* envers nous ; et c'est être conduit à penser, vu la distinction et la corrélation du grand et du petit monde, ainsi mis en regard, que nous avons, nous aussi, une *dette* envers lui. Cette dernière est le *devoir* ; nous la nommons le devoir, parce que nous en avons la conscience, ou aussitôt que nous l'avons. La première ne reçoit pas ce nom, parce que son vrai siège ne nous est connu ni par intuition ni par expérience, et que nous en transportons seulement l'idée, d'un principe de notre conscience au principe transcendant et à la raison d'être de l'univers. En effet, le point de départ le plus profond, n'est pas celui que nous avons pris dans les pages précédentes, en montrant le passage des postulats de la croyance par rapport au monde, — en vue de la satisfaction de nos puissances émotionnelles et actives et de notre attente, — à l'idée d'une sorte d'obligation réciproque entre le monde et nous. En réalité, quand nous partons de nous-même pour cette démarche spéculative, la notion du devoir, en son dernier fondement, ne nous est pas moins indispensable, n'est pas un élément de notre induction moins essentiel que le sentiment de nos besoins moraux et que le fait de nos espérances. Car où serait la raison d'imaginer le monde construit sur un plan plutôt que sur un autre, si tant est qu'il en ait un, et sur un plan conforme à nos aspirations particulières, si ce n'était un trait caractéristique de notre conscience, qui consiste en ce que, en toutes choses, nous pensons à *ce qui doit ou devrait être*, et le comparons à *ce qui est*, et employons notre activité, autant que possible, dans la mesure de notre imagination et de notre raison, pour faire que la chose qui *est ou sera* soit la chose qui, selon nous, *doit être?* C'est dans ce trait caractéristique que m'apparaît ce que j'appelle le dernier fondement de la notion du devoir (1).

Ainsi pris à sa racine psychologique du *devoir être* et du *devoir faire*, le devoir est supérieur à la matière quelconque de ses applications, son idée est indépendante de ses propres déterminations actuelles. Alors même que cette idée, pour s'appliquer, se règlerait exclusivement sur l'intérêt et les passions d'une personne humaine rapportant à soi toutes choses, la réflexion et la raison maintiendraient ce mobile des actes dans une sphère de conscience refusée à tout animal autre que l'homme. Mais c'est là ce qui n'arrive jamais, car l'homme ne nous est connu que dans l'état de société, et la société, ne fût-ce que celle de la famille, suppose des idées de règlement entre personnes, de réciprocité dans leurs attentes, de devoirs généraux, par suite, soit eu égard à un intérêt commun, soit quant aux relations des particuliers, lesquelles se conçoivent toujours et se fixent (par la coutume

(1) Voyez t. , p. 299-308.

ou par la loi) selon ce qu'on pense qui *doit être*. La notion du devoir se détermine ainsi dans toute société humaine comme notion de la *justice*.

L'homme, animal de devoir et de justice, ne fait rien de plus que modeler la constitution intime de l'univers sur celle de sa conscience, quand il croit que l'univers est la réalisation d'un plan, va à un but, est ce qu'il doit être pour la satisfaction des justes aspirations des créatures, est en un mot semblable à ces conceptions de la raison qui résolvent, en toutes sortes de sphères grandes ou petites, des problèmes d'adaptation de moyens à des fins et d'établissement d'harmonie entre des éléments divers. Qu'il y ait à reconnaître là, dans le fond, une tendance anthropomorphique du sentiment et de la raison, dont la portée est difficile à définir dans l'ordre purement philosophique; que, d'une autre part, le problème de la conciliation du mal actuel avec la donnée fondamentale du plan, de l'ordre et du but, c'est-à-dire du bien, dans l'univers, se pose ainsi pour le penseur et soulève de grandes difficultés, on ne saurait le contester; mais cette tendance anthropomorphique, bien ou mal entendue, est inhérente à la méthode de la Conscience, et ce problème est un problème de la conscience avant d'être une question à traiter par rapport à l'origine et à la destination des créatures. Si l'on croit que la méthode de la Conscience est la meilleure et la plus sûre, on trouvera dans cette méthode même, en se bornant à la conception la plus générale qu'elle suggère d'un monde moral, et en laissant à part les spéculations qui s'y rattachent, une solution pratique suffisante. C'est la croyance au devoir qui la fournit. Par cette croyance, nous nous mettons, avec notre ordre moral interne, né de la conscience et projeté au dehors, en face d'un ordre moral du monde, qu'elle nous fait juger antérieur et supérieur au nôtre et principe du caractère obligatoire pour nous de ce dernier. Et soit que nous pensions ou non avoir une idée claire de la nature de ce principe, savoir d'où et comment l'obligation nous incombe, et ce qui sera décidé de nous, dans la suite des choses, selon que nous serons fidèles ou infidèles au devoir tel qu'il nous apparaît, nous croyons qu'il a sa source dans le bien et que c'est au bien qu'il mène. L'idée générale du bien, qui domine toutes les existences présentes et leurs propriétés sensibles, et dont la détermination dépasse notre connaissance, est ainsi subordonnée à l'idée générale du devoir. Celle-ci devient notre guide et le régulateur suprême de nos maximes de conduite. La doctrine de la Conscience nous conduit donc à la conclusion inverse de celle de la doctrine de la Chose, en ce qui regarde l'opposition du devoir et du bonheur. Nous avons trouvé qu'au point de vue de la Chose et en conséquence des idées associées à ce point de vue, la question était de se former un jugement sur la destinée, d'apprécier ce que contiennent de bien ou de mal pour l'individu les conditions et les modifications de son milieu naturel et social; puis de se déterminer soi-même et de déterminer autant qu'on le peut les choses, de manière à ce que les relations qu'on soutient avec ce monde soient celles qui contiennent le plus de ce bien et le moins de ce mal, tels qu'on en a jugé et qu'on les a définis (1). Le point de vue de la conscience, au contraire, et la croyance qui en est inséparable réclament un jugement pour déterminer le sens général du devoir, de là une volonté, pour soumettre au devoir les pensées et les actes, et un postulat de la raison, pour imposer au bien et au mal, et par conséquent au bonheur, inconnu en lui-même ou en dernier résultat, inaccessible à toute poursuite directe, et rebelle à toute définition autre que purement individuelle, une condition ultime d'ordre universel : l'accomplissement du devoir.

La croyance à la justice dans l'univers et au devoir dans l'homme étant ainsi substituée à l'idée maîtresse du bonheur, la seule dont on ait a se poser le problème dans l'hypothèse du sujet-matière universel, il devient aussitôt manifeste que la loi de la nécessité, ou déterminisme total et absolu (déterminisme tout court, suivant le langage actuellement reçu), se trouve niée quant à l'univers, et la liberté du jugement et de l'acte affirmée quant à l'homme. On entend par là, non point qu'il n'y a pas un domaine du déterminisme, non point qu'il n'existe pas une vaste organisation de liens nécessaires entre des conséquents et leurs antécédents de toute nature, donnés dans le monde, mais seulement qu'il y a aussi certains conséquents de fait qui n'ont pas avec leurs antécédents donnés des liens nécessaires ; des conséquents qui n'ont été ni logiquement, ni matériellement ou moralement inévitables, quelques rapports qu'ils ne manquent pas d'avoir en se produisant, ou une fois acquis, avec leurs antécédents et leurs circonstances.

En effet, s'il en était autrement, la relation de la justice en général avec

1) Voyez ci-dessus p. 170.

le devoir de l'agent particulier, non seulement perdrait son caractère propre mais ne conserverait plus aucun sens, puisque tout rapport entre l'ordre universel et les modifications individuelles, quelles qu'elles soient, rentrerait alors dans la classe sans exception et sans limite de la relation du déterminant au déterminé. Le sens de l'obligation et la signification du devoir par rapport à ce qui est dû impliquent, au contraire, que l'obligé n'est pas contraint, et que ce qui est dû peut n'être pas donné. L'accomplissement du devoir, *demandé* à la volonté, suppose que la volonté est libre. On ne saurait imaginer tout à la fois, sur le théâtre d'une conscience où la croyance au devoir est présente, ces deux pensées : 1° celle d'une loi morale prescrivant un acte à l'exclusion d'un autre acte également représenté comme possible ; 2° celle d'une prédétermination effective, en vertu de laquelle un seul de ces actes serait réellement possible, et serait inévitable, tandis que le choix est offert entre les deux. Aussi Auguste Comte a-t-il fort bien dit, se plaçant au point de vue de la nécessité, que le calcul des probabilités repose sur un principe absurde, parce que l'idée de ce calcul exige qu'on tienne pour également possibles deux événements dont l'un est réellement certain à l'avance, et l'autre réellement impossible. Et Kant, à l'autre point de vue : que l'obéissance à la loi est supposée possible, en tant qu'elle est réclamée. Et toutefois il est trop certain que la désobéissance à cette loi que l'on avoue est possible aussi. L'opinion d'Auguste Comte, en poussant à bout l'esprit qui la dicte, permettrait de dire que les délibérations de conscience reposent sur un fondement absurde, attendu qu'elles nous font continuellement envisager comme incertaines des choses certaines, et comme possibles des choses impossibles.

La croyance à la liberté n'est pas seulement spontanée, dans la conscience, mais encore elle accompagne *spontanément* les délibérations et résolutions de ceux mêmes des agents moraux qui professent *dogmatiquement* qu'elle est illusoire. Elle est indissolublement liée à toutes nos idées de moralité, c'est-à-dire à toute distinction de ce qui doit et de ce qui ne doit pas être fait par un agent dont la volonté est réfléchie.

« Je dis, ainsi s'est exprimé Kant, que tout être qui ne peut agir autrement que *sous la condition de l'idée de la liberté* est par là même, au point de vue pratique, réellement libre ; c'est-à-dire que toutes les lois qui sont inséparablement liées à la liberté ont pour cet être la même valeur que si sa volonté avait été reconnue libre en elle-même et au point de vue de la philosophie théorique... Quand même l'existence de la liberté ne serait pas théoriquement démontrée, les mêmes lois qui obligeraient un être réellement libre obligent également celui qui ne peut agir qu'en supposant sa propre liberté ». A cette remarque de Kant il suffit d'ajouter que celui qui croit à la réalité de l'obligation, en dehors et au-dessus de l'idéal tout intérieur d'une pensée individuelle, croira aussi à la réalité de la liberté, afin que l'idée de la loi morale ne s'évanouisse pas devant celle de la loi fatale de la conduite bonne ou mauvaise ; ou, s'il n'en professe pas la croyance en termes nets et catégoriques, parce que des doctrines incompatibles avec elle assiègent son esprit, il en gardera du moins le nom, avec d'autres définitions, et s'efforcera d'en conserver le contenu pratique.

La même conclusion, tirée de l'apparence à la réalité de la liberté, se peut rattacher au postulat de la rectitude de nos facultés. La croyance que nous ne sommes pas trompés par les lois indissolublement inhérentes à nos phénomènes de conscience est une croyance fondamentale de la doctrine de la Conscience ; or, nous venons de voir, et il est empiriquement avéré que nous ne pouvons agir en qualité d'êtres moraux que sous la condition de l'idée de la liberté ; donc cette idée est vraie. Elle fait corps avec l'idée de la moralité, attendu que les phénomènes mentals de l'approbation et du blâme, du conseil et du regret ont pour condition pratique la croyance à la possibilité qu'un certain événement fût arrivé au lieu d'un autre, dans le passé, et que deux faits exclusifs l'un de l'autre puissent arriver aussi bien l'un que l'autre, à un moment de l'avenir. Cette croyance tient à celle de la liberté, et il n'y a pas de jugement moral qui ne l'implique.

Ainsi la croyance au devoir conduit à la croyance à la liberté, parce qu'elle la suppose ; et cette dernière croyance se présente elle-même comme un devoir, dès qu'elle est vue dans cette relation, puisque la réalité de son objet est une condition de la réalité de l'objet de la première. En effet, si le sentiment de ce qui *doit être* (le mot *doit* étant pris dans le sens d'*obligation*, au jugement de la conscience) n'était au fond que le signe incertain de ce qui *tantôt doit être et tantôt doit ne pas être* (les mots *doit* et *ne doit pas* étant pris cette fois dans le sens de futurition ou non futurition certaines), il est clair que ce sentiment se rapporterait à un choix à faire non point entre *deux possibles*, mais entre *un nécessaire* et *un impossible*, et qu'ainsi son objet serait entièrement chimérique. On ne donnerait pas à l'illusion un caractère plus sérieux, quant à son objet, si l'on remarquait que l'idée de ce qui *doit ou ne doit pas* être (au sens d'obligation) est elle-même au nombre des éléments et des conditions de ce qui réellement *doit être* (au sens de futurition); car l'agent à qui le choix est donné ne formerait toujours, dans ce système, qu'une partie déterminée d'une chaîne de sentiments et d'idées, allant de points certains à d'autres points certains. Telle serait la *réalité*, tandis que la croyance à l'obligation est inséparable de l'*apparence* contraire, de l'apparence des futurs indéterminés. L'objet de la croyance ne pourrait que s'évanouir si l'illusion de l'indéterminé pouvait disparaître, *si* la connaissance des futurs certains pouvait être révélée. Or, cette supposition est *logiquement* admissible, dans le système qui pose le présent comme renfermant toutes les conditions déterminantes de l'avenir. Donc, encore une fois, l'objet de la croyance est démenti par la réalité, telle qu'elle ressort de la logique de ce système ; la foi au devoir réel est atteinte dans sa racine par l'hypothèse de la nécessité ; la foi dans la liberté est la suite de la foi au devoir réel.

Cette conséquence n'est pas, au fond, différente de celle qui semble se tirer plus directement et simplement de la consécration donnée par la croyance à notre inévitable représentation de l'ambiguïté de certains futurs. En effet, quand les futurs ambigus ne se présentent pas simplement à notre imagination, dans l'ignorance de ce qui va se produire indépendamment de nous (attitude facilement observable chez les animaux), mais tels que nous les considérons ici, c'est-à-dire dépendants d'une décision à prendre par nous, après réflexion et délibération, l'idée de l'ambiguïté est toujours liée à l'idée de ce qui *peut* être fait ou évité *afin* d'obtenir un certain résultat, et par conséquent à l'idée de ce qui *doit* être fait ou évité ; et, quelle que soit alors la nature, quels que soient les mobiles de la détermination mentale de ce qui *se doit*, suivant la raison et les passions de l'agent, il reste toujours que la représentation de la liberté se rapporte à la représentation du devoir, selon le sens radical que nous avons donné à ce dernier mot.

On verra plus loin, quand nous serons au moment de conclure, quelle est la situation faite, relativement au problème de la certitude, à l'agent qui se considère, ainsi que nous le disions tout à l'heure, comme *une partie déterminée d'une chaîne de sentiments et d'idées, allant de points certains à d'autres points certains.* Poursuivons maintenant la déduction des conséquences de la doctrine de la Conscience. La doctrine opposée conduit à l'évolution, dans le sens d'un développement (ou d'une série sans commencement ni fin de développements nécessaires) de la variété dans l'unité de la Chose. La doctrine de la Conscience exclut une telle évolution, d'abord comme incompatible avec la primauté de la pensée, seul principe embrassant et définissant les phénomènes dont il faudrait qu'il fût lui-même le produit ou le simple moment. Elle l'exclut ensuite comme inconciliable avec la réalité de l'obligation et du choix, qui suppose des possibles dont les uns se réalisent et les autres non, des futurs indéterminés, ambigus, et des ruptures de continuité, des manques de solidarité dans l'enchaînement des phénomènes, à certains des points d'attache que nous en montre après coup l'expérience.

Rupture de continuité, manque de solidarité, c'est le caractère essentiel de l'idée de création, opposée à l'idée d'évolution. Quand nous envisageons des changements dans la *Chose*, abstraction faite des opérations de la pensée pour la définir et les définir, les sens et l'imagination nous fournissent le spectacle de modifications continues et d'états liés les uns avec les autres, en telle sorte que chacun, conditionné par le précédent, conditionne le suivant; et les transitions de l'un à l'autre sont insensibles. Rien ne commence, rien ne finit; ou du moins, si les premières apparences nous offrent des phénomènes initiaux sous quelque rapport, et des phénomènes évanouissants, une observation plus raffinée, une exploration approfondie nous permettent d'envisager de nouveau la continuité et la solidarité étendues à un sujet plus vaste de modifications cachées ou plus menues, et il semble que ce processus n'a point de fin, parce que les sens et l'imagination n'en montrent aucune. Quand, au contraire, nous soumettons les objets qui nous sont représentés aux déterminations de l'entendement, le problème qui se pose pour nous est de les définir. Mais définir c'est nommer un genre et marquer une différence. Rien ne peut exister pour la raison et se traduire par le langage, qui ne soit *une différence*. Toute chose, en tant qu'intelligible, est *un individu* ou *une espèce*, et les individus et les espèces sont *des différences*. Enfin une différence est toujours *un discontinu*. Quelque faible qu'on l'imagine, elle est toujours cela, aussi bien que la plus grande imaginable. La continuité réelle aboutirait à l'anéantissement de ce qui se peut penser, et composerait les objets d'éléments qui seraient des riens. Si c'est dans le changement et non plus dans la composition statique, que nous envisageons les différences, qui deviennent en ce cas successives, reconnaissons la singulière illusion dont on est le jouet quand on paraît croire que les petits changements s'expliquent mieux que les grands, c'est-à-dire s'expliquent à la fin comme s'il n'y avait pas de changement du tout, et comme si les solutions de continuité devenaient, à force de diminuer, des non solutions de continuité. Il y a là une contradiction latente : le changement continu ne peut s'effectuer par de petits changements successifs qu'à la condition de regarder chacun de ces derniers comme séparément nul ; car s'il s'en trouvait un qui ne fût pas nul, celui-là constituerait une différence, c'est-à-dire un saut, une rupture. Mais si les changements partiels sont séparément nuls, la pensée rationnelle ne saurait former de leur tout quelque chose.

Ainsi l'application de l'entendement à l'ordre de l'expérience exige qu'on admette des faits irréductibles de *différence*, et des faits irréductibles de *commencement*, dans la nature et la marche des choses. L'existence des différences, c'est la *spécificité* ; celle des commencements, la *spontanéité*. La doctrine de l'évolution tâche à se débarrasser de ces deux principes : du premier en confondant les espèces dans le développement unique et nécessaire d'une chose impossible à spécifier, dont les modifications graduelles distinctes se composent de modifications continues indistinctes ; du second, de la même manière, en bannissant la considération des spontanéités particulières, du même coup que celle des commencements particuliers, qu'elle perd dans la masse universelle de continuité et de solidarité. Il n'existe plus, pour cette doctrine, qu'une seule spontanéité indivise du tout : indivise et sans origine, et, par là même, insaisissable. La doctrine de la Conscience et la méthode de l'entendement veulent, au contraire, que nous posions des espèces et des commencements ; et elles ne pensent faire en cela que demander plus intelligiblement, sans le vain effort de dépasser les bornes de la connaissance, ce que toute spéculation est également forcée de demander : la donnée de l'existence et la donnée du changement.

Mais nous venons de parler de spontanéité, et il faut maintenant parler de causation : l'idée de *commencement* va devenir l'idée de *création*. Les changements spontanés sont des suites de ruptures entre états successifs, dans les groupes de phénomènes ; non qu'il n'y ait des rapports entre ces états ; il y en a toujours, et il n'est ici question que de commencements *seconds* et relatifs; mais la relation du conséquent aux antécédents, quelques identités partielles qu'elle implique, n'annule pas le propre de la différence, et c'est celle-ci qui constitue un commencement *absolu*, pour ce qu'elle a ainsi de propre. Joignons maintenant à l'idée du changement l'idée de sa cause. De deux choses l'une : ou nous prendrons la notion de cause dans l'acception scientifique, celle d'un *ensemble de conditions nécessaires et suffisantes de production d'un changement, selon l'expérience;* ou nous donnerons à la cause le sens qui ressort pour nous du phénomène de la *volonté, comme origine de changements,* — ou un sens tiré par analogie de celui-là. Suivant l'acception scientifique, rien ne se trouve altéré dans notre point de vue : la spontanéité sera jugée empiriquement nécessaire, à raison des antécédents et des concomitants constamment observés et vérifiés qui la conditionnent ; mais la cause proprement dite n'interviendra pas, quoiqu'on puisse bien en employer le nom par métaphore. La seconde acception est celle que comporte la doctrine de la Conscience. Considérons donc le cas où il est permis de faire intervenir la cause en ce sens. Le phénomène de la volition humaine en est le type à étudier, les autres faits de causation ne pouvant s'établir ensuite que par voie d'induction et d'analogie.

Le fait de la volition, dans les circonstances physiologiques normales, ajoute à un ensemble de conditions nécessaires, déjà données, pour la production d'un certain phénomène sensible, ou changement, une condition de plus, suffisante cette fois pour que ce changement ait lieu. Ce fait, cette condition, que sont-ils? Simplement la détermination et la fixité un moment gardée d'un état de pensée que son caractère conscient, désigné par des noms tels que *pouvoir* ou *force*, fait appeler un acte. Cet acte interne, qui, en tant que pensée et cause prochaine, s'épuise sur des faits de conscience à produire ou à supprimer, correspond à un changement extérieur, dont il est la cause réelle aussi, sans que l'on puisse dire intelligiblement que ce dernier est identique en quelque chose, a des qualités communes, une *communauté* ou *communication* quelconque avec le premier. Les formules : *data causa datur effectus, sublata causa tollitur effectus*, renferment absolument tout ce qu'on peut penser au sujet d'une semblable relation. Ce fait d'un changement externe qui, dans le cas que nous envisagions tout à l'heure, n'eût été qu'un simple fait de spontanéité et de *commence-*

ment, sur le point particulier de sa *différence* des antécédents, devient, dans ce nouveau cas, un fait *créé*. L'acte interne devient un acte de *création*; c'est-à-dire qu'*il est posé, et que cela suffit* (sous certaines conditions données) *pour que quelque chose autre que lui-même se produise extérieurement*.

L'acte humain créateur est donc conditionné et relatif, en ce qui concerne son effet externe. Mais quelles que soient les conditions de son efficacité hors de lui-même, après qu'il s'est témoigné à lui-même, quelques intermédiaires et quelque nature d'intermédiaires que nous ayons à considérer entre lui comme cause et cet effet externe, — que ce soient des consciences inférieures conçues d'après certaines analogies de la nôtre, ou que soient d'autres données, simplement propres à satisfaire notre représentation des rapports géométriques et mécaniques de coexistence et de succession, — nous avons nié la continuité, et c'est assez pour que l'action, en tant qu'efficace, ne puisse plus être autre que créatrice, productrice en autrui, par le seul fait de sa propre existence, de quelque chose qui n'est pas elle et ne sort pas d'elle. Voilà ce qu'il faut bien entendre. Ce genre de communication, si familier à nos imaginations, qui *réalise*, en les portant à l'absolu, les continuités apparentes des phénomènes sensibles, est remplacé, devant l'entendement, par des correspondances, par des rapports exprimés par cette simple formule : *tel phénomène étant donné, tels autres phénomènes sont donnés en conséquence, et conformément à telle loi*. Dès lors, si le phénomène est une volition, son caractère de *cause, pouvoir* ou *force* est tout intérieur et s'épuise au dedans; ses effets externes sont des suscitations externes par correspondance, en vertu de la loi, et le cas qui autorise à nommer cette volition créatrice, est celui où elle a conscience de soi comme cause, où elle pense et prévoit un effet comme possible, et où, si elle existe, toutes choses égales d'ailleurs, cet effet se produit; si elle n'existe pas, cet effet ne se produit pas.

Mais il faut introduire ici la question de la liberté de la volonté. Si nous supposions tous les phénomènes mentaux, y compris les volitions, liés par une chaîne indissoluble, et prédéterminés, les correspondances dont nous venons de parler formeraient une harmonie totale et d'entière solidarité entre les phénomènes de toutes les espèces, partout et toujours fonctions nécessaires les uns des autres. Il n'y aurait plus aucune différence, à cet égard, entre les volitions humaines, celles des animaux inférieurs, et les déterminations quelconques, dont aucune ne pourrait être posée telle qu'elle est, que toutes les autres ne fussent en même temps supposées telles qu'elles sont, et réciproquement. Les distinctions ne pourraient se tirer que des degrés de conscience donnés ici ou là des phénomènes pendant qu'ils se déterminent. La doctrine de la continuité appartient naturellement à ce point de vue; mais on sait par un grand exemple (celui de la monadologie de Leibnitz) qu'elle n'exclut pas l'hypothèse de l'individuation réelle dans le monde. En ce cas, comme dans celui de la discontinuité des individus, l'idée de création, sous la condition d'une loi de correspondance, est encore au fond celle qui exprime le rapport de la cause consciente à ses effets extérieurs; mais il s'agit alors d'une création particulière nécessaire, indissolublement attachée à un ordre de création total dont l'idée tend visiblement à se perdre dans celle d'une évolution universelle formée de l'ensemble éternellement harmonique d'une infinité d'évolutions individuelles. L'affirmation de la liberté peut seule donner son vrai sens à la création, parce que seule elle satisfait à cette condition, que la cause consciente d'elle-même s'affirme comme ayant le pouvoir, par son acte, de faire *ou* que telle chose, en dehors d'elle, soit, *ou* qu'elle ne soit pas.

La création humaine, encore que libre, étant conditionnée comme nous l'avons dit, il faut remonter à la source et à l'établissement de ses conditions et de son pouvoir. Elle donne lieu à des commencements premiers qui ne sont que relatifs; elle peut *commencer des séries de phénomènes*, suivant une formule heureusement consacrée, qui viennent *ex nihilo* en un sens, et sur un point seulement, mais qui sont assujettis à sortir du sein de données antérieures et à s'adapter à un ensemble de rapports existants. Ils viennent *ex nihilo, en un sens*, c'est-à-dire que, d'autres phénomènes *ayant pu* se produire et ceux-là *ayant pu* ne se pas produire, on ne saurait dire que ceux-là, avec leur tête de série, sont *venus de quelque chose*, dans le sens où la production s'explique pour les doctrines de substantialisme, de transformisme et de continuité évolutive; et ils viennent *ex nihilo, sur un point* seulement, parce que la différence libre d'un conséquent, par rapport à ses antécédents, ne consiste jamais que dans le choix de ce conséquent particulier entre d'autres conséquents possibles et également adaptables à ces antécédents; — plus particulièrement *entre deux conséquents*, vu la division dichotomique, affirmation ou négation, faire ou ne pas faire, sous laquelle se rangent à chaque instant les éléments d'une délibération.

— Avant, après, au-dessus et autour du point réduit où un acte libre est créé, s'étend le champ des données, des choses acquises, et des conditions générales des choses futures. Sa nature propre, son caractère, ses précédents de pensée, de passion et d'action, tout ce qu'il peut avoir de perceptions, de connaissances et d'idées, forment à l'agent un milieu où il est tenu de puiser, et d'où il extrait la matière de ses déterminations, sans même bien savoir ce que fut auparavant, et ce que deviendra par l'intervention de son libre arbitre, un cours des choses qu'il modifie partiellement en appelant à l'acte un certain possible, entre beaucoup d'autres. Rien n'est donc plus borné et entouré de toutes parts que ce pouvoir absolu en un point, et dont l'exercice est une question de vie ou de mort pour la personne, ce pouvoir qui lui-même est une donnée pour elle et plonge en cela par sa racine dans l'ordre universel des choses. D'où sort-il, et d'où sort l'organisation générale de la causalité, cette harmonie du changement, qui s'ajoute à celle des lois de la perception et de la raison, et en vertu de laquelle un phénomène librement suscité dans l'univers est suivi *ipso facto* par d'autres phénomènes déterminés en conséquence?

La doctrine dont nous déduisons les corollaires a pour principe la conscience; elle doit y tout ramener. Le principe de la Chose écarté, nous ne comprenons les perceptions, les représentations, les lois de l'entendement, les lois objectives, les causes, la liberté que comme des faits donnés dans la conscience, les uns empiriques, les autres qui les enveloppent comme formes générales ou concepts universels. Mais les consciences sont multiples, et les lois qui les régissent, et qu'elles peuvent se représenter dans une plus ou moins grande étendue, elles se les représentent comme leur étant communes, elles y croient comme à un établissement universel. Cette universalité des lois, de même que toute loi particulière et toute relation, n'appuierait nulle part sa réalité, si ce n'était dans une conscience encore, et de la même extension, embrassant l'ensemble des conditions de toute représentation possible. Ce serait revenir au fond, au principe de la Chose, tout en croyant ne pas s'écarter du principe de la Conscience, que d'imaginer les consciences multiples données dans le monde en telle manière, avec de telles natures, que sans aucune raison pour cela, sans aucune pensée commune où leurs rapports soient posés et reliés entre eux, les lois fondamentales des unes se trouvent être les lois fondamentales des autres, et qu'elles entrent toutes spontanément dans un système général de relations mutuelles, — temps, espace, causalité, — aussi uniforme et concordant que s'il était représenté dans une conscience unique, universelle. Si ce système des lois n'a pas été pensé, s'il n'est pas pensé actuellement, comment existe-t-il et que peut-il être ? Les lois seraient donc des espèces de *choses* sans origine et sans fond. Mais leur conception est attachée à la représentation d'*objets* quelconques, empiriques, qui en soient la matière pour la pensée. Il devrait donc en être de ces objets comme de leurs lois ; ils ne seraient plus en soi les objets de rien ; ce nom d'*objets* leur serait appliqué indûment ; nous devrions les envisager dans la même condition de choses réelles, hors de toute conscience, que ces formes et ces modes universels de relations dont nous renoncerions à assigner le principe, et dont ils sont inséparables. Nous passerions ainsi au système de la nature antérieure à la conscience et indépendante de la conscience.

Si donc il n'y a pas de loi, pas de relation, sans que la conscience en soit donnée quelque part et en soit l'essence, et s'il existe une loi universelle, il faut qu'il existe une conscience universelle. Au reste, une vue directe de la question fait assez comprendre que la doctrine de la Conscience et de la Liberté se termine à une conception de l'univers qui n'est autre que la conception même de la conscience et de la liberté universalisées. De là, suivant les termes consacrés, la croyance à la personnalité de Dieu, à la création du monde et de ses lois, à l'institution des êtres libres.

Mais nous ne pouvons bien éclaircir le problème de la création qu'en arrivant à la dernière des conséquences de la doctrine de la Conscience, dans l'ordre où nous les parcourons, c'est-à-dire à la négation de cet *infini actuel* de l'ordre des quantités, dont l'affirmation s'est présentée à nous, au contraire, comme la première des conséquences de la doctrine de la Chose. C'est seulement en nous rendant compte de ce qu'entraîne la négation logique de tout infini actuel, c'est en reconnaissant *la limite* que l'entendement, par le fait de reconnaître une limite antérieure à la série écoulée des phénomènes, s'impose à lui-même et impose à toute idée qu'il se puisse former d'une conscience antérieure à cette série, qu'elle commence, c'est seulement ainsi que nous pouvons distinguer le côté abordable et le côté inabordable des thèses de la conscience initiale et de la création, et définir le premier, à la condition de renoncer à définir le second, à la condition, en d'autres termes, de constater clairement l'impossibilité logique de la définition proprement dite d'une existence et d'un acte que nous nous interdisons nous-mêmes de rapporter à une existence enveloppante et à un acte antérieur.

J'ai exposé assez souvent et longuement, dans tout ce qui précède, la question de l'infini quantitatif actuel pour n'avoir pas besoin d'y revenir ici. Il n'y a plus qu'à montrer comment sa solution se présente dans la déduction des conséquences de la doctrine de la Conscience. On pourrait dire, en portant l'argument au plus haut degré de généralité, que, pour une méthode qui ramène tout à la conscience et n'admet rien d'actuel en dehors d'une représentation actuelle, toute chose existante a son existence subordonnée à la possibilité de sa représentation. Or toute représentation est conditionnée, déterminée, définissable dans la catégorie à laquelle elle appartient. Le temps et l'espace, quand ils ne sont pas pris dans le sens de fonctions ou lois générales de la représentation, — quand il ne s'agit pas de l'idée universelle des possibles mais bien des actualités représentées de ces deux genres, — se déterminent comme des rapports de contenu à contenant, et la représentation du contenant qui ne serait point un contenu est irréalisable. Donc la réalité, la seule réalité d'un tel contenant dont il se puisse agir dans la méthode qui ramène tout à la conscience, est impossible. Plus généralement, une conscience qui ne déterminerait pas ses objets ne se les représenterait pas comme actuels ; elle ne saurait donc s'étendre à des objets qu'on voudrait supposer actuels et que tout à la fois on considérerait comme échappant à toute détermination.

En un mot, la conscience est essentiellement ce qui détermine, et rien d'indéfini n'est réel ; il n'est que possible. Cette vérité se faisait déjà sentir à l'aurore de la philosophie, quand Pythagore opposait à la conception de la substance indéterminée, matière universelle, celle de la pensée, qui, sous la forme du Nombre bannit l'infini et détermine les réalités.

Nous avons trouvé, dans les corollaires de la méthode de la Conscience, la croyance à la rectitude générale des fonctions mentales ; nous avons vu le principe de contradiction, imposé le premier à titre de condition des opérations intellectuelles, s'étendre aux affirmations qui dépassent le for intérieur et la discursivité de la pensée. Cela posé, si nous reconnaissons que les infinis quantitatifs actuels : — étendue composée de parties réelles, multipliées et divisées sans fin, série infinie de phénomènes successifs donnés dans un temps passé, régression des effets et des causes sans cause initiale,— supposent le nombre infini actualisé, et que le nombre infini actuel est une contradiction dans les termes parce qu'il désigne à la fois l'énumération effectuée et l'énumération ineffectuable, nous devons conclure que l'univers a une étendue limitée; que les phénomènes ont eu un premier commencement; qu'ils supposent tous, en tant qu'effets, une première cause non causée, et qu'enfin la conscience universelle, dont nous avons induit l'existence du fait d'une loi universelle établissant la concordance des rapports d'espace, de temps et de causalité représentés dans les consciences particulières multiples, n'est point une conscience enveloppant un infini actuel. S'obliger à la concevoir dans une actualité sans bornes, ce qui serait inévitable s'il fallait la considérer en elle-même comme une pensée composée de moments distincts, sans origine, et relative à des objets sans limitation d'aucun genre, c'est se forcer à l'inintelligible et à l'absurde. Mais alors et dans l'impuissance, d'autre part, de la limiter d'aucune manière, comment la comprendre?

La nature de la conscience première et l'acte de la création sont incompréhensibles. Il est impossible de les définir, puisque ce serait les conditionner, et que la place qui leur est faite à l'égard de la connaissance est en dehors de tous les enchaînements. Le nom même de *nature* s'applique mal ici. L'homme a une nature, parce que tout ce qui est en lui, sa personne même et sa liberté, sont pour lui des données, et que toutes ses puissances ont un fondement antérieur et extérieur, ne passent à l'acte que sous condition. L'ensemble des conditions de tout ce qui est conditionné reçoit ce même nom, qui équivaut alors à celui de *monde*, ou *cosmos*, en tant qu'il existe une loi universelle; mais on n'énonce rien d'intelligible en le donnant à l'acte suprême qui conditionne tout. Aussi le terme de *nature naturante* ne convient-il qu'à un système où le *naturant* et le *naturé* n'entrent que comme deux aspects corrélatifs, posant, l'un, la propriété, l'autre, la conséquence, et tous deux portés à l'infini dans le développement éternel et nécessaire de la Chose appelée *Dieu*. Une réelle sommation et unification des lois des phénomènes est interdite à ce système. On sait, d'un autre côté, les cruels embarras où l'idée d'une *nature divine nécessaire* a jeté les théologiens qui n'entendaient pas, comme la logique de cette idée l'eût exigé, que la création fût une conséquence nécessaire et éternelle de cette nature, et que Dieu fût une donnée pour lui-même et ne pût se déterminer et se causer lui-même.

L'acte de la création n'est pas moins incompréhensible que le créateur *sans nature*. Celui-ci se distingue de son acte, ainsi que la cause diffère de l'effet, et cependant ils s'identifient en ce qui est accessible à la connaissance. L'un et l'autre sont posés comme la limite antérieure extrême des phénomènes : là, pour le fait qu'ils ont commencé, ici, pour la puissance et l'acte de les produire. Mais la compréhension de l'entendement, inséparable de la donnée des phénomènes dont il ne peut que poser les lois et catégories, exigerait qu'à l'idée de phénomènes *conséquents*, idée attachée logiquement à celle de création, pût se joindre celle de phénomènes *antécédents*; et c'est précisément ce qu'interdit la pensée d'une limite extrême. Le créateur, conçu comme une conscience, est conçu comme relatif à son acte et à tous les effets qui se déroulent, à dater de ce moment, dans le temps indéfini ; mais il ne peut pas être conçu comme une conscience antérieurement appliquée, en elle-même, à des phénomènes, et développée par leur succession ; car on serait ainsi forcé à une régression à l'infini, et on se trouverait n'avoir posé le commencement des phénomènes que d'une façon qui revient à le nier. Et, de même, l'acte de la création échappe à la catégorie de l'acte et de la puissance, faute pour la puissance de pouvoir être déterminée ainsi que se détermine l'acte accompli, c'est-à-dire en mode de phénomènes. La puissance pure est une idée abstraite, qui, même entifiée par une philosophie réaliste et mythologique, est loin de répondre à ce que réclame la notion du créateur, et ne saurait expliquer son propre passage à l'acte. L'acte pur satisfait mieux au problème, si du moins on le sort de l'abstraction, pour lui donner le sens de premier commencement; mais ce premier commencement ne peut être posé que comme inexplicable, ainsi qu'on vient de le voir, encore que sa notion, comme limite, soit claire.

Mais il ne faut pas se rendre cet incompréhensible inintelligible, à l'exemple de ceux qui tout à la fois l'avouent et le définissent par l'absurde : une manière de définir, sans doute, mais plutôt propre à qualifier ce qu'en bonne logique on doit nier que ce qu'on peut affirmer sans le comprendre. La doctrine de la Conscience, dans les conséquences auxquelles nous l'avons conduite, nous impose la reconnaissance de la limite de l'entendement, en même temps que l'affirmation de ce qui constitue cette limite, de ce qui est à cette limite, et son imparfaite définition, du seul côté où les lois de la pensée permettent de la regarder. Les philosophes et théologiens absolutistes et infinitistes veulent aller plus loin et ne le peuvent qu'en formulant, pour l'au delà de la création et du créateur, comme tel, ou de ses rapports à son œuvre, des propositions contradictoires. Ce sont ces propositions qui expriment, suivant eux, des mystères incompréhensibles, tandis que, par le fait, ils sont eux-mêmes les auteurs gratuits d'absurdités inventées comme pour rendre impossible de penser ce qu'il n'était avant cela qu'impossible de comprendre. Ils n'ont jamais manqué, par cette méthode, d'ouvrir la voie à d'autres philosophes pour la franche négation des thèses qu'ils prétendaient eux-mêmes soutenir en regard des thèses contradictoires — niant le plus souvent, accordant parfois et voulant expressément la contradiction ; — et ce n'est pas rarement qu'ils ont été soupçonnés d'abandonner en secret des dogmes ainsi foncièrement contredits. Les principales de ces impossibilités logiques sont, dans les doctrines métaphysiques qui ne rejettent pas la personnalité divine :

1° L'identité supposée de cette personnalité avec une pensée en soi, simple, absolue, sans succession, sans relation, sans détermination par rapport à rien d'objectif et d'empiriquement variable, sans phénomènes internes successifs par où la conscience modifiée puisse s'apparaître à elle-même et sortir de l'indistinction. Cette pensée absolue n'est pas ce que nous nommons la pensée, dont nous avons la conscience. On exclut de cette façon non seulement tous rapports réels d'un créateur à un monde créé, mais encore tous rapports intelligibles du créateur à lui-même, en lui refusant les modifications dans le temps.

2° L'accord de cette immutabilité avec la possession du temps, qui consiste alors pour le créateur en la présence éternelle du passé et du futur comme présents, c'est-à-dire comme autres qu'ils ne sont, si l'on admet que la représentation du temps est une condition des réalités. Si l'on admet le contraire, c'est la succession qui cesse d'être réelle, et ce sont les phénomènes, en conséquence, qui deviennent illusoires. Le monde créé n'est tout entier qu'une illusion. Suivant une autre hypothèse, la succession serait réelle, et, en ce cas, le créateur aurait la pensée actuelle de l'infinité des moments à venir de la création, avec la connaissance anticipée de leur contenu : c'est la contradiction du nombre infini.

3° La conciliation de la toute puissance et toute action du créateur, conservées sans réserve après la création, avec l'existence séparée et les actes libres des créatures; la conciliation de l'imprédéterminisme réel de ces sortes d'actes avec la prédétermination de connaissance, ou conditionnement préalable universel de tous les possibles réels et futurs certains qui doivent entrer dans le cours du monde.

Ce ne sont pas là d'augustes mystères, mais bien de solennelles absurdités qui défigurent le vrai concept d'une personnalité divine placée à l'origine des phénomènes, et faussent la croyance en Dieu qu'elles ne soumettent à l'intelligence qu'en forme d'idées contradictoires. La doctrine de la Conscience, qui part de la conscience individuelle et développe le contenu de ses lois qu'elle transporte par la croyance au monde, se démentirait elle-même, en arrivant à son dernier résultat, la croyance à la conscience première et universelle, si elle bannissait de la conception de celle-ci aucun des attributs essentiels de ce qui nous est connu, de ce qui seul nous est connu sous le nom de conscience. C'est dire que l'universalité doit s'y définir dans les bornes de la connaissance possible; qu'il faut maintenir la distinction du sujet et de l'objet, sans laquelle il n'est point de représentation; que les individualités créées et réellement séparées doivent constituer, après la création, pour le créateur lui-même, un monde de l'expérience, et des faits à percevoir, encore que ne pouvant plus être donnés que sous les lois ou conditions générales préordonnées dans l'acte de la création. Enfin la liberté et la loi morale, l'existence des fins des personnes comme telles, et tout l'ordre des affections morales qui se rapportent à ces fins sont impliqués dans l'idée même de la conscience, chez l'auteur du monde ainsi que dans son œuvre. En termes plus simples, nous parvenons à nous former l'idée de Dieu, en tant que personne, seulement lorsque nous pensons cette personne comme en rapport avec un monde dont elle embrasse souverainement les lois, et avec d'autres personnes instituées libres sous la condition de ces lois. Toute autre idée de Dieu est un concept élaboré métaphysiquement, auquel les philosophes ont donné par abus ce nom d'origine toute religieuse, mais dans lequel la critique découvre des contradictions internes. Et toute autre idée de la création que celle qui admet un premier commencement des phénomènes, et le rapport de Dieu comme personne aux phénomènes de la création, se détruit elle-même et laisse apparaître la doctrine qui s'appelle en philosophie le panthéisme, et qui est en religion l'athéisme.

On accuse d'*anthropomorphisme* la notion sérieuse de Dieu comme personne, la seule qui soit compatible avec des attributs moraux de la divinité. Pourtant cette dénomination, prise dans le simple sens de son étymologie, serait d'autant moins à repousser, pour la doctrine de la Conscience, que, suivant cette doctrine, nous ne disposons point d'autres données que celles de la conscience humaine, de ses propriétés et de ses lois, pour nous former, par des généralisations et des inductions, une idée de ce qui est premier, souverain ou parfait. Ils n'ont fait que protester vainement contre une condition de notre intelligence, les philosophes qui depuis Xénophane jusqu'à Feuerbach ont condamné le penchant de l'homme à se représenter Dieu à son image. N'ont-ils pas eux-mêmes subi cette condition en forgeant des dieux avec les idées abstraites de leur propre entendement pour matière? Toute la différence entre eux et les autres consiste en ce qu'ils ont donné la préférence aux fictions réalistes, tantôt de l'être absolu sans qualifications, et tantôt de la matière apte à toutes les qualifications possibles, sur les inductions tirées des attributs intellectuels et moraux, sur la généralisation de l'idée de personne et sur les croyances de l'ordre pratique.

Mais ce terme d'*anthropomorphisme* s'applique faussement d'ailleurs à la doctrine de la Conscience, maintenue dans les limites que lui assigne la philosophie criticiste. En effet, les métaphysiciens absolutistes et les criticistes ne pensent pas théoriquement la même chose quand ils pensent à la personnalité divine. Les premiers entendent par là ce qui serait une propriété de Dieu : de Dieu, conçu d'autre part, d'une autre manière, et disons de l'infini ou de l'absolu. En ce cas, ils n'ont pas tort de repousser un anthropomorphisme qui implique contradiction. Il ne leur resterait plus qu'à justifier l'application qu'ils se croient permis de faire du mot Dieu aux idées abstraites d'infini ou d'absolu, qu'ils réalisent. Mais la doctrine de la Conscience, réglée par le criticisme, réserve le nom de Dieu à la personne de Dieu, s'abstient de rapporter cette personne à quelque autre chose, et reconnaît l'impossibilité où est l'entendement de comprendre quoi que ce soit d'antérieur aux phénomènes, ou ce que Dieu était avant la création, ou ce qu'il est indépendamment d'une pensée déroulée dans le temps, et par conséquent phénoménale. La déclaration d'ignorance absolue exclut ici l'anthropomorphisme, puisque ce n'est point de quelque chose d'autrement défini que l'on se forme l'idée, d'après l'image agrandie de la personne humaine, mais que la pensée s'applique directement au fait d'un commencement premier des phénomènes, et à la présence, affirmée ou niée, de la personne suprême embrassant à ce commencement l'unité intégrale des lois de l'univers, et créant les individualités dont ces lois conditionnent le développement (1).

J'ai ramené, par les analyses précédentes, les principales oppositions de doctrine dont j'avais rendu compte séparément, à deux points de vue, qui divergent dès l'origine par une sorte de division de l'essence de la représentation : l'un, s'attachant à l'objet représenté, le *réalisant* extérieurement sous telle ou telle qualification, et le posant en principe du monde, de manière à lui subordonner la représentation elle-même et toutes les lois sous lesquelles les objets se montrent en elle ; l'autre, où l'objet est pris sciemment pour objet de pensée, et défini par l'application des lois de la pensée, ce qui conduit le philosophe à prendre les formes du réel, et de tout ce qui peut être connu ou inféré, dans cette pensée consciente où

(1) L'unité de la cause première, l'unité de l'œuvre de la création, — point de vue adopté ici pour l'exposition de la doctrine de la Conscience, — sont des thèses qui, depuis qu'on a dû abandonner les démonstrations métaphysiques de la « religion naturelle », reposent exclusivement sur l'argument de l'unité des lois de l'univers, unité qui, considérée principalement dans l'harmonie générale des phénomènes, ou rapports de position, de succession et de causation représentés dans diverses consciences, et sans existence possible (selon cette doctrine) en dehors de toute représentation, suppose une représentation générale en laquelle ils ont été institués, et, par conséquent, une conscience première unique. Autrement, on ne voit pas pourquoi les représentations individuelles seraient modifiées en fonction les unes des autres ; pourquoi les perceptions des différents êtres sensibles se rencontreraient à diviser dans de mêmes proportions le temps et l'espace, et à les mesurer identiquement ; pourquoi même ces êtres seraient tous modelés sur ces formes générales de la sensibilité et de l'imagination, et non pas sur d'autres catégories inconnues, divergentes entre elles ; et enfin sur quoi seraient fondées ces sciences immuables de la quantité qui ont valu à Dieu l'appellation d'éternel géomètre, au jugement du penseur qui ne demande pas à un grossier réalisme la raison de leur puissance objective et de leur fixité. Si cet argument ne paraît pas assez probant (*a*), et si en même temps on admet un premier commencement des phénomènes, on est conduit à un polythéisme essentiel des causes irréductibles originelles, qui exclut l'idée de la création des individus libres par l'acte d'une liberté primitive unique, et dont l'hypothèse, au point de vue criticiste, serait à mettre en balance avec celle de l'unité de cause première. En ce cas, les limites de la connaissance, tracées par la méthode criticiste, paraîtraient plus étroites, et le choix entre les deux hypothèses appartiendrait exclusivement aux croyances religieuses. La foi monothéiste de la création resterait toujours soumise par la critique, et dans son propre intérêt, à la condition rationnelle de se séparer d'un absolutisme théologique par lequel elle ne peut que se détruire elle-même et, au fond, revenir à l'évolution et au panthéisme.

(*a*) Je l'ai trouvé moi-même insuffisant, et j'ai rejeté avec force dans mon *Premier Essai* (2e édition, p. 206-245) les idées de création et d'unité d'origine comme dépassant les bornes de la connaissance. Je vois aujourd'hui cette question sous un autre jour (V. la note ci-dessus, p. 226 du 1er vol.) qui me semble plus complet, et la limite des affirmations rattachées rationnellement au criticisme m'apparaît comme reculée au delà de ce que je pensais alors.

sont les formes de la connaissance et les raisons des affirmations. J'ai essayé d'expliquer comment les thèses de l'infini, de l'évolution universelle et du déterminisme universel, la réduction de la question morale à la recherche des conditions du bonheur, et la réduction de la question logique à la reconnaissance d'une évidence étaient des corollaires naturels de la doctrine de la Chose ; et comment la doctrine de la Conscience, prise au point où le progrès de la critique philosophique et l'éclaircissement des méthodes permettent de la fixer maintenant, entraînait, en logique et pour le problème de la certitude, le principe de la croyance ; en morale, la loi du devoir, et, quant à l'essence et à l'origine du monde, l'affirmation de la liberté, celle de la création, celle d'un premier commencement des phénomènes et du caractère fini de toute réalité, sous les différents rapports où la connaissance possible implique une détermination : espace, temps, causalité, etc.

Mais il s'en faut bien que l'histoire des doctrines, telle que je l'ai impartialement esquissée, présente leurs oppositions sous un aspect aussi simple, et comme s'assemblant en deux groupes constants que je viens de définir. J'ai déjà indiqué les raisons d'ordre commun pour lesquelles il n'a pu se faire que la liberté philosophique produisît un système unique de divergence des penseurs, un partage en tout conforme à celui que je regarde comme le mieux fondé en bonne logique, comme vérifié par les polémiques particulières auxquelles a toujours donné lieu l'écart de chaque philosophe par rapport à ses propres tendances générales ou aux principes ordinaires de son école, et enfin comme répondant à une division des esprits, simple et nette, plus franchement et énergiquement accusée, en l'état actuel de la philosophie, qu'elle n'a pu l'être à aucune autre époque. Il faut voir maintenant pour quelles raisons tirées de la philosophie elle-même, et qui tiennent au lent développement de la psychologie et de la méthode idéaliste, à la tardive constitution du criticisme, il est arrivé que les deux doctrines se sont prêtées à de nombreux croisements, souvent en des points essentiels, et comment il s'est fait que l'une d'elles étant parvenue facilement, dès l'antiquité et à différentes époques, encore que sous des formes variables, à se formuler dans sa réelle intégrité, l'autre n'a pu se dégager qu'avec une extrême lenteur, est encore à présent mal comprise et semble toujours misérablement exposée à verser par un endroit ou par l'autre dans la première.

Le réalisme spontané de l'imagination est ici la grande cause : elle n'a pas moins agi sur les doctrines qui prenaient leurs matériaux dans l'entendement que sur celles qui substantialisaient les objets sensibles. Les Nombres des pythagoriciens, l'Être absolu des éléates, les Idées de Platon, l'Acte pur de la pensée pure d'Aristote sont des principes demandés à l'entendement et qu'on doit, à ce titre, rapporter fondamentalement à la doctrine de la Conscience, à la méthode idéaliste, ainsi que j'ai nommé, au début de cette étude, la méthode opposée au matérialisme. « Je désignerai, disais-je, comme idéalistes les philosophes qui définissent les éléments ou principes des choses par des caractères donnés exclusivement en des phénomènes de conscience et d'entendement, alors même que ces philosophes leur prêteraient la plus forte existence *subjective*, » — c'est-à-dire les considéreraient comme des sujets en soi. — « Je les oppose à ceux qui déterminent l'existence par des caractères qui, sans doute, on l'a de mieux en mieux reconnu, apparaissent essentiellement, eux aussi, dans la conscience, mais qui s'*objectivent* le plus fortement de tous, à titre de sensibles, et par là nous sollicitent à leur rapporter tous les autres quant à l'essence ou à l'origine. » Cette puissante objectivation porte l'empiriste et le matérialiste à faire de l'*objet* un *sujet* indépendant de toute représentation et de toute conscience ; mais l'idéaliste obéit d'abord à la même tendance, ainsi que je l'indiquais dans ce passage ; il commence par être *réaliste ;* il demeure tel dans les plus importantes phases historiques de la philosophie, et ce n'est que très tardivement que la méthode de la Conscience arrive à rapporter toutes les idées possibles à des représentations, d'une manière inséparable. Encore même faut-il dire que ce progrès a été accompli principalement par les travaux de l'école empiriste moderne, et préparé par le *nominalisme*, qui était la forme affectée par l'empirisme sous le règne de la scolastique. Tout ceci bien observé, il est facile de comprendre comment les doctrines des grandes écoles qui se sont attachées à la Conscience, de préférence à la Chose, pour définir les objets et les principes de la connaissance, ont versé plus ou moins du côté de celles qui spéculaient sur la Chose et regardaient les consciences comme dérivées de son développement. La raison générale en est dans le réalisme qui pose des sujets, les porte à l'absolu, et dès lors, quelque nom qu'il leur donne, d'où qu'il en emprunte les attributs, les établit dans cette région imaginaire d'abstractions où le degré d'approche de la réalité suprême se mesure sur celui de la disparition des caractères de réalité dans les conceptions.

C'est certainement ainsi que le réalisme des abstractions mathématiques a conduit l'école pythagoricienne à l'adoption du principe que nous savons par le meilleur témoignage avoir été le sien, et qui est la négation de la création et de la primauté de la conscience : le dégagement du fini du sein de l'infini par l'opération des Nombres, et l'évolution progressive du monde allant de l'inférieur au supérieur. C'est ainsi que l'éléatisme a banni de l'Être réel tous les caractères des êtres selon l'expérience, et ceux-mêmes sans lesquels il n'y a nul représenté possible ; en sorte que la phénoménologie de cette école, une fois descendue de cette hauteur vide, a pris la direction inverse d'une doctrine de la Conscience, et versé dans les systèmes des physiologues ioniens. C'est ainsi que la philosophie d'un Héraclite ou d'un Empédocle a été infinitiste et évolutioniste (évolution éternelle et nécessaire de forme périodique), en dépit des principes d'action que ces penseurs tiraient de la conscience et non des propriétés du sujet-matière comme tel, parce que ces principes, ces idées générales de *Feu vivant* rationnel et créateur, d'*Amour* et de *Haine*, recevaient, en vertu de la méthode réaliste, des rôles cosmiques supérieurs au temps et à tout ce qui a vie et pensée dans le temps (1). Et c'est ainsi, enfin, que la philosophie de l'*Intelligence* d'Anaxagore s'est tournée en infinitisme et évolutionisme mécanique, parce que ce philosophe a substantialisé, réalisé les qualités sensibles, infinies et sans origine (*homœoméries*) que le rôle du νοῦς était suivant lui de mouvoir et de mettre en ordre. Cette intelligence, par sa définition, ressemble moins elle-même à une conscience vivante qu'à l'idée abstraite et réalisée d'une puissance éternelle de séparation et de coordination des éléments du chaos. Elle ne laisse pas d'être l'origine des conceptions franchement démiurgiques.

La doctrine démiurgique pose la création et la conscience à l'origine du monde ; mais ce qu'elle appelle monde créé est un système de phénomènes

---

(1) Démocrite, ainsi que je l'ai déjà remarqué, n'a pu tirer que de l'entendement sa définition purement géométrique et mécanique de la matière. L'opposition est claire avec le substantialisme matérialiste des qualités sensibles réalisées. Mais le réalisme mécanique, — en supposant qu'il ait constitué toute la doctrine de Démocrite, ainsi qu'on l'interprète généralement et que l'a reproduite Épicure, — ce réalisme particulier employé à l'explication des phénomènes de toutes les espèces, n'en est pas moins celui de tous qui classe le plus décidément un philosophe du côté des doctrines de la *Chose*.

coordonnés, non de phénomènes premiers ou de leur matière. Le réalisme l'envahit par les deux côtés des antécédents de la création et la pousse en sens inverse d'une vraie doctrine de la Conscience. Elle affirme la donnée éternelle d'un sujet-matière dont elle ne peut fournir qu'une idée négative, tout en lui attribuant une puissance productive de phénomènes et une espèce de réalité, puisqu'elle le charge d'imposer des conditions, une limitation à la création, et qu'elle explique ainsi l'imperfection des choses et la présence du mal dans le monde. La substance, quoique sans définition positive, et l'infini s'introduisent par là dans le système, et on doit s'attendre à lui voir prendre la forme d'une certaine évolution universelle, d'où la création proprement dite disparaît, ainsi que cela est arrivé en effet dans le développement de l'école platonicienne, décidément passée à l'émanatisme et à la théorie de la chute et du retour des êtres descendus de l'unité absolue. De l'autre côté, c'est-à-dire du côté du créateur opérant sous la condition de la matière, la spéculation ne s'arrête pas à ce créateur; on lui suppose, pour servir de modèles à son œuvre, des *idées* qu'on *réalise*, et dont la hiérarchie que l'on construit permet de remonter à cette unité première. Et celle-ci est le sujet métaphysique absolu, qui n'est pas plus être que néant d'être; on n'y retrouve plus ni conscience ni rien de ce que la conscience peut déterminer, et l'explication de l'univers cesse de reposer sur la notion de cause.

Le dieu d'Aristote, *acte pur de la pensée pure*, n'est, de même que l'Un suprême de l'alexandrinisme, et que le Bien, Père des idées, de Platon, autre chose que l'Être pur des éléates, le comble de l'abstraction métaphysique et du réalisme. Les noms n'importent guère, quand il s'agit de désigner l'Absolu, puisqu'on n'en saurait trouver aucun qui rende intelligible le sujet à définir. Aristote admit l'éternité du monde et ne regarda le premier principe et le parfait ni comme conscience de l'univers, ni comme cause efficiente, mais finale seulement à l'égard des êtres qu'enfante la puissance indéterminée et que meut le désir. Aussi sa doctrine a-t-elle été, pour beaucoup de ses disciples ou interprètes anciens et modernes, un substantialisme infinitiste, un évolutionisme, un panthéisme de finalité. D'autres, plus frappés de ce que la méthode aristotélicienne avait de favorable au nominalisme et d'opposé tout à la fois au réalisme platonicien et au réalisme des physiologues, se sont attachés aux parties si remarquables où ce penseur éminemment complexe combat les infinis actuels, admet un premier moteur, la contingence dans le monde, la liberté dans l'homme, les principes moraux engagés dans le libre arbitre, et place la réalité dans les individus, non dans l'universel. D'autres disciples, enfin, et ceux-ci ne sont pas moins que la masse des théologiens et des scolastiques, après la victoire de l'idée monothéiste, ont identifié la personnalité d'un créateur du monde avec le commun principe de ces métaphysiciens abstracteurs de quintessences qui n'avaient point entendu faire de l'Absolu le Dieu vivant d'une foi religieuse. Comme si la vérité de la suprême élucubration réaliste était à jamais inattaquable, et qu'il ne fallût pas dès lors que la religion révélée parût inapte à s'élever à la même hauteur! Les philosophes eux-mêmes avaient échappé au reproche de cette combinaison illogique, ils avaient montré d'avance l'impropriété du rapprochement, en reconnaissant des Dieux, qu'ils envisageaient naturellement dans une sphère inférieure à l'abstraction du premier principe, et dépendants d'une certaine procession. Mais la confusion se trouva favorisée par des tendances infinitistes qui s'appliquaient à la fois aux attributs *moraux* et aux attributs *métaphysiques*, et par la crainte de laisser en dehors de la puissance divine et de l'acte divin quoi que ce fût de puissance ou d'acte qui pût s'appeler réel. De là les contradictions internes et les vains efforts pour les dissimuler.

La situation est restée la même jusqu'à nous, et les errements scolastiques sont loin d'être abandonnés, dans celles des spéculations qui se rattachent à la doctrine de la Conscience. C'est toujours dans le réalisme que se trouve le vice principal, la cause de l'instabilité caractéristique du théisme et du spiritualisme, toujours près de verser dans le panthéisme et le déterminisme, quand on les approfondit. Quoi de plus clair chez Descartes et dans l'histoire du cartésianisme? A peine Descartes a-t-il l'idée générale du *penser*, qu'il en fait la *chose qui pense*, et cet universel qui n'embrasse au premier moment que la sphère de l'individu s'étend bien vite pour Spinoza, pour Leibniz, pour Malebranche, pour Berkeley, s'étendait peut-être déjà pour Descartes lui-même à quelque chose qui pense tout ce qui se peut penser, qui, de manière ou d'autre, nous donne à nous-mêmes tout ce que nous avons d'idées, et cela en vertu d'un acte éternel, immuable. Il en est d'ailleurs de l'action comme de la pensée : le réalisme ne s'arrête pas en chemin; dès qu'il a posé le sujet infini, il ne peut plus y avoir de phénomènes qu'il ne lui rapporte, non plus que de réel commencement pour les manifestations de l'Éternel. Le même procédé par lequel le spiritualiste prétend inférer, en psychologie, la substance de l'esprit, l'âme spirituelle, doit le conduire, en métaphysique, à l'affirmation de l'esprit *absolument* universel, c'est-à-dire englobant et annihilant les esprits individuels comme tels. Ce n'est, en effet, de part et d'autre, que l'induction tirée d'un assemblage de phénomènes à un sujet qui les supporte et dont la propriété est de les développer. La création, la liberté du créateur, l'individualité et la liberté des créatures deviennent des chimères. On s'explique les débats entre théologiens et philosophes qui troublent de temps à autre la tranquillité d'une philosophie spiritualiste, assez disposée à s'entendre avec la théologie, si cela se pouvait, mais dont les représentants ne savent jamais bien si leurs principes les autorisent à croire à la liberté de l'acte de la création, à la création même. Ils se tiennent ordinairement sur la défensive. Ils n'ont pas l'air de s'apercevoir que leurs adversaires ne sont pas au fond dans une situation plus assurée qu'eux-mêmes, et que la moitié de leurs principes devrait empêcher logiquement les théologiens d'en admettre l'autre moitié. Ce qui sauve ces derniers, c'est qu'il y a si longtemps que leurs auteurs ont passé par dessus l'empêchement logique. La prescription est acquise, les titres ne s'examinent plus.

Enfin le fondateur de la philosophie critique a subi lui-même l'illusion du réalisme dont toute la partie négative de son œuvre se résume, on peut le dire, à détruire la base. Lorsque Kant objecte à l'ancienne psychologie, à la psychologie ontologique, le *paralogisme* de conclure de l'idée d'un sujet de la pensée à l'existence d'une substance ayant le penser pour attribut (1); lorsqu'il réfute la *preuve ontologique* de l'existence de Dieu en niant d'une manière générale la légitimité du passage du concept à

---

(1) Je choisis un passage des plus saillants de cette partie de la *Critique de la raison pure*, — commun aux deux éditions : « Par *moi*, ou *lui*, ou *cela* qui est la chose qui pense, rien de plus n'est représenté que le sujet transcendantal des pensées $= x$, lequel est connu seulement par les pensées qui en sont les prédicats, et duquel nous ne pouvons, à part de ces derniers, avoir le plus léger concept; en sorte que nous tournons autour de ce sujet dans un cercle perpétuel, forcés que nous sommes de nous servir de sa représentation avant de pouvoir nous former sur lui aucun jugement. Et cet inconvénient est inévitable, parce que la conscience en elle-même n'est pas telle chose qu'une représentation distinguant un objet particulier, mais bien une forme de la représentation en général, et une connaissance, autant que ce mot est applicable à cela seul dont je peux dire que je pense quelque chose par son moyen. » (*Dialectique transcendentale*, livre II, chap. I.)

l'être (1), que fait-il, si ce n'est de dévoiler et de réfuter le même procédé réaliste dont les applications ont produit les doctrines anciennes des Nombres et des Idées en soi, de l'Être et de l'Un, les universaux *a parte rei* des scolastiques, et les divers principes — divers par le nom seulement, — des philosophies modernes de l'absolu ? Et cependant l'admission autorisée par Kant, de *la substance* en général, comme réalité, ne constitue pas moins que ne ferait l'admission particulière de *la substance de la pensée* un « paralogisme de la substantialité » (c'est l'étiquette qu'il donne à cette dernière). Et l'idée de la *substance en général*, ou support de phénomènes en général, idée qui n'est que la généralisation du rapport entre des phénomènes assemblés et distingués (généralisation de la copule du jugement, catégorie de la qualité), n'est pas plus apte que ne l'est l'idée de l'*être souverainement parfait* de Descartes à impliquer logiquement l'existence réelle, ou plus susceptible de se rapporter à un sujet qui puisse tomber dans le champ de l'expérience. En disant que l'existence des phénomènes suppose celle de la substance, le philosophe constate une loi de la pensée, qu'il n'a pas le droit de dépasser en prétendant que l'existence de la substance est celle de quelque chose d'autre qu'un ensemble de phénomènes auquel tels ou tels autres phénomènes sont rapportés. Ce quelque chose d'autre, à la vérité, se pense, mais seulement en tant qu'idée générale et abstraite d'un support de qualités. La fiction réaliste de l'*en soi* de ce rapport est du même genre que la fiction réaliste des supports particuliers tels que la *Chose étendue* ou la *Chose qui pense*. Elle n'est pas plus justifiable, elle le serait plutôt moins, à cause du degré supérieur d'abstraction du sujet imaginaire. Celui-ci n'est après tout que l'idée de

---

(1) « *Être* n'est évidemment pas un prédicat réel, un concept de quelque chose qui puisse s'ajouter au concept d'une chose. C'est simplement le fait de l'admission d'une chose et de certaines déterminations en elle. Logiquement, c'est simplement la copule du jugement... Si j'essaie de concevoir un être comme la plus haute réalité (sans aucun défaut), la question reste toujours de savoir s'il existe ou non... Quelque soit le contenu de notre concept d'un objet, il faut toujours que nous en sortions pour lui attribuer l'existence. Pour les objets des sens, cela se fait par certaine perception, suivant des lois empiriques ; mais quant à ceux de la pensée pure, il n'y a nul moyen de connaître leur existence, parce qu'il faudrait qu'elle fût connue entièrement *a priori*; tandis que notre conscience de chaque espèce d'existence, soit dans une perception immédiate, soit par des conclusions qui établissent quelque chose de connexe avec la perception, appartient entièrement à l'unité de l'expérience ; et que toute existence, hors de ce champ, quoiqu'on ne la puisse déclarer absolument impossible, est une présupposition que rien ne peut justifier. » (*Ibid.*, liv. II, chap. III, § 4.) — Je me sers pour ces passages de la traduction anglaise de Max Müller.

substance universelle, en laquelle Spinoza assembla et réduisit à l'unité les deux idées de substance de Descartes : union légitime, si chacun des groupements particuliers l'était ; car elle s'obtenait par le même procédé et en se fondant sur la même définition de la substance. Or cette idée réalisée engendre le panthéisme.

Le criticisme Kantien, s'il s'était conformé à ses propres principes clairement établis, aurait été un phénoménisme ; c'est du phénoménisme que Kant serait parti pour la recherche des lois qui dépassent l'expérience, — non pas toutefois l'expérience possible et supposable, — et pour l'établissement, pour la définition des postulats. Au lieu de cela, le substantialisme a conduit Kant à une métaphysique grosse du panthéisme que lui-même repoussait d'ailleurs, mais que ses disciples se sont chargés de mettre en lumière sur les points où ils relevaient de lui réellement, eux qui se détournaient tous de la pensée-mère du criticisme, et presque tous du principe de la raison pratique, sans lequel le criticisme, il faut bien l'avouer, n'eût été qu'une forme nouvelle du scepticisme. Rien ne serait plus facile à démontrer que le caractère panthéiste de la doctrine de Kant, s'il était permis de laisser de côté ce qui constitue sa grande originalité, sa découverte, ses principes généraux de critique et sa morale, pour s'en tenir à des propositions telles que les suivantes :

1° Dans la théorie des antinomies : la mise en balance des *thèses* qui posent et étendent au monde le principe de limitation, essentiellement inhérent à la connaissance, avec les *antithèses* qui supposent l'infini actuel et violent le principe de contradiction. Par là, l'infinitisme est admis, à tout le moins comme une vue qui peut logiquement répondre à la nature des choses, en sorte que le monde se présenterait comme l'éternel développement d'une substance aux modifications infinies. La vue opposée ne serait que simplement possible, ainsi que celle-là.

2° Dans la théorie de la causalité : l'acceptation du principe du déterminisme universel, en vertu de la *loi de la nature*; et dans l'explication des postulats, l'admission d'un développement de l'être, non pas indéfini seulement, mais infini, sommable en un infini actuel. Ici la préférence semblerait décidément s'accuser dans le sens de l'évolution universelle, éternelle et nécessaire. D'autres pensées de Kant ont été relevées comme allant assez clairement au même résultat.

3° Dans la solution générale des antinomies : l'hypothèse du « noumène », « hors du temps et de l'espace », afin de concilier les thèses finitistes avec les antithèses infinitistes des antinomies. L'argument consiste en ce qu'elles ne s'appliquent proprement ni les unes ni les autres au monde des phénomènes, qui n'est pas un tout donné en soi, et dont, par conséquent, on n'est pas logiquement tenu de dire qu'il est ou un tout fini en soi, ou un tout infini en soi. La conciliation s'opère en distinguant entre la chose en soi et le monde des phénomènes. Celle-là n'admet pas les distinctions phénoménales basées sur les rapports de position et de succession, et elle se prête à l'application des thèses finitistes en leur soumettant l'ensemble réellement donné de l'inconditionné et universellement conditionnant, et de toutes les conditions possibles. Celui-ci, le monde, est le domaine des antithèses infinitistes qui portent sur le temps, l'espace et la causalité ; mais elles n'y impliquent pas contradiction, quand on ne regarde pas les phénomènes comme formant, dans leur ensemble, un tout donné. Cette manière de résoudre les contradictions, à moins qu'elle ne revienne à nier absolument toute existence réelle aux phénomènes, comme dans l'éléatisme, a la même signification que la doctrine plus commune qui affirme simultanément du sujet universel réel les couples de contradictoires. La métaphysique de Kant aurait le même fond que celle de Schelling et de Hegel, et, longtemps avant eux, de bien des docteurs scolastiques qui la déguisaient. En effet, que l'on dise que les propositions contradictoires s'appliquent réellement à ce sujet et à l'ensemble de tout ce qu'il enveloppe, *quoique on ne puisse logiquement en affirmer les unes sans en nier les autres, et réciproquement ;* ou que l'on dise que les contradictoires n'appartiennent pas à ce sujet, parce qu'il n'a pas les propriétés sur lesquelles reposerait la contradiction, *quoique ces propriétés soient inhérentes à tout ce qu'il est possible de définir :* dans les deux cas on prend la même position vis-à-vis de la logique ; *on nie l'application du principe de contradiction* à un certain sujet dont on ne peut fournir qu'une idée souverainement abstraite, étrangère à toute détermination, et auquel on ne sait par conséquent si l'être convient mieux que le non être (1).

(1) Si l'on pressait l'argumentation de Kant (spécialement dans § 7, chap. II de la *dialectique transcendantale*) on arriverait à une sorte d'acosmisme, à une réduction du monde à l'unité d'une représentation individuelle, illusoire, ainsi que l'a compris Schopenhauer, plutôt qu'au panthéisme ordinaire. En effet cette argumentation, régulièrement syllogistique, se résume, — en prenant pour exemple l'antinomie : *Le monde a eu un commencement ; Le monde n'a pas eu de commencement,* — à faire observer qu'il n'y a là contradiction qu'autant qu'on sup-

4° Dans la conciliation de la liberté et du déterminisme universel : l'hypothèse du « noumène », ainsi que tout à l'heure, et l'échappement de la pensée du temps et de l'espace, afin de pouvoir supposer, dans les actes de l'homme, de réels *commencements de séries*, qui, s'ils avaient lieu dans le temps, seraient en contradiction avec l'invariable filiation des phénomènes, mais qui, ayant lieu dans l'éternité, ne nuisent en rien à la nécessité universellement enveloppante de la nature. Cette théorie, de même que la précédente, ne peut entrer dans l'esprit qu'avec la négation de la réalité de la succession. On a le droit de la classer dans la famille des doctrines théologiques qui ont présenté les actes libres à la fois comme prédéterminés de toute éternité, absolument certains, et comme futurs contingents dont l'arrivée ou la non arrivée sont subordonnées à la décision de telles et telles volontés dans le temps. Ces deux points de vue, contradictoires dans la supposition d'une succession réelle, se concilient si le caractère successif des phénomènes n'est qu'une apparence illusoire. La théorie de Kant exige une identification toute pareille, et suppose que ce qui se fait maintenant est fait à un instant quelconque embrassant tous les instants possibles. La doctrine ordinaire de la réunion des contradictoires dans le développement de l'absolu paraît ici, bien plutôt que la négation de la réalité des phénomènes, puisqu'on a beau placer le siège des actes libres dans le « noumène » on ne voit pas comment on pourrait contester à ces actes un caractère phénoménal.

Quelle idée pourrait-on se former du Dieu de Kant, si l'on ne connaissait de ce philosophe que les théories que je viens de rappeler? Il faudrait la construire d'après la pure essence d'un noumène placé hors du temps et de l'espace; y joindre la nature de certains êtres individuels dont le libre arbitre s'exerce en cette même condition d'éternité simultanée, mais

pose l'existence du monde : l'existence en soi, comme s'exprime Kant, mais il n'entend par là que l'existence hors de la représentation (individuelle), et c'est bien ce qu'on nomme communément l'existence tout court. L'argument est présenté en très bonne forme logique. Mais changeons légèrement les termes des propositions; disons : *Les phénomènes ont eu un commencement,* — *Les phénomènes n'ont pas eu de commencement;* le logicien ne pourra plus ôter la contradiction qu'en ôtant l'existence des phénomènes comme il le faisait tout à l'heure celle de leur totalité, soit finie soit infinie : le monde. Car si les phénomènes existent seulement assez pour être pensés comme susceptibles de numération : savoir, ceux qui sont et ceux qui ont été, on ne pourra plus se soustraire au dilemme du fini ou de l'infini de ce nombre, et par suite à la question du oui ou du non de leur commencement. Il faut donc nier qu'ils soient individuellement réels. Et je ne sais même s'il suffit alors de les dire illusoires, car les illusions existent comme telles et se comptent.

jamais dans le temps ; l'accorder avec l'apparence phénoménale d'une composition à l'infini de choses données ou produites en leurs éléments de grandeur et de petitesse sans terme, coexistantes ou successives ; enfin la concilier avec la nécessité naturelle, au moins apparente, d'un enchaînement invariable des effets et des causes sans aucun premier commencement. Il n'est vraiment pas difficile de dire dans quelle famille des dieux de la métaphysique se classe le dieu dont l'idée satisfait à ces conditions.

On a souvent et avec peu d'intelligence ou de liberté d'esprit soutenu l'existence d'un désaccord entre les principes de la méthode critique de Kant et ses conclusions de l'ordre pratique. On se serait étonné à bien plus juste titre d'une anomalie de la « critique de la raison pure » prise en elle-même, avant les derniers chapitres (ceux de la *méthodologie transcendantale*) où interviennent les notions pratiques. Les hypothèses, les fictions métaphysiques auxquelles Kant a recours pour lever la contradiction du fini et de l'infini, par rapport au monde, et celle de la liberté et de la nécessité, par rapport à l'homme, — en supposant les antinomies bien déduites et bien établies, — ces fictions sont pour le moins des suppositions *transcendantes* que n'autorise point la méthode criticiste kantienne de la *raison pure*, puisque cette méthode interdit formellement l'affirmation comme réalité de ce qui se placerait en dehors de l'application des catégories et serait étranger à l'intuition sensible et à toute expérience possible. C'est là une règle formulée par Kant en cent endroits de ses ouvrages. Or, il ne s'agit pas ici *d'une* réalité seulement, mais *de la* réalité, de la seule chose à laquelle ce nom convienne quand on parle du monde phénoménal comme il en a parlé. Il n'en est que plus remarquable qu'après avoir ainsi établi la *chose en soi* dans une sphère inaccessible à l'entendement et où rien n'a rapport aux formes et aux lois sans lesquelles on n'imagine aucune possibilité d'expérience, et après en avoir fait ce grand usage pour résoudre les difficultés soulevées par la critique de la raison pure, Kant paraisse oublier toute cette spéculation et passe à la critique de la raison pratique en déclarant qu'il pose les postulats réclamés par la morale, à l'aide d'une « extension de la raison théorique qui n'est pas une extension de la spéculation, et qui n'a aucun usage positif au point de vue théorique » (1). Les idées transcendantes, « sans objet pour la pure raison

---

(1) *Critique de la raison pratique*, chap. II, § 7.

théorique », doivent, dit-il, être « traitées négativement dans l'intérêt de son usage pratique » ; il faut bannir de l'idée de Dieu l' « anthropomorphisme » ; et cependant « on peut hardiment défier tous les prétendus savants en théologie naturelle... de nommer pour déterminer l'objet de leur science (outre les prédicats purement ontologiques) une seule propriété, soit de l'entendement, soit de la volonté, dont on ne puisse prouver irréfutablement, qu'après en avoir abstrait tout élément anthropomorphique, il ne nous reste plus que le mot, sans le moindre concept par lequel il soit possible d'espérer étendre la connaissance théorique. Mais, au point de vue pratique des propriétés d'un entendement et d'une volonté, il nous reste encore le concept d'un rapport auquel la loi morale... donne de la réalité objective. Dès lors le concept de l'objet d'une volonté moralement déterminée (le concept du souverain bien), et avec lui les conditions de la possibilité de cet objet, les idées de Dieu, de la liberté et de l'immortalité reçoivent de la réalité, mais seulement relativement à la pratique de la loi morale (et non pour un usage spéculatif) ».

On voit que Kant arrive, avec la raison pratique, à l'*anthropomorphisme*, suivant le sens qu'il est forcé lui-même de donner à ce mot qui lui répugne. Il ne se demande pas si cette détermination divine est conciliable avec cet inconditionné, hors du temps et de l'espace, qu'il a reçu des mains de ses prédécesseurs en métaphysique comme l'idéal de la raison pure, non plus qu'il ne s'est avisé de remarquer qu'en supposant cet idéal réalisé, il tombait dans les paralogismes signalés chez ces derniers et manquait à sa propre méthode. Mais renonçons à un examen minutieux de ces immortels ouvrages, les deux Critiques, et voyons de plus haut. Kant n'aurait rien exprimé que de conforme aux premiers principes de sa philosophie, s'il avait déclaré le pur noumène une pure abstraction, qu'on ne doit pas réaliser ; si, par une application correcte des lois de l'entendement, il avait reconnu la vérité des thèses finitistes des antinomies touchant la nature du monde, et la contradiction interne des antithèses infinitistes ; si, en conséquence, il avait plus formellement renoncé à tout usage d'un concept non pas seulement transcendant, mais absolu, « sans objet » même pour la spéculation ; et si enfin il avait appliqué et borné la raison théorique possible à cela même qui est la raison pratique : aux idées formées sous les conditions de l'entendement, à la donnée première du commencement des choses et de leurs limites, à la création, et à Dieu, exclusivement comme personne et unique créateur, en tant que les postulats moraux en réclameraient la croyance à ce point précisée Si telle eût été l'attitude du fondateur du criticisme, — et c'est bien celle qui se dégage, quand on élimine de son œuvre les restants de la métaphysique absolutiste, — il aurait formulé le dernier mot de cette doctrine de la Conscience, que je m'efforce de présenter ici, débarrassée des liens dont le réalisme l'a chargée dans tout le cours de son histoire, et délivrée de toute affinité avec la doctrine de la Chose, avec la doctrine du Rien fondamental qui est la Chose élevée à l'absolu. Alors, on n'aurait peut-être pas vu un Hegel, après le renouvellement de la méthode philosophique, établir l'opposition insensée de l'Entendement et de la Raison. Kant aurait eu plus réellement le droit d'écrire à la fin de la *Critique de la raison pure* (1) cette belle page dans laquelle il réduit la certitude à sa vraie essence en matière d'affirmation de Dieu et de l'âme, et répond aux reproches de ceux qui voudraient que la spéculation conduisît à des résultats moins à la portée du commun des hommes :

« Nous voyons, dit-il, que, même après l'insuccès des plans ambitieusement imaginés pour dépasser les limites de l'expérience, ce qui reste est assez pour notre satisfaction, quant aux vues pratiques. Personne assurément ne peut se vanter de *connaître* qu'il y a un Dieu et une vie future. Un homme qui connaît cela, c'est l'homme que j'ai si longtemps cherché. Attendu que toute connaissance, si elle concerne un objet de la pure raison, peut être communiquée, je pourrais espérer, grâce à son enseignement, de voir ma connaissance augmentée de la façon la plus merveilleuse. Mais non, cette conviction n'est pas une certitude *logique*; c'est une certitude *morale*; et, comme elle repose sur des fondements subjectifs (de sentiment moral), je ne dois même pas dire *qu'il est* moralement certain qu'il y a un Dieu, etc., mais *que je suis* moralement certain, etc.

« Mais, dira-t-on, est-ce réellement là tout ce que la pure raison peut obtenir en ouvrant des perspectives au delà des limites de l'expérience? Quoi ! rien de plus que deux articles de foi? Certes, l'entendement ordinaire en pourrait obtenir tout autant sans prendre conseil des philosophes !

« Je n'insisterai pas sur les services que la philosophie a rendus à la

---

(1) *Méthodologie transcendantale*, chap. ii, à la fin.

raison humaine, par les laborieux efforts de sa critique, en supposant même qu'ils ne dussent aboutir qu'à des résultats négatifs. Mais exigez-vous donc que la connaissance qui intéresse tous les hommes dépasse le commun entendement et vous soit révélée seulement par les philosophes? Cela même où vous trouvez qu'il y a faute est la meilleure confirmation de ce que nous avons dit, puisque nous découvrons ainsi ce que nous n'avions pu saisir auparavant : savoir, que dans les matières qui regardent tous les hommes sans distinction, la nature ne peut pas être accusée de distribuer partialement ses dons; et que, par rapport aux intérêts essentiels de la nature humaine, la plus haute philosophie ne peut faire atteindre à rien de plus que ne fait cette direction accordée par la nature à l'entendement même le plus médiocre. »

En somme, toute la partie de la métaphysique transcendante de la Critique de la raison pure se trouve n'avoir établi « aucun objet » même par hypothèse, et la Critique de la raison pratique s'ouvre franchement, dans la conclusion même de la première de ces deux Critiques, par le postulat du souverain bien, déduit du rapprochement de la loi morale et de l'espérance du bonheur, et conduisant à une vue anthropomorphique de la cause et de l'ordre de l'univers (1) :

« Je dis qu'ainsi que les principes moraux sont nécessaires dans l'ordre de la raison en son usage *pratique*, de même une supposition est nécessaire dans l'ordre de la raison en son usage *théorique* : c'est que chacun ait raison d'espérer qu'il obtiendra le bonheur dans la mesure où il s'en sera rendu digne par sa conduite. Il résulte de là que le système de la moralité est lié inséparablement, quoique ce ne soit qu'en vertu d'une idée de raison pure avec le système du bonheur.

« Dans un monde intelligible, dans un monde moral que nous concevons sans tenir compte des empêchements de la moralité (désir, etc.), un système où le bonheur est proportionné à la moralité peut être considéré comme nécessaire, parce que la liberté combattue ou restreinte par la loi morale, est elle-même la cause du bonheur général, et que les êtres raisonnables eux-mêmes, sous la direction des principes, sont les auteurs de leur bien-être permanent et de celui d'autrui. Mais ce système de la moralité menant sa récompense avec soi est une pure idée dont la réalisation

(1) *Critique de la raison pure* : *Canon de la raison pure*, § 2.

dépend du fait que chacun fasse ce qu'il doit faire, c'est-à-dire du fait que toutes les actions des êtres raisonnables se produisent de même que si elles émanaient d'une unique volonté suprême, contenant en elle ou sous elle toutes les volontés privées. Comme la loi morale ne laisse pas de lier chacun en particulier, dans l'usage de sa liberté, même si les autres ne se conforment pas à cette loi, il est impossible que la nature des choses dans le monde, ou les causes des actions, ou la relation des actions à la moralité déterminent en quel rapport les conséquences de celles-ci se trouveront avec le bonheur. Si donc nous ne nous appuyons que sur la nature, il nous est impossible de connaître par la raison le lien nécessaire d'une espérance de bonheur avec la tâche incessante de mériter le bonheur; nous pouvons seulement espérer cette connexion, à la condition d'admettre en même temps, pour la cause de la nature, une *raison suprême* qui gouverne suivant des lois morales.

« L'idée d'une telle intelligence, dans laquelle la plus parfaite volonté morale, unie à la plus haute félicité, est la cause de tout bonheur dans le monde, en tant que correspondant exactement avec la moralité, c'est-à-dire avec ce qui est digne du bonheur, je l'appelle l'*idéal du bien suprême*. Ce n'est donc que dans l'idéal du bien suprême *originel*, que la raison pure peut trouver le fondement de la connexion pratiquement nécessaire des deux éléments de ce bien suprême dérivé qui est un monde intelligible, c'est-à-dire moral. La raison nous oblige à nous concevoir comme appartenant nécessairement à un tel monde, quoique les sens ne nous présentent rien qu'un monde de phénomènes. Nous devons admettre l'autre monde comme le résultat de notre conduite dans ce monde des sens (où nous ne voyons pas une telle connexion entre la bonté et le bonheur), et, par suite, comme un monde à venir pour nous. Il suit de là que Dieu et la vie future sont deux suppositions qui, suivant les principes de la pure raison, sont inséparables de l'obligation que cette même raison nous impose. »

C'est ainsi que Kant, jetant de côté ses propres abstractions de métaphysique absolutiste, ramène la transcendance dans les limites de l'entendement et de l'expérience possible, et propose à l'homme, agent libre et moral, une hypothèse, un postulat de raison pratique, qui n'est autre que la conception franchement anthropomorphique de la cause et de l'ordre du monde. Ce caractère de la formule kantienne de la divinité s'accuse en termes encore plus nets, non pas d'une autre signification toutefois, dans l'ouvrage consacré spécialement à la raison pratique. Là, le philosophe demande, au nom du principe du devoir, à raison de la poursuite du bien suprême, que le devoir commande, « l'existence d'une cause de la nature, distincte de la nature, et propre a réaliser l'accord de la moralité et du bonheur »; et comme une telle cause est inséparable de la représentation de la loi morale, l'être suprême doit se représenter cette loi : il est donc « une intelligence, un être raisonnable ». Il doit de plus se déterminer d'après cette représentation : il est donc « une volonté »; il est, non pas la cause simplement, mais l'« auteur » du monde, hypothétique pour la spéculation, objet de « foi rationnelle », en tant que fondement, suivant notre raison, de la possibilité du bien suprême que notre devoir est de travailler à réaliser (1).

Ainsi la méthode de la Conscience arrive, en ce qui touche le principe du monde, au même résultat chez Kant que chez Socrate. Ce qui se trouve gagné après un si long intervalle, outre le dégagement définitif de la loi morale, et sa formule que Socrate cherchait, c'est que la métaphysique absolutiste des modernes (dont la première source et de grands développements appartiennent à l'antiquité aussi) est venue se joindre aux doctrines du genre de l'ancienne *physiologie* et succombe avec elles à la critique; et c'est que les grands progrès de l'analyse de la conscience et l'étude des conditions du savoir ont fourni à l'idéalisme des arguments qui font perdre à la méthode de la Chose une partie du prestige que lui vaut son accord avec la spontanéité de l'imagination réaliste. Ce prestige a été et est encore assez puissant, pour que les doctrines de la Conscience se soient démenties et se démentent elles-mêmes continuellement, par un côté ou par un autre, et contractent des alliances avec les doctrines opposées, comme je viens de le montrer. Mais leur principe les distingue toujours et les réunit dans une même classe, en dépit de leur logique imparfaite et de leurs contradictions internes. Les spiritualistes de notre temps ne semblent pas toujours savoir aussi bien qu'ils le devraient s'ils croient à un Dieu qui soit vraiment une conscience, et à une création qui marque vraiment un premier commencement des phénomènes, ou si c'est l'abstraction de l'intelligence absolue qu'ils posent pour essence divine, et puis la succession éternelle de phénomènes à l'infini, dont ils lui attribuent la pensée et

---

(1) *Critique de la raison pratique*, chap. II, § 5.

l'acte afin de lui rattacher le monde. Mais quoi qu'il en soit d'un infinitisme dont les conséquences naturelles, historiquement bien connues, affaiblissent beaucoup leur cause, les spiritualistes maintiennent une opposition radicale avec leurs adversaires, en ce qu'ils refusent de considérer l'univers comme le développement spontané d'une autre sorte d'abstraction qui est en un mot la Chose, sous le nom de Force-Matière, par exemple. C'est là qu'est toujours la grande distinction.

Voyons à présent la contre-partie, et rendons-nous compte de l'immixtion des éléments essentiellement empruntés à la conscience, dans les systèmes que leur conception première rattache à la méthode opposée. Tout à l'heure, le réalisme était l'agent intellectuel de perturbation qui détournait les doctrines de leur principe, et tendait à les changer de sens, encore bien qu'il s'appliquât à des idées, objets propres de la pensée, et non à des sujets spontanément acceptés comme extérieurs et donnés en eux-mêmes indépendamment de toute représentation. Maintenant c'est le réalisme avec cette dernière application, le réalisme matérialiste, qui va être le principe sur lequel on n'élèvera aucun doute; mais on y joindra, pour le développer, certaines idées d'origine ou de fin, ou même de nature intime, qui sont inexplicables avec sa seule conception. Ce procédé remonte visiblement à la mythologie, et il en conserve l'esprit, au moins dans la philosophie de l'antiquité. Le rôle de Polémos, comme générateur universel des phénomènes incessamment ramenés à la paix par l'union des contraires, dans la doctrine d'Héraclite, rappelle la méthode de personnification des principes moraux, concurremment avec celle des éléments matériels, dans les anciennes cosmogonies. Le Feu éternellement vivant du même philosophe est à la fois le feu, dont il a les propriétés physiques, une substance apte à toutes les transformations, l'être premier et dernier, et la raison immanente qui règle la marche du monde. Parménide, en cette phénoménologie physique, ou théorie des apparences, qui faisait suite à sa théorie de l'être en soi, personnifie les deux premiers éléments, le Lumineux et l'Obscur, leur fait contracter mariage et donne un rôle à Eros dans la génération des phénomènes. Empédocle explique les séparations et les unions, qui sont la forme du devenir, par l'action de la Haine et de l'Amour, à la fois personnifiés et matérialisés, et la sortie des choses du sein du Sphairos par le développement graduel de ces deux principes d'où procèdent les différences et les mouvements. C'est ce qu'on appelle aujourd'hui le point de départ dans l'Homogène, les répulsions et les attractions des éléments de la matière, et l'hétérogénéité croissante. Pour Empédocle, ainsi que pour les modernes, nous savons que l'évolution devait être suivie de la dissolution, et le progrès de la diversification universelle changer de sens et se terminer par un retour à l'Homogène. Ce n'est point sur le procédé de personnification en lui-même que j'appelle ici l'attention ; car il n'a pu être, chez des philosophes, que l'emploi conscient du symbolisme inconscient des premiers mythologues. Mais ce que je remarque, c'est cette autre espèce d'illusion qui fait attribuer à des éléments définis par des qualités sensibles, c'est-à-dire à des sensations qu'on réalise extérieurement après les avoir abstraites, des propriétés relatives à d'autres modes de la conscience : sentiments, appétits et répulsions, aptitude interne à se diriger vers des fins, et capacité de combiner des moyens pour les atteindre. La différence entre le pur mythologue et le philosophe est simplement celle-ci : le premier personnifie des concepts relatifs aux phénomènes, et des idées générales ou des sentiments, et se satisfait naïvement, mais sérieusement à sa manière, attendu qu'il ramène tout en somme au même principe. Le second, conduit par ce qu'il croit être la science au matérialisme, entre dans la profonde anomalie de prendre la matière de sa substance exclusivement dans certaines qualités objectives, et puis d'attribuer à ces qualités substantialisées des qualités à leur tour, lesquelles sont prises des modes internes de la conscience : sentiment et connaissance.

Le matérialisme de l'école mécanique a été, dès l'origine, et est resté moins illogique. Il est vrai que ses éléments matériels sont de pures abstractions réalisées, de même que ceux de l'école vitaliste sont des qualités sensibles réalisées ; mais du moins les atomes ne reçoivent pas *eux-mêmes* les propriétés qu'on a dû éliminer pour former le concept atomique ; le mécanisme a recours à un autre expédient, à l'hypothèse d'après laquelle toutes les propriétés possibles sont créées par la vertu des combinaisons. Cette vertu des combinaisons est incompréhensible, et peut-être est-ce un trait de génie chez Épicure d'avoir mis le *hasard* au fond de tout, comme le nom le mieux approprié à cette *nécessité* de Démocrite dont on ne s'expliquait pas la façon d'agir dans la production des phénomènes. En tout cas, l'atomisme regardant la conscience et les idées, soit dans l'objet mental, soit dans le sujet externe, comme des produits de combinaison, évitait le vice logique de rapporter à la substance matérielle des propriétés intrinsèques dont il avait fallu commencer par la dépouiller afin de la définir. Cette doctrine est donc la seule qui n'ait rien emprunté des autres phénomènes de la conscience pour caractériser la nature ou l'action de la Chose, une fois la Chose constituée par la réalisation de certains phénomènes objectifs, séparés de la conscience et considérés en soi. Même quand Épicure a admis le libre arbitre humain, on ne peut pas dire qu'il ait dérogé aux principes de l'école mécanique; car, en tant qu'apparence, il pouvait poser la liberté comme un fait psychologique inniable dans tous les systèmes, et, en tant que réalité, il rapportait l'ambiguïté de certains futurs au fait des déclinaisons spontanées et absolument imprévoyables des atomes. Le libre arbitre n'était que le hasard et n'avait rien du caractère moral qu'il reçoit dans la doctrine de la Conscience.

Le stoïcisme est le plus grand exemple d'un effort philosophique en vue d'introduire dans le substantialisme matérialiste et dans le déterminisme les vues morales et les mérites de la doctrine opposée. Le stoïcisme, en physique, est un système expressément formulé de Force-Matière. « Ni force sans quelque matière où elle s'applique, ni matière sans quelque force pour en assembler les parties », cette relation que le stoïcien tirait de la plus simple vue objective des phénomènes, et l'idée qu' « il n'y a rien qui ne doive nécessairement être quelque part » lui faisait sentir le besoin de choisir un mot qui réunît en les subjectivant ces choses inséparables, l'action et la modification passive, et, de même, la qualité et le sujet, lorsqu'on les envisage dans les phénomènes particuliers. Le mot *corps* était appelé à cet emploi et servait indifféremment à désigner des effets et des causes, des propriétés et des substances : « tout ce qui exerce une action ou la subit est un corps », et « un corps se nomme aussi une qualité ». Cette espèce d'idéalisme à rebours, où les idées sont mises dans l'espace et matérialisées (ce qui conduit à l'étrange conséquence, directement opposée au principe de l'atomisme, d'admettre la pénétration mutuelle des corps, vu que l'inhérence des qualités et l'action des causes sont rebelles à toute séparation locale), ce réalisme empirique absolu ne manque pas de logique, tout étrange qu'il nous paraisse, aujourd'hui que le matérialisme admet, au moins pour le langage, des distinctions que le stoïcisme voulait effacer. Pour bien comprendre un système si contraire à nos habitudes terminologiques, il faut se pénétrer de la pensée fondamentale de la *théologie physique* : unité, continuité et solidarité de tous les phénomènes formant une suite de métamorphoses de la substance en un seul développement interne. Cette substance étant la matière primordiale, il est naturel qu'on appelle corps tout ce qu'on y peut y distinguer passagèrement, et cela, soit qu'on envisage cette chose distincte, du point de vue de la cause immanente, sous telle de ses transformations; ou de l'effet de cette cause, en telle de ses modifications; ou de certaine qualité, qui spécifie ce dernier et sans laquelle il n'y aurait pas de sujet particulier. Voilà je crois l'explication du paradoxe de la corporéité universelle des stoïciens ; Zénon aurait appelé des *idées* ce que, se laissant influencer par le caractère sensible des choses, il a appelé des *corps*, que sa doctrine aurait pu ne recevoir de là aucun changement appréciable. Elle tire essentiellement son caractère de ce que les êtres, les actions et les relations n'y sont tous que des modes nécessaires successifs d'une substance unique. Considérée dans cette généralité, elle s'identifie avec les autres grands systèmes panthéistes, qu'il est inutile de nommer.

Il s'agit de voir comment et de quel droit cette doctrine introduit dans la conception déterministe et panthéiste, *pour laquelle les consciences sont des produits d'évolution de la Chose inconsciente*, des notions d'ordre, de loi et de fin, en un mot *une providence qui implique une conscience*, mais qui, par le fait, n'arrive à être représentée que dans telle conscience particulière, — que d'autres consciences démentent, — au cours de l'évolution même.

Indépendamment de l'introduction des idées morales, que nous allons voir, dans la conception de la Chose, nous devons remarquer l'opération intellectuelle par quoi l'on tâche de déterminer la loi de ce monde sensible dont on ne peut en aucune façon percevoir l'en soi ni la raison. Il y a d'abord ce qu'on nomme sa *nécessité* ; mais la nécessité est une certaine notion d'ordre de l'entendement et suppose une conscience, car l'expérience ne dépasse pas les constatations d'être et les rapport de fait. Il y a son *unité*, mais l'intervention des formes de l'intelligence n'est nulle part plus éclatante que dans cette idée d'unité, sans cesse et partout contredite par le spectacle de l'univers. Puis il y a son *évolution* et la suite de ses évolutions. L'idée des transformations successives d'une chose unique, partant d'un certain état premier et allant à une certaine fin suivant un certain ordre, cette idée porte au plus haut degré le caractère de la méthode et des œuvres de l'esprit. Elle a été trouvée par Héraclite et embrassée par les stoïciens à une époque où l'on ne pouvait songer à aucune induction tirée des phénomènes, et appuyée de raisonnements scientifiques, pour déterminer, dans un ordre progressif ou regressif de succession, des états généraux de la matière. Cela seul établit clairement le caractère de construction intellectuelle de l'hypothèse. Mais même depuis que les sciences ont fourni à la doctrine de l'évolution un terrain pour appuyer des inductions, on est dans l'impossibilité de définir un état vraiment *initial* qui, d'une part, *aurait été déterminé*, comme ayant existé et comme ayant dû renfermer la raison suffisante de son existence et de tout ce qu'il allait devenir, et qui, d'une autre part, *n'aurait pas été déterminé*, puisque sa détermination aurait supposé quelque chose d'antérieur ou d'extérieur qui fût propre à le déterminer, contrairement à l'hypothèse. Cette contradiction montre une limite métaphysique infranchissable aux inductions physiques, et continue à témoigner de la vraie nature d'une théorie exclusivement fondée sur les lois de l'entendement qui exigent un commencement et une fin pour tout ce qui est matière de connaissance dans le temps.

Cette terrible difficulté ne pouvait pas n'être pas sentie. Elle l'a été par les anciens et par les modernes, et de là est venue l'hypothèse des évolutions successives, formant des périodes à l'infini au sein d'une seule et même existence de la Chose en soi. C'est une manière, pour l'esprit, de se satisfaire en deux modes contradictoires : en posant une limite aux phénomènes afin de les comprendre, et puis en supprimant toute limite, parce qu'il ne comprend pas leur commencement, et qu'il ne veut rien poser qu'il ne le comprenne. Mais les retours de développement et de production d'existences distinctes, après que toutes choses ont été ramenées à l'indétermination et à l'indistinction, ne sont pas moins incompréhensibles que le seraient de purs commencements spontanés; et la superfétation sans fin des évolutions suppose une évolution unique qui les embrasse, et conduit ainsi à la contradiction de l'infini actuel, au moyen de la réalisation de l'idée des possibles indéfinis. Tout illusoires que soient les opérations de l'esprit, dans cette spéculation, elles s'y révèlent bien pour ce qu'elles sont. Jamais la simple idée de la Chose et de ses propriétés ne saurait comporter de semblables vues, ni aucune expérience ou induction les justifier. Les idées de nature nécessaire, éternelle et infinie s'y présentent avec les mêmes difficultés, et encore aggravées, que dans les doctrines qui ajoutent à une semblable nature la connaissance universelle et la personnalité. La supposition d'une Chose éternellement développée suivant une pensée immanente et inconsciente, ou suivant *une loi* (terme plus abstrait, dans l'usage actuel, mais non pas d'une autre signification, quand il s'applique au tout de l'existence), procède de l'effort d'un esprit qui cherche à comprendre le monde, aussi bien que le fait la même supposition portant sur une Conscience personnelle, également universelle et éternelle; et ce sont ses propres fonctions que, dans l'une comme dans l'autre des théories, l'esprit emploie bien ou mal pour concevoir le sujet transcendant. Ainsi, à ne considérer que l'œuvre de l'intelligence dans la spéculation, on voit déjà les inévitables rapports que la méthode physique contracte avec la méthode idéaliste, dans le genre de systèmes dont il est question; mais la ressemblance ne s'arrête pas là; il faut maintenant reconnaître les emprunts de l'ordre moral que le matérialisme et le panthéisme font à un ordre d'idées pour lequel ils n'ont aucun fondement dans leurs conceptions du monde, et dont la conscience seule fournit les données.

Les évolutions successives des stoïciens étaient des évolutions toutes identiques; pourquoi? Ce n'est pas qu'ils imaginassent, dans l'Éther et dans son état initial, des propriétés purement physiques, telles qu'on les comprend aujourd'hui et qu'on les étudie dans les laboratoires, lesquelles se retrouvant, à la fin de chaque période, les mêmes qu'elles étaient à son commencement, devraient causer le retour des mêmes phénomènes en une même série. Ce divin Éther, les états de *tension* et de *détente* qui caractérisent ses métamorphoses, la production de l'air, de l'eau et de la terre, celle des dieux, qui, dans la mythologie stoïcienne, sont la vie des éléments, enfin celle des daimons et des hommes, tout cela, avec les deux grands mouvements alternatifs de descente et de retour (κάθοδος, ἄνοδος), est à la fois la substance et l'œuvre d'une raison inconsciente inséparable de la matière où germent ses vertus séminales (λόγος σπερματικός). L'identité des évolutions successives s'explique dès lors très bien par l'éternelle permanence de l'Inconscient provident et artiste universel, produit spontané de lui-même, dont la vie consiste précisément à produire et à détruire, dans un ordre nécessaire, toutes les existences distinctes et les vies particulières. La similitude de cette conception avec le brahmanisme est frappante, au moins en sa plus grande généralité; et elle ne l'est pas moins avec certains systèmes d'évolution de notre temps ; mais le sentiment qui s'y joint est tout différent. Loin d'incliner à l'athéisme et au pessimisme, le stoïcien prenait vis-à-vis de la nature et de la raison universelle une attitude d'adoration; il parlait de Dieu et des dieux dans le même langage que le vulgaire, qui leur croit une existence consciente, et de la Providence, comme si elle était une pensée et une volonté avec laquelle sa pensée et sa volonté fussent en rapport ; enfin, il se disait pleinement satisfait de l'ordre universel des choses. On ne saurait méconnaître l'intervention d'idées et de sentiments dont la conscience humaine est la source, dans cette doctrine qui prend son principe hors de la conscience. Le pessimisme était mieux justifié au fond, s'il fallait borner toute espérance de vie à venir pour les personnes à des retours et à des répétitions sans fin d'existence sans mémoire, après d'immenses intervalles, avec des phénomènes toujours les mêmes, et si l'on devait étendre à l'éternité entière cette monotonie des apparences et des événements que le poète épicurien regarde avec plus de raison comme propre à engendrer l'ennui : « Que pourrais-je encore », dit la Nature à l'homme qui se plaint d'avoir à mourir, « que pourrais-je inventer et machiner pour toi, qui te plût, quand tu as tout épuisé ? Rien n'est nouveau, les choses sont toutes et toujours les mêmes, quand tu devrais surmonter les siècles, et dusses-tu ne jamais mourir ! » (1). L'optimisme est certainement un point de vue que ni le spectacle des choses ni leur explication par l'évolution d'une substance ne justifient d'eux-mêmes. C'est la conscience qui intervient et s'oblige à voir ainsi le monde en dépit de la physique et de la métaphysique. Il faudra tout à l'heure en dire autant de certains partis pris de l'évolutionisme moderne.

La doctrine stoïcienne de la liberté suggère une remarque semblable. Le déterminisme de cette école est absolu. Par conséquent, tout ce qu'elle ajoute, pour distinguer le fou du sage, à l'idée d'un destin qui *traîne* l'un, *conduit* l'autre, et les mène donc tous deux, elle ne peut le demander qu'à la conscience. C'est le pur produit de la réaction de la conscience contre un monde fatal où, fatale elle-même et se voulant libre, elle n'a de liberté possible qu'à la condition de se joindre à lui de plein acquiescement et bonne volonté. Dans le choix proposé d'acquiescer ou non, et par le *précepte* de conformité à la nature, ou à la raison (deux idées qu'il tâche de confondre), le

---

(1) *De natura rerum*, III, 944 sq.

stoïcien distingue ce qui se doit et ce qui ne se doit pas ; il établit la même opposition que s'il croyait au libre arbitre, et qu'il fût également possible que ce qui se doit ou ce qui ne se doit pas se fissent réellement, quand un homme paraît placé dans l'alternative. Enfin, il ne parle pas seulement de la liberté, comme équivalente à la nécessité consentie, et comme résultant de l'identification, si le destin la veut en ce cas particulier, de la volonté d'un homme, avec la raison du tout ; il ne saurait éviter d'en parler aussi avec la signification que lui donne le devoir, puisqu'il *enseigne le devoir.* Sans doute, en théorie, l'attitude déterministe peut se défendre de la contradiction, nous l'avons vu ailleurs : on peut rejeter sur l'essence du monde nécessaire l'étrange condition où la nécessité paraît être de se diviser contre elle-même, de se conseiller, de s'approuver, de se blâmer, tantôt de suivre et tantôt de mépriser ses propres arrêts, et de se méconnaître, de se résister chez la plupart des individus, pendant qu'elle se reconnaît et se consent chez quelques autres. Mais cette satisfaction logique de la théorie n'influe pas sur l'attitude pratique ; celle-ci fait penser inévitablement au libre arbitre. En pratique, en fait, le stoïcisme a été une grande école de liberté de l'âme ; mais c'est qu'il a emprunté directement à la conscience le principe du devoir, qu'il ne pouvait trouver dans sa doctrine des métamorphoses de la substance unique et de l'évolution nécessaire du monde.

On peut, dans cette revue, passer immédiatement des stoïciens à Spinoza, et, de là, aux systèmes cosmiques de notre époque, aucune philosophie importante n'étant à signaler dans ces intervalles, qui ait à la fois le caractère radical de doctrine de la Chose, et qui soit remarquable en certaines parties dont l'inspiration doit se rapporter à la conscience. Au reste, cette inspiration, chez Spinoza, est toute semblable à ce qu'elle fut pour le stoïcisme, et cet accord est d'autant plus intéressant que les deux *physiques théologiques* diffèrent d'avantage. On dirait un abîme entre ces doctrines. C'est la matière vivante, avec ses métamorphoses, remplacée par une substance abstraite dont deux attributs, mutuellement incompatibles, se développent parallèlement, — quoique Spinoza n'ait peut-être pas été loin de regretter de s'être laissé trop séduire au dualisme cartésien de la pensée et de l'étendue (1). — C'est, au lieu du Dieu défini, contenant un

---

(1) Il admettait le sentiment chez les animaux (*Ethique*, III, sch. prop. 57) ; il eût voulu que Descartes n'eût pas défini la matière par l'étendue, qu'il en eût rendu compte par un at-

monde borné, l'être ultra-transcendant, au nombre infini d'attributs infinis ; au lieu de l'évolution à termes fixes du monde, un développement indéterminé, sans origine, un procès interminable en arrière des effets et des causes ; enfin, au lieu de la providence immanente, une éternelle nécessité géométrique enchaînant tous les phénomènes possibles les uns aux autres, de la même manière que les propriétés sans fin d'une courbe sont reliées par la définition qui les renferme toutes virtuellement. Si jamais système fut de nature à exclure les sentiments de dévotion vis-à-vis de l'ordre du monde, ou de Dieu, qui en est la cause mathématique, à retirer toute signification au devoir, à supprimer même la différence du bien et du mal, en tant qu'elle ne tient pas exclusivement à l'intérêt d'un individu et ne se ramène pas à ses sensations, c'est assurément celui-là. Il devait avoir pour morale l'ataraxie de Démocrite, auteur d'un autre monde mathématiquement nécessaire, ou l'art de vivre d'Aristippe ; mais la pensée du dévouement au grand Pan incompréhensible, l'identification d'une volonté pleine de joie avec l'ordre aveugle du destin ne s'en déduisent pas naturellement. On sait cependant que l'esprit de l'éthique de Spinoza a pu être rapproché à meilleur droit de celui des grands mystiques que de l'épicurisme. Cet « athée » pour les uns a été « ivre de Dieu » pour les autres, ce qui s'explique bien en admettant que la logique le faisait athée en effet, et le sentiment, les traditions de sa nation, adorateur de la puissance suprême. Mais c'est aux stoïciens surtout qu'il faut le comparer. Leur dieu vivant, de providence aveugle, n'est pas plus près de l'homme que son dieu machine, qui travaille éternellement sans but. Leur *Logos spermaticos* fait le même ouvrage, en somme, que sa *Natura naturans*, produisant de loin en loin une intelligence adéquate à la vérité, dans une mer de phénomènes sans but, dont un si grand nombre ne sont ni bons ni beaux. Leur optimisme est du même genre que le sien : un parti pris violent d'admirer et d'aimer dans le tout la suprême sagesse, alors que la vue des choses et des hommes, dans le détail, ne peut motiver de leur part que des jugements pessimistes. Mais, ainsi qu'eux, il substitue à la nature en général, comme modèle à contempler, une nature humaine idéale, et entend par *bien* ou

tribut « exprimant une essence éternelle et nécessaire ». De la simple étendue, « c'est-à-dire en repos, il est impossible de déduire le mouvement, et de tirer une démonstration de l'existence des corps » (*Op. posth.*, epist. 70-72). Mais il ne lui pas encore été permis, dit-il, de mettre en ordre ses idées sur ce sujet (*epist.* 72).

mal tout ce qui est moyen pour nous approcher de ce modèle, ou empêchement pour l'atteindre. Il oppose à l'esclavage des passions, nées des causes extérieures, la puissance de l'intelligence, ou liberté humaine, réglant ce qui dépend de nous d'accord avec l'ordre universel. Il identifie le bonheur avec la connaissance et avec la vertu, et l'esprit du sage avec la sagesse infinie, jusqu'à vouloir que la tristesse même se tourne en joie quand nous en concevons les causes et que nous les rapportons à Dieu (1). Quand on songe que c'est au devoir, à la vertu, à la béatitude et à l'amour de Dieu que conclut ce système étonnant, ce plus beau de tous les monstres connus de la spéculation abstraite, cette éthique théologique, dans laquelle toutes les pensées et tous les sentiments de l'homme *tel qu'il doit être* sont tournés vers Dieu, sans que Dieu ait ni intelligence ni volonté, ni conscience de soi dans son unité, par conséquent, ni possibilité de se proposer des fins quelconques dans la nature; et sans qu'il y ait dans l'homme quelque autre chose de permanent que le fait de l'éternelle nécessité de ceux des modes à l'infini de la nature divine qui se rapportent à son âme et à l'essence d'un corps avec lequel elle doit apparaître à un certain moment du temps (2); on acquiert la conviction que le sentiment chez Spinoza, est d'une autre source que la théorie. C'est une disposition d'esprit profondément morale et religieuse qui apporte des notions déontologiques et dicte des termes de piété pour l'expression d'une doctrine que ses interprètes ont pu regarder, suivant leurs points de vue propres, ou comme un pur naturalisme sous un déguisement de théologie scolastique, ou comme un intellectualisme aride réduisant le monde à un assemblage et à une succession infinie d'idées adéquates et inadéquates. Spinoza a fait avec une admirable bonne foi quelque chose d'analogue à ce que des vues plus suspectes et le désir de se concilier des dogmes puissants dans le monde semblent avoir suggéré à Hegel, quand ce philosophe a adopté un langage mystique et fait entrer le christianisme tout entier dans le cadre d'un système qui en est la négation formelle en cela même où il se donne pour l'embrasser. Mais la différence est grande, en ce que le système de Hegel n'est qu'une froide composition, au lieu que la doctrine morale de Spinoza est toute pénétrée de l'esprit oriental qui transforme une philosophie de l'absolu en religion de l'amour. Et Spinoza s'est abstenu de faire entrer dans son *Ethique* les

---

(1) *Ethique*, V, sch. prop. 18.
(2) *Ibid.*, V, sch. prop. 22 ; I, sch. prop. 17 et appendice.

interprétations symboliques du christianisme et le souverain hommage rendu à la personne du Christ, que nous trouvons dans son *Traité théologico-politique* et dans sa correspondance (1). Il est vrai que ces interprétations ne visent pas des profondeurs métaphysiques du genre de l'explication de la trinité par l' « unité du général et du particulier », ou de l'incarnation, par la forme sensible prêtée à la « synthèse de la contradiction de la nature humaine et de la nature divine ».

La division de l'école de Hegel en deux *côtés* directement opposés sur les questions fondamentales de toute philosophie a été la conséquence des fausses apparences de spiritualisme et de religion qu'il s'était appliqué à donner à sa doctrine, et de l'emploi systématique de termes détournés de leur sens consacré. Il est remarquable que beaucoup de ses disciples soient arrivés au naturalisme et au matérialisme, sans se tromper sur la signification de son enseignement ramené aux proportions de l'intelligence ordinaire. Les formules de ce grand idéaliste, une fois séparées de l'appareil logique avec lequel elles se présentent, fournissent les mêmes conclusions que celles de l'absolutisme substantialiste portant d'autres étiquettes. L'équivoque remonte même si haut, dans cette dialectique dont les termes sont empruntés à la méthode des idées, qu'on aurait pu, sans y rien changer au fond, remplacer le mot *idée* par le mot *chose*. Au reste, n'est-ce pas ce que Hegel nous fait entendre lui-même en posant l'identité du réel et de l'idéel? Le processus de l'*En soi*, ou *Idée*, eût été, dans ce cas, celui de la *Chose en soi*, partant également de l'identité de l'être et du non être, et de leur synthèse, le devenir. L'*Être autre que l'En soi*, ou la Nature, se fût présenté sous le nom de la *Chose autre que la Chose en soi*, et on n'aurait pas trouvé plus difficile de dire que la Nature, manifestation extérieure de la *Chose en soi*, doit affecter des formes d'imperfection et de désordre, donner des signes d'aliénation capricieuse, que la logique ne rencontre pas dans le processus de la *Chose en soi pure*. Enfin c'est le *retour à soi* de la Chose, qui aurait constitué le processus de l'Esprit dans l'homme, la société et l'histoire. Moyennant ce petit changement de terminologie, juste après tout, puisque ce qui s'appelle *idée* dans ce système est complètement indépendant de toute conscience ayant ce qu'on appelle vulgairement *des idées*, on aurait vu plus clairement l'identité de principe maté-

---

(1) *Op. posth.*, *épist.* 21, 23, 25, 74, et *Tract. théol. polit.*, cap. I.

riel de cette doctrine et de toutes celles qui posent un sujet universel s'individualisant éternellement par des modifications de lui-même. Car il est indifférent, quand le sujet de l'existence est ainsi conçu, qu'on le nomme Substance, ou Matière, ou Force, ou Nature, ou Être, ou Idée. Sa définition en fait toujours la même chose. Rien n'y est changé par la spéculation spinosiste, qui enveloppe le procès à l'infini des phénomènes dans l'unité d'un Infiniment infini, non plus que par la superstruction alexandrine de cet Un pur ou Absolu qui procède par des limitations ou négations de lui-même et de ses formes successives, et dont le processus, à un certain moment, remonte son cours. Cette dernière métaphysique est celle que Hegel a préférée. L'idéalisme y est devenu plus purement nominal, par l'emploi de termes abstraits tout le long de la nomenclature, et par l'exclusion rigoureuse du principe de personnalité dans la conception du monde. L'originalité de la construction et l'effort de génie de l'architecte consistent seulement dans la prodigieuse dialectique des contradictoires, cette solution par l'absurde des problèmes d'exercice du *Parménide* de Platon.

Nous pouvons, pour l'examen où nous nous livrons ici des emprunts réciproques de la méthode de la Conscience et de la méthode de la Chose, considérer l'hégélianisme à deux points de vue. Si, à raison de ses premiers principes, souverainement abstraits, ainsi d'ailleurs que de ses antécédents historiques, nous le classons parmi les doctrines idéalistes; si nous le rapprochons de l'éléatisme pour le début de sa dialectique, et du néoplatonisme pour le caractère du processus cosmique qu'il adopte, et si nous nous demandons alors sur quels points il s'est rapproché des doctrines opposées, il faut répondre : sur tous les points importants. Sa méthode réaliste, la plus excessive de toutes celles dont nous avons vu les effets pour éliminer des systèmes la conscience à l'aide des éléments que seule elle a pu fournir, aboutit à la suppression des individus comme réels. Les idées générales ne sont jamais pour Hegel des idées de collection, mais bien toujours des essences indéfinies qui se déterminent et s'individualisent dans les particuliers, pour être bientôt, quant à ces formes passagères, absorbées dans le cours du développement, et faire place à de nouvelles formes. Nulle doctrine de la Chose ne peut davantage, en fait de négation du principe de personnalité relativement à l'essence du monde; car en existe-t-il une seule qui refuse au philosophe, ou plutôt qui ne lui conseille pas, qui ne l'oblige pas de se contempler lui-même, en son être passager, sous le même aspect que l'homme devenu Dieu de Hegel, c'est-à-dire comme la conscience, actuellement donnée *en lui*, du monde et de ses causes? Si maintenant nous prenons l'autre point de vue de l'hégélianisme, celui d'une vraie doctrine de la Chose, formulée en termes de la doctrine de la Conscience, pourrons-nous dire qu'il ait fait des empruuts considérables à cette dernière, alors qu'il abolit, en métaphysique, la personnalité permanente, en morale, la distinction, en tant qu'essentielle, du bien et du mal, et qu'il ne rachète pas, comme le spinosisme, ses négations par une éthique fondée sur la contemplation de l'idéal de la nature humaine raisonnable?

Il y a réellement un point où le système de Hegel, et, en général, tous les systèmes qui prétendent formuler la loi universelle, et surtout ceux qui veulent que cette loi soit une loi de progrès, sont portés pour la satisfaction de l'intelligence et du sentiment à des vues, à des affirmations pour lesquelles une pure doctrine de la Chose n'aurait ni preuves ni motifs. Ainsi, l'épicurisme antique n'éprouvait nullement le besoin d'imaginer un ordre apriorique entre les différents mondes que le jeu des atomes compose çà et là dans le vide, non plus qu'une loi pour mettre en rapport les mondes engendrés avec les mondes détruits. Où les Épicuriens auraient-ils pris de telles connaissances? Ils ne faisaient point à la nature de l'entendement cet emprunt, car c'en est un, d'étendre l'idée d'uniformité plus loin que l'observation des faits ordinaires, de l'élever à l'absolu, et de supposer qu'il y a un ordre *nécessaire* des choses coexistantes et successives, considérées dans leur principe et dans leur ensemble. D'où viendrait cette nécessité antérieure et supérieure? Est-ce autre chose qu'une création de l'esprit? Les partisans modernes de la multiplicité des éléments matériels, doués de propriétés primordiales et constantes, ne sont pas pressés de chercher la raison de l'harmonie des fonctions et productions de ces éléments: il faut bien, disent-ils, s'arrêter quelque part dans la constatation des existences et de leurs rapports. S'ils se réclament, au moins tacitement, de la même idée de nature éternelle et nécessaire dont la métaphysique et la théologie ont fait d'autres usages, ce ne peut pas être pour demander à cette nature matérielle une cause d'elle-même, une cause des causes dont elle se compose, une loi qui les assemble et conduise leurs effets à un ordre général. Le phénoménisme qu'on peut appeler *illusioniste*, c'est-à-dire qui ne puise pas dans les lois aprioriques de l'entendement les principes régulateurs des phénomènes, et dans la conscience les moyens d'envisager un ordre général des phénomènes, ce phénoménisme est inapte à concevoir un tel ordre; il n'y songe même pas, ou, s'il fait quelque tentative en ce sens, c'est seulement pour poser la nécessité universelle, comme induction prétendue de l'expérience, et dès lors par un usage inconscient d'une loi intellectuelle poussée à l'absolu. Enfin le positivisme est dans le même cas : son point de vue sur le monde est éminemment un point de vue de la Chose ; les lois ne sont pour lui que les données générales sous lesquelles les sciences parviennent à assembler les différents ordres de données particulières et de faits de la nature, et il est impossible d'arriver à une loi des lois en suivant cette marche. Ç'a été une application vicieuse de ce système, et une erreur de méthode scientifique, d'avoir prétendu faire entrer dans ce cadre une loi démontrable de l'histoire de l'humanité. Aussi est-il bien certain que la théorie du progrès n'est pas venue au positivisme de la même source que ses vues sur la mathématique et sur le véritable objet des sciences positives. En tout cas le renoncement à la connaissance d'une loi unique enveloppant l'univers, que ce fût une loi de progrès ou toute autre loi, est caractéristique d'une méthode dont le vrai nom, sous ce rapport, est l'indifférence agnostique. Nous pouvons dire, en résumé, que la doctrine absolument pure de la Chose s'interdit, en vertu de son principe, des spéculations qui ne peuvent être que des tentatives de *légiférer* pour un sujet inconnu par hypothèse, en lui appliquant des idées d'harmonie préconçue, de développement réglé intégral et de finalité, dont la seule justification est dans les propriétés de l'entendement et dans les besoins de la conscience.

En fait, le retour de la philosophie à la doctrine de l'évolution est dû à l'initiative de Leibniz ; c'est par lui et dans son école que cette doctrine a pris tout d'abord une forme autrefois inconnue, grâce à l'hypothèse du progrès : du progrès indéfini ; et il est manifeste que tout ce qui a été fait ou proposé depuis lors pour établir une loi de perfectionnement incessant et universel, à l'aide d'inductions tirées de l'étude de la nature et de ses productions dans le passé, a été le résultat d'efforts inspirés par le désir de vérifier cette loi bienvenue de l'intelligence, et non pas l'effet de la reconnaissance forcée de certaines relations impossibles à interpréter d'une autre manière. Ceci est encore plus sensible pour la croyance au progrès du genre humain, en particulier, puisqu'elle a grandi peu à peu et qu'elle a fini par devenir tout à fait vulgaire, pendant que des systèmes contradictoires entre eux cherchaient à la démontrer, et qu'on ne parvenait pas même à la définir, excepté sur des points spéciaux qui ne touchent pas le fond de la question. On n'a encore découvert aucune méthode qui apprenne à mesurer l'état moyen de la moralité à différentes époques, si bien qu'on trouve plus court de ne point tenir compte de cet élément. Il est vrai que les théories déterministes permettent de le négliger. Mais ces théories elles-mêmes attendent leur démonstration ; elles l'attendront toujours ; elles reposent sur des fonds de croyance, tantôt théologique et tantôt matérialiste, dont l'objet véritable est d'envisager l'unité et l'immutabilité du monde jusque dans ses changements et ses contradictions, pour la satisfaction du besoin de repos et de certitude, et le débarras de la liberté.

La plus grande différence entre la doctrine de Spinoza et les formes progressivistes du panthéisme moderne consiste en ce que ces dernières placent l'idéal moral non dans un modèle à contempler, dont l'imitation soit actuellement possible, mais dans une certaine fin qui doit s'atteindre par la marche naturelle des choses. C'est ainsi que Hegel, déjà, soumettant la *Nature* et l'*Esprit* à des sortes d'évolutions progressives qui reproduisent imparfaitement le procès parfait de l'*Idée*, place à la fin de l'histoire la *réalisation de l'idée absolue*, c'est-à-dire cette identification de l'esprit humain avec l'esprit divin, que Spinoza et les mystiques donnent pour but à la volonté sanctifiée de tout homme en tout temps. Il est vrai qu'on ne voit pas, au milieu de la fantasmagorie du système, où est cette fin de l'histoire, et s'il y en a réellement une autrement qu'*in abstracto*, et si la nature elle-même est quelque chose de plus que l'ombre de l'Idée. Mais la grande doctrine progressiviste qui succède à l'hégélianisme a touché terre, grâce au naturalisme et à l'alliance d'hypothèses scientifiques d'un genre plus sérieux que les lois imaginaires de la « philosophie de la nature » de Schelling ou de Hegel. L'objet de l'idéal a été mis positivement dans l'avenir, dans un avenir certain, soit pour le monde soit pour l'homme, en même temps que le but du progrès s'est défini par le bonheur, conformément aux tendances générales de la philosophie morale, au XVIIIe et au XIXe siècles, en dehors de l'école de Kant. Confier la réalisation de l'idéal moral aux résultats futurs d'une évolution, c'est en quelque sorte s'en désintéresser, surtout quand on n'admet aucune loi morale absolue ; et il est logique de n'en admettre aucune, dans cette hypothèse. L'idée du progrès humain ne peut être qu'excellente, en tant que liée à la conscience des efforts individuels pour réaliser ce progrès, et à la confiance *conditionnelle* dans le succès de ces efforts. Elle est illusoire et peut devenir démoralisante, si elle est présentée comme une loi de la nature. Et toutefois c'est précisément alors qu'elle devient une manière de religion pour ceux qui pensent n'en avoir point, qui se sentent seulement animés d'une sorte de bonne volonté générale, indéterminée, et mettent leur foi et leur espérance dans les faits, qu'ils chargent de s'arranger d'eux-mêmes pour le mieux de la chose.

Cet arrangement des faits en vue d'une fin désirée de bonheur des êtres, si la supposition n'en est pas une faiblesse, de la part de philosophes qui se font disent-ils, un devoir de n'introduire jamais rien de leurs affections dans les motifs de leurs jugements; cette loi, en vertu de laquelle ce qui suit est toujours meilleur que ce qui précède, et le mal un moindre bien, dont un moindre mal est la suite, il faut nécessairement la concevoir inhérente, depuis l'infinité des temps, à la substance universelle des phénomènes. C'est donc bien réellement une Providence immanente à la Matière infinie, un principe de finalité attaché de soi-même à la Force sans origine, pour être une propriété enveloppante de l'ensemble sans commencement de ses métamorphoses. La croyance à une telle providence est l'emprunt que font à la méthode de la Conscience les partisans de la doctrine de la Chose éternelle, infinie, évolutive, dont la fonction spontanée est de transformer incessamment le mal relatif en bien relatif, dans une suite de phénomènes nécessairement déterminés les uns par les autres et tous éternellement solidaires.

Pour renier cet emprunt et se disculper, ils allèguent que la loi universelle repose sur le témoignage des faits et n'est point une objectivation du désir humain du bonheur et l'application d'un principe de finalité dont la conscience est essentiellement le siège. Ils ont cette raison à donner, quant à ce dernier point, que ce n'est nullement, en faveur de leurs personnes, ou de l'individu en général, que leur doctrine stipule le progrès et pose une fin bonne de l'évolution des êtres. Et en effet ils sacrifient tous les individus comme tels, présents et passés; ils en font de simples moyens d'acheminement à un état futur dont d'autres jouiront: d'autres auxquels ils ne promettent pas d'ailleurs une destinée qui triomphe du temps et qui soit elle-même autre chose qu'un moment de l'évolution et un mode d'être passager, relatif à la satisfaction du tout. Il est clair d'après cela qu'on ne doit pas supposer à leurs théories des mobiles *égoïstes*. Egoïstes, ils ne le sont pas même assez ; mais l'excuse n'est pas valable pour le point en question, parce que ce sont toujours des mobiles passionnels (*subjectifs*, selon le langage courant), ceux qu'on peut caractériser par le désir du bonheur d'une manière générale, par le sentiment de l'existence individuelle comme dévouée au bien de l'ensemble, et par la pensée d'attribuer à la substance universelle une propriété de se diriger d'après des fins, alors qu'une fin ne se comprend réellement qu'en tant que représentée dans une conscience qui se la propose.

Maintenant, que la loi de finalité générale s'appuie sur des faits, et ne soit pas simplement l'effet du transport fait au grand Tout, du mode finaliste de la conscience, admettons-le : il ne s'ensuit point de là que ces faits n'ont pas été cherchés et interprétés en vue de satisfaire le besoin d'ordre de l'esprit, et spécialement pour soumettre le monde, en outre des lois physiques de coexistence et de causalité, à la loi passionnelle de la finalité. De plus, les théories dont on poursuit la justification dans les sciences naturelles, au moyen de la méthode d'observation, sont tout autres que des théories naturalistes. Celles-ci sont à discuter dans chaque ordre de recherches scientifiques, et elles sont inévitablement bornées dans leur essor, pour peu que le savant s'attache à la correction de la méthode et sache distinguer un fait acquis d'une opinion controversable au sujet des faits. Mais les théories dont il s'agit pour les panthéistes, ou pour les matérialistes athées, partisans du progrès universel, sont des théories métaphysiques, puisqu'on y décide les questions de fini et d'infini, de liberté et de déterminisme, d'origine et de cause première, d'essence et de substance du tout. Nulle science n'est apte à définir et à justifier les concepts généraux qui sont la matière de ces spéculations, encore moins à fournir à la critique des ressources quelconques pour l'examen de la légitimité du procédé par lequel l'esprit passe de ces concepts aux réalités.

Si M. Spencer et les philosophes qui ont à peu près la même opinion que lui sur la nature de l'univers, et admettent une évolution progressive du Tout et Un, voulaient être logiques, pourquoi n'appliqueraient-ils directement et franchement au monde le concept de finalité, de même qu'ils lui appliquent les concepts de causalité et de substantialité, qu'ils *réalisent* et portent à l'infini et à l'absolu ? C'est ce qu'à fait l'école pessimiste, sauf à adopter, comme elle en avait le droit, des vues différentes sur ce qui peut constituer une fin générale bonne, et sur la nature de l'évolution, et à répudier l'idée du progrès, ou encore à employer cette idée dans un sens tout opposé, pour conduire à la destruction et non plus à l'apogée de la vie. En cela le pessimisme a fait un emprunt non déguisé à la méthode de la Conscience. Non seulement il a envisagé le principe et le caractère essentiel de l'univers, là même où se trouvent le dernier fond de la vie et la matière première, pour ainsi dire, de toute conscience, mais il a demandé aux lumières de la conscience la plus développée, à la raison, aux affections bien réfléchies de l'homme et du philosophe, un jugement motivé sur le bonheur et les conditions du bonheur, tandis que les écoles évolutionistes optimistes donnent à leur idéal d'utopie le fondement des appréciations eudémonistes les plus vulgaires. Le pessimisme ne laisse pas de se ranger, pour l'essentiel, dans la classe des doctrines de la Chose, même chez Schopenhauer, de qui le pur idéalisme, interprétation radicale de la métaphysique de Kant, se confond, au point de vue du monde manifesté, avec le pur matérialisme (1). Il est facile de le montrer.

D'abord la finalité inconsciente, sous le nom de la Volonté (c'est-à-dire du Désir), terme générique réalisé, ou avec une désignation encore plus abstraite, est prise pour le principe et la cause de l'univers. L'individuation, portant sur des phénomènes fugitifs, même quand elle s'élève à la personnalité, est illusoire, tout comme dans l'évolutionisme optimiste. De même qu'on peut demander à ce dernier pourquoi il se permet de réaliser les catégories de cause et de substance, alors qu'il bannit du monde et cherche à remplacer par un mécanisme la catégorie de finalité, qui n'est pas moins inhérente à l'entendement, et à laquelle la nature vivante tout entière, et le but visé par sa propre philosophie du progrès rendent témoignage; de même on peut trouver très arbitraire le procédé d'une doctrine qui suspend l'univers à la poursuite des fins, et qui, en portant à sa plus haute généralité le principe cosmique où elles sont toutes renfermées, déclare ce principe inconscient, alors qu'il ne peut être représenté, pensé, appliqué à l'intelligence du monde, que moyennant une de ces consciences qu'il produit aveuglément. Quel privilège a donc le monisme de l'inconscience, — un produit de spéculation après tout, — sur l'individualisme de la conscience,

(1) Voyez sur ce sujet la *Critique philosophique*, 11ᵉ année, nᵒˢ 38 et 39: *La métaphysique de Schopenhauer*.

pour fixer le choix des applications de la méthode réaliste? La métaphysique du pessimisme emprunte à la doctrine de la Conscience le principe de finalité, mais ce principe, au lieu d'en garder le siège dans la conscience, elle en réalise l'abstraction, et c'est ainsi qu'elle est fondamentalement une doctrine de la Chose.

Un autre emprunt manifeste est la morale de la « pitié » (dans le pessimisme *statique*), ou celle du « dévouement au processus universel, en vue de la délivrance » (dans le pessimisme *dynamique* et progressiviste); non que les affections altruistes fournissent le principe de l'éthique à la doctrine de la Conscience, car une affection ne peut jamais être un principe, mais parce que c'est en vertu d'un dictamen de la conscience seulement qu'il est possible, au fond, de leur attribuer la fonction du devoir pour tenir lieu de la loi morale, qui seule commande. Il y a encore ici un vice logique, commun au pessimisme, progressiviste ou non, et à l'optimisme utilitaire et sentimental. Tous les systèmes moraux de la classe épicurienne échouent, nous l'avons vu, à trouver pour l'individu des motifs de sacrifier son intérêt, ou son goût et son jugement particulier, sur le vrai bonheur, en aucun cas; si ce n'est que d'autres considérations et d'autres sentiments, — de direction altruiste, cette fois, mais qui doivent toujours s'identifier avec son goût actuel et son intérêt, tel qu'il se le représente actuellement,— lui viennent spontanément ou puissent lui être suggérés en opposition avec les premiers. La morale néobouddhiste ne s'adressant pareillement qu'au sentiment, ne visant qu'au bonheur, à sa manière, et par conséquent, ne s'appuyant que sur ce qu'elle juge être le véritable intérêt, n'est pas mieux faite que l'utilitarisme optimiste pour commander à l'individu sa conduite. Elle lui enseigne la communauté, l'identité d'origine, d'essence et de fin des êtres, pour qu'il en conclue la sympathie avec son semblable ou le dévouement à la loi d'évolution qui est d'intérêt commun. Mais la conséquence n'est nullement nécessaire. La part de bonheur que chaque individu, à qui son individualité est plus sensible que son identité, peut s'assurer au milieu de l'infélicité générale, cette part lui semble aisément préférable à la recherche du bien des autres individus, comme lui périssables après une traversée plus ou moins fâcheuse de l'existence; et il est naturel qu'il laisse la loi opérer en ce qui concerne la loi, c'est-à-dire pour la fin universelle, et qu'il se tire d'affaire avec la moindre douleur possible, en ce qui le regarde personnellement. Le pessimisme fait appel à de tout autres sentiments; il les prend et ne peut les prendre que dans une conscience où ils ont réellement leur source et trouvent leur raison : dans cette conscience personnelle que sa métaphysique s'attache à combattre. Il ne peut pas les tirer de son explication du monde et de sa théorie de la destinée ; la logique le réduit, comme tout autre monisme, soit statique, soit évolutif, et malgré l'importance qu'il donne aux affections des individus, à n'être qu'une doctrine de la Chose. Il part de cette doctrine, en son abstraction réalisée de la force productive unique des phénomènes et de leur individuation, et il y rentre par l'abstraction correspondante du non être, dans l'anéantissement final universel.

Le déterminisme et l'exclusion de la notion du devoir confirment ce résultat ; car si la liberté était admise, le principe du monisme serait à l'instant détruit, la liberté étant un principe d'individuation qui ne se peut rattacher au développement nécessaire de quelque chose d'unique et d'éternel ; et si le devoir était admis, le monde apparaîtrait sous un autre jour que celui de l'*insatisfaction* générale, inévitable, des désirs des individus dans un ordre naturel et nécessaire des choses, et l'explication du mal, devenue possible, ouvrirait la vue sur la possibilité du bien.

Le dernier résultat de cette longue étude est de nous montrer que le nombre des conceptions réellement différentes en philosophie est beaucoup plus petit qu'on ne paraît généralement s'en apercevoir. Le nombre des questions débattues contradictoirement depuis vingt-quatre siècles, j'entends de celles dont la solution est d'une importance capitale pour l'homme, et autour desquelles toutes les autres gravitent, est lui-même très petit. Les différentes combinaisons possibles de ces solutions qu'un philosophe accepte ou repousse séparément sont une source d'embarras pour l'historien qui vise à classer les systèmes ; mais il n'y a pas d'autre difficulté au fond, c'est-à-dire que celle-là est la seule qui ne tienne pas aux lacunes ou aux doutes de l'érudition, et que l'érudition elle-même, avec tous les secours qu'elle peut désirer, ne soit pas apte à lever. Or nous avons vu comment, après avoir éliminé du problème celles des divergences des penseurs d'une même famille qui ne sont qu'apparentes ou nominales, — et il en est de très importantes de ce genre, sur certaines questions, — on s'explique d'autres divergences, réelles et essentielles, et comment, par quel procédés de l'esprit, les doctrines d'une famille opposée se rencontrent et peuvent arriver à s'identifier. Le fait inniable des points d'accord ou de désaccord exclusivement attribuables aux circonstances externes, aux caractères des hommes et à leurs inégales valeurs de sincérité et de logique, est une considération à rappeler, mais qui devient tout à fait accessoire. En rendant compte des raisons d'ordre général et spéculatif, ou de sentiment, par lesquelles les penseurs les plus sérieux, profonds et résolus, ont été conduits à embrasser des vues dont la justification n'est pas fournie par leurs propres premiers principes et réclame l'emploi de principes contraires; en ramenant à leurs familles naturelles, pour ainsi dire, les opinions dogmatiques qui, bien examinées, paraissent hors de leurs places à côté de certaines autres, dans les grands systèmes, et nous bornant, ce qui suffit, aux sujets partout prédominants sur lesquels a porté notre examen historique, nous avons reconnu l'existence de deux directions ou stations souverainement opposées de la pensée philosophique.

Dans la première, on regarde comme évident, — ou démontré ou en voie de démonstration, et on tient pour certain, — que le fond du monde est la Chose infinie, sans commencement, qui évolue en vertu d'une nécessité interne pour la production de tous les phénomènes possibles de tous les genres, tous et toujours enchaînés, déterminés les uns par les autres, éternellement solidaires dans leur ensemble; et que la question pratique, au point de vue de l'homme, est de savoir, à travers le bien et le mal, où va l'évolution, si tant est qu'elle ait une fin, et de quelle manière le bonheur doit être envisagé dans la marche nécessaire des choses.

Dans la seconde, on croit qu'il faut demander à la Conscience les seules lumières qui sont à notre portée sur elle-même et sur le monde. En se conformant aux lois de l'entendement pour décider de la nature des choses, on admet que toute existence est finie et que les phénomènes ont eu un premier commencement. On reconnaît des actes créateurs. On nie le déterminisme absolu; on pose des agents libres, capables de commencer des séries de phénomènes. On constate la loi morale, en corrélation avec la liberté. Quant à la question pratique, on envisage le désir du bonheur en son rapport avec l'accomplissement du devoir; des postulats sur un ordre moral du monde naissent du besoin que la conscience éprouve de résoudre, ainsi qu'elle le peut moyennant des conditions de temps, l'antinomie présente de la loi morale et du bonheur, l'opposition de la raison et de l'usage actuel de la liberté sous l'influence des passions.

Si nous croyons que la première de ces doctrines est réellement, tout aussi bien que la seconde, un fait de croyance de la part de ceux qui l'embrassent, — et nous avons donné les raisons qui nous persuadent qu'il en est ainsi, — la grande division binaire que nous avons établie nous met en présence d'un dilemme général de la croyance philosophique. De nombreux motifs et des raisonnements qui peuvent paraître aussi concluants qu'on a le droit d'en demander, quand on n'aperçoit nulle part, en ces matières, de démonstration apodictique appuyée sur des principes *incontestés* (les seuls qui devraient passer pour *incontestables*), ont fait pencher d'un même côté la balance pendant tout le cours de notre exposition. Mais il nous reste à considérer le sujet en sa totalité, et le choix à faire, en nous rendant compte de l'état psychologique et moral du penseur intéressé. Nous ne devons pas supposer ce dernier, puisqu'il s'agit de sa croyance, dans la même situation d'esprit que s'il était question pour lui de constater le résultat d'une analyse chimique ou de vérifier la conclusion d'un syllogisme. Il s'agit d'affirmer ou de nier l'existence d'un ordre moral de l'univers, et notre vie est suspendue à ce problème : non la vie précaire qu'on a pu appeler l'ensemble des forces qui résistent à la mort, mais la vie au sens à la fois individuel et universel qui est la grande espérance de tout être arrivé à la pleine conscience de soi.

CONCLUSION

OPTIMISME ET PESSIMISME. — LE MONDE MORAL. — LE PARI MORAL.

La question de l'optimisme et du pessimisme ne se présentait pas autrefois sous la forme que nous lui voyons prendre en notre siècle. Ç'avait été d'abord un problème de théodicée ou justice de Dieu, c'est-à-dire de justification de Dieu. L'existence du mal se posant en fait, on se demandait si l'origine divine du monde, l'origine dans le bien, était compatible avec la nature de ce monde que nous voyons. Les optimistes étaient ceux qui s'efforçaient de voir dans le mal une simple privation d'être, un moindre être ou moindre bien, étranger en son élément négatif à Dieu. Ils l'expliquaient alors par le caractère nécessairement fini, limité, relatif de toute chose créée; ils le justifiaient en le supposant un minimum d'imperfection inévitable, admis dans le plan de la création, ensuite comme devant être éliminé de la fin, au moins en sa qualité douloureuse et par rapport à celles des créatures auxquelles cette fin était prédestinée. Les pessimistes, frappés, au contraire, du fait en lui-même, du fait absolu de la douleur, et voyant dans ce qu'on nomme l'ordre de la nature et dans l'organisme de l'homme un cruel démenti donné à l'idéal même le plus médiocre de l'intelligence et du désir, en nous et hors de nous, prenaient l'un de ces partis : ou de diviser l'œuvre créatrice entre deux principes actifs, l'un de tout bien et l'autre de tout mal, ou d'imaginer la production du monde comme une séparation, une descente, une chute des êtres du sein du principe unique, l'Un et le Bien.

De même que cet ancien optimisme était mitigé par des notions de liberté, de culpabilité et de responsabilité, relatives à une espèce du mal dont la simple privation ou imperfection ne rend pas compte, et qui, difficilement compatibles avec l'universalisme final du salut, pouvaient porter l'optimiste lui-même jusqu'à consentir au sacrifice de la plus grande partie de la création, et à vouer le plus grand nombre des créatures à la perdition éternelle (la fin bonne se rapportant toute aux élus); de même ce pessimisme n'était pas absolu, ce qui tient à la place que les croyances théistiques y gardaient encore. Le Bien envisagé à l'origine, pour l'un comme pour l'autre point de vue, se retrouvait à la fin, ici, sous la forme du retour à l'unité, là, sous celle de la victoire du bien sur le mal. Le renoncement à la vie selon la nature, à la *chair*, qu'on identifiait plus ou moins avec le mal, était une forme du concept de la béatitude et non point un recours au néant. Chrétienne, alexandrine ou manichéenne que fût la doctrine quant à la définition de l'origine et de la fin des êtres, elles n'aboutissait pas à la métaphysique bouddhiste, qui est la formule achevée du pessimisme.

Lorsque les idées d'origine du monde dans le bien, de création et même d'émanation ont perdu, au moins en très grande partie, leur empire sur les esprits spéculatifs, les théories optimistes du mal purement privatif, et du mal racheté en quelque sorte après coup par l'excellence de la fin, n'ont pas partagé le sort de la théologie dans laquelle elles avaient leur raison d'être. Une cosmodicée inconsciente a pris la place de la théodicée délaissée. Mais la privation et la raison du but ont dû se transformer profondément. La privation impliquait l'idée de la perfection, dont elle est la négation partielle, et la raison du but était cette perfection même, qui doit retrouver le plus possible son compte après les déchets nécessairement éprouvés dans le passage à l'acte de la puissance créatrice. Rien de cela n'étant plus de mise, il a fallu que l'idée du bien et du mal comme rapports flottants, sans étalon ou unité de mesure, se substituât à celle du bien comme positif, et du mal comme négatif du bien ; puis que le mouvement du monde vers sa fin, — mouvement que motivait cette fin préconçue et déjà renfermée dans l'origine, — fût remplacé par un procès naturel et spontané des choses, allant de ce qui est relativement moins bon (ou plus mauvais) à ce qui est relativement meilleur (ou moins mauvais). La « philosophie de l'histoire » a donc introduit ce principe, que ce qu'on nomme bien et ce qu'on nomme mal, ainsi d'ailleurs que ce qui est dit vrai ou faux, en matière de jugements moraux, sont choses appréciables uniquement l'une par rapport à l'autre et par rapport aux temps où elles se produisent, et ne diffèrent pas en essence, mais se classent d'après une échelle de comparaison que fournit la succession empirique des pensées et des actes des hommes. A ce principe s'est joint ce postulat, que, d'une manière générale, dans la marche de l'humanité, le mal (relatif) est ce qui précède, et le bien (relatif) est ce qui suit. De là un cercle vicieux qui met en évidence le secret parti pris de l'optimisme ; car la doctrine déterministe du progrès, classant les idées et les faits dans une seule et même série de développement, où les places qu'ils occupent marquent leurs valeurs relatives, doit juger du bien et du mal par l'événement, au moins en observant d'assez longues périodes : en ce cas elle ne peut pas prouver que le postérieur est en effet préférable à l'antérieur. C'est son hypothèse même. Si elle juge du bien et du mal sur d'autres fondements, — et cela ne se peut en réalité autrement, faute pour l'histoire de se prêter à une mise en série régulière au moyen d'observations purement empiriques, — quels seront-ils? Il faudra des principes de morale. Si l'on n'en pose aucun, si l'on admet plus ou moins explicitement, avec certaine école actuelle de l'*idéal* et du progrès, par exemple, qu'il n'y a point à proprement parler de *morale*, point d'obligation ni de sanction des actes moraux, point d'impératifs de la conduite, mais simplement des *idées* plus ou moins fortes, *dont la force se juge par les effets*, des mœurs en voie de devenir avec les idées, et le tout dirigé vers un *idéal*, mais qui lui-même n'a rien de fixe et *devient;* si l'on exclut ainsi toute unité et toute mesure du bien, tout critère, le progrès moral est indémontrable, indéterminable, l'optimisme historique et les prophéties optimistes concernant l'état futur de l'humanité ne sont plus que pure fantaisie, explicable seulement par le besoin que des philosophes qui ont rejeté la création et son but, les destinées individuelles, la liberté et le jugement moral éprouvent d'envisager dans l'univers la puissance d'un bien qu'ils ne peuvent ni garantir ni définir, et, par là, de conserver un motif apparent de la vie universelle et de l'action, l'ombre d'une fin, un leurre pour toute la suite passée et future des individus qui n'en ont eu et n'en auront jamais par le fait aucune de stable et de durable.

Mais, au fond, quand le jugement moral est écarté, ses conditions d'existence niées, toute question de bien et de mal ne peut plus rouler que sur le plaisir et le bonheur, fonction lui-même du plaisir. L'intérêt individuel, qui est encore le plaisir (ces mots étant pris tous deux dans l'acception la plus large) est le mobile unique de l'action, et comprend l'intérêt d'autrui, le plaisir d'autrui, autant que les sentiments qui portent à ces derniers sont compris dans les sentiments qui constituent les premiers. L'intérêt général, ou utilité générale, exigeant le développement des sentiments altruistes, et se trouvant d'ailleurs plus ou moins lié à l'intérêt individuel, ou utilité et plaisir de chacun, devient à son tour mobile d'action. Jusqu'à quel point, avec quelle efficacité? c'est ce qui reste variable et douteux. Quoi qu'il en soit, on obtient, au point de vue ainsi défini, une idée claire du bien humain généralisé, qui est le plus grand bonheur (ou plus grande somme de plaisirs) du plus grand nombre ; une idée claire du progrès, savoir de l'accroissement de ce bonheur ; et une idée claire de la condition de ce progrès, c'est-à-dire du développement des affections sympathiques et du plaisir d'agir pour le plaisir d'autrui sans obéir au devoir non plus qu'à aucun sentiment de contrainte directe ou indirecte. L'optimisme du philosophe est alors sa propre disposition mentale à considérer les hommes comme pouvant céder dans une forte mesure et de plus en plus à ce mobile, et goûter par suite le bonheur, en dépit des obstacles que les lois de la nature, les institutions sociales, les circonstances externes et les passions opposent aux vœux de chacun en particulier et à l'harmonie entre les désirs ou plaisirs des différents individus. Une doctrine ou une autre du progrès reçoit la tâche de montrer le bonheur croissant d'époque en époque, d'en définir l'apogée et de décrire les moyens de l'atteindre.

Les théories chargées de combler ce *desideratum* se partagent en plusieurs classes, soit par la forme de la solution du problème, soit par le degré d'optimisme qu'elles dénotent chez leurs auteurs. La plus hardie surpasse doublement tout ce qui fut jamais rêvé en ce genre ; car elle fait du progrès de l'humanité une simple branche du progrès de l'univers, dont elle fournit la loi, et elle donne du bonheur futur, dans la société future, l'idée la plus absolue, comparable à celle du paradis des religions, si les hommes de ces temps à venir devaient être des immortels et non des hôtes passagers de la terre, ainsi que nous-mêmes, et si les produits de l'*évolution* terrestre ne devaient pas disparaître à leur tour dans une *dissolution* où s'effaceront successivement tous les phénomènes (1).

D'autres théories se contentent de spéculer sur les périodes du développement de l'humanité, et de chercher les lois de l'histoire afin d'en déduire l'avenir. Le principal caractère qui distingue celles-ci les unes des autres, — sans parler de la diversité des hypothèses à l'aide desquelles certaines d'entre elles tentent de construire une série régulière et nécessairement déterminée, avec des faits inconnus ou insuffisants à l'origine, ensuite contingents et désordonnés, qu'il faut tantôt interpréter et altérer,

(1) Voyez ci-dessus, premier volume, p. 487.

tantôt négliger et omettre, — consiste en ce que l'optimisme des unes, se satisfait en imaginant un mouvement tout spontané, une sorte de croissance naturelle de l'esprit humain et du cœur humain dans la direction bienveillante, à la faveur de relations sociales et d'institutions de mieux en mieux entendues, sans toucher à la liberté des individus, en faisant fonds sur elle, au contraire; et l'optimisme des autres préfère compter sur la puissance de conception ou d'exécution de quelques esprits dominateurs qui sauront et voudront soumettre les masses populaires à l'ordre que la loi du progrès et la science révèlent, et organiser la société pour le bonheur.

Voilà l'optimisme moderne, sous les faces où il s'offre en se détachant de toute croyance religieuse ou postulat philosophique sur la destinée des personnes, et en bannissant la notion formelle de l'obligation et toute idée d'une sanction transcendante de la conduite. L'idée du bonheur généralisé et l'espérance sont en somme les facteurs de cet optimisme, et les conditions qui en circonscrivent la sphère sont les négations que je viens de mentionner, non moins hypothétiques, à parler strictement, que les affirmations contraires. Celles-ci, s'il se trouvait qu'elles fussent vraies, réclameraient l'élargissement de cette étroite perspective et ne lui laisseraient qu'un faible intérêt comparatif, avec le danger de l'illusion ou de l'erreur au total. Maintenant descendons à la racine de la théorie et voyons si elle peut légitimement demander à l'hypothèse du progrès social le moyen de résoudre le problème du bonheur. L'*espérance*, fondement de cet optimisme, a pour objet le bonheur en général, le bonheur de tous; mais l'*idée du bonheur* n'est pas directement applicable à un être collectif, et le bonheur de tous ne peut être que la somme des bonheurs des individus. Pour chacun de ceux-ci, pour une personne quelconque, le bonheur d'une autre n'est jamais, s'il la touche, qu'un plaisir, partie intégrante entre tous les plaisirs qui composent son propre bonheur. Ainsi l'exige la théorie. Il suit de là qu'avant de poser la question de savoir si les affections bienveillantes et sympathiques, — lesquelles au surplus sont source d'affliction et de douleur tout comme de joie et de plaisir, — doivent se développer beaucoup à l'avenir, agir de plus en plus efficacement pour l'amélioration des lois sociales et recevoir de ces dernières une heureuse réaction, tellement que les individus, à ce point de vue, atteignent enfin le bonheur, il convient de rechercher si l'individu, quelle que soit la nature de ses affections, et à ne considérer que sa condition dans le monde et l'essence de la sensibilité et du désir, est susceptible de bonheur. Or c'est ce que nie le pessimisme.

Le pessimisme moderne est d'accord avec l'optimisme moderne à n'envisager le bien et le mal que dans la sensibilité et les passions, à nier le libre arbitre et le devoir, à ne connaître de loi morale que l'affection sympathique, et, par suite à juger de la valeur de la vie exclusivement d'après le bonheur qu'elle permet d'atteindre. Ce n'est pas que les pessimistes néo-bouddhistes n'aient des vues infiniment plus étendues sur l'existence, des solutions métaphysiques absolues des problèmes de l'origine et de la fin universelles; mais la nature de ces solutions est telle que le monde ne leur apparaît pas un fait différent de ce qu'il apparaît aux optimistes utilitaires, attachés à la méthode la plus empirique. Disons même que l'ancien bouddhisme, à son point d'attache brahmanique, donnait au fond la même idée de l'existence que peut le faire aujourd'hui un empirisme phénoméniste entièrement dégagé d'hypothèses cosmogoniques et pneumatologiques. Le brahmanisme imaginait une sortie des âmes individuelles du sein de l'être universel, à chaque moment de *réveil* de la nature, ou commencement d'évolution. La philosophie bouddhique, ne supprimant guère que le symbole et l'anthropomorphisme fictif, qu'elle remplaçait par une mythologie métaphysique, chargeait de l'emploi de Brahma les essences de l'*Ignorance* et du *Désir*. De là les âmes, leurs illusions qui sont la vie même, et la douleur, et enfin les métempsychoses. Ce ne sera pas changer le caractère de cette doctrine, pour l'objet moral qui nous occupe, que de n'y tenir compte ni de l'hypothèse réaliste des âmes, ni de la fiction des métempsychoses. En effet que ce soient les mêmes individus, *en réalité*, ou que c'en soit d'autres, qui traversent la vie sous telles et telles formes changeantes et sans durée, qu'importe? il n'y a pas de mémoire entre une forme et une autre de ces individus, et leur identité sans mémoire est une identité vaine, en psychologie. Et que ces individus eux-mêmes se présentent à l'imagination comme des entités persistantes à travers une suite d'ensomatoses, ou que la spéculation physiologique trouve d'autres manières d'exprimer les naissances et les successions des êtres vivants, quel intérêt cela peut-il avoir, pour une vue à prendre du sort de ces êtres dans une conception du monde, quand la permanence supposée des entités n'est pas la continuité de destinée des individus conservant la conscience d'eux-mêmes à travers tous leurs changements? Je laisse de côté le Ciel d'Indra, l'enfer brahmanique, et les croyances analogues qui ont pu être conservées ou rétablies dans la religion bouddhique, et je considère seulement le fond métaphysique des idées : la pensée de l'illusion universelle et du profond néant de la personnalité. Cette pensée à laquelle est venue aboutir toute la philosophie de l'Inde, et d'où est né le bouddhisme, suprême tentative pour supprimer l'illusion elle-même, rendre le néant à sa réalité, est aussi celle du néo-bouddhisme. Si nous ne regardons qu'aux négations, nous pouvons la dire commune à toute doctrine qui rejette les trois grands postulats du criticisme. Là où l'on n'admet ni la conception du monde produite en une conscience dont il soit tout entier l'objet, ni l'individuation et la réelle séparation des personnes par la liberté de la volonté, ni leur perpétuité à travers le cours changeant des phénomènes, on ne voit dans l'univers qu'un pur *fait* formé de la succession des choses apparentes au sein de *quelque chose* de total et d'éternel, à soi-même inconnu. Dès lors toute idée, imagination ou passion, née dans un individu passager, et par laquelle il tend à se détacher, à séparer du tout d'autres existences individuelles quelconques, à leur attribuer une essence propre, une action propre, une fin pour soi et un devoir envers l'ensemble, ne peut constituer qu'une vue illusoire. L'optimisme moderne est généralement d'accord avec le pessimisme, en ces négations. Je répète donc que les deux doctrines partent de prémisses communes pour juger de la nature du bien et du mal et de la valeur de la vie. L'aspect universel des choses est pour toutes deux le même, elles excluent les mêmes hypothèses transcendantes, et le bonheur est le point unique qu'elles visent l'une et l'autre. Or les jugements, des deux côtés, sont diamétralement opposés. De quel côté est la vérité?

Le pessimisme n'admet la possibilité du bonheur ni par rapport à l'individu en général, ni par rapport à l'espèce, à son avenir, à la marche de l'histoire. Schopenhauer, prenant le contre-pied de Leibniz qui regardait le bien-être comme fondamental dans la nature humaine, et la douleur comme utile pour faire sentir du plaisir dans le bien-être, soutient que c'est le plaisir qui est négatif, en ce sens au moins qu'il n'est senti qu'indirectement, grâce à une suppression ou diminution de souffrance, tandis que la douleur est sentie directement. La Volonté, essence et cœur de toute chose, et spécialement de tout être sensible et conscient, est sollicitée par le besoin et fait effort par des désirs dont tout ce qui favorise la satisfaction est plaisir, tout ce qui l'entrave, douleur. Tant donc que le désir n'est pas satisfait, il y a souffrance, et comme nulle satisfaction n'est durable, de nouveaux besoins et de nouvelles souffrances suivent chaque satisfaction. Ainsi vivre c'est vouloir, vouloir c'est souffrir, et par conséquent la vie est dans son essence une douleur, incessamment et vainement combattue par la recherche du plaisir. L'homme, « le plus besoigneux de tous les êtres, » ce composé de désirs inassouvissables et de passions impossibles à satisfaire, est aussi le plus malheureux ; et, parmi les hommes, le plus achevé dans son espèce, l'homme de génie, est celui qui souffre le plus. La vie est une guerre de tous contre tous, une histoire universelle des efforts inutiles et des buts manqués, une interminable succession de douleur et de mort des individus dans lesquels la volonté s'incarne pour reproduire les mêmes phénomènes, sans autre but ; car l'existence de l'humanité est un recommencement perpétuel du même jeu, des mêmes rôles sur d'autres scènes, avec des acteurs différemment habillés. Ce monde de douleur ne mène donc à rien, il est, selon Schopenhauer imitant et retournant le mot de Leibniz, « le plus mauvais des *mondes possibles* ». Il est pourtant le seul possible, et les autres sont *réellement impossibles*, vu l'aveugle nécessité qui préside aux « palingénésies de la Volonté » !

La mitigation de ce jugement par le principal disciple de Schopenhauer a consisté à reconnaître l'existence de certaines espèces de plaisirs qui ne doivent pas leur origine à la cessation d'une douleur, ne sont pas de pures négations ; mais le disciple n'a pas laissé de tenir pour vraie l'affirmation du maître, « savoir que l'existence du monde est pire que sa non existence » ; il s'est proposé de prouver « que la douleur l'emporte beaucoup dans le monde sur le plaisir, non seulement en général, mais encore dans l'existence particulière de chaque individu, même de celui qui paraît le plus favorisé ». Les hommes eux-mêmes arrivent peu à peu en avançant dans la vie, instruits par l'expérience, à se placer au point de vue pessimiste. « *La vie de l'individu aboutit au complet désenchantement. On finit par reconnaître avec Koheleth que tout est absolument vain, c'est-à-dire illusion et néant* » (1). Quant à la vie de l'espèce, Ed. Hartmann admet une évolu-

---

(1) Ed. de Hartmann, *Philosophie de l'Inconscient*, trad. fr., t. II, p. 363 sq. et 430-435. L'analyse résumée dans le second de ces passages n'est pas moins remarquable pour n'être pas précisément composée de vérités nouvelles.

tion, et même une évolution progressive dans le sens de la découverte de la vérité, mais non point vers le bonheur, comme nos optimistes ; au contraire, vers la reconnaissance du néant du bonheur. Un « premier stade de l'illusion, l'ancien monde, *l'enfance* » répond à l'état naïf de l'esprit humain en présence de la fin que poursuit dans sa déraison la volonté : « Le bonheur est conçu comme un bien réalisable sur cette terre pour l'individu actuel ». Le second stade, *la jeunesse*, est le moyen âge, où « le bonheur est conçu comme réalisable pour l'individu dans une vie transcendante, après la mort ». Durant le troisième stade, âge de l'homme fait, « le bonheur est conçu comme réalisable dans l'avenir du processus du monde ». Enfin vient *la vieillesse*, la reconnaissance de l'illusion, qui doit être suivie de la résolution de changer de route, et de trouver le bonheur en fuyant sa recherche, c'est-à-dire dans la « négation du vouloir » dans l'anéantissement simultané des êtres *volontaires*.

Le caractère factice de cette théorie est sensible en ce que l'auteur cède lui-même à l'une des illusions qu'il signale : il charge un *processus* humain imaginaire d'aller à la vraie fin de bonheur, alors que le processus entier de l'expérience n'est, selon lui, que la suite des illusions dont le désir du bonheur est la forme commune. Imbu des idées d'évolution progressive de son temps et de son pays, il tient à ce que la nature et l'histoire conduisent de quelque manière l'humanité à la fin bonne, quoique la conséquence naturelle de son jugement sur la volonté, les passions et la vie soit bien évidemment la prolongation indéfinie des misères inséparables de la volonté, des passions et de la vie. Pour construire ce processus, au fond contradictoire, il arrange une formule de trois époques, qui réduit toutes les nations, toutes les religions et toutes les idées qui remplissent l'histoire à une étroite perspective. C'est d'abord l'opinion banale sur l'"heureuse légèreté d'esprit des Grecs ; puis cette fiction qui consiste à supposer que les hommes du moyen âge ont été chrétiens à ce point de remplacer réellement (ou plus que des Égyptiens ou des Indiens l'avaient fait avant eux) la recherche vulgaire du bonheur par la contemplation de la félicité de la « vie transcendante » ; enfin c'est le forte exagération de l'importance des doctrines actuelles du progrès, et de la sienne propre, par rapport à l'ensemble des destinées. Toute la faute, après tout, est d'avoir essayé d'accommoder le sentiment pessimiste au goût de la mode hégélienne, et considéré pour cela le bonheur dans l'être collectif, ce qui n'a pas de sens.

Schopenhauer a évité cette erreur, grâce à son idéalisme monistique individualiste, qui lui a permis de renfermer dans la solution du problème pour l'individu la solution pour le monde : idée profondément bouddhiste qu'on ne semble pas avoir toujours bien comprise. De là l'immense supériorité métaphysique du maître sur le disciple. Mais, quoi qu'il en soit de leurs spéculations et de celles de leurs nombreux successeurs, sur le rapport de l'idée du bonheur à celle de l'existence en général, ne devons-nous pas tout ramener en principe à l'individu, ce point central où le bonheur est désiré, — quelque multipliés que soient les points semblables, — et ce point unique aussi où puisse jamais se formuler un jugement sur l'existence du bonheur et sur la possibilité de l'atteindre? La question reviendrait donc par le fait à savoir si l'individu goûte plus de biens qu'il ne souffre de maux dans la vie, et lequel pour lui est préférable de l'être ou du non être ; et c'est nécessairement à chacun de nous qu'elle se poserait; car comment pourrais-je donner commission à un autre de décider si la vie me paraît plutôt bonne que mauvaise, ou *vice versa*, et si je suis bien aise d'avoir vécu, malgré les douleurs que j'ai ressenties et celles auxquelles je dois m'attendre?

La question n'a de sens que ramenée à l'individu, c'est certain, puisque le bonheur collectif n'a lui-même un sens et n'est possible que sous la condition du bonheur individuel ; mais il faut considérer l'*individu en général, par rapport à la situation et au destin que lui fait dans le monde la doctrine qu'on embrasse*; non point l'*individu empirique* avec ses impressions complexes et changeantes, dans son milieu borné par la naissance et la mort, comme s'il était démontré que le problème de la valeur de la vie peut et doit se traiter et se résoudre avec ces seules données, et qu'il n'existe aucune autre condition. Que cela soit démontré ou non, la doctrine, en tout cas, est mise en cause par l'objection, et il est antiphilosophique de vouloir tirer une conclusion générale de la construction de la courbe des sensations agréables ou désagréables, positives et négatives, d'une vie humaine, à moins de savoir qu'elle commence et qu'elle finit là, et qu'on n'a point à s'enquérir de la cause et du but. Si on prétend le savoir, il faut commencer par justifier la doctrine.

Cette construction même, ainsi limitée, est impossible, et l'espèce d'enquête à laquelle il faut procéder ne mène à rien, non plus que les remarques humoristiques et satiriques des poètes et des moralistes de tous les temps sur la misère de l'homme et la vanité de ses buts ne prouvent quelque chose en dehors de l'état d'esprit où ils se trouvaient au moment où ils ont écrit. Si les prétentions à l'*évidence* n'ont pu encore établir rien de constant et d'unanimement reçu en matière d'idées et de raisonnement, combien n'est-il pas plus chimérique de songer à apprendre de l'aveu des gens s'ils sont heureux ou malheureux, si la somme de leurs peines l'emporte sur celle de leurs plaisirs, et cela quand leurs impressions varient selon l'âge, le moment, et mille circonstances, et qu'ils portent sans cesse des jugements incertains sur le bonheur les uns des autres et sur ce qui fait le bonheur. C'est cependant ainsi ce qu'il faudrait procéder pour résoudre empiriquement la question, rien ne pouvant remplacer les témoignages personnels sur ce qui n'est sensible qu'en chaque personne, et la concordance des témoignages pouvant seule donner un résultat.

Changeons de méthode et ne consultons que nous-mêmes : des notions morales et des sentiments moraux vont entrer inévitablement dans nos appréciations ; nous distinguerons des plaisirs et des satisfactions de plusieurs qualités ; il y en a que nous refuserons d'admettre comme éléments d'un *vrai bonheur*, ou du moins que nous ne voudrons pas regarder comme faisant partie d'un *bonheur désirable*; et il y a des peines d'une nature telle, que nous estimerons *plus heureux* l'homme *capable de les éprouver*. Nous arriverons ainsi à contredire l'idée trop simpliste du bonheur dont nous sommes partis. L'observation nous montrera des hommes à passions faibles, ou d'une prudence consommée, qui ont fourni une longue carrière en s'estimant heureux constamment et jusqu'à la fin, et qui la recommenceraient volontiers : nous ne penserons peut-être pas et le pessimiste lui-même est loin de croire que le monde devînt meilleur pour posséder une majorité d'hommes de ce caractère égoïste et placide, parfois malfaisant aussi ; ou que le monde devînt plus mauvais pour voir augmenter le nombre de ceux qu'auxquels une grande sensibilité, et la *pitié* même, souveraine vertu du bouddhiste, font une vie où semble dominer la douleur, et qu'on appelle malheureuse. Le bouddhiste qui enseigne en morale l'ascétisme et le complet renoncement, avec Schopenhauer, ou celui qui, avec Hartmann, fait consister le progrès dans la reconnaissance croissante de l'illusion universelle, nous placent (telle est bien cette fois l'opinion commune) sur la voie d'une vie misérable, afin d'atteindre le seul vrai bonheur, *au dire de leur hypothèse* : il est donc clair qu'ils conçoivent et nous proposent un certain exemplaire de vie, supérieur à la vie heureuse, telle qu'ils se la sont représentée au moment où il était question pour eux d'établir le bilan des biens et des maux de la vie, et d'évaluer une résultante de bonheur. On révolterait ceux qui, accueillant l'idée de ce calcul, semblent prêts à donner tort ou raison au pessimisme, selon que l'avantage du nombre leur sera montré du côté de la somme des plaisirs, ou du côté opposé, si on leur présentait comme plan de bonheur, acceptable à aussi bon titre que tout autre, un état de choses tel, qu'une grande majorité d'êtres très heureux, c'est-à-dire faisant librement leurs volontés et ne goûtant que des plaisirs, dussent leurs plaisirs aux douleurs d'un petit nombre, dans lesquelles ils se complairaient. Un seul malheureux serait de trop, non pas comme faisant tache au tableau, — je ne prends pas ici la question sous ce point de vue, — mais de trop, en tant que les plaisirs des autres seraient tirés de la douleur de celui-là. Et cependant le bonheur existerait alors par hypothèse. Pourquoi l'hypothèse est-elle odieuse? Pourquoi répugnons-nous à faire entrer la vue d'un mal positif, d'une douleur, quelque réduites que nous en supposions la place et la quantité, dans les sensations agréables de l'être que nous imaginons heureux? Ce ne peut être que parce que notre jugement sur le fait du bonheur, et sur la qualité des plaisirs dont le bonheur peut être composé, ne se laisse pas facilement séparer de nos jugements moraux. Nous ne voulons pas nous laisser persuader que le bonheur soit compatible avec la méchanceté; et si nous admettons qu'il le soit avec l'indifférence, c'est précisément en vue des cas où nous ne pourrions pas le concilier avec la sensibilité. Et pourquoi cela encore? Parce que nous avons, indépendamment de nos propres impressions, qui ne prouveraient rien pour celles d'autrui, et qui ont même contre elles, il faut l'avouer, certaines apparences de ces dernières, certains caractères d'hommes, nous avons, dis-je, l'idée d'une harmonie du monde humain qui serait détruite si le bonheur, cette fin poursuivie universelle, pouvait se réaliser dans l'individu sous des conditions qui en sont la négation dans les autres; et nous ne consentons pas à penser la loi morale violée au bénéfice sérieux et profond du transgresseur. Quand la notion de la loi morale n'intervient pas pour nous rendre inacceptable une définition entièrement empirique du bonheur, c'est qu'un autre principe général de moralité est introduit dans l'idée même qu'on se forme de cet état que l'on voudrait encore, et que l'on ne peut plus considérer empiriquement, ou dans le pur fait d'un composé de plaisirs pris par chacun où chacun les trouve. Ce principe dépend de croyances instinctives, de convictions morales qui ne s'avouent pas directement pour ce qu'elles sont, et qui priment ce pur fait à la donnée duquel il semblait que tous les jugements sur le bien eussent à se soumettre sans examen. Le *sens moral*, la *sympathie*, jouent ce rôle chez les optimistes utilitaires; la *pitié* chez les pessimistes.

S'il n'était pas vrai que ces derniers mêlent intimement leur idéal moral avec l'idée du bonheur dont on les dirait exclusivement occupés, en leurs opinions sur la vie, leur philosophie pratique serait bien étrange; car elle conseillerait à ses adhérents de renoncer à la poursuite des seules fins qui puissent leur promettre des plaisirs, leur en donner au moins quelquefois, et de prendre, par la raison que ces fins sont le plus souvent trompeuses, le parti le plus répugnant de tous à la nature humaine, le plus douloureux par conséquent : celui de n'en poursuivre plus aucune, à l'exception de celle qui supprime toutes les autres, et se supprimerait elle-même en s'atteignant! Une telle conclusion ne peut que paraître tirée à contresens, si on lui suppose pour prémisses réelles des observations sur le plaisir et la peine, évidemment mieux faites pour conduire au système des plaisirs tempérés et de l'abnégation modérée d'Épicure (1). Mais la vérité est que le pessimisme bouddhiste procède non des résultats d'une analyse des biens et des maux, et des conditions de ce qu'on peut appeler bonheur pour l'individu, mais de la « pitié pour les créatures », et du désespoir causé par la contemplation d'un monde où elles n'ont toutes que des fins apparentes et finalement déjouées. A ce point de vue, le jugement se comprend, le jugement porté en général : *il vaudrait mieux qu'un tel monde n'eût jamais existé*.

En un mot, la doctrine éthique ne résulte pas, dans ces deux écoles, de l'analyse des conditions empiriques du bonheur; ce sont les jugements sur le bonheur qui sont tirés des doctrines, ou, pour mieux dire, inspirés par les sentiments généraux qui animent leurs auteurs. On peut bien ne chercher en apparence qu'à se faire une idée du bonheur individuel, en tant que fait réel, ou possible, ou plus ou moins annulé par des faits contraires

(1) Il faut dire cependant que la morale épicurienne est la vraie conclusion pratique de Ed. de Hartmann (Voyez ci-dessus, t. I, p. 468); mais aussi la doctrine *nirvanique* de ce philosophe n'a-t-elle pas le caractère sérieux de celle de Schopenhauer, dont la morale est purement ascétique.

ou des contradictions internes; mais, au fond, on est déjà fixé sur la question, et sur ce qu'on veut admettre ou rejeter comme compatible ou incompatible avec le bonheur, suivant certaines idées auxquelles on est attaché, et qui mettent l'individu en rapport avec un tout. L'optimiste est satisfait de penser que le bonheur va toujours en augmentant dans le monde; il jouit sympathiquement, en sus de ses plaisirs propres, de tout ce que la nature et la société fournissent de biens aux hommes du présent, et surtout promettent aux hommes de l'avenir, et il détourne autant qu'il le peut la vue des maux inévitables. Le pessimiste est désolé de sentir que le bonheur est et reste inaccessible, faute de fins satisfaisantes réelles, ou de possession durable de ces fins, pour les individus qui le poursuivent; il souffre sympathiquement, en sus de ses peines propres, de toutes les douleurs physiques et morales inhérentes à la nature et à la société, et non pas seulement en leur état actuel; il contemple les maux comme indissolublement unis à la vie, et déduit pour remède la renonciation à la vie. Le premier se contente, en place du *bien*, de l'*amélioration* relative qu'il espère, et dans laquelle il n'est pas même intéréssé personnellement, puisqu'elle concerne les générations futures. Le second porte un jugement plus universel : dût-il même admettre le progrès, il refuserait encore d'appeler bonheur, et de regarder comme préférable au néant, un état quelconque de l'homme, du même genre que l'état où nous le voyons. Puisqu'il en est ainsi, et que c'est toujours une doctrine, avec certains sentiments qui ne s'en séparent pas, qui dicte au philosophe une réponse ou une autre à la question : *optimisme ou pessimisme*, le mieux sera de renoncer à poser cette question comme résoluble par l'examen des faits, comme devant conduire à décider si l'homme *est* plus heureux que malheureux, ou réciproquement, et si sa vie *vaut la peine* qu'il vive. La vraie question, encore une fois, est celle du rapport établi entre l'homme et le monde *dans la doctrine qu'on embrasse*. Ce rapport est-il tel qu'on puisse dire l'homme, l'individu, heureux à tout prendre, ou dans l'ensemble de son destin? Le monde, *selon cette doctrine*, satisfait-il aux besoins, aux désirs naturels et qui semblent légitimes des hommes, des individus, leur promet-il, leur assure-t-il des fins telles qu'en exige au point de vue pratique la *rationalité*, suivant la définition rapportée ci-dessus d'un ingénieux et profond philosophe (1)?

---

(1) Voyez plus haut les formules de M. W. James, p. 177 sq.

Et, dans cette question, *cette doctrine*, cela va sans dire, doit elle-même se regarder comme *mise en question;* car si la doctrine est douteuse, et si d'autres hypothèses touchant le rapport de l'homme au monde sont possibles, en supposant des données du problème du mal, autres que celles que l'analyse découvre dans les bornes de l'expérience présente et des choses connues, alors aussi la question du bonheur reste en suspens, ou doit être décidée solidairement avec le problème général issu des oppositions d'idées que nous avons étudiées et classées, et par la même méthode.

Le rapport du monde à l'homme, — *à l'individu humain en général*, puisque, ainsi que nous l'avons dit, l'idée du bonheur n'a de sens que par son application à l'*Individu* en dernière analyse, — ce rapport, apprécié dans l'esprit de la doctrine de la Chose, s'établit toujours en négation de la possibilité du bonheur. Sans doute, on voit des systèmes importants, classés dans cette catégorie, admettre par une inconséquence dont j'ai rendu compte (1) l'existence d'une finalité générale dans la marche de l'univers; mais aucun n'accorde à l'individu une fin pour soi, tous rapportent son destin au tout et le regardent lui-même comme un élément de forme passagère et un simple moyen de l'existence et de la fin universelles. C'est dire qu'ils lui refusent toute autre satisfaction possible que celle qui peut se définir, en sens optimiste ou pessimiste d'ailleurs, par cette contradiction : trouver le bonheur dans la pleine renonciation au bonheur.

Prenons la question dans des termes plus communs et plus naturels. Personnifions pour un moment la Nature, suivant l'exemple donné par Stuart Mill, en un passage célèbre, et voyons si le spectacle des phénomènes est propre à nous faire penser que cette personne a disposé les choses à bonne intention pour nous, ou en vue de notre bonheur. Rappelons d'abord les belles remarques de Stuart Mill lui-même. La première est dirigée contre une idée fausse, quoique née de sentiments naturels, qui tend à nous faire accepter la grandeur et la sublimité de la nature pour une suffisante justification de sa conduite envers nous, qui sommes si petits. « Un ouragan, un précipice, l'aspect du désert, l'Océan, soit agité, soit en repos, le système solaire et les grandes forces cosmiques qui en relient les parties, l'é-

---

(1) Voyez plus haut, p. 170-172 et 225 sq.

tendue sans limite du firmament, et, pour un homme instruit, une seule étoile excitent des sentiments auprès desquels toutes les entreprises, toutes les forces de l'homme se montrent tellement insignifiantes, que, pour un esprit absorbé dans la contemplation de ces phénomènes grandioses, il semble qu'il y ait une présomption intolérable, chez une créature aussi chétive que l'homme, à élever des regards de critique sur une chose placée à cette hauteur, ou à tenter de se mesurer à la grandeur de l'univers. Mais il nous suffira d'interroger un moment notre conscience pour nous convaincre que ces phénomènes ne font sur nous une si profonde impression que parce qu'ils sont immenses. L'étendue prodigieuse dans l'espace et le temps, ou la puissance colossale qu'ils attestent, constituent ce qu'ils ont de sublime, c'est-à-dire pour nous un sentiment plus voisin de la terreur que de toute autre émotion morale. Bien que l'échelle immense sur laquelle ces phénomènes se produisent excite l'étonnement et nous force à nous détourner de toute idée de rivalité, le sentiment qu'il inspire est d'un genre tout à fait différent de l'admiration ou de la perfection. Les individus chez qui la crainte produit l'admiration sont peut-être développés au point de vue esthétique, à coup sûr ils sont sans culture au point de vue moral. C'est l'un des attributs de notre faculté d'imagination, que les conceptions de grandeur et de puissance que nous saisissons vivement produisent un sentiment qui nous paraît préférable à la plupart de ceux que l'on compte parmi les plaisirs, bien que dans ses formes les plus intenses il confine à la douleur. Mais nous sommes tout aussi capables d'éprouver ce sentiment à l'égard d'une puissance malfaisante ; et nous ne l'éprouvons jamais si fortement en face des puissances de l'univers qu'au moment où nous avons une conscience claire du pouvoir qu'elles ont de nous faire du mal ».

Stuart Mill écrit ces lignes à propos du précepte : *Sequere naturam*, qu'il prend dans le sens propre et matériel des mots, et dont il veut montrer la fausseté. Pourquoi ne devons nous pas imiter la Nature ? parce que ses actes les plus ordinaires, s'ils étaient intentionnels, seraient immoraux, et dénoteraient de sa part ou l'indifférence absolue pour ses créatures, ou la volonté de leur nuire. En d'autres termes, la Nature ne suit pas un système dont le bonheur des créatures paraisse être le but, et elle agit très ordinairement comme si elle se complaisait dans le mal.

« Après la grandeur des forces cosmiques, la qualité qui frappe le plus vivement toute personne qui n'en détourne pas les yeux, c'est qu'elles restent en jeu avec une continuité parfaite, absolue : elles vont droit leur chemin sans regarder ni l'homme ni l'objet qu'elles écrasent en passant. Les optimistes qui veulent prouver que *tout ce qui est est bien* sont obligés de soutenir, non pas que la nature se détourne jamais d'une ligne de sa voie, pour éviter de nous passer dessus et de nous détruire, mais qu'il serait très déraisonnable de notre part d'attendre qu'elle le fît. Le vers de Pope : « La gravitation s'arrêtera-t-elle quand tu passeras? » peut servir à fermer la bouche à ceux qui seraient assez simples pour attendre de la Nature le modèle de la moralité vulgaire. Mais si la question se posait entre deux hommes, au lieu de se poser entre un homme et un phénomène naturel, cette apostrophe triomphante ne serait plus qu'un modèle d'impudence. Un homme qui continuerait à jeter des pierres ou à tirer le canon quand un autre passe, et qui le tuerait, serait mal venu de s'excuser en invoquant l'exemple de la nature, et il mériterait d'être traité en meurtrier.

« Au fond, presque tout ce qui fait condamner les hommes à la mort ou à la prison, nous le retrouvons dans les actes de la nature. Le meurtre est l'acte le plus criminel aux yeux de toutes les lois humaines ; or la nature tue une fois tout être vivant ; et dans un grand nombre de cas elle le fait mourir après des tortures prolongées que seuls les plus grands monstres dont l'histoire ait consigné les cruautés ont fait souffrir de propos délibéré à des hommes. Si c'est seulement par une réserve que rien ne justifie que nous n'appelons pas meurtre ce qui abrège la durée que l'on suppose départie par le sort à la vie humaine, la nature n'abrège-t-elle pas la vie de tout le monde, à l'exception d'un très petit nombre? Elle l'abrège de toutes les manières, violemment ou insidieusement, à la façon dont les plus méchants hommes ôtent la vie à leurs semblables. La nature empale les hommes, les brise comme sur la roue, les livre en pâture aux bêtes féroces, les brûle vifs, les lapide, comme on fit au premier martyr chrétien, les fait mourir de faim, geler de froid, les empoisonne par ses exhalaisons comme par des poisons foudroyants ou lents ; elle tient en réserve par centaines des genres de morts hideux que l'ingénieuse cruauté d'un Nabis ou d'un Domitien n'a jamais surpassés. Tout cela, la nature le fait avec la plus dédaigneuse insouciance aussi bien de la pitié que de la justice, épuisant ses traits indifféremment sur les meilleurs et les plus nobles comme sur les plus chétifs et les plus méchants, sur ceux qui sont engagés dans les entreprises les plus nobles, et souvent comme conséquence directe des plus nobles actions. Elle fauche ceux dont l'existence est le soutien de tout un peuple, et peut-être l'espérance de l'humanité pendant des générations à venir, avec aussi peu de regret que ceux dont la mort est pour eux-mêmes un soulagement, et un bienfait pour ceux qui subissaient leur influence dangereuse. Voilà comment la nature traite la vie. Alors même qu'elle n'entend pas tuer, elle inflige les mêmes tortures avec une insouciance évidente. Dans la précaution malhabile qu'elle a prise pour assurer le renouvellement perpétuel de la vie animale que rend nécessaire la prompte fin qu'elle met à la vie de chaque individu, nul être humain ne vient au monde qu'un autre ne soit à l'instant mis à la torture pour des heures ou des jours, et assez souvent pour en mourir. Après le meurtre vient (ce qui d'après une haute autorité est la même chose) l'acte qui ôte les moyens d'existence; la nature le fait sur la plus large échelle, avec l'indifférence la plus endurcie. Il suffit d'un seul orage pour détruire l'espoir de l'année. Une invasion de sauterelles, une inondation ravagent une contrée; une modification chimique insignifiante survenue dans une racine alimentaire fait périr de faim des millions de gens. Les flots de la mer, semblables à des voleurs de grands chemins, s'emparent des trésors des riches et du peu que possède le pauvre, non sans dépouiller, blesser, tuer, comme leurs antitypes humains. Bref, tout ce que les pires des hommes commettent, soit contre la vie, soit contre la propriété, s'accomplit sur une bien plus large échelle par les agents naturels. L'amour de l'ordre, qui est à ce que l'on croit une conséquence des voies de la nature, en est en réalité la contradiction. Tout ce qu'on déteste habituellement, quand on parle du désordre et de ses conséquences, est précisément une sorte de pendant des voies de la nature. Il n'y a pas d'anarchie, pas de régime de terreur, qui ne soient surpassés au triple point de vue de l'injustice, des ruines et de la mort, par un ouragan ou une épidémie » (1).

Stuart Mill combat, à la suite de ce passage, le sophisme moral qui prend la forme de cette hypothèse : que tout le mal du gouvernement physique du monde serait le prix dont il faut payer l'accomplissement de fins sages et bonnes, et trouverait là sa justification. Il fait la critique des penchants humains : égoïsme, esprit de domination, cruauté, si difficilement et si mal

---

(1) Stuart Mill, *Essai sur la nature*, trad. de M. Cazelles.

corrigés par l'éducation. « Alors même qu'il serait vrai, dit-il, que chaque penchant élémentaire de la nature humaine a son bon côté et peut, grâce à une certaine somme d'éducation artificielle, devenir plus utile que dommageable, cela compterait pour bien peu, puisqu'il faudrait en tout cas admettre que, sans cette éducation, tous ces penchants, même ceux qui sont nécessaires à cette conservation, rempliraient le monde de misère, feraient de la vie humaine un portrait agrandi de la scène odieuse de violence et de tyrannie que nous offre le reste du règne animal à l'exception des espèces qui ont été apprivoisées et domestiquées par l'homme. En vérité les gens qui se flattent de lire les plans du créateur dans ses œuvres devraient, pour ne pas se contredire, tirer des conclusions qui leur répugnent. S'il existe dans la création une marque quelconque d'un dessein spécial, une des choses qui rentrent dans le plan de la façon la plus évidente, c'est que la plupart des animaux doivent passer leur vie à tourmenter et à dévorer d'autres animaux. Ils ont été abondamment pourvus de tous les instruments nécessaires pour atteindre ce but ; leurs plus puissant instincts les y poussent, et beaucoup de ces animaux paraissent avoir été construits de manière à ne pouvoir vivre d'autre façon. Si l'on avait employé à chercher des raisons pour noircir le créateur la dixième partie de la peine qu'on s'est donnée pour découvrir des combinaisons d'un caractère bienfaisant, combien n'en aurait-on pas trouvé chez les animaux, divisés, à peu près sans exception en deux classes, les uns qui dévorent, et les autres qui sont dévorés, et qui tous sont la proie de mille maux, contre lesquels ils ne possèdent aucun moyen de protection ? *Si nous ne sommes pas obligés de croire que la création animale est l'œuvre d'un esprit du mal, c'est parce que nous n'avons pas besoin de supposer qu'elle est l'œuvre d'un être d'une puissance infinie.* Mais s'il fallait que l'imitation de la volonté du créateur, telle qu'elle se révèle dans la nature, devînt une règle d'action, les plus atroces monstruosités des pires d'entre les hommes seraient plus que justifiées par l'intention apparente de la Providence, qui semble avoir voulu que, dans toute l'étendue du règne animal, le faible fût la proie du fort. »

Stuart Mill conclut, en dernière analyse, que le *système de la nature* considéré dans son ensemble ne peut avoir eu pour objet unique ou même principal le bien des hommes, ou celui des autres êtres sensibles, et que, si ce système est l'œuvre d'une *puissance bienfaisante*, ce ne saurait être que d'une *puissance limitée*. Cette conclusion serait inattaquable, si elle n'exigeait pas une double réserve, dont le préjugé déterministe de Stuart Mill, joint à la manière habituelle qu'ont les théologiens de comprendre la *toute puissance*, a dû lui déguiser la force logique : c'est que le libre arbitre d'une créature est, s'il est réel, une limitation, réelle aussi, de la puissance d'un créateur, et que le système de la nature pourrait être dirigé en ce qui dépend de cette puissance, et nécessairement, en cela, quoi qu'il arrive, vers une fin *sage* et *bonne*, sans pour cela être, *tel qu'il est*, l'œuvre de ce créateur, et voulu *tel*, *à priori*, avant tout usage fait de leur liberté par les créatures. Mais n'anticipons pas sur ces réflexions. Ajoutons au tableau de la nature, anthropomorphisée par Stuart Mill, celui que nous peint, avec la même éloquence des faits, le disciple d'Auguste Comte, qui préfère bannir de l'idée de l'univers toute supposition de fin bonne ou mauvaise. Littré, parlant des poisons, des venins et des pestes, incessants produits de cette officine de la nature où s'élaborent indifféremment d'innombrables substances douées de toutes sortes de propriétés qui portent en elles la vie ou la mort, s'exprime en ces termes :

« Telle est la condition des choses : sous nos pieds sont placés une multitude de pièges, vraies chausse-trapes où l'on se prend de la façon la plus inopinée, et d'où l'on ne sort que sanglant et mutilé, quand on en sort. Peu, bien peu, ayant pour eux la chance favorable, *quos œquus amavit Jupiter*, arrivent au terme de la vie sans avoir fait de ces funestes rencontres. Il suffit du moindre retour sur son passé pour reconnaître le point où un malheureux hasard vous a jetés, vous et les vôtres, dans une série de maux quelquefois à jamais irréparables. C'est surtout aux yeux du médecin que se déroulent ces accidents de l'existence individuelle ; il sait avec quelle peine la vie a été défendue contre ces agents de destruction qui surgissent de tous côtés, de l'air ambiant, du froid, du chaud, des aliments, des peines morales et des choses de la société ; il sait quels germes de souffrance et de ruine met dans l'organisation telle rencontre malheureuse, et, au moment où quelques symptômes se manifestent au milieu de la jeunesse la plus florissante, il voit dans le passé de l'être ainsi menacé et dans une triste hérédité le gage d'un dépérissement prochain que trop souvent rien ne peut arrêter. Ainsi, dans ce tourbillon d'éléments incessamment transformés en matière vivante et incessamment rendus au monde inorganique, s'entre-croisent mille causes de douleur et de mort, trop inhérentes à la nature des choses pour être à jamais abolies, mais qu'un emploi judicieux de nos connaissances et de nos ressources peut atténuer...

« Sans vouloir entrer aucunement dans la recherche de l'essence des choses, recherche inaccessible, exercice désormais stérile, et dont tout esprit scientifiquement cultivé doit se défendre, on peut considérer les résultats amenés dans le monde par la constitution des êtres vivants et par les conditions de la biologie. La nécessité où sont tant d'animaux de se nourrir de proie vivante donne une physionomie toute particulière au globe que nous habitons. Dès lors, une portion de ses habitants, livrée uniquement, hormis le besoin de la reproduction, au soin de sa nourriture, passe sa vie à poursuivre ou à guetter, suivant le mot de Lafontaine, *la douce et l'innocente proie*; et comme, dans l'organisation animale, les parties sont en rapport et que le tout forme un système, à ces besoins répond un moral déterminé, la ruse, la soif du sang, l'ardeur à la chasse, la patience infatigable à guetter, l'habileté à dresser des pièges. Toutes ces passions appartiennent aux races carnivores; la faim pour la chair est l'associée d'instincts tout spéciaux, et dans l'histoire même de l'homme elle a laissé une trace profonde non encore complètement effacée, l'anthropophagie (1). D'autre part, qu'on se représente les terreurs de la bête poursuivie, de celle que chassent le tigre dans les forêts, l'aigle dans les airs, le requin au sein des eaux, de celle qu'égorge le grand-duc dans le silence de la nuit, et l'on verra ainsi régnant de toutes parts un état sanglant de guerres et de souffrances par une nécessité à laquelle on ne peut se soustraire, mais qui révolte singulièrement notre bienveillance acquise. Certes, aucune intelligence humaine n'aurait aussi cruellement institué les rapports des êtres, et aujourd'hui même tous les efforts des sociétés civilisées tendent à se servir des forces brutes de la nature pour ôter ou atténuer les maux inhérents à cette même nature; mais ici, comme partout, les propriétés des choses sont la loi immuable : la condition de la vie est le passage incessant de matériaux sans cesse renouvelés, et il s'est trouvé que ce tourbillon, outre les substances végétales, a attiré à lui les chairs vivantes et palpitantes des animaux; de là le sort des populations de notre globe...

---

(1) Il est loin d'être prouvé, ou seulement probable que la « faim pour la chair » ait été le mobile de l'anthropophagie, dans le principe; mais Littré aurait pu se contenter, pour son argument, de l' « ardeur à la chasse », passion d'un caractère général dans la nature humaine, amusement favori des grands, envié et avidement recherché par les petits.

« L'enchaînement des lois biologiques, les arts mêmes qui en dérivent, la possibilité de modifier à coup sûr les organismes, tout cela définitivement a ruiné la doctrine des causes finales, qui, chassée des autres sciences, prit si longtemps refuge dans la structure des corps vivants... C'est une des grandes œuvres de la science positive d'avoir chassé de partout ces intentions prétendues et d'avoir substitué le fait à l'hypothèse.

« Une fois que cette notion fondamentale est acquise et que toutes les forces qui meuvent notre monde ont été aperçues, le point de vue change ; l'ancien effroi et l'ancienne admiration se dissipent, et l'on juge le spectacle qui nous entoure... Tout cela, sans doute, » — à savoir les maux, les accidents et les catastrophes, dus à la constitution du monde et au conflit des forces cosmiques, et que Littré compare à ceux qui proviennent de quelque dérangement dans une dangereuse mécanique, — « tout cela est l'effet nécessaire des propriétés de la matière ; mais certainement le mécanicien serait autrement habile et puissant, s'il lui était donné de rendre impossibles de pareils accidents. Toute perturbation dans un système indique que des propriétés de la matière et non des intentions finales sont en jeu (1). Or le système du monde est plein de perturbations d'autant plus nombreuses et profondes que la complication des agents est plus grande. C'est ainsi que les dérangements et les irrégularités, peu considérables entre les corps cé-

---

(1) Cette proposition légèrement équivoque, à moins de se réduire à un pur truisme, n'est point *positiviste*, mais dogmatiquement négative. Il n'y a pas de logique au monde qui permette de conclure du fait des perturbations à l'absence de but, ou de l'existence de propriétés brutes de la matière à l'impossibilité d'une fin poursuivie sous les conditions et, en partie, à la faveur, en partie en dépit de ces mêmes propriétés. Le positivisme lui-même n'a pas été empêché par les perturbations les plus troublantes de l'histoire humaine de composer une théorie du progrès de l'humanité. Nier la finalité générale du monde par la raison qu'on est parvenu, grâce à l'analyse de ses forces, à l'envisager sous l'aspect d'un mécanisme, c'est supposer, ce n'est point prouver qu'il n'y a rien dans le monde hormis ce mécanisme. Or cette supposition, quoique relative à un fait négatif, est une hypothèse sur cette « essence des choses », inaccessible selon Littré, et dont « la recherche est stérile ». Et lui-même, on le voit, fait plus que la rechercher, il la définit et l'affirme, il la détermine dans ce qu'elle n'est pas, et par conséquent dans ce qu'elle est.

Tout autre était l'opinion de Stuart Mill sur la finalité, avec une vue analogue sur la nature : « Je pense qu'il faut reconnaître que, dans l'état actuel de nos connaissances, les adaptations de la nature donnent beaucoup de probabilité à la création par une intelligence... La simple ressemblance qu'on trouve dans l'univers avec les œuvres de l'homme, ou avec celles que l'homme pourrait faire s'il avait sur les matériaux des corps organisés la même puissance que sur ceux d'une montre, cette ressemblance a quelque valeur comme argument analogique. Mais l'argument tire une grande force des considérations proprement inductives qui établissent qu'il existe quelque connexion de causation entre l'origine des arrangements de la nature et les fins auxquelles ils servent » (*Essais sur la religion*, trad. de M. Cazelles, p. 161-162).

lestes (?) arrivent au plus haut point dans l'organisation des animaux. Tout gît dans les conditions auxquelles les choses sont soumises. Assis quelques moments sur le bord de la mer, on peut voir la vague se soulever, l'eau tomber sur la rive, la barrière de galets s'ébranler, l'écume légère s'en aller en flocons, et tout cela sous l'impulsion du vent qui fraîchit; de même on peut, s'absorbant dans sa pensée, contempler le tumulte éternel des existences sous l'impulsion des forces élémentaires » (1).

Ces deux penseurs, dont l'un consent à spéculer sur l'hypothèse des fins (soit bonnes, soit mauvaises, ou en tout cas empêchées et contrariées) qui auraient été visées dans l'institution de la nature, et dont l'autre nie toute finalité générale, sans avoir pour cela de meilleure raison à donner que l'existence du mal, s'accordent sur un fait à constater et sur un point de doctrine, quelque séparés qu'ils soient d'ailleurs par les méthodes qu'ils suivent en philosophie. Le point de fait est la condition des êtres sensibles relativement au bien et au mal, le plan du monde, tel qu'il apparaît dans les phénomènes actuels. L'accord doctrinal consiste, pour tirer des inductions de cet état douloureux des choses, à ne tenir aucun compte de l'hypothèse du libre arbitre, entre autres hypothèses, et à ne pas même la recevoir à discussion. C'est un parti pris d'ignorer cette espèce du mal qui tient de la liberté de l'agent son caractère spécifique, un refus de poser la question de savoir si le *mal physique* n'aurait pas son origine et son essence première dans le *mal moral*, auquel cas le point de vue à prendre de la création et le jugement à porter de son plan seraient entièrement changés, et le créateur, s'il en est un, déchargé de toute responsabilité, hormis de celle d'avoir *créé*. Car ce n'aurait point été *créer*, c'est-à-dire constituer des êtres réellement séparés, que d'en poser de simplement apparents, et d'être et d'agir soi-même sous leurs apparences, de peur qu'ils ne se fissent du mal en agissant librement. C'est bien ainsi que la théologie prédéterministe a compris au fond la création et l'action divine unique et universelle, quoique sans déclarer le néant de la liberté en paroles expresses, parce que c'eût été avouer qu'on faisait Dieu l' « auteur du mal ». Mais les philosophes qui admettent une liberté réelle des êtres à l'origine du monde ouvrent incontestablement des vues qu'on ne doit point négliger parmi les hypothèses de nature à expliquer le mal *en toute sa généralité*, et à jeter

---

(1) Littré, *De la physiologie* (Revue des Deux Mondes, 15 avril 1846, réimprimé dans *La Science au point de vue philosophique*, 1873), pp. 267, 274, 302.

quelques lueurs sur le plus transcendant de tous les problèmes. On fait preuve d'une conviction bien arrêtée peut-être, mais on pèche contre la logique, on tombe dans le vice d'énumération incomplète, quand on se hâte de conclure en omettant des éléments importants et si anciennement connus de l'analyse d'une question.

L'évolutionisme a fait des progrès rapides dans la faveur publique depuis que Littré rééditait les lignes ci-dessus sans seulement mentionner cette doctrine, qui lui aurait au moins permis de mettre quelque chose à la place des causes finales qu'il supprimait si arbitrairement dans son explication de l'univers par les « propriétés de la matière ». Stuart Mill se contentait de signaler l'apparition, dans la science, de l'hypothèse qui substitue à la finalité naturelle la loi de *la survivance des plus aptes* : il voulait bien l'accepter comme sérieuse, quoique ne le paraissant guère, à son avis, et il remarquait qu'elle n'est « en aucune façon incompatible avec la création » quoiqu'elle affaiblisse beaucoup la preuve qu'on a coutume d'en donner (1). Mais l'évolutionisme de forme scientifique (séparé de l'utopie du progrès, qui est loin de lui être nécessairement adhérente) n'est nullement fait pour altérer en substance des jugements sur la valeur du monde tels que ceux que nous venons de voir. Il doit même les rendre, si c'est possible, plus défavorables. Le déterminisme est posé avec la même rigueur, et par conséquent la présence du mal dans le monde ne peut pas d'avantage être expliquée par la liberté ; et la loi du sacrifice des faibles aux forts, qui est l'injustice même, étant formulée d'une façon plus systématique, ou comme une forme essentielle du devenir de la vie, le plan de la création paraît plus odieux et l'imitation de la nature plus immorale que jamais. En exprimant son admiration pour ce plan, dans les dernières lignes de son principal ouvrage (2), Darwin s'est évidemment classé lui-même parmi les hommes que Mill nous dit être plus développés par la culture esthétique que par la culture morale. Si maintenant nous ajoutons aux idées générales de descendance, de lutte pour l'existence et de transformisme celle d'un progrès continu dans les formes de l'être, dans toutes les sortes d'adaptation et de jouissances des créatures appelées successivement à la vie, notre jugement sur le mérite de l'univers et de sa loi ne pourra pas changer beaucoup. Cette loi reste la même, et elle est antimorale. Elle ne donne

---

(1) Stuart Mill, *Essais sur la religion*, trad. de M. Cazelles, p. 160-161.
(2) Voyez ci-dessus, t. I, page 189.

pas le bonheur, mais la guerre, la douleur et la mort comme moyens de progrès. Le bonheur, elle le promet, et elle n'est capable de tenir sa promesse à l'égard d'aucun être qui dure. Ils servent tous aux fins d'autrui, sacrifiés incessamment les uns aux autres, sans qu'aucun d'eux ait une fin pour soi et puisse jouir à jamais du résultat de tant d'efforts et de peines. La perspective du bonheur futur de l'humanité réclame des individus, dans ce système, un travail et un dévouement qui ne peuvent être utiles pour rien ni pour personne, en dernière analyse, pas plus que pour eux-mêmes, puisqu'il n'y aura de permanence pour qui ou pour quoi que ce soit d'enfin obtenu, ni de satisfaction pour aucun désir individuel d'être et de durer, mais que toute chose et toute pensée devra finalement se dissoudre et revenir à l'indistinction primitive. Tel philosophe peut sans doute envisager d'un œil optimiste une pareille conception. C'est à l'optimisme que j'ai dû moi-même la rattacher, en égard à l'état mental satisfait dont elle émane, ainsi qu'à la solution qu'elle donne aux problèmes d'avenir social; mais je ne peux que la confondre, en elle-même, avec le pessimisme, quand je pense au caractère de la loi qui dirige l'évolution (la lutte pour l'existence, la guerre universelle), et à la fin dernière qu'elle marque aux phénomènes et qui n'est, en gros et en détail, pour les individus les uns après les autres, et puis pour le tout, que celle-là même que le bouddhisme, lui, vise d'un seul coup, pour nous délivrer à la fois de l'illusion de toutes.

On voit que ce n'est jamais qu'une doctrine, et non point la simple expérience de la vie, ou la consultation des impressions, des idées et des passions variables des hommes, qui peuvent motiver un jugement général sur le bien et le mal de l'existence et sur le mérite du plan de la création. Il est curieux que les jugements pessimistes que j'ai rapportés tout à l'heure aient laissé de côté certains des traits les plus noirs qu'il y ait à reprocher à la nature, quand on lui prête fictivement une personnalité pour se plaindre à elle du sort réservé à l'homme dans l'ensemble de son œuvre. On dirait presque que les philosophes que j'ai cités ont craint de laisser voir combien notre appréciation raisonnée de la condition de l'homme pouvait être changée suivant que nous adopterions une vue ou une autre sur son origine, sa loi propre et son destin futur; car ils n'ont pas appelé notre attention sur la plus grande de ses misères, qui est en même temps celle de toutes où l'importance d'une doctrine se fait le plus sentir à qui prétend en juger au fond. Ils ont insisté sur les maux venus du dehors; s'ils ont parlé de ceux qui tiennent à nos instincts et passions, ils les ont surtout considérés dans leurs rapports extérieurs et comme sources de maux pour les autres êtres. Le mal intérieur essentiellement humain semble leur avoir échappé ; c'est cependant là que la Nature a montré dans sa conduite envers nous, pour continuer le langage mythologique de Mill, la méchanceté la plus raffinée. D'abord elle a donné à l'homme la connaissance et la crainte insurmontable (au moins à vue directe) de la mort ; connaissance et émotion qui, faisant de l'existence un don non seulement précaire mais dont la jouissance est continuellement accompagnée de l'idée de le perdre, suffisent déjà pour que, de tous les êtres vivants, celui-là goûte la moindre sécurité de la vie et se sente le plus malheureux. Ensuite la Nature a donné aux passions, par l'effet de l'imagination, qui d'elle-même les produit et reproduit hors de propos et les renforce étrangement, chez l'homme, un caractère inassouvissable et déraisonnable qu'on n'observe pas chez les animaux. Cette puissance de *déraison*, étrangère aux êtres *sans raison*, et qui est la source de tant de maux qu'on a coutume de rapporter à certaines aberrations humaines dites *contraires à la nature, hors des voies de la simple nature*, est cependant la conséquence de la *nature de l'homme*, de la *nature* de ses passions. A ce caractère passionnel se rattachent, outre les erreurs, les excès et les vices qui abrègent et avilissent la vie, et rendent les hommes plus dangereux qu'ils ne le seraient sans cela les uns pour les autres, la société plus difficile, plus troublée et moins sûre, se rattachent, dis-je, les illusions et les désenchantements, les ennuis et les chagrins dont se compose une vie individuelle, finalement la reconnaissance de la vanité de cette vie, et de la vie en général, qui n'est qu'une somme de vies semblables, menant à d'autres semblables encore, de buts en buts toujours et nécessairement manqués pour chacun et pour tous, puisque ni celui qui les poursuit ni ceux dans l'intérêt desquels ils sont poursuivis, ni l'objet lui-même n'ont rien de durable et de permanent. Ce jugement pessimiste est inévitable pour le penseur dont les idées et les sentiments s'élèvent au-dessus de la « vie du torrent », à moins qu'il ne se dise que la vie a peut-être une autre destination encore, pour l'individu, que celle de se procurer à lui-même et de fournir à ses compagnons préférés le plus possible des biens entrant comme éléments dans ce qu'on nomme le bonheur ; que peut-être il y a un devoir ; que peut-être les maux de l'existence s'expliqueraient si nous en connaissions l'origine et les suites, les rapports à cette loi du devoir, et qu'ils cesseraient alors de nous paraître irrémédiables ; que peut-être, en un mot, il existe telle chose qu'un *monde moral*: savoir un ordre des phénomènes, plus profond que les lois de la nature sensible, et enveloppant ces lois, en vertu duquel les conditions du bonheur sont subordonnées à l'usage de la liberté, le mal engendré par la faute, et le bien garanti dans l'avenir aux bons ouvriers de la loi morale. Le jugement pessimiste est donc fondé sur des négations qui font partie de ce que j'ai nommé la doctrine de la Chose ; il perd toute sa force si nous croyons à l'existence d'un monde moral dont la doctrine de la Conscience nous ouvre la perspective.

Nous voilà mis en demeure d'opter entre le jugement pessimiste et le jugement optimiste, touchant l'idée à nous faire du mérite de l'univers et de la valeur de la vie, de même que notre classification des doctrines philosophiques nous a conduit à faire notre choix entre la doctrine de la Chose et la doctrine de la Conscience. La question est la même. Le parti à prendre ne peut pas se décider logiquement par l'évidence, puisque l'*évidence* et la *croyance* sont elles-mêmes au nombre des thèses et antithèses sur lesquelles le débat est ouvert et exigerait une décision. Quant à nous, qui posons la question ainsi, nous ne pouvons faire autrement, dans la situation où elle nous met, que d'accepter pour notre analyse l'hypothèse de la croyance et de laisser à qui veut la prendre celle de l'évidence, à laquelle nous ne prétendons pas. Il s'agit donc de savoir ce que nous voulons ou devons croire. Et ne nous laissons pas arrêter, au début de notre examen, par cette objection déterministe, que « l'on croit ce qu'on peut et non ce qu'on veut ». Disons simplement que nous cherchons les motifs qui nous inclinent à croire d'un côté ou de l'autre, *si nous délibérons*, ou qui nous confirment dans notre croyance, *si elle est déjà établie*. Cette manière d'entrer dans la question est impartiale et toute rationnelle. C'est seulement quand nous croirons l'avoir résolue que, dans le cas où notre solution serait favorable à la doctrine de la Conscience, nous trouverons dans notre croyance elle-même le droit de déclarer cette croyance librement voulue et conforme au devoir.

Cela posé, trois sortes de motifs sont à considérer, qu'on peut appeler aussi trois sortes d'intérêts : 1° les motifs intellectuels, l'intérêt de l'esprit ; 2° les motifs passionnels, l'intérêt du cœur ; 3° le but naturel et universel du bonheur, intérêt proprement dit, mis en jeu par la supposition que l'individu pourrait avoir à se féliciter ou à souffrir, dans un monde futur, des conséquences du parti qu'il aurait pris dans la vie présente sur le problème de la vie.

Les motifs de l'ordre intellectuel nous ont occupé dans toute la suite de notre étude des thèses et antithèses respectives des deux doctrines à comparer. Il en est qui nous ont paru d'une si grande force, que la loi même de l'entendement et les principes du raisonnement se trouvaient d'un seul côté, et leur négation de l'autre. Je veux parler surtout de la question de l'infini, et nous avons vu combien étroitement elle se lie à celles de l'évolution universelle et de la nécessité. N'y revenons pas. Mais le débat entre la nécessité et le libre arbitre soulève une difficulté toute particulière et d'un intérêt capital, relative à la position que le choix de l'une ou de l'autre fait au penseur par rapport à la vérité, ou à la certitude intime qu'il s'en attribue. Expliquons-nous définitivement sur ce point que nous avons déjà indiqué en plusieurs rencontres (1). Supposons un agent moral dans l'acte de se résoudre sur une question de vérité ou d'erreur qui a pu soulever un doute, et rendons-nous compte de la nature de son affirmation, du droit d'affirmer de sa conscience, selon que nous considérerons cet acte comme libre ou comme l'un des termes de la *séquence invariable* et de la chaîne indissoluble des phénomènes de l'univers. Que devient le problème de la certitude dans chacune des deux hypothèses? Dans la première, la position du penseur est bien simple. Il renonce à posséder une espèce de certitude qui, traversant sa conscience, n'en subisse pas les conditions en partie incertaines, mais qui soit affranchie de ce coefficient de doute possible, et équivalente à ce que serait, pour ainsi parler, *la prise de connaissance d'une chose par cette chose même et dans l'acte d'être cette chose.* En échange de sa renonciation à cette irréalisable identité (2), il reçoit le sentiment de sa puissance propre pour la vérité, de sa faillibilité et de sa responsabilité, c'est-à-dire d'une espèce d'erreurs possibles imputables à lui seul, qu'il est sujet à commettre, pouvant ne pas les commettre. Et il a pour garantie l'exercice même de son libre arbitre, instrument de ses

---

(1) Voyez ci-dessus, p. 91-93, 174, 191.
(2) Cette formule énonce la condition impossible à laquelle est soumise la connaissance de l'*en soi*, en tant que tel, par l'*autre*. Elle condamne la doctrine de la perception externe, d'une certaine philosophie. Mais elle n'est pas inapplicable au cas de la perception immédiate du phénomène comme phénomène.

croyances réfléchies, la force ainsi que la pureté de ses motifs, s'il peut s'en donner le témoignage sincère, et l'indépendance de ses appréciations. Cette attitude de l'esprit dans l'affirmation est le contraire du scepticisme, puisqu'elle est la croyance : la croyance fondée sur des motifs, autres parfois, souvent et au besoin les mêmes et de la même force que tous ceux qui sont à l'usage du déterministe, et à laquelle on n'ajoute intrinsèquement rien en les qualifiant d'évidents ou d'irrésistibles, alors qu'il y a des gens qui ne les voient pas ou qui leur résistent.

Dans l'autre système, on est forcé de se dire que la vérité et l'erreur se font l'une comme l'autre en nous, par nous sans doute, par une œuvre qui est la nôtre, mais à raison des anneaux que nous-mêmes et nos déterminations, antécédentes et conséquentes, nous sommes, à tels moments et à telles rencontres, de la chaîne infinie, éternelle où tous les phénomènes possibles ont leurs places nécessairement marquées. Or ces anneaux, par eux-mêmes, sont toujours et essentiellement la réalité ; toutes les pensées et toutes les affirmations qui sont du nombre de ces anneaux sont tout ce qu'elles peuvent et doivent être : c'est notre hypothèse ; mais il arrive que ces pensées et ces affirmations données se trouvent, en certains cas, relativés à d'autres pensées et à d'autres affirmations qui font également partie de la grande chaîne, et que, au lieu d'en être la confirmation, elles en sont souvent la négation. Cette circonstance se présente à l'égard des jugements humains, sur une infinité de sujets, particuliers ou communs, pratiques ou théoriques, mais notamment en ce qui concerne les thèses philosophiques et les opinions sur le monde et la vie. Comment donc savoir, étant nous-mêmes de ces anneaux, tous vrais en un sens, comme réels, et qui devraient, semble-t-il être concordants, mais qui sont discordants en leurs déclarations comparées les unes aux autres, comment savoir quels sont ceux qui méritent notre confiance? Il est de fait que la Nécessité — personnifions-la, comme on a fait ci-dessus la Nature, — si logique, si conséquente à elle-même dans l'enchaînement réglé des phénomènes cosmiques, et même dans ceux de la vie, car, s'il y a douleur, il n'y a pas contradiction du moins à ce que les animaux se dévorent mutuellement et que la vie s'alimente de la mort, la Nécessité, quand elle engendre cet ordre supérieur de l'intelligence par où elle entreprend de se rendre compte de ses produits et de ses voies au moyen de certaines de ses parties appelées à la conscience de leurs rapports entre elles et avec elle, semble prise de folie. Au lieu d'organiser de simples *perceptions* qui fussent incapables de donner dans le *percevant* autre chose que ce qui est dans le *perçu*, elle se disperse en toutes sortes de jugements contradictoires. De même que l'Évolution, — encore une personnification (1), — parvenue, dans le système de M. Spencer, à ce moment où l'homme commençant vient continuer la série animale, parut oublier pour un temps sa grande loi de l'adaptation de l'intelligence aux choses, garante de toute réalité, sauvegarde contre les aberrations, et suggéra à cet être des fictions, des hallucinations et des rêves d'où procédèrent des croyances religieuses et philosophiques, arrivées maintenant à leur déclin, de même la Nécessité, quel que soit l'avenir inconnu qu'elle tient en réserve, s'est reniée et se renie sans cesse elle-même par le fait de l'apparence ou illusion humaine des décisions libres et des futurs contingents, et elle contredit dogmatiquement jusqu'à sa propre existence en suscitant contre les penseurs qui l'affirment les penseurs qui la nient. Bref, la nécessité est, de deux manières, instinctivement et systématiquement, l'agent de sa propre négation, en même temps qu'elle s'affirme systématiquement en la personne de certains esprits. Quel parti prendre devant ces apparences contraires et également nécessaires, et comment prononcer sur le fond de la chose ?

Un penseur peut, ainsi que je le remarquais plus haut, soit inconsciemment à demi, soit le sachant fort bien et se le disant (comme Spinoza), s'estimer du nombre de ces vases d'élection de la nécessité qui voient les choses comme elles sont en les voyant nécessaires, tandis que les gens du commun et quelques philosophes sont voués aux idées inadéquates et à l'erreur, par d'autres effets de cette même nécessité. Mais, du point de vue général de la nécessité et de ses produits contradictoires, où nous venons de nous placer, et où nous pouvons forcer ce penseur à se mettre avec nous, nous lui déclarons que sa profession de certitude est un acte tout personnel, un acte mystique sous la forme d'une reconnaissance privilégiée d'évidence, et qu'une fois le privilège ôté, que nous n'avons aucune raison de lui accor-

---

(1) L'instinct mythologique de cette personnification n'est pas aussi étranger qu'on pourrait le croire aux évolutionistes. Ceux qui admettent l'existence d'une finalité universelle, mais non celle d'une conscience et providence animant le tout, ou située en arrière du mouvement pour lui imprimer sa direction, sont forcés par une loi de l'esprit dont ils n'avouent pas le principe, mais qui se traduit dans leur langage, à parler de l'Évolution comme si elle avait par elle-même un but, de la façon dont les personnes en ont un, c'est-à-dire le connaissant et y allant sciemment.

der, nous voyons, et lui-même doit voir son évidence prétendue, ou croyance, balancée par d'autres évidences prétendues ou croyances qui ont les mêmes garanties à offrir que la sienne, *dans son hypothèse*. A moins donc de reconnaître aux projections objectives d'un philosophe déterministe sur la réalité en soi une valeur supérieure à celle des projections objectives d'autres philosophes, parce que c'est lui, nous devons, neutralisant les premières par les secondes, conclure que l'une des œuvres de la nécessité dans le monde, si nécessité il y a, consiste à mettre en doute les principales vérités qu'elle institue en fait, et jusqu'à sa propre existence, par la façon dont elle informe les intelligences. Le déterminisme a pour conséquence logique le scepticisme touchant son objet propre et touchant toutes les questions de philosophie qui sont débattues d'une manière permanente entre les philosophes. On ne peut échapper au doute, en ce système, que par l'outrecuidance d'un dogmatisme, personnel, au fond, faute de faire accepter les preuves ou autorités qu'on invoque. Il en est tout autrement de la doctrine de la liberté, dans laquelle une ferme conviction, qui ne se donne que pour ce qu'elle est, ne réclame aucun privilège et peut s'avouer comme une affirmation personnelle, parce qu'elle est essentiellement un acte moral.

Le motif d'ordre intellectuel doit donc nous incliner du côté de la doctrine de la Conscience ; je dirais : nous oblige à conclure en ce sens, si je supposais que le penseur remplît les conditions suivantes, dont l'énumération ne sera pas inutile pour que tout ceci soit parfaitement clair : 1° qu'il reconnaît l'existence du litige, et qu'il ne place pas le déterminisme sous l'autorité de la science ; qu'il avoue que cette autorité, en matière si générale, exigerait elle-même pour s'appuyer, une autre autorité qu'on n'a pas (1) ; 2° qu'il n'est pas sous l'influence d'une secrète passion de certi-

---

(1) « Nous ne pouvons obtenir aucun résultat d'expérience, relativement aux objets naturels, sans que la loi de la causalité agisse déjà en nous ; *elle ne peut donc pas être un résultat des expériences que nous faisons sur ces objets*... On a voulu voir dans la loi de causalité une loi naturelle acquise par induction... Je me contenterai de remaquer que la démonstration empirique de la loi de la cause suffisante est bien difficilement acceptable ; en effet, le nombre des cas où nous croyons pouvoir démontrer complètement le rapport causal des phénomènes naturels est bien peu considérable par rapport au nombre des cas où cette démonstration nous est encore complètement impossible. Les premiers appartiennent presque exclusivement à la nature inorganique, tandis que les cas non démontrés comprennent la plus grande partie des phénomènes de la nature organique. Pour les animaux et les hommes, nous admettons même avec certitude, d'après notre propre conscience, un principe de libre arbitre, que nous sommes absolument obligés de soustraire à la dépendance rigoureuse de la loi causale ; malgré toutes

tude externe, hétéronomique, absolue, mais suffisamment instruit de cette vérité pratique : qu'un philosophe ne reçoit pas seulement sa conviction, mais aussi la fait; 3° qu'il éprouve le désir de se faire une conviction en effet, et, pour cela, qu'il se résigne à cette espèce du doute, si c'en est une, mais inévitable et salutaire, qui consiste à s'avouer faillible, et qu'il repousse une autre espèce d'incertitude, procédant du fait que l'affirmation et la négation présenteraient des titres de la même valeur en tant qu'authentiqués par la nature, productrice de toutes les apparences et de toutes les opinions. Or ce dernier cas, nous venons de le voir, est celui où l'on se place en opinant en faveur de la nécessité.

Le *désir* de se former une conviction sur des questions d'ordre théorique est déjà sans aucun doute une affection, une passion, et, par suite, un sentiment que répudieraient, s'ils étaient conséquents, les philosophes suivant lesquels les jugements généraux portés sur le monde et l'homme doivent être des déterminations de pur intellect. L'empire de la raison pratique est assez grand pour les empêcher de prendre une attitude exclusivement receptive, devant la vérité comme perçue par *vision* directe, ou démontrée par le raisonnement; ou, s'il se flattent d'en approcher personnellement, ils savent fort bien remarquer, quand il s'agit des autres, qu'*on* obéit à des mobiles plus compliqués que des idées pures, là même où il

les spéculations théoriques sur la fausseté possible de cette conviction, *je crois que notre conscience naturelle ne s'en départira jamais*. Ainsi ce sont précisément les cas les mieux et les plus exactement connus que nous considérons comme des exceptions à la loi causale. *Si donc cette loi était une loi d'expérience, sa démonstration inductive serait très peu satisfaisante...* La loi causale présente le caractère d'une loi purement logique, en ce que les conséquences qu'on en déduit ne se rapportent pas à l'expérience elle-même, mais à la manière de la comprendre, motifs pour lesquels il est impossible qu'elle soit jamais réfutée par l'expérience... » — non plus que démontrée.

« *La loi de la cause suffisante est tout simplement la prétention de vouloir tout comprendre.* En présence des phénomènes de la nature la tendance de notre esprit est de chercher des *notions générales* et des *lois naturelles*. Les lois naturelles ne sont que des notions générales qui comprennent les variations naturelles. Mais comme il nous faut considérer les lois naturelles comme valables et actives indépendamment de notre observation et de notre pensée, tandis que les notions générales ne seraient qu'une manière de mettre de l'ordre dans notre pensée, nous exprimons cela en appliquant à ces lois les dénominations de *causes* et de *forces*. Lors donc que nous ne pouvons pas ramener des phénomènes naturels à une loi, et que par conséquent nous ne pouvons pas poser la loi comme valable objectivement et comme étant la cause des phénomènes, *nous cessons de pouvoir concevoir ces phénomènes*.

« *Mais nous avons besoin de chercher à les concevoir*, car nous n'avons pas d'autre moyen de les soumettre à notre intelligence. Il faut donc les examiner *en admettant que nous parviendrons à les concevoir*. De cette façon la loi de la cause suffisante n'est rien que *le besoin qu'éprouve notre intelligence de soumettre toutes nos perceptions à sa domination*. Ce semblerait n'y avoir en jeu que de ces sortes de forces. En fait, ils sont logés à la même enseigne que les autres, et, s'il n'en était pas ainsi pour eux, ils tomberaient dans l'indifférence et le scepticisme, suite naturelle de la variété du spectacle des choses, de la diversité des impressions et de la contrariété des jugements. Il n'y a que la passion et le vouloir qui puissent donner et entretenir le goût du travail, porter à la recherche et mettre l'unité de direction dans l'emploi de l'intelligence. Comment se pourrait-il que les jugements eux-mêmes, en toutes choses où nous les voyons réellement différer, n'eussent pas entre autres facteurs, chez les individus, ces affections et ces déterminations volontaires d'affirmer ou de nier qui sont inséparables de la conduite de l'esprit? Et n'en est-ce pas le signe irrécusable, que cette impuissance où se trouve ordinairement le penseur intellectualiste et évidentiste d'obtenir que son confrère soit modifié comme il l'est lui-même, à ce qu'il croit, par la pure intelligence et l'évidence? « Ah! s'il prétendait posséder lui seul, par la grâce divine, une faculté de voir, grâce à laquelle il apercevrait des choses que les hommes dépourvus de ce secours ne sauraient voir, ce serait bien différent. Il s'est rencontré des gens qui ont pu faire croire qu'ils possédaient des facultés de ce genre, et tout ce que les autres pouvaient exiger d'eux, c'était de montrer leurs titres. Mais quand le théoricien n'affiche pas la prétention de posséder des dons exceptionnels, et qu'il se contente de nous dire que

n'est pas une loi naturelle. Notre entendement est la faculté de former des idées générales; il ne trouve rien à faire de nos perceptions sensuelles et de nos expériences s'il ne peut pas former des idées, des lois générales, qu'il rend objectives ensuite sous le nom de causes. Lorsque les phnomènes peuvent être ramenés à un rapport causal déterminé, ce rapport est assurément un fait objectivement valable et correspond à des rapports objectifs particuliers qui existent entre les phénomènes ; dans notre pensée nous exprimons un pareil rapport comme étant un rapport causal, et nous n'avons aucune autre manière de l'exprimer.

« De même que le mode d'action particulier à notre œil est d'éprouver des sensations lumineuses, et que, par suite, nous ne pouvons *voir* le monde que comme un *phénomène lumineux*, de même notre intelligence a pour fonction particulière de former des idées générales, c'est-à-dire de chercher des causes, et *elle ne peut par conséquent comprendre le monde que comme une connexion causale.* Outre l'œil, nous avons encore d'autres organes pour nous mettre en rapport avec le monde extérieur ; aussi le toucher et l'odorat s'appliquent-ils à bien des choses que nous ne pouvons pas voir. A côté de l'intelligence, au contraire, nous n'avons aucune faculté de même ordre pour comprendre le monde extérieur. *Donc nous ne pouvons pas nous représenter l'existence de ce que nous ne pouvons pas comprendre ».* — L'auteur veut dire : nous ne pouvons pas nous représenter *comment il vient à l'existence;* car nous nous le représentons bien comme une donnée qui n'a pas besoin pour être que nous la *comprenions.*
— Cette page de philosophie critique si profonde, où se trouve admirablement expliqué le rôle scientifique de l'idée de *cause suffisante*, est de Helmohltz, *Optique physiologique,* p. 591-593 de la traduction française.

nous pouvons aussi bien que lui voir ce qu'il voit, sentir ce qu'il sent, quand il va jusqu'à soutenir que nous le voyons et que nous le sentons, et que malgré les plus grands efforts nous ne parvenons pas à apercevoir ce dont il prétend que nous avons conscience, la faculté d'intuition dont il parle n'est plus que « La lanterne sourde de l'esprit, — Avec laquelle nul « ne peut voir que celui qui la porte ». Alors nous avons bien le droit de demander à ceux qui portent la lanterne, s'il n'y a pas plus chances qu'ils se soient trompés en constatant l'origine d'une impression dans leur esprit, qu'il n'y en a que d'autres n'aperçoivent pas l'existence même d'une impression dans le leur » (1).

C'est surtout en ce qui concerne les philosophes intuitifs que Stuart Mill relève de cette manière piquante ce qu'il appelle aussi « la commune infirmité qui consiste en ce qu'un homme ne peut pas, en déclarant qu'*il* perçoit un objet, convaincre les autres qu'ils le voient également ». Mais la moindre attention peut nous apprendre que le cas est le même, quand il s'agit de forcer par le raisonnement une conviction rebelle, sur l'un de ces sujets qui sont la constante matière des théories et des controverses philosophiques : L' « infirmité » n'est pas celle du raisonnement, et ce n'est nullement le syllogisme en lui-même qui manquerait à faire la preuve, valable pour tous les esprits ; mais c'est que tout raisonnement veut des prémisses admises, et que ces prémisses, — ou d'autres plus éloignées dont on aurait besoin pour démontrer celles-là, — ne sont pas *perçues*, ne sont pas *vues* par l'homme qu'on *désire* convaincre. Nous sommes ramenés de la sorte au premier cas. Au fond, voici quelle est la situation : l'homme argumenté a des idées antérieurement arrêtées, qui s'opposent à ces prémisses, et ces idées tiennent pour une part plus ou moins grande à ses sentiments, à ses affections et à des habitudes d'esprit contractées sous l'influence de motifs autres que purement intellectuels ; et l'argumentateur est dans le même cas pour ses propres idées. Seulement, il ne veut pas, et bien souvent ni l'un ni l'autre ne veulent en convenir.

Ce sera faire de nécessité vertu que d'admettre ouvertement des facteurs de nos convictions, dont il est vain de prétendre s'affranchir : vain et nuisible, si bien que la vertu, faite de nécessité, doit tourner à profit. Il est clair, en effet, que le danger est plus grand de s'illusionner en se croyant à l'abri

---

(1) Stuart Mill, *Essais sur la religion*, trad. de M. Cazelles, p. 150.

des illusions dont on voit que les autres sont victimes, que de se tromper en cherchant à faire une juste part à ces motifs de l'ordre du sentiment, qui peuvent sans doute induire en erreur, mais qui cependant ont cela pour eux, en principe, qu'ils appartiennent eux aussi, et non pas l'intellect seulement, à la nature des choses et à la constitution de la nature mentale.

Les partisans de la méthode purement intellective, — qu'ils appellent *objective*, c'est-à-dire appuyée sur la prétention de constater en tout et partout des *objets* qui soient incontestablement des objets pour tout le monde, — ne s'aperçoivent pas qu'ils chargent un entendement séparé, abstrait, de comprendre ou d'interpréter la nature et la vie, alors qu'il y a certainement dans la nature et la vie bien autre chose que des objets de perception et d'entendement. Passe encore si le monde était simplement un spectacle. Nous pourrions alors nous contenter de réagir sur lui *par nos yeux*, aidés de télescopes et de microscopes, en y joignant des inductions de l'espèce dite *per enumerationem simplicem*, ou des probabilités à numérateurs et dénominateurs rigoureusement calculés, pour suppléer à nos faibles organes à l'endroit des objets les plus éloignés. Mais le monde de la vie est autre chose encore que cela, et quelque chose de plus intéressant et de plus important pour des êtres tels que nous. Il est un système de fins et de moyens conduits par des passions plus ou moins conscientes, dans l'animalité tout entière et chez nous-mêmes, et servis par des volitions. C'est une grande question, la question même de comprendre ou d'interpréter ce monde afin de régler notre réaction propre sur lui, que la question de savoir ce qu'il est par rapport à la passion et à la volonté d'une manière générale, par rapport à une fin universelle qu'il pourrait avoir, et à des fins qu'il pourrait enfermer dans la sienne, pour nous individus. Il y a là tout au moins des *possibilités* qu'on peut bien dire que toutes les nations et tous les hommes, ou à peu près tous, reconnaissent. Et nous refuserions de *réagir par le sentiment* sur cette nature, elle-même pleine de sentiment, et qui nous a donné tout ce que nous en avons, nos affections, nos passions pour des fins idéales, et nous rechercherions un pur rôle de miroir ou de chambre noire, auquel elle nous a rendus si peu propres par l'ensemble de notre organisation mentale ! En vérité ce n'est pas raisonnable. Il ne faudrait rien de moins, pour nous recommander ce rôle, que le fait que la chambre noire fût un organe réel, un second cerveau, tout réceptif, soustrait jusqu'ici à notre observation, et que quelqu'un, l'ayant découvert en lui-même, eût l'art de le faire apparaître en chacun de nous, avec les mêmes images. Mais, au lieu de cela, le théoricien intellectualiste est ce promeneur de lanterne sourde dont on nous a parlé tout à l'heure, et sa lanterne n'éclaire pas les mêmes objets apparents que celles de ses confrères, ce qui doit faire penser que la lumière qu'il y allume est l'intelligence humaine, mère de science arbitraire, qu'a définie Bacon : « *Intellectus humanus luminis sicci non est, sed recipit infusionem a voluntate et affectibus; id quod generat ad quod vult scientias* ».

Le vice de l'aphorisme baconien, ou de l'intention qu'il témoigne, n'est pas dans la supposition que l'intelligence humaine, arrivée à se rendre compte de sa propre loi, serait capable de se séparer de sa mixture ordinaire, et d'éviter toute *infusion* de la part des affections, dans les sujets scientifiques. L'erreur serait seulement de croire que tous les sujets sur lesquels s'exerce l'intelligence humaine sont des sujets de science, et qu'il n'y a pas d'autres sujets, où la bonne méthode est de faire un usage correct des éléments inséparables d'affection et de volonté; la chimère et le danger, d'en tenter l'élimination.

Des questions de théorie auxquelles ne saurait s'appliquer une méthode scientifique exigent cependant une solution, c'est-à-dire une conviction formée au point de vue pratique, attendu que, suivant que l'affirmation d'une certaine proposition est adoptée, ou la négative, une certaine conduite ou une conduite contraire s'en déduisent; et comme, de manière ou d'autre, un choix de la conduite s'impose, comment la question de théorie pourrait-elle s'éluder, pour un être tel que l'homme, qui raisonne ses actes? Sans doute, et c'est fort heureux, à certaines époques de dissolution des croyances, il s'en faut de beaucoup que la pratique des hommes se règle sur leurs opinions de théorie ; mais il suffit que la logique voulût qu'elle se réglât de la sorte, pour qu'on ne puisse pas plus en droit, pour ainsi dire, que cela n'est en fait, éviter de poser la question de la concordance entre l'ordre du monde et la morale humaine.

« *La nature intime du monde est-elle morale, ou le monde n'est-il qu'un pur fait, une simple existence actuelle?* — C'est au fond la question du matérialisme. Les positivistes objecteront qu'une question pareille est insoluble, ou même irrationnelle, attendu que la nature intime du monde, existât-elle, n'est pas un phénomène et ne peut en conséquence être vérifiée. Je réponds que toute question a un sens et se pose nettement, de laquelle résulte une claire alternative pratique, en telle sorte que, selon qu'on y répond d'une manière ou d'une autre, on doive adopter une conduite ou une autre. Or c'est le cas : le matérialiste et celui qui affirme une nature morale du monde devront agir différemment l'un de l'autre en bien des circonstances. Le matérialiste, quand les faits ne concordent pas avec ses sentiments moraux, est toujours maître de sacrifier ces derniers. Le jugement qu'il porte sur un fait en tant que *bon* ou *mauvais* est relatif à sa constitution physique et en dépend ; mais cette constitution n'étant elle-même qu'un fait et *une donnée*, n'est en soi ni bonne ni mauvaise, il est donc permis de la modifier, — d'engourdir, par exemple, le sentiment moral à l'aide de toutes sortes de moyens, — et de changer ainsi le jugement, en transformant la donnée de laquelle il dérive. Au contraire, celui qui croit à la nature morale intime du monde, estime que les attributs de bien et de mal conviennent à tous les phénomènes et s'appliquent aux données psychiques aussi bien qu'aux faits relatifs à ces données. Il ne saurait donc songer, comme à une chose toute simple, à fausser ses sentiments. Ses sentiments eux-mêmes *doivent*, selon lui, être d'une manière et non d'une autre.

« D'un côté, donc, résistance au mal, pauvreté acceptée, martyre, s'il le faut, la vie tragique, en un mot; de l'autre, les concessions, les accommodements, les capitulations de conscience et la vie épicurienne, tel est le partage entre les deux croyances. Observons seulement que leur divergence ne se marque avec force qu'aux moments décisifs et critiques de la vie, quand l'insuffisance des maximes journalières oblige de recourir aux grands principes. Là, la contradiction éclate. L'un dit : le monde est chose sérieuse, partout et toujours; il y a fondement pour le jugement moral. L'autre, le matérialiste, répond : qu'importe comme je juge, puisque *vanitas vanitatum* est le fond de tout? Le dernier mot de la sagesse aux abois, pour celui-ci, c'est *anesthésie*; pour celui-là, *énergie* » (1).

Le philosophe à qui j'emprunte ces lignes a très ingénieusement mis en lumière le lien qui existe entre nos croyances personnelles, touchant le caractère de bonté du monde, et ce caractère lui-même, en le supposant réel, et, par suite, l'impossibilité morale de séparer la question de réalité de ce fait d'avec ces croyances qui doivent elles-mêmes en être des facteurs.

---

(1) W. James, *Quelques considérations sur la méthode subjective : Critique philosophique*, 1re série, t. XII, p. 410.

« Soit M la masse des faits indépendants de moi, et soit x ma réaction propre, le contingent des faits qui dérivent de mon activité personnelle. M contient, nous le savons, une somme immense de phénomènes de besoin, misère, vieillesse, douleur, et de choses faites pour inspirer le dégoût et l'effroi. Il se pourrait alors que x se produisît comme une réaction du désespoir, fût un acte de suicide, par exemple. $M + x$, la totalité avec ce qui me concerne, représenterait donc un état de choses mauvais de tout point. Nul rayon dans cette nuit. Le pessimisme, dans cette hypothèse, se trouve parachevé par mon acte lui-même, dérive de ma croyance. Le voilà fait, j'avais raison de l'affirmer.

« Supposons, au contraire, que le sentiment du mal contenu dans M, au lieu de me décourager, n'ait fait qu'accroître ma résistance intérieure. Cette fois ma réaction sera l'opposé du désespoir ; x contiendra patience, courage, dévouement, foi à l'invisible, toutes les vérités héroïques et les actes qui découlent de ces vertus. Or c'est un fait d'expérience, et l'empirisme ne peut le contester, que de telles joies sont d'une valeur incomparable, auprès des jouissances purement passives qui se trouvent sacrifiées, la constitution de M étant ce qu'elle est. Si donc il est vrai que le bonheur moral est le plus grand bonheur actuellement connu ; si, d'autre part, la constitution de M, par le mal qu'il contient et la réaction qu'il provoque, est la condition de ce bonheur, n'est-il pas clair que M est au moins *susceptible* d'appartenir au meilleur des mondes? Je dis *susceptible* seulement, parce que tout dépend du caractère de x. M en soi est ambigu, capable, selon le complément qu'il recevra, de figurer dans un pessimisme ou dans un optimisme moral.

« Il fera difficilement partie d'un optimisme, si nous perdons notre énergie morale. Il *pourra* en faire partie, si nous la conservons. Mais comment la conserver, à moins de croire à la possibilité d'une réussite, à moins de compter sur l'avenir et de se dire : Ce monde *est bon*, puisque, au point de vue moral, il est *ce que je le fais*, et que je le ferai bon ? En un mot, *comment exclure de la connaissance du fait la méthode subjective, alors que cette méthode est le propre instrument de la production du fait?*

« En toute proposition dont la portée est universelle, il faut que les actes du sujet et leurs suites sans fin soient renfermées d'avance dans la formule. Telle doit être l'extension de la formule $M + x$, dès qu'on la prend pour représenter le monde. Ceci posé, nos vœux, nos souhaits étant des coefficients réels du terme x, soit en eux-mêmes, soit par les croyances qu'ils nous inspirent ou, si l'on veut, par les hypothèses qu'ils nous suggèrent, on doit avouer que *ces croyances engendrent une partie au moins de la vérité qu'elles affirment.* Telles croyances, tels faits ; d'autres croyances d'autres faits (1)…

« Voilà donc la méthode subjective justifiée logiquement, pourvu qu'on en limite convenablement l'emploi. Elle ne serait que pernicieuse, et il faut même dire immorale, appliquée à des cas où les faits à formuler ne renfermeraient pas comme facteur le terme subjectif x. Mais partout où entre un tel facteur, l'application en est légitime » (2).

Cette vue originale et profonde est accompagnée de la remarque suivante de l'auteur, qui appelle de notre part une réflexion. « Dans tout ceci, dit-il, il n'a pas été dit un mot de la liberté de la volonté. Le tout s'ap-

---

(1) L'auteur apporte un exemple remarquable pour illustrer le cas de la liaison entre la croyance au fait et la production du fait : « Je fais, dit-il, une ascension alpestre. Je me trouve dans un mauvais pas dont je ne peux sortir que par un saut hardi et dangereux, et ce saut je voudrais le pouvoir faire, mais j'ignore, faute d'expérience, si j'en aurai la force. Supposons que j'emploie la méthode subjective : je crois ce que je désire ; ma confiance me donne des forces et rend possible ce qui, sans elle, ne l'eût peut-être pas été. Je franchis donc l'espace et me voilà hors de danger. Mais supposons que je sois disposé à nier mon aptitude, par ce motif qu'elle ne m'a pas encore été démontrée par ce genre d'exploits : alors je balance, j'hésite, et tant et tant qu'à la fin, affaibli et tremblant, réduit à prendre un élan de pur désespoir, je manque mon coup et je tombe dans l'abîme. En pareil cas, quoi qu'il en puisse advenir, je ne serai qu'un sot si je ne crois pas ce que je désire, car ma croyance se trouve être une condition indispensable de l'accomplissement de son objet, qu'elle affirme. Croyant à mes forces, je m'élance ; le résultat donne raison à ma croyance, la *vérifie* ; c'est alors seulement qu'elle *devient vraie*. Il y a donc des cas où *une croyance crée sa propre vérification*. Ne croyez pas, vous aurez raison ; et en effet vous tomberez dans l'abîme. Croyez, vous aurez encore raison, car vous vous sauverez. Dès que j'admets qu'une certaine alternative existe, et que l'option pour moi n'est possible qu'à ce prix que je veuille fournir une contribution personnelle ; dès que je reconnais que cette contribution personnelle dépend d'un certain degré d'énergie subjective, qui lui-même a besoin pour se réaliser d'un certain degré de foi dans le résultat, et qu'ainsi l'avenir possible repose sur la croyance actuelle, je dois voir en quelle absurdité profonde je tomberais en voulant bannir la méthode subjective, la foi de l'esprit ». Et ailleurs, encore : « Comment peut-on exclure de la *connaissance* d'une vérité une foi qui est enveloppée dans la *création* de la vérité ». — Je crois que pour donner à cette idée de la *connaissance* conditionnée par la *foi de l'esprit*, qui elle-même conditionne la *vérité* du fait, une parfaite clarté, et en voir toute la portée, il faut supposer le libre arbitre, et, au lieu de poser la question de l'*optimisme* ou du *pessimisme* en mode absolu, concevoir le monde comme devenant *bon* ou *mauvais* moralement selon ce que les êtres libres le font. Je m'explique sur ce point dans le texte.

(2) Id., ibid., p. 409 et conf. t. XXII, p. 149-154.

plique à un univers prédéterminé aussi bien qu'à un univers indéterminé. Si $M + x$ est fixé d'avance, la croyance qui conduit à x et le désir qui porte à la croyance sont également fixés. Mais, fixés ou non, ces états subjectifs forment en tout cas une condition phénoménale, nécessairement antécédente aux faits, nécessairement constitutive de la vérité $M + x$ que nous cherchons. Si cependant des actes libres sont possibles, la foi en leur possibilité, en augmentant l'énergie morale qui leur donne naissance, les rend plus fréquents chez un individu donné ». — La réalité du libre arbitre n'est pas supposée, cela est vrai, mais l'inéluctable apparence du libre arbitre est cependant un fait sur lequel la théorie ci-dessus doit faire fond. En effet, cette théorie est inspirée par la pensée que *l'agent modifie le monde par son acte*, et non pas que *le monde se modifie lui-même au moyen de cet agent et de cet acte*, en vertu d'un fait préfix pour cet instant de l'éternelle durée. Si quelqu'un se plaçait à ce dernier point de vue, ce qui se peut toujours en théorie, quoique impossible dans la pratique, il pourrait objecter ceci : — Tout phénomène étant invariablement déterminé de tout temps, pour l'instant où il se produit, je peux poser $M + x = S$, en désignant par S la somme de tous les phénomènes compris dans une certaine période finie dont vos M et x fournissent le contenu ; et S est éternellement donné en soi, suivant l'hypothèse. Je conclus de là que $x = S - M$. Donc x est éternellement donné aussi, avec ma volonté, pour ce moment du temps où ils viendront, l'une portant l'autre. Et vous m'engagez à considérer cet x, en regard du monde, comme si, par ma détermination à intervenir, le monde pouvait être modifié, tandis qu'en réalité c'est cet x qui sera déterminé par une modification du monde ! — Que répondre à cet argument? Ceci seulement : que le déterministe de théorie ne peut pratiquement échapper à la condition de regarder le terme x comme une variable indépendante dont la détermination de fait, une fois acquise, pas avant, s'ajoutant à M, aura pour effet une modification de S. Mais alors nous rentrons dans le débat ordinaire du libre arbitre et de la nécessité, et nous perdons le droit de dire que nous avons affranchi notre argumentation de l'une comme de l'autre hypothèse. Je conclus de là que la foi dans la liberté, au moins la foi pratique, actuelle et indépendante de la réflexion, fait partie de cette *foi de l'esprit*, si bien nommée, à laquelle peut appartenir une puissance productive de la vérité qui est son objet.

L'emploi de la méthode dite subjective étant ainsi justifié, dans les questions qui sont notre essentielle affaire d'hommes, on voit que la première condition que nous ayons à remplir pour rendre le monde bon autant que cela dépend de nous, c'est de le croire bon, afin de réagir sur lui par la bonté, tant de pensée que de conduite. Le cas est semblable, en ce qui concerne l'univers et notre propre attitude, à celui que nous pouvons observer dans la société humaine, où chaque personne violemment tentée au mal et capable de réflexion est en demeure d'arrêter ses idées sur ce que sont les hommes et sur ce qu'ils valent, afin de se mettre l'esprit en repos sur la réaction due à leur action. D'une manière générale et laissant de côté les caractères exceptionnels et compliqués, il existe un rapport entre la bonne ou mauvaise opinion qu'un individu se fait de la moralité d'autrui, et du vrai fondement des relations sociales, d'une part, et ses tendances, d'autre part, à se reconnaître à lui-même des devoirs, ou à tout rapporter à soi et à exploiter les autres. Dans ce dernier cas, il croira volontiers ne faire que se conformer à ce qui est, et fournir la réaction moralement égale à l'action extérieure réelle : en quoi il s'estimera *juste*, d'une manière, et n'avouera pas que, dans son rapport aux hommes et aux choses, l'*injustice* soit le nom du terme représenté par sa personne. Supposé maintenant qu'il y ait doute sur la vraie nature de ce rapport, considéré empiriquement, il est facile de voir quelle conviction morale théorique est dictée à la liberté par le devoir, suivant la doctrine de la Conscience. Il en est de même pour le rapport de l'homme au monde en général, et pour le jugement que nous avons à porter de l'essence morale de ce monde et de sa bonté en principe. Mais la justification de la méthode subjective et de la participation des motifs d'ordre passionnel à ce grand jugement, en nous ramenant à la question de liberté et de devoir, a paru nous écarter de l'examen de ces motifs en eux-mêmes ; il faut maintenant y revenir.

Nous avons mentionné celui qui est le premier de tous, et le plus inévitable, si l'on en juge par l'existence des passions génératrices de la religion, de la philosophie, de la science même, quand elle poursuit la satisfaction d'une curiosité tant soit peu élevée : c'est le désir de se former une conviction sur l'essence du monde et sur nos rapports avec lui. Ce désir vainement condamné par le positivisme est l'inspirateur commun des doctrines, en tant que doctrines, c'est-à-dire dépassant l'expérience immédiate, le raisonnement syllogistique et l'induction rigoureusement logique;

il est l'inspirateur du positivisme lui-même, car il est clair que cette doctrine ne puise pas dans ce que je viens de dire, mais bien dans une vraie passion pour la science certaine et pour le bon règlement de la connaissance et de la vie, ce qu'elle enseigne touchant l'attitude à prendre vis-à-vis des croyances et de la vérité. Ajoutons maintenant que ce désir de se former une conviction, ou de savoir que penser de l'affaire de l'univers, n'est pas une passion toute nue, une ardeur de curiosité pure, indifférente *a priori* au résultat par lequel il lui sera donné de se satisfaire. Sans doute, après que l'esprit a fait son œuvre, et que d'autres passions aussi sont intervenues, le désir fondamental peut se trouver profondément modifié et n'être plus reconnaissable; mais il faut le considérer en principe comme dirigé par la représentation d'une harmonie quelconque entre les déterminations externes du monde et les intérêts humains. Je dis *en principe*, et non pas *primitivement*; car je veux éviter la question des premières impressions de l'homme devant la nature, et des premiers sentiments religieux, qui ne pourrait se poser sans examiner des hypothèses. Mais prenons l'homme avec ses aptitudes et tendances morales générales, et jugeons des relations dans lesquelles il se complairait, si possible, avec ce monde mystérieux, source de biens et de maux pour lui, par celles qu'il se crée avec ses semblables en réagissant par sa conduite sur la leur, et sur leurs intentions qu'il imagine. Nous venons de remarquer que l'agent moral, quand il réagit en *faisant le mal*, pense *réagir contre le mal* qui lui vient d'autrui. Le criminel endurci lui-même, sauf exceptions psychologiques et cas de tératologie morale, prétexte les injustices dont il est ou prétend avoir été la victime, pour *justifier son injustice* propre. Il préférerait, si cela dépendait de lui, le règne de la justice, et à l'idée qu'il a de ce qui serait juste il emprunte sans cesse ses arguments. Au lieu des relations sociales réciproques et conscientes, considérons le rapport de l'homme au monde, rapport dont un seul terme est conscient, l'autre, quoique donné en fait, ne pouvant jamais être qu'imaginé et supposé, en tant qu'il procéderait directement ou indirectement de passions et de volontés. Il s'agit donc de l'attitude religieuse ou philosophique à prendre, vis-à-vis de ce monde en grande partie inconnu dans ses voies, et profondément secret dans ses desseins généraux. Là, comme quand il s'agissait de la société, et en vertu de la même nature humaine morale, *le désir* serait de rencontrer l'harmonie, de n'avoir affaire qu'à des actions extérieures bonnes, et de ne réagir qu'en *faisant le bien*, c'est-à-dire en ne supposant, non plus qu'en ne ressentant les effets de rien de semblable à une mauvaise volonté, et ne visant, par suite, qu'à se mettre soi-même, en ce qui dépend de soi, d'accord avec un ordre général dans lequel toutes les justes fins seraient comprises, respectées, réalisées. A ce point de vue, les doctrines et les cultes qui procèdent de la supposition de puissances cosmiques aveugles, ou intentionnellement malfaisantes, n'auraient plus de raison d'être. Les espérances touchant la prolongation des destinées individuelles conformes aux désirs acquerraient une grande probabilité fondée sur l'expérience commune (dans l'hypothèse) de la satisfaction des instincts et des passions, et on ne croirait plus volontiers ou que le monde manque de fin universelle consciente, ou que, s'il y a des dieux, ils sont indifférents à la destinée des mortels.

Que tel fût *le désir*, au fond, ou suivant le principe de la constitution mentale finaliste de l'homme, tandis qu'il est en présence d'une nature qui sert en partie et déjoue en partie ses fins, on ne peut guère le contester. Nous avons à nous demander maintenant ce que devient, après l'expérience, ce motif passionnel général que nous aurions, une fois la méthode subjective admise comme légitime, de supposer un bon principe du monde, une coordination systématique de ses éléments de différentes espèces, et les fins des êtres garantie. La prétention de l'optimisme ne peut plus être, devant les faits, son insoutenable gageure du *Tout est bien*, ni le pessimisme ne peut garder, devant l'inaliénable espérance du cœur, le droit d'assurer que *le tout est mal*. Mais le problème de l'optimisme devient celui-ci : Que faut-il que nous abandonnions, que sommes-nous autorisés à conserver du *contenu du désir*, pour tenir compte à la fois du désir lui-même, suivant ce qui vient d'être dit, et de la donnée contraire qui est le mal ; pour n'accorder au mal, dans le monde, que le minimum de la place démontrable par les réalités actuelles ; pour nous faire une idée générale de sa cause, et une idée d'une primauté universelle du bien avec laquelle la production de ce contraire soit conciliable ?

En premier lieu, nous pouvons, en présence des faits, et malgré l'existence du mal, qui se définirait assez exactement : tout ce qui est un empêchement aux fins du désir, continuer à regarder la nature comme impliquant un principe de finalité, ce qui ne nous serait pas possible si elle ne nous paraissait pas comprendre effectivement un vaste ensemble de fins, à la fois désirées comme bonnes, et atteintes par les êtres à l'aide de moyens donnés et généralement bien combinés. Que resterait-il, en effet, de l'idée de fin dans nos esprits, en dehors de nos buts particuliers et de notre industrie, — mais eux-mêmes seraient hors d'état de se produire dans un milieu complètement inharmonique, — si cette idée avait à s'appliquer extérieurement sans pouvoir s'attacher à celle de *biens* à atteindre et de moyens *favorables* pour y servir? Elle se réduirait aux idées d'enchaînement et de conditionnement. La fin et le bien sont des notions inséparables l'une de l'autre, car si *un mal* peut devenir empiriquement la fin d'une volonté, c'est à la condition de se présenter comme *un bien* en quelque manière, dans la pensée de l'agent. Ainsi le monde semble enfermer réellement des fins, et la notion de fin, en nous, les suppose, puisque autrement elle manquerait de fondement expérimental et de toutes ses conditions d'application. Elle les suppose, en tout cas, en ce que l'homme et les animaux, êtres essentiellement finalistes, ne sont pas seulement les habitants, mais les produits de ce monde et les représentants authentiques de son essence passionnelle. L'objection antifinaliste serait ici sans portée, qui consiste à faire observer que tout ce qu'il y a de réel dans les fins naturelles se réduit peut-être à des conditions préalables d'existence des choses, conditions dont la réunion de fait ne prouve pas qu'elles aient été prédisposées en vue de ces choses qui sans elles n'auraient pas été. On n'est pas mieux dans la vraie question, quand on donne à l'argument plus de précision et de force, en trouvant dans la théorie « de la survivance des plus aptes » une ressource précieuse pour expliquer la formation graduelle, de génération en génération, de ces détails accumulés d'organisation, qui sont pour les êtres vivants, forcés, pour vivre, d'être adaptés à leurs milieux, des moyens d'atteindre peu à peu à des fonctions qui paraissent après coup avoir été *des fins* pour ceux d'entre eux chez lesquels ils sont finalement obtenus. Tout cela serait clair et probant, au point de vue des causes efficientes, qu'il n'infirmerait en rien le caractère de finalité de la nature, considérée dans ces êtres, ses produits, dont les uns, les plus développés, sont constitués mentalement pour se représenter des fins, les désirer et les poursuivre, dont les autres, suivant les plus grandes probabilités, sont mus par des sentiments du même genre avec moins de conscience, et qui tous (tous les vivants) sont assemblés en un milieu général harmoniquement approprié à leurs relations mutuelles, et à leurs propriétés et fonctions pour ce qu'elles ont de commun entre elles.

Le fait de la vivante finalité motrice de toute existence individuelle, duquel l'attention des savants se détourne inexplicablement quand ils cherchent où sont les fins dans le monde, ne renferme pas moins que la totalité des instincts et des passions, et de tout ce qui peut s'y ramener par analogie. Ce fait, équivalant à la vie elle-même, est indépendant de la question de préordination ; il suffit pour justifier l'affirmation, que la nature, en cette partie où elle atteint le sentiment de soi, est un système de fins individuelles, — le problème de l'harmonie ou de la désharmonie de ces fins les unes par rapport aux autres étant réservé. — Il faut maintenant aller plus loin, et compléter cette finalité par une autre, aussi frappante, en même temps qu'aussi peu familière quant à son unique interprétation possible. Nommons-la la *finalité spécifique*, la *finalité de la forme de l'espèce*. La molécule imperceptible, indistinguible, qui est le germe, en son premier état, d'un être vivant d'une espèce donnée, de cette espèce et non pas d'une autre, est apte à fournir, en un temps aisément calculable, une série indéfinie d'êtres semblables, allant à couvrir ou peupler des espaces immenses : à la fournir, dis-je, *quant à la forme* qui est la *fin de l'espèce*, successivement atteinte chez les individus, et cela sans exiger de la matière et du milieu autre chose que des éléments de nutrition et le maintien de certaines conditions générales. Ni ces conditions, ni ces éléments, quoique nécessaires, n'expliquent la puissance immatérielle qui passe à l'acte pour la fin de production de l'espèce en ses représentants successifs, autant que les voies lui sont ouvertes. Quoi qu'on puisse penser d'ailleurs de l'origine des espèces, de leurs variations, et des variations individuelles qui seraient le principe de ces dernières, reste toujours l'existence supérieure de cette finalité active, productive et conservative de formes déterminées de la vie, et dont le siège est matériellement inassignable.

Enfin les objections tirées de la théorie des *conditions d'existence*, ou de celle de la *survivance des plus aptes*, contre le principe de finalité naturelle en son acception la plus large d'harmonie universelle et de plan de création, n'ont de sens, au fond, que dans l'hypothèse matérialiste, pour la doctrine de la Chose. L'idéalisme et la doctrine de la Conscience leur ôtent toute portée, en élevant le problème de l'harmonie à ce degré de généralité où l'on demande la raison des relations fondamentales et constantes des êtres, exprimées par les catégories, la raison, en d'autres termes, de ce qu'il y a de commun aux modes respectifs de leurs représentations des différentes espèces et qui est le fondement de la possibilité de leurs communications mutuelles. L'argument de l'unité des lois, que j'ai développé plus haut en traitant la question de la conscience universelle et de la création, est aussi l'argument de la finalité, puisque la fin la plus haute et la plus générale de toutes est cet établissement des relations entre les êtres qui a pour moyen l'identité ou communauté des lois qui constituent ou régissent leurs modes d'être et leurs fonctions (1).

Après avoir ainsi reconnu l'existence d'un système naturel de moyens et de fins, dont nous ne séparons pas l'idée d'avec celle du bien réalisé dans la nature, il nous faut revenir à l'idée du mal et l'envisager dans toute sa profondeur. Le mal radical, au point de vue empirique, sans y introduire encore aucune idée morale, consiste visiblement en ce que toutes les fins que la nature semble poursuivre, elle semble d'une autre part les déjouer. Elle ne « travaille pas pour les individus », nous dit fort bien une formule anciennement consacrée, puisqu'elle les fait périr tous, et qu'elle produit des germes innombrables qui meurent même avant d'avoir été les individus qui semblaient être mis par elle en chemin de devenir; mais, suivant ce que nous savons aujourd'hui de l'histoire et de la destinée probable du monde physique, elle ne travaillerait pas avec plus de logique dans l'intérêt des espèces. Qu'est-ce donc que cette œuvre de Pénélope appliquée à la création? Si nous considérons en particulier les fins de l'homme, la désharmonie nous paraîtra plus choquante encore, et non pas parce que nous y serons intéressés, mais parce que l'homme, ayant les fins les plus conscientes, est, de tous les êtres, nécessairement le plus malheureux, quand il est forcé d'en constater la vanité. Il a plus qu'aucun autre le sentiment vif, que la nature de sa conscience centuple, du plaisir et de la douleur, et, connaissant la mort, il connaît de la manière la plus nette le double démenti, matériel et moral, que l'expérience donne au principe de finalité qu'il porte en lui-même. En effet, la mort est essentiellement le but manqué pour chaque individu, et par conséquent pour tous : nul homme ne jouit de ses fins, puisque sa vie est de s'en proposer toujours sans pouvoir se reposer dans aucune, et que leur moyen à toutes, cette vie même, lui est *enfin* arrachée. L'espèce n'étant (au moins sous ce rapport) que la collection des individus ne saurait atteindre un but qui se dérobe à chacun et à

---

(1) Voyez ci-dessus, p. 197-198 et 205.

tous. Quant au démenti moral, il concerne cette partie des fins de l'homme, être moral, qui serait la rétribution de ses œuvres, à l'issue des luttes où les hommes s'engagent les uns contre les autres, dans la poursuite de leurs buts particuliers. La mort est la négation du juste jugement que la vie n'a pas prononcé, la déclaration du manque d'harmonie entre les actions conformes à la loi de la raison et celles qui sont des sources de bonheur.

Placés en présence du mal, ainsi défini par la *délusion* de nos fins, dans un monde que nous reconnaissons, d'une autre part, pour un système de fins et de moyens, où les fins réellement à la portée des êtres sont, dans un nombre immense de cas de toutes sortes, celles où tendent leurs désirs (1), nous revenons à notre question : Que devons-nous abandonner, que sommes-nous autorisés à conserver du *contenu du désir humain*, pour accorder à l'expérience ce qu'elle exige, sans rien de plus, et au désir lui-même ce que notre nature mentale et la méthode qui ne répudie pas les indications de cette nature réclament à leur tour ? Et pouvons-nous, en répondant à la question ainsi posée, nous faire une idée générale de la cause première du mal, et d'un ordre de choses où le dernier mot appartiendrait au bien, c'est-à-dire où les fins conscientes, en apparence trompées, seraient atteintes ?

Il faut renoncer d'abord à toute doctrine optimiste qui regarde le mal ou comme une pure privation, ou comme l'un des aspects d'une série unique dont les termes n'ont qu'une valeur relative et se classent comme des biens ou des maux selon qu'on les compare, et non pas en eux-mêmes. C'est quelque chose de très positif, pour une nature mentale, que la contradiction entre le désir donné et la satisfaction refusée, entre la fin proposée et la fin impossible ; quelque chose de très positif surtout que la douleur, attachée à cette contradiction ; car celle-ci ne s'établit pas simplement par la négation de l'objet désiré, mais par la production d'un état spécial, antagoniste commun de tous les états de satisfaction des désirs. Le mal étant donc certain et *actuel*, nous n'avons plus que cette ressource, mais nous l'avons, de remarquer qu'il n'est peut-être qu'*actuel*, en comprenant, il est vrai, dans l'actualité, les périodes du passé auxquelles notre

---

(1) On lira toujours avec intérêt, sur ce sujet, un chapitre de la *Natural theology* de Paley, auquel Stuart Mill a fait allusion dans un passage de ses *Essais sur la religion*, que j'ai cité ci-dessus (t. I, p. 222). Ce chapitre (chap. xxvi), *The goodness of the deity*) renferme de nombreuses remarques qui surnagent aux arguments trop souvent enfantins, quoique ingénieux, de la théologie naturelle.

expérience peut s'étendre, mais sans en inférer, ce qu'aucune induction ne permet, son existence à l'origine même et sa perpétuité future. L'hypothèse du caractère temporaire du mal, légitimement suggérée par le désir, et qu'on ne saurait jamais repousser que par une autre hypothèse, n'est autre chose que le *postulat de la divinité*. Elle consiste en effet à demander que le monde soit bon à son origine et bon dans sa fin, c'est-à-dire tel qu'il réalise les fins des êtres, fins conçues et réclamées par la conscience, quels que soient les états intermédiaires par lesquels il puisse passer. Or cela, c'est demander, selon le sens de la divinité le plus pratique et le mieux compris de tous, que le monde soit l'œuvre de Dieu.

Mais alors le *postulat de la liberté* se présente immédiatement pour répondre à la question de l'origine du mal, et ne peut pas ne pas se présenter. Nous savons, de connaissance directe, que le libre arbitre est une origine du mal, l'origine du mal appelé moral. Nous ne savons pas *comment* le mal moral a été l'antécédent et la cause première et formelle du mal physique, c'est-à-dire de ce mal universel qui consiste dans le désordre des relations mutuelles des créatures, dans l'altération de leurs fonctions essentielles, dans la désharmonie même des éléments constitutifs des êtres vivants, et l'extrême disproportion des possibilités réelles et des désirs des êtres conscients ; mais nous ne sommes pas obligés de le savoir, ni tenus de formuler sur ce sujet des hypothèses pour lesquelles trop de profondes données nous manquent ; et il suffit que nous apparaisse une probabilité morale, en principe, de ces sortes d'hypothèses qui ne paraissent gratuites qu'en voulant se préciser, pour que nous soyons fondés à ramener, en notre postulat, toutes les espèces du mal à l'unité de celle-là dont l'essence intime et la raison d'être nous est parfaitement connue. Cette essence est la violation de la loi morale ; cette raison d'être, le libre arbitre. Ceci bien entendu, vient la dernière question : Pouvons-nous regarder le libre arbitre comme un bien ? Si nous répondons affirmativement, ce sera dire que nous regardons comme un bien la possibilité du mal, car un libre arbitre réel est cette possibilité réelle. Or, accorder comme bonne la possibilité prévue de certaines conséquences, dans une œuvre qui les comporte, c'est s'interdire d'avance la faculté de trouver cette œuvre mauvaise par la raison que ce qui n'y était que possible, selon le dessein de l'auteur, y serait passé à l'acte sans sa coopération. Considérant donc la liberté comme un don, ainsi que le point de vue de la création le demande, et ce don comme bon, on justifie l'œuvre de la création, quel que soit le mélange de mal qui s'y est introduit du fait des êtres libres. Le postulat de la liberté conduit à la *théodicée* et à l'*optimisme*, encore bien qu'avec un sens tout différent de celui que l'on connaît dans la doctrine déterministe.

Toutefois, il y a pour cela deux conditions, qui restent à énoncer et qui supposent un nouveau postulat. Le don de la liberté ne serait pas sans peine accepté pour bon, si le créateur des êtres libres n'avait pas entendu demeurer le maître de l'issue définitive des choses, dans le monde dont il savait les possibles; si, tout en laissant la liberté entière, en sa sphère d'exercice, il n'en avait pas limité les applications et la portée, grâce à l'établissement d'une *nature* interne et externe hors de la puissance de la *personne*, de manière à disposer des dernières conséquences des actes, en toute hypothèse; et si, rattachant le mal physique au mal moral comme suite, selon ce qui a été dit plus haut d'une façon générale pour rendre compte du premier de ces maux, il n'avait pas en outre voulu que, pour les agents moraux individuels, il y eût une rétribution, et que le bonheur, qui ne peut pas être toujours actuellement associé à l'observation de la loi morale (puisqu'il faudrait pour cet effet supprimer ou la liberté ou les relations réciproques de ces agents) s'y trouvât toujours associé finalement. Telle est la première condition; elle dépend des idées de bonté et de justice à la fois, que nous lions à celle de la création considérée comme une œuvre : si elle n'était pas satisfaite, il serait au moins douteux qu'on pût raisonnablement estimer le don de la vie, avec la liberté, préférable au don de la vie avec des passions absolument déterminantes et exemption de douleur, ou peut-être même au néant de la conscience et de l'existence. Or cette condition en entraîne aussitôt une autre : l'hypothèse d'une fin ultime du monde, indépendante, en sa généralité, des accidents possibles qui relèvent du libre arbitre, et l'hypothèse de l'harmonie finale entre l'observation de la loi morale et le bonheur sont l'intérêt capital de l'humanité, par conséquent de tous les êtres libres qui en font partie et qui posent de tels postulats. Il faut donc que ceux-ci se promettent à eux-mêmes une vie future, au défaut de laquelle la rétribution, l'harmonie et la fin de bonheur n'auraient aucune application aux consciences qui les conçoivent. Le *postulat de l'immortalité* vient ainsi s'ajouter aux deux autres postulats de la raison pratique, pour achever la réponse *optimiste* au problème du mal, dans la doctrine de la Conscience et de la liberté. C'est lui qui s'applique le plus directement au mal envisagé dans les buts toujours et inévitablement manqués de toute vie humaine individuelle, et dans la disproportion et le désaccord des fins du désir et des fins à la portée des êtres conscients, dans le monde présent. Un but est posé au delà, une autre carrière ouverte, le point de vue de la carrière actuelle profondément modifié, et de nouveaux horizons découverts pour l'usage et les suites de la liberté, quelque opinion qu'on se forme de la destinée finalement réservée aux personnes selon l'emploi qu'elles auront fait de leurs puissances à tels moments donnés.

La croyance à la liberté est, on le voit, le nœud de la question de l'optimisme ou du pessimisme, puisque c'est de cette croyance que dépendent tout ensemble l'idée à se faire du mal, ou de sa cause, et l'appréciation des motifs de l'ordre passionnel qui peuvent nous porter à admettre le bien originel et final, le gouvernement profond du bien dans l'univers, en dépit du trouble qui règne en toutes ses parties. On sera toujours engagé ou confirmé dans des vues radicalement divergentes sur l'homme et le monde, selon qu'on inclinera vers le jugement absolument déterministe des choses, ou vers le jugement qui suppose des volontés libres. Entre toutes les thèses et antithèses rattachées respectivement à la doctrine de la Conscience et à la doctrine de la Chose, l'opposition de la liberté et de la nécessité, à affirmer l'une ou l'autre, a la principale part dans la décision à prendre, pour l'une de ces doctrines contre l'autre. C'est qu'il y a de très puissants liens logiques, que nous avons dû reconnaître, entre le pur déterminisme et les thèses réalistes de l'infini et de l'évolution, l'éthique du bonheur et la prétention de l'évidence, de même que, de l'autre côté, entre le libre arbitre et les thèses de la limitation et de la création, la loi morale et l'aveu de la croyance. Or le libre arbitre et le déterminisme sont de toutes ces oppositions la forme la plus vivante, dans laquelle on marque, en prenant parti, la place qu'on s'attribue soi-même, qu'on réclame pour soi dans dans le monde. Il ne saurait y avoir de distinction plus profonde des sentiments et caractères des hommes, par rapport au problème de la vie, que celle qui se témoigne par l'importance accordée ou refusée à la personnalité dans l'ensemble des choses. La personnalité, sous l'aspect pour ainsi dire qualitatif, l'aspect moral, c'est la dignité de la personne; sous l'aspect matériel, ou de quantité, c'est sa permanence (vie future), et, pour cela, sa séparation, quant à son acte propre, d'avec la chaîne des faits en tant qu'antérieurement et extérieurement déterminés. La séparation se conçoit en ce sens que ce ne soit pas simplement la nature, formant de tout ce qui a l'être un tout indissoluble, qui pense et agisse par la personne comme par l'une de ses parties, toutes solidaires entre elles, mais que ce soit bien la personne qui possède, entre certaines limites, une puissance indépendante de penser et d'agir. Dans l'hypothèse de l'identification, de l'unité et de la solidarité, on ne peut penser à soi que comme à un très petit rouage d'une machine énorme qui fait ses rouages elle-même, à un imperceptible anneau d'une chaîne formée d'une infinité d'autres chaînes qui se tiennent toutes. Le plus ambitieux penseur, rare d'ailleurs dans son espèce, se repaît d'une vanité, en trouvant une consolation triste, qu'il voudrait joyeuse, dans sa vanterie de savoir au moins cela, et de connaître ce qui le tue (1). Suivant l'hypothèse de la séparation, au contraire, on pense soi-même, on n'a pas le monde pour *sujet* de ce qu'on est soi-même, au plus profond de soi, mais réellement pour *objet*, et on le juge. Par un cercle vicieux apparent, mais dont on s'affranchit, grâce à l'acte direct de la conscience qui croit en elle-même et se témoigne son désir et sa volonté de croire, on se pose en juge de cela même de savoir si en effet on est juge, ou si ce n'est pas encore le tout qui est le réel auteur de ce jugement en forme individuelle, ainsi que de tant d'autres opinions discordantes sur sa propre nature et sur la nature de ses parties. La liberté, si elle est réelle, prononce donc son arrêt sur elle-même comme réelle, et institue la croyance organe des autres réalités fondamentales, à la suite de celle-là. Le choix entre les doctrines opposées, entre les deux groupes d'affirmations contraires dont elles se forment, dépend ainsi essentiellement d'une première détermination entre la liberté et la nécessité, qui en sont des parties. C'est, à vrai dire, d'un jugement sur ce qu'on est et ce qu'on vaut que part toute la philosophie, à ce

---

(1) « Quand l'Univers l'écraserait », a dit Pascal de ce « roseau pensant », « le plus faible de la nature », « l'homme serait encore plus noble que ce qui le tue, parce qu'il sait qu'il meurt et l'avantage que l'Univers a sur lui. L'Univers n'en sait rien ». Dans les doctrines dont le stoïcisme et le spinosisme sont les meilleurs types, ancien et moderne, l'Univers sait, en cette partie de lui-même qui est l'homme, l'avantage qu'a sur lui l'Univers en qualité du Tout qui l'engendre et qui le tue. Et l'homme qui se connaît ainsi lui-même et connaît l'Univers et son rapport à lui, et *sait qu'il meurt*, met sa gloire et son bonheur dans cette connaissance. L'optimisme et le pessimisme sont alors suspendus au sentiment de satisfaction ou de peine que le *roseau pensant* éprouve à la pensée du sacrifice volontaire ou forcé, toujours nécessaire, de sa personnalité et de toute personnalité à l'Univers comme Tout.

point de vue ; et cela n'est point étonnant : la conscience se pose, et, selon qu'elle se pose, elle pose le monde.

Après les motifs de l'ordre passionnel, que nous venons d'examiner, sur lesquels peut s'appuyer un jugement sur la nature morale du monde, il reste à parler d'un moyen de détermination de la croyance, qui, bien que de la même espèce encore, se distingue en ce qu'il est à la fois général et cependant se rapporte au désir, s'adresse à la volonté, de manière à intéresser personnellement chaque agent ou penseur qu'on suppose en suspens et libre de reconnaître ou de nier cette nature morale. Il s'agit de l'intérêt proprement dit de cet agent, dans l'hypothèse où sa vie et son intérêt s'étendraient au delà de son existence présente. Il s'agit, en admettant à cet égard une simple *possibilité*, et en constatant, comme *fait* de conscience, le but individuel du bonheur, naturellement marqué à chaque homme et à tous, de savoir si l'idée des sanctions qui *pourraient* exister dans un monde futur, par rapport à la détermination de la croyance actuelle, ou aux conséquences de cette détermination, est capable d'influencer le choix d'une doctrine. Capable en fait, on n'en saurait douter ; autant vaudrait se demander s'il a jamais existé telle chose que des religions ! Mais, indépendamment des passions humaines, en leur essor peut-être déréglé, et d'une imagination peut-être sans fondement, y a-t-il des raisons sérieuses pour qu'il en soit, pour qu'il en doive être ainsi ?

Premièrement, la *possibilité* d'une extension de la vie humaine individuelle au delà du présent, d'un avenir de la conscience après la mort, et de l'existence de certaines sanctions, n'importe comment établies, grâce auxquelles le bonheur futur ou la peine se trouveraient, pour l'individu, dans la dépendance du choix actuel d'une doctrine, ou des conséquences de ce choix, cette possibilité ne peut être niée qu'en vertu du choix lui-même une fois fait. La doctrine qui nie la survivance et les sanctions, pour se prétendre plus qu'hypothétique elle-même, doit se réclamer de l'*évidence* ; mais notre position, entre autres thèses et antithèses, est ici entre l'évidence et la croyance ; nous ne devons pas supposer notre parti déjà pris, puisque la question est d'examiner des motifs de croire. Nous pouvons toujours, d'ailleurs, objecter aux *évidences* le désaccord des philosophes qui les invoquent en faveur d'opinions que leurs adversaires qualifient de *croyances*, et justifier de la sorte une attitude impartiale, telle que ne manque jamais de la prendre l'observateur placé en présence de doctrines qui ne peuvent être vraies toutes à la fois. Il les appellera nécessairement des croyances, terme générique des affirmations dont on sent que la vérité est, de fait, contestable.

Secondement, lorsqu'on se place au point de vue de la croyance, en philosophie, il est inévitable qu'on reconnaisse à la méthode philosophique quelque chose de commun avec la méthode des religions. Les motifs de conviction ont beau être plus rationnels de leur nature, ou, en tout cas, soumis à une critique rationnelle sévère, il suffit que les points essentiels ne puissent être en définitive affranchis de la même condition de *croire* qui s'étend plus largement et librement sur les idées religieuses, pour qu'on doive trouver aussi juste que naturel que ce qui influe sur les croyances en général contribue également à déterminer celles d'entre elles qui sont du domaine de la philosophie.

Troisièmement, l'intérêt de croire, si la posssibilité de cet intérêt est une fois admise, et si rien, dans la conscience morale, ne s'élève contre la croyance proposée, est un motif à la fois légitime et qui doit agir infailliblement sur l'esprit, dans la mesure de la vivacité avec laquelle le possible en question lui est représenté et prend ainsi pour lui l'aspect du probable. Comment, en effet, ne serait-il pas légitime d'embrasser, autant qu'il dépend de soi, des pensées qui s'offrent comme garantes de bonheur, et qui, sous d'autres rapports, n'ont rien qui répugne? Et comment se pourrait-il que l'appétit universel du bonheur manquât son action sur le penseur qui s'en représenterait réellement un chemin possible? Mais c'est qu'il ne le croit réellement pas possible; c'est qu'il s'entretient dans de tout autres idées (à moins qu'il n'y ait de sa part qu'indifférence ou inertie, une sorte d'incapacité stupide de s'élever par des hypothèses au-dessus de l'horizon de l'expérience présente); et ce sont ces idées qui lui servent d'appui pour opposer à l'argument de l'intérêt de croire les objections connues : 1° on croit ce qu'on peut, et non pas ce qu'on veut; 2° il serait immoral de croire par intérêt, si l'on était libre de croire par ce motif.

« On ne croit pas ce qu'on veut » : si cela signifie qu'une croyance n'est jamais arbitraire et sans motifs, personne n'a soutenu le contraire; mais si l'on entend par là que les motifs accueillis ou rejetés, pour ou contre une opinion donnée, sont cela seul qu'ils peuvent et pouvaient être, en d'autres termes, nécessaires, indépendants de la volonté qui les reçoit après qu'elle a déjà coopéré avec l'entendement et les passions, en toute la suite des pensées et des actes où ces motifs ont eux-mêmes leurs antécédents et leurs appuis, on adhère, en l'une de ses principales thèses, à l'une des deux doctrines qu'on doit regarder comme mises en question et sur lesquelles la croyance, libre ou non, a à se prononcer. Comme nous cherchons ici les motifs de choisir, nous ne saurions sans pétition de principe supposer le choix fait.

« Il serait immoral de croire par intérêt » : mais, de deux systèmes, serait-ce une raison de rejeter celui qui promet le bonheur, parce qu'il le promet (sous certaines conditions d'ailleurs)? Agir par intérêt, ou agir d'accord avec l'intérêt sont choses bien différentes. Quand on parle d'actions faites *par intérêt*, ou d'opinions embrassées *par intérêt*, on sous-entend toujours que, si ce n'eût été cet intérêt, la personne intéressée aurait agi autrement qu'elle n'a fait, ou embrassé d'autres opinions; et l'on suppose par conséquent de *justes motifs* qu'elle avait de se déterminer en sens contraire de ce que l'intérêt lui a conseillé. Mais qui jamais a reproché à quelqu'un d'avoir fait entrer en compte de ses motifs, un intérêt respectable de soi, — et *a fortiori* dont le sentiment est d'une nature invincible, — quand il n'a fallu pour cela sacrifier aucune obligation? Dans le cas dont il s'agit, quel est le devoir auquel il pourrait sembler que l'on manque en embrassant *par intérêt*, supposons-le, la doctrine de la Conscience, en repoussant la doctrine de la Chose? Y a-t-il seulement un autre intérêt légitime que l'on négligerait? Loin de là, l'intérêt qui dicte alors la décision de l'individu est l'intérêt général de la personne, qu'il reconnaît dans le sien propre: en le reconnaissant, il affirme l'existence de la justice dans l'univers et obéit à un *intérêt moral*. L'idée du devoir et de la vertu reste la première, ainsi que la morale l'exige, puisque l'hypothèse des sanctions et l'intérêt qui s'y rattache ont leur fondement dans cette idée même et ne s'en peuvent séparer. Demander au nom du devoir que les sanctions soient répudiées, c'est d'une part, prononcer gratuitement la condamnation de la loi naturelle du bonheur, et, de l'autre, s'inscrire en faux contre l'application générale du jugement de mérite et de rétribution, qui pourtant dépend de la notion même du devoir. Aussi n'est-il guère douteux que les plus résolus stoïciens n'eussent admis, comme l'a fait Kant, la doctrine des sanctions, si, moins imbus de leur système d'évolution de la substance unique, ils avaient cru à la possibilité de la conservation des individus, à l'immortalité des personnes, comme compatible avec la vie divine de l'univers. La justice cosmique, en effet, ne peut paraître exemptée du soin d'une rétribution finale que dans la supposition où tous les hommes, tant bons que méchants, sont également destinés à disparaître, engloutis dans le cours universel de la nature. Dans l'hypothèse contraire, l'optimisme et l'idée de la justice s'unissent pour appeler le postulat des sanctions; et le problème de l'harmonie du bonheur et de la vertu se résout, grâce à ce postulat, sans prétendre avec le stoïcien se persuader que c'est la vertu elle-même qui est le bonheur.

C'est donc une doctrine antérieurement admise, et non point un sentiment immédiat ou une raison directement valable, qui peut seule interdire l'admission de l'intérêt au nombre des motifs de croire. De là vient que l'objection adressée, au nom de la loi morale, à la croyance et à l'attente d'une sanction de cette loi se présente souvent comme une défense de la vérité contre une illusion intéressée, en même temps que comme un blâme qui serait mérité par l'agent ou le penseur dont les déterminations auraient l'intérêt pour motif, là où il faudrait que ce fût la vérité. On ne réfléchit pas que, pour qui s'applique à la recherche des motifs de croire, la vérité est précisément ce qui est cherché : comment pourrait-il la sacrifier? Admettons que l'intérêt s'offre à lui comme un motif entre autres motifs; ce n'est pas dire que celui-là sera opposé aux autres. Il se peut qu'il les confirme. S'il arrivait que la détermination intéressée parût *contraire à la vérité*, dans la conscience même de ce penseur, elle serait immorale, ce n'est pas douteux; mais une telle supposition est impossible, on ne peut à la fois croire une chose et la croire contraire à la vérité. L'auteur de l'objection, pénétré de sa propre doctrine, prête sans y songer sa conscience à autrui; il imagine qu'il est impossible de croire la chose à l'existence de laquelle on est intéressé, et d'y croire même, en partie, sous l'influence de la passion née de cet intérêt, et de ne pas manquer ainsi à la vérité et au devoir. Mais l'intellectualisme et l'évidentisme n'ont pas compétence pour rendre un arrêt et nous forcer de bannir de la déclaration de la vérité la passion et le sentiment; car ils sont eux-mêmes en cause avec leur méthode, et la question pour nous est d'examiner les motifs d'option entre deux systèmes pour l'un desquels ils ont déjà leur siège fait. Le doute méthodique est exigible dans un examen de cette sorte.

Non seulement le point de départ pour nous est dans le doute méthodique, ainsi qu'il le fut, au moins en apparence, à l'origine de l'intellectualisme moderne, dans la philosophie de Descartes, mais le litige entre l'*évidence* et la *croyance* est l'un de ceux qui nous tiennent méthodiquement en suspens dans la question actuelle; d'où il suit pratiquement que *c'est notre croyance que nous cherchons à fixer, et non point la contrainte de la vérité absolue que nous demandons à subir*, car celle-ci, l'*inconcussum aliquid* de l'évidentisme, nous prouverait son existence en nous faisant sentir irrésistiblement son empire, au lieu de se laisser poursuivre. Ajoutons maintenant que la croyance cherchée se propose à nous, affirmative ou négative qu'elle soit sur tels points où elle porte, avec des facteurs de l'ordre intellectuel, d'autres de l'ordre passionnel, et l'un de ceux-ci plus particulièrement relatif à ce qu'on appelle notre intérêt. Ce dernier tient aux hypothèses faisables touchant l'avenir des personnes, et à la possibilité de l'existence, en un monde moral, d'une sanction attachée au choix que chacune aurait fait dans la profession de la vérité, et aux conséquences que ce choix aurait eues pour elle. On voit par là que la thèse de la croyance et la perspective des sanctions possibles font apparaître, en philosophie, la position du *penseur* sous le même aspect que celle du *fidèle* en religion, dans une religion de foi. Cette position résulte de la possibilité de *gagner* ou de *perdre*, suivant le parti qu'on prend dans une question qui doit être ultérieurement décidée par le fait, et sur laquelle on prend toujours parti dès à présent, soit qu'on le veuille ou non. C'est ce qu'on nomme un *pari*, sauf que celui-ci est forcé par la nature du cas, tandis qu'ordinairement les paris ne le sont pas. Nous avons vu plus haut comment Pascal, partant du pur scepticisme en matière de raison, et produisant ainsi en théorie avec tout l'appareil d'une démonstration, une méthode certainement appliquée avant lui dans la pratique, avait prétendu imposer le pari au nom d'une religion particulière, des dogmes et du culte de cette religion, et des menaces qu'elle adresse à ceux qui refusent de la croire (1). Reprenons maintenant la question, rendons-nous encore plus exactement compte de ce que le procédé de Pascal avait de vicieux, voyons quelles modifications il a reçues, après lui, de ceux des philosophes qui sont entrés plus ou moins dans la même pensée, et en quoi diffèrent entre elles, selon qu'on définit

---

(1) Voyez ci-dessus, p. 50-58.

le sujet réel du pari, des attitudes morales, au regard d'une croyance proposée, qui ont toujours cela de commun qu'elles partent d'un fait *inévitable* : croire *ou* ne pas croire, et de la perspective d'un intérêt personnel, attaché *peut-être* à ce fait suivant que nous le déterminons nous-mêmes en un sens ou en l'autre. Ce sujet est bien loin de pouvoir justifier dans tous les cas du même droit de nous imposer l'affirmation *ou* la négative dans les conditions d'un pari forcé.

Si nous ne plaçons pas le *pyrrhonisme* de Pascal dans les prémisses de notre raisonnement, mais que notre attitude soit celle du *doute méthodique* et de la recherche des raisons décisives d'une détermination de croyance, après examen des motifs de toute nature, intellectuels et passionnels, qui peuvent nous incliner, le fait de la connaissance de ces motifs, auxquels nous ne prenons à aucun moment le parti d'attribuer des valeurs égales, nous interdit l'acceptation du pari proposé sur un sujet où ne nous apparaîtraient pas déjà des probabilités plus ou moins appréciables. En stricte logique pyrrhonienne, le pari pour ou contre n'importe quoi serait proposable, mais par cela même aucun ne le serait raisonnablement, car les propositions se détruiraient mutuellement, et on ne saurait à laquelle entendre. Dans le fait, le pyrrhonisme de Pascal n'éliminait que les preuves rationnelles de la vérité ou fausseté de la religion. L'argument « *vous êtes embarqué* », le pari imposé au nom de la religion catholique, tirait toute sa force de l'établissement imposant de l'Église et de la maxime de celle-ci : Hors de l'Église point de salut. Mais quelle valeur a cet établissement, considéré dans ses propres fondations, et au point de vue d'une application du calcul des chances ? celle qu'on peut attacher à des témoignages, à une autorité, à des traditions, « aux prophéties et aux miracles » rapportés, et en un mot *au témoignage*, puisque toutes ces choses reviennent à celle-là seule. Il n'est pas douteux que Pascal, en bannissant les preuves proprement dites de raison, conservait ces preuves *de témoignage* : on le voit assez dans ses *Pensées* ; et il pouvait au surplus réclamer, pour ses arguments communs d'apologiste, au défaut d'une valeur théoriquement démonstrative, impossible dans l'espèce, le don légitime de faire valoir les témoignages comme des faits empiriques, capables d'influencer pratiquement la volonté de croire. Mais ce qu'il fallait alors, et ce que Pascal n'a pas fait, c'est, au lieu de traiter son problème de probabilités directement, comme si le pari forcé résultait d'une option entre « croix et pile », en quelque sorte imposée par la seule imagination d'une possibilité, c'est, dis-je, de remarquer que le pari lui-même et ses chances ont pour condition une certaine probabilité accordée au témoignage. Pascal aurait eu donc à traiter la question mathématique de la *probabilité des témoignages*. Laplace, au cours de sa théorie sur ce dernier sujet, a ingénieusement réfuté l'argument du pari, en le prenant sous cet aspect. Il en emprunte la forme à un mathématicien qui l'avait amendé en ce sens, et il en fait ressortir l'un des vices, celui qui tient à l'annonce d'un *infini à gagner* contre peu de chose à perdre (1). Mais le défaut radical de l'argument n'est pas celui-là. On peut d'ailleurs contester à Laplace, *en tant qu'il les applique aux annonces et promesses de l'ordre religieux*, ceux des principes de son analyse qui concernent le calcul de la probabilité des faits extraordinaires rapportés par des témoins faillibles et intéressés. Il faudrait, d'après nos lumières actuelles sur l'histoire des religions, sur les

---

(1) Essai philosophique sur les probabilités, 5ᵉ édit., p. 152 : « Ici se présente naturellement, dit Laplace, la discussion d'un argument fameux de Pascal, que Craig, mathématicien anglais, a reproduit sous une forme géométrique. Des témoins attestent qu'ils tiennent de la divinité même, qu'en se conformant à telle chose, on jouira non pas d'une ou de deux, mais d'une infinité de vies heureuses. Quelque faible que soit la probabilité des témoignages, pourvu qu'elle ne soit pas infiniment petite, il est clair que l'avantage de ceux qui se conforment à la chose prescrite est infini, puisqu'il est le produit de cette probabilité par un bien infini ; on ne doit donc point balancer à se procurer cet avantage.

« Cet argument est fondé sur le nombre infini des vies heureuses promises au nom de la divinité par les témoins ; il faudrait donc faire ce qu'ils prescrivent, précisément parce qu'ils exagèrent leurs promesses au delà de toutes limites, conséquence qui répugne au bon sens. Aussi le calcul nous fait-il voir que cette exagération même affaiblit la probabilité de leur témoignage au point de la rendre infiniment petite ou nulle. En effet ce cas revient à celui d'un témoin qui annoncerait la sortie du numéro le plus élevé, d'une urne remplie d'un grand nombre de numéros dont un seul a été extrait, et qui aurait un grand intérêt à annoncer la sortie de ce numéro. On a vu précédemment combien cet intérêt affaiblit son témoignage. En n'évaluant qu'à 1/2 la probabilité que si le témoin trompe il choisira le plus grand numéro, le calcul donne la probabilité de son annonce plus petite qu'une fraction dont le numérateur est l'unité, et dont le dénominateur est l'unité plus la moitié du produit du nombre des numéros par la probabilité du mensonge considérée *a priori* ou indépendamment de l'annonce. Pour assimiler ce cas à celui de l'argument de Pascal, il suffit de représenter par les numéros de l'urne tous les nombres possibles de vies heureuses, ce qui rend le nombre de ces numéros infini, et d'observer que si les témoins trompent, ils ont le plus grand intérêt, pour accréditer leur mensonge, à promettre une éternité de bonheur. L'expression de la fidélité de leur témoignage devient alors infiniment petite. En la multipliant par le nombre infini de vies heureuses promises, l'infini disparaît du produit qui exprime l'avantage résultant de cette promesse, ce qui réduit l'argument de Pascal ».

Le géomètre Jean Craig, écossais, est le même qui avait calculé l'époque où l'affaiblissement graduel de la valeur des témoignages avec le temps doit détruire les preuves de la religion chrétienne et rendre nécessaire une révélation nouvelle, à moins qu'alors le monde ne finisse.

éléments psychologiques de formation des croyances et des dogmes religieux, et sur le mode d'établissement des autorités traditionnelles et des Églises, infirmer la crédibilité des témoignages, non plus en considérant la nature de l'objet (quand il sort de l'espèce empirique et commune), et l'intérêt du témoin, ou sa véracité, mais surtout le caractère humain, imaginatif et passionnel, des créations religieuses, et la multiplicité, la diversité des sujets sur lesquels une religion peut ou pourrait prétendre imposer le pari tout aussi bien que l'Église catholique le fait en présentant ses dogmes à croire et ses sacrements à recevoir comme la condition *sine qua non* du salut. Le défaut principal de l'argument du pari de Pascal consiste en ce que, supposant au fond la proposition faite sur l'autorité de témoins, il n'établit pas le droit particulier de ceux-ci de nous mettre dans un dilemme. Que nous soyons pyrrhoniens, comme il le suppose, ou que nous ayons notre manière de voir sur le fondement et les vraies conditions des espérances religieuses, nous ne nous sentons pas pris dans le défilé où il veut nous faire passer. Une alternative sérieuse ne peut nous apparaître qu'à un point de vue plus général ; la matière doit en être empruntée aux idées du domaine commun de la conscience, et aux hypothèses que tout homme, en toute société, en tout temps, est capable d'envisager.

Une légère amélioration fut introduite par Labruyère dans la thèse du pari, qu'il ne laissa pas cependant de faire porter étroitement sur les croyances chrétiennes, à l'imitation de Pascal. Labruyère exprime d'abord son admiration et son amour pour *sa religion*, ce qui est incontestablement un motif de parier pour elle. Il consent à se tromper avec elle si elle se trompe ; et il ajoute : « La religion est vraie ou elle est fausse : si elle n'est qu'une vaine fiction, voilà, si l'on veut, soixante années perdues pour l'homme de bien, pour le chartreux ou pour le solitaire : ils ne courent pas un autre risque. Mais si elle est fondée sur la vérité même, c'est alors un épouvantable malheur pour l'homme vicieux : l'idée seule des maux qu'il se prépare me trouble l'imagination ; la pensée est trop faible pour les concevoir, et les paroles trop vaines pour les exprimer. Certes, en supposant même dans le monde moins de certitude qu'il ne s'en trouve en effet sur la religion, il n'y a point pour l'homme un meilleur parti que la vertu » (1).

---

(1) *Les caractères : des esprits forts*, Édition Hachette, 1865, t. II, p. 250.

On s'aperçoit que l'auteur n'est pas un grand logicien, car il ne paraît pas se douter qu'on pourrait distinguer l'homme de bien de l'homme vicieux par d'autres caractères que celui de prendre parti pour la religion qui a produit les chartreux; mais cela même qui rend sa pensée équivoque, en ce qu'on ne sait pas bien à qui s'adresse suivant lui la menace des peines d'une autre vie, est aussi ce qui nous montre sa tendance à généraliser le sujet du pari et à l'envisager sous l'aspect moral d'une relation entre la conduite actuelle et la vie future, plutôt que dans le bien fondé d'une superstition et du plus étroit dogmatisme.

Mais la saine interprétation, ou ce qu'on pourrait appeler la réduction au bon sens de la thèse du pari de Pascal, a été trouvée par Locke (1). Ce philosophe n'a pas fait d'autres suppositions que celles de la morale et de la religion naturelle, et, se renfermant ainsi dans la conscience, il a évité la nécessité d'entrer dans aucune question d'autorité, de traditions ou de véracité de témoins. Il a considéré la simple *possibilité* d'un état à venir, et d'une sanction de la morale, d'une rétribution de la conduite des individus, dans une vie future. Il a laissé aux expressions de *malheur infini* ou de *bonheur éternel* leur signification commune et vague, au lieu de les préciser mathématiquement pour les faire servir à un calcul de chances. Il a enfin posé devant le bon sens, sans plus de prétention, l'alternative de la conduite morale et de la conduite immorale, considérées avec ce qu'on peut se promettre de satisfactions de l'une ou de l'autre, ensuite rapprochées de l'issue *possible* du choix que l'on fait de la première ou de la seconde :

« Quelque fausses que soient les notions des hommes, ou quelque honteuse que soit leur négligence à l'égard de ce qui est en leur pouvoir ; et de quelque manière que ces fausses notions et cette négligence contribuent

---

(1) *Essai sur l'entendement*, l. II, c. xxi, 70 (trad. Coste). — Bayle a compris également l'idée du pari (article *Pascal*) dans cet esprit large : « Que ceux qui croient un Dieu peuvent être heureux éternellement s'ils ont raison, et ne perdent rien s'ils se trompent; mais un athée ne gagne rien s'il a raison et se rend malheureux éternellement s'il se trompe ». Il l'a rapprochée de cette pensée d'Arnobe : « Cum hæc sit conditio futurorum ut teneri et comprehendi nullius possint anticipationis attactu, nonne purior ratio est, ex duobus incertis, et in ambigua expectatione pendentibus, id potius credere quod aliquas spes ferat quam omnino quod nullas ? In illo enim periculi nihil est si quod dicitur imminere cassum fiat et vacuum; in hoc damnum est maximum, id est salutis amissio, si cum tempus advenerit aperiatur non fuisse mendacium. » Bayle, en donnant, comme il le fait, son approbation à l'idée de « la gageure » de Pascal ne connaissait que le texte des *Pensées* de l'édition de Port-Royal, dans laquelle il n'est point question de la manière de parier en prenant de l'eau bénite et faisant dire des messes.

à les mettre hors du chemin du bonheur, et à leur faire prendre toutes ces différentes routes où nous les voyons engagés, il est pourtant certain que la morale établie sur ses véritables fondements ne peut que déterminer à la vertu le choix de quiconque voudra prendre la peine d'examiner ses propres actions : et celui qui n'est pas raisonnable jusqu'à se faire une affaire de réfléchir sérieusement sur un bonheur et un malheur infini qui peut arriver après cette vie, doit se condamner lui-même comme ne faisant pas l'usage qu'il doit de son entendement. Les récompenses et les peines d'une autre vie que Dieu a établies pour donner plus de force à ses lois sont d'une assez grande importance pour déterminer notre choix, contre tous les biens ou tous les maux de cette vie, lors même qu'on ne considère le bonheur ou le malheur à venir que comme possible; de quoi personne ne peut douter. Quiconque, dis-je, conviendra qu'un bonheur excellent et infini est une suite possible de la bonne vie qu'on aura menée sur la terre, et un état opposé la récompense possible d'une conduite déréglée, un tel homme doit nécessairement avouer qu'il juge très mal, s'il ne conclut pas de là qu'une bonne vie jointe à l'espérance d'une éternelle félicité qui peut arriver, est préférable à une mauvaise vie accompagnée de la crainte d'une misère affreuse dans laquelle il est fort possible que le méchant se trouve un jour enveloppé, ou, pour le moins, de l'épouvantable et incertaine espérance d'être annihilé. Tout cela est de la dernière évidence, supposé même que les gens de bien n'eussent que des maux à essuyer dans ce monde, et que les méchants y jouissent d'une perpétuelle félicité, ce qui pour l'ordinaire prend un tour si opposé que les méchants n'ont pas grand sujet de se glorifier de la différence de leur état, par rapport même aux biens dont ils jouissent actuellement; ou plutôt qu'à bien considérer toutes choses, ils sont, à mon avis, les plus mal partagés, même dans cette vie. Mais lorsqu'on met en balance un bonheur infini avec une infinie misère, si le pis qui puisse arriver à l'homme de bien, supposé qu'il se trompe, est le plus grand avantage que le méchant puisse obtenir, au cas qu'il vienne à rencontrer juste, qui est l'homme qui peut en courir le hasard, s'il n'a tout à fait perdu l'esprit? Qui pourrait, dis-je, être assez fou pour résoudre en soi-même de s'exposer à un danger possible d'être infiniment malheureux, en sorte qu'il n'y ait rien à gagner pour lui que le pur néant, s'il vient à échapper à ce danger? L'homme de bien, au contraire, hasarde le néant contre un bonheur infini dont il doit jouir au cas que le succès suive son attente. Si son espérance se trouve bien fondée, il est éternellement heureux ; et s'il se trompe il n'est pas malheureux, il ne sent rien. D'un autre côté, si le méchant a raison, il n'est pas heureux, et s'il se trompe, il est infiniment misérable. N'est-ce pas un des plus visibles dérèglements d'esprit où les hommes puissent tomber, que de ne pas voir du premier coup d'œil quel parti doit être préféré dans cette rencontre? J'ai évité de rien dire de la certitude ou de la probabilité d'un état à venir, parce que je n'ai d'autre dessein en cet endroit que de montrer le faux jugement dont chacun doit se reconnaître coupable selon ses propres principes, quels qu'ils puissent être, lorsque pour quelque considération que ce soit, il s'abandonne aux courtes voluptés d'une vie déréglée, dans le temps qu'il sait d'une manière à n'en pouvoir douter qu'une vie après celle-ci est tout au moins une chose possible ».

On voit que, pour Locke, l'idée de sanction se rattache à la morale et non point à la loi d'une religion positive et aux commandements d'une Église, et que le mode de parier est essentiellement envisagé dans la conduite. Toutefois, comme le raisonnement de ce philosophe est tout fondé sur l'idée d'un possible, ainsi qu'il en fait lui-même la remarque très expresse, et comme il n'y a point pratiquement d'action accomplie, et de conduite adoptée, à raison de l'idée qu'on a d'une chose comme possible, qui ne soient décidées par un degré suffisant de croyance à la réalité de cette chose, il s'ensuit que le pari par l'acte et le pari par la croyance sont, dans le fait, inséparables. Ainsi Locke en nous demandant, au nom de notre intérêt dans un état à venir, d'agir d'une certaine manière, nous demande implicitement de croire une certaine vérité. Et si nous dégageons de ses explications cette croyance demandée, nous voyons aussitôt qu'elle a pour objet l'existence d'une sanction suprême de la morale, en d'autres termes, un ordre moral du monde, qui, vu son universalité, doit se nommer un ordre divin, et qui assure, suivant la formule de Kant, l'harmonie du bonheur et de la vertu.

Des idées semblables se retrouvent chez Rousseau, qui les rattache à la question de l'optimisme, débattue entre lui et Voltaire, et qui, posant la pure possibilité de l'existence de Dieu et de l'immortalité de l'âme, conclut à leur réalité, et à la bonté de l'univers, par la croyance. Mais le seul intérêt que Rousseau invoque est ici celui des passions de son âme ; il ne précise pas la considération, non nécessaire à cet endroit, des sanctions de la conduite; il se borne à rejeter avec beaucoup de force l'hypothèse des peines éternelles (1) :

« La plus grande idée que je puis me faire de la Providence est que chaque être matériel soit disposé le mieux qu'il est possible par rapport au tout, et chaque être intelligent et sensible le mieux qu'il est possible par rapport à lui-même; en sorte que, pour qui sent son existence, il vaille mieux exister que ne pas exister. Mais il faut appliquer cette règle à la durée totale de chaque être sensible, et non à quelque instant particulier de sa durée, tel que la vie humaine; ce qui montre combien la question de la Providence tient à celle de l'immortalité de l'âme, que j'ai le bonheur de croire, sans ignorer que la raison peut en douter; et à celle de l'éternité des peines, que ni vous, ni moi, ni jamais homme pensant bien de Dieu, ne croirons jamais.

« Si je ramène ces questions à leur principe commun, il me semble qu'elles se rapportent toutes à celle de l'existence de Dieu. Si Dieu existe, il est parfait; s'il est parfait, il est sage, puissant et juste; s'il est sage et puissant, tout est bien; s'il est juste et puissant, mon âme est immortelle; si mon âme est immortelle, trente ans de vie ne sont rien pour moi, et sont peut-être nécessaires au maintien de l'univers. Si l'on m'accorde la première proposition, jamais on n'ébranlera les suivantes; si on la nie, il ne faut point discuter sur ses conséquences.

« Nous ne sommes ni l'un ni l'autre dans ce dernier cas... Quant à moi, je vous avouerai naïvement que ni le pour ni le contre ne me paraissent démontrés sur ce point par les seules lumières de la raison, et que si le théiste ne fonde son sentiment que sur des probabilités, l'athée, moins précis encore, ne me paraît fonder le sien que sur des possibilités contraires. De plus, les objections de part et d'autre sont toujours insolubles, parce qu'elles roulent sur des choses dont les hommes n'ont point de véritable idée. Je conviens de tout cela, et pourtant je crois en Dieu tout aussi fortement que je crois une autre vérité, parce que croire et ne pas croire sont les choses du monde qui dépendent le moins de moi; que l'état de doute est un état trop violent pour mon âme; que quand ma raison flotte, ma foi ne peut rester longtemps en suspens, et se détermine sans elle; et qu'enfin mille sujets de préférence m'attirent du côté le plus

---

(1) *Correspondance*, 18 août, 1756, Lettre à Voltaire.

consolant et joignent le poids de l'espérance à l'équilibre de la raison. »

Il n'est peut-être pas inutile de remarquer, après ce que nous avons dit plus haut du facteur volontaire des croyances, que Rousseau ne déclare pas ici, comme on le fait d'ordinaire, et comme on le fait au nom de quelque raison opposante, une *impuissance de croire*, mais bien son *impuissance de ne pas croire*, et cela en constatant chez lui la raison en équilibre et la passion morale trop forte pour que sa décision n'en dépende pas et que l'incertitude lui demeure possible. Cette attitude pratique n'est pas, à la bien prendre, et surtout chez un partisan du libre arbitre, tel qu'était Rousseau, l'expression d'une opinion déterministe en matière de jugements. Il faut l'interpréter dans le sens large de l'éloquente formule où Rousseau lui-même, et dans le même écrit, a compté le *vouloir*, avec le *sentir* et le *croire*, dans les motifs de sa foi : « Non, j'ai trop souffert en cette vie pour n'en pas attendre une autre. Toutes les subtilités de la métaphysique ne me feront pas douter un moment de l'immortalité de l'âme et d'une Providence bienfaisante. *Je la sens, je la crois, je la veux, je l'espère*; je la défendrai jusqu'à mon dernier soupir; et ce sera de toutes les disputes que j'aurai soutenues, *la seule où mon intérêt ne sera pas oublié* ».

Rousseau s'est expliqué, à un autre endroit de sa correspondance, sur l'intervention des passions et de la volonté dans les croyances, et il s'est nettement séparé de l'opinion intellectualiste (1) : « Comme nous ne sommes pas tout intelligence, nous ne saurions philosopher avec tant de désintéressement que notre volonté n'influe un peu sur nos opinions : l'on peut souvent juger des secrètes inclinations d'un homme par ses sentiments purement spéculatifs; et, cela posé, je pense qu'il se pourrait bien que celui qui n'a pas voulu croire fût puni pour n'avoir pas cru ». Il serait difficile d'accuser plus fortement la part que prennent la volonté et les passions dans nos croyances (en un sens défavorable cette fois, comme tout à l'heure en un sens favorable), qu'en faisant peser une responsabilité sur ces dernières. Rousseau, dans la suite de ce passage, distingue deux classes d'esprits, par rapport à l'existence de Dieu reconnue ou contestée ; ne parlons pas d'une troisième classe où il fait entrer l'homme sauvage et sans culture, auquel il prête des instincts toujours droits qui lui rendent

---

(1) *Correspondance*. 15 janvier 1769, Lettre sur l'existence de Dieu.

la connaissance de Dieu inutile. Quant aux hommes cultivés, il voit d'un côté « le philosophe, qui, à force de vouloir exalter son intelligence, de raffiner, de subtiliser sur ce qu'on pensa jusqu'à lui, ébranle enfin tous les axiomes de la raison simple et primitive, et, pour vouloir toujours savoir plus et mieux que les autres, parvient à ne rien savoir du tout » ; de l'autre côté, « l'homme à la fois raisonnable et modeste, dont l'entendement exercé, mais borné, sent ses limites et s'y renferme, trouve dans ces limites la notion de son âme et celle de l'auteur de son être, sans pouvoir passer au delà pour rendre ces notions claires, et contempler d'aussi près l'une et l'autre que s'il était lui-même un pur esprit. Alors, saisi de respect, il s'arrête, et ne touche point au voile, content de savoir que l'être immense est au-dessous ». Au reste, en dehors de ces deux attitudes, qui conviennent au « petit nombre d'élite », il y a la multitude humaine qui connaît et adore Dieu. « Quoique chacun l'habille à sa mode, sous tous ces vêtements divers, on trouve toujours Dieu... Il peut arriver, j'en conviens, que le torrent de la mode et le jeu de l'intrigue étendent la secte philosophique, et persuadent un moment à la multitude qu'elle ne croit plus en Dieu ; mais cette mode passagère ne peut durer ; et, comme qu'on s'y prenne, il faudra toujours à la longue un Dieu à l'homme ; enfin quand, forçant la nature des choses, la divinité augmenterait pour nous d'évidence, je ne doute pas que dans le nouveau lycée on n'augmentât en même temps de subtilité pour la nier. *La raison prend à la longue le pli que le cœur lui donne*, et quand on veut penser en tout autrement que le peuple, on en vient à bout tôt ou tard ».

La *Profession de foi du vicaire savoyard* renferme tous les éléments du pari de Pascal, généralisé, épuré, transporté du dogmatisme religieux, et de la superstition des œuvres cultuelles, à la foi dans le monde moral, et au respect de la loi morale comme règle de vie conforme à cette croyance. Ces éléments sont les trois grands postulats de la raison pratique, dont la réunion constitue la vraie définition et l'hypothèse d'un monde moral, et qui impliquent l'harmonie future du devoir et du bonheur, par conséquent l'existence d'une sanction future de la conduite et de la croyance. Dès qu'on admet que ce sont là des *vérités possibles*, pour lesquelles ou contre lesquelles on n'a nulle démonstration de raison pure, mais dont l'affirmation ou la négation, pour peu qu'elles se prononcent, sont suggérées par des motifs du genre passionnel, joints aux arguments que peut assembler et manier l'intelligence ; qu'ainsi la volonté ne saurait être éliminée de la décision mentale ; et que, d'un autre côté, dans le cas où ce serait l'affirmative qui serait vraie, l'intérêt à venir du penseur et de l'agent est engagé dans le parti qu'il aura embrassé présentement, puisque sa conduite et sa croyance même, si la première soutient quelque rapport logique avec la seconde, doivent manifestement influer sur sa destinée ; dès qu'on admet toutes ces propositions, comme Rousseau l'a fait dans la *Profession de foi du vicaire savoyard*, les conditions du pari, et du pari forcé, sont réunies. Si Rousseau, dans cet ouvrage d'une éloquence sublime, n'a pas développé ce point de vue, ainsi qu'il l'a indiqué dans les passages qu'on vient de voir de sa correspondance, c'est certainement pour ne point déparer en leur associant l'argument de l'intérêt, qui a toujours un faux air d'être contre l'honneur, des motifs d'ordre général du monde et l'appel aux plus nobles passions. Il est à remarquer que tout en raisonnant expressément dans la supposition ordinaire de la « religion naturelle », celle des « récompenses et des peines » (1) ; il a soin de retirer au mot *récompense* sa signification trop banale. Ce n'est pas, il est vrai, pour lier l'idée de rémunération ou de peine à une loi générale de la création établissant un rapport naturel entre les conséquences des actes moraux et les destinées matérielles. Rousseau paraît être resté étranger à ce genre de spéculation. Mais il a voulu du moins relever la notion étroite et courte de récompense en la rattachant à l'ordre divin, de préférence au mérite de l'homme : « Je ne dis point que les bons seront récompensés ; car quel autre bien peut attendre un être excellent, que d'exister selon sa nature ? Mais je dis qu'ils seront heureux, parce que leur auteur, l'auteur de toute justice les ayant faits sensibles, ne les a pas faits pour souffrir ; et que n'ayant point abusé de leur liberté sur la terre, ils n'ont pas trompé leur destination par leur faute ; ils ont souffert pourtant dans cette vie, ils seront donc dédommagés dans une autre. Ce sentiment est moins fondé sur le mérite de l'homme que sur la notion de bonté qui me semble inséparable de l'essence divine. Je ne fais que supposer les lois de l'ordre observées et Dieu constant à lui-même ».

(1) Par exemple, quand il se pose la question du « sort des méchants », et dans le passage célèbre où se trouvent ces mots : « on dirait aux murmures des impatients mortels que Dieu leur doit la récompense avant le mérite et qu'il est obligé de payer leur vertu d'avance. O ! soyons bons premièrement, et puis nous serons heureux. N'exigeons pas le prix avant la victoire, ni le salaire avant le travail, etc. »

La thèse formelle du pari pour le monde moral, écartée jusqu'à un certain point de l'œuvre de Rousseau, grâce à l'ardeur et à la passion qui poussent avec force les raisons de croire, et ne souffrent guère plus les formes du doute que n'a coutume de le faire une argumentation logique, semblerait, au contraire, devoir venir naturellement à l'esprit d'un sceptique, ainsi que celle du pari pour l'Église catholique vint à l'esprit de Pascal, prenant le pyrrhonisme pour prémisse; car, s'il est devenu bien difficile aujourd'hui au penseur éclairé et maître de lui-même de se croire placé « pour son salut » dans le cas d'un réel, inévitable et effrayant pari par le fait de ne tenir compte des prescriptions d'un culte particulier, il lui reste toujours possible d'envisager l'alternative de l'existence ou de la non existence du monde moral et de la loi morale, et d'une sanction de la croyance et de la conduite à raison de cette loi. La possibilité et les conséquences encourues ne peuvent être méprisées ici que par un dogmatisme philosophique négatif, s'estimant très sûr de lui-même. Mais l'hypothèse est tellement générale, et le dilemme si clair, que le scepticisme n'y saurait échapper en arguant de la multitude et de la contrariété des opinions et des suppositions qui pourraient, à aussi bon titre les unes que les autres, le sommer de reconnaître qu'il parie implicitement et nécessairement contre celles pour lesquelles il refuse de parier, en son parti pris de suspendre son jugement. Si donc il arrive qu'un sceptique, posant et examinant la thèse du pari, croie pouvoir en éluder l'application, on peut être certain qu'il se trouve en fond de sa pensée quelque prévention philosophique, un certain sujet sur lequel il n'admet pas le doute.

Tel est le cas d'un écrivain de ce temps, qui a touché la question en passant, avec beaucoup d'esprit et une étonnante désinvolture. « Une complète obscurité, providentielle peut-être, nous cache les fins morales de l'univers, dit cet auteur. Sur cette matière, on parie, on tire à la courte-paille; en réalité on ne sait rien. Notre gageure à nous, notre *real acierto* à la façon espagnole, c'est que l'inspiration intérieure qui nous fait affirmer le devoir est une sorte d'oracle, une voix infaillible, venant du dehors et correspondant à une réalité objective. Nous mettons notre noblesse en cette affirmation obstinée; nous faisons bien; il faut y tenir, même contre l'évidence. Mais il y a presque autant de chances pour que tout le contraire soit vrai. Il se peut que ces voix intérieures proviennent d'illusions honnêtes, entretenues par l'habitude, et que le monde ne soit qu'une amusante féerie dont aucun Dieu ne se soucie. Il faut donc nous arranger de manière à ce que, dans les deux hypothèses, nous n'ayons pas eu complètement tort. Il faut écouter les voix supérieures, mais de façon à ce que, dans le cas où la seconde hypothèse serait la vraie, nous n'ayons pas été trop dupés. Si le monde, en effet, n'est pas chose sérieuse, ce sont les gens dogmatiques qui auront été frivoles, et les gens du monde, ceux que les théologiens traitent d'étourdis, qui auront été les vrais sages. Ce qui semble de la sorte conseillé, c'est une sagesse à deux tranchants, prête également aux deux éventualités du dilemme, une voie moyenne dans laquelle, de façon ou d'autre, on n'ait pas à dire : *ergo erravimus*. C'est surtout pour les autres qu'il faut y mettre des scrupules. Pour soi, on peut risquer les grands partis ; mais on n'a pas le droit de jouer pour les autres. Quand on a charge d'âmes, il faut donc s'exprimer avec assez de réserve pour que, dans l'hypothèse de la grande banqueroute, ceux qu'on y a compromis se trouvent n'avoir pas été trop compromis.

« *In utrumque paratus*, être prêt à tout, voilà peut-être la sagesse. S'abandonner, suivant les heures, à la confiance, au scepticisme, à l'optimisme, à l'ironie, voilà le moyen d'être sûr qu'au moins par moments on a été dans le vrai. Vous me direz que, de la sorte, on ne se trouvera pas non plus avoir eu complètement raison. Sans doute ; mais comme il n'y a pas la moindre chance que ce quaterne-là soit réservé à personne, il est prudent de se rabattre sur des prétentions plus modestes. Eh bien ! l'état d'âme que M. Amiel (1) appelle dédaigneusement « l'épicuréisme de l'imagination n'est peut-être pas pour cela un mauvais parti. La gaieté a cela de très philosophique qu'elle semble dire à la nature que nous ne la prenons pas plus au sérieux qu'elle ne nous prend nous-mêmes ; si le monde est une mauvaise farce, par la gaieté nous la rendons bonne. D'un autre côté, si une pensée indulgente et bienfaisante préside à l'univers, nous entrons bien mieux par la résignation joyeuse dans les intentions de cette pensée suprême, que par la morne raideur du sectaire et l'éternelle jérémiade du croyant...

« C'est Socrate, dit-on, qui inventa l'ironie. Si c'est vrai, il faut avouer

---

(1) M. Renan a écrit ces lignes dans l'un des articles qu'il a consacrés aux *Fragments d'un journal intime* de H. F.-Amiel (*Journal des Débats*, 7 octobre 1884). Il a exprimé des pensées du même genre en d'autres de ses ouvrages, mais c'est peut-être ici qu'il s'est le mieux résumé.

que le sage d'Athènes a dit le dernier mot de la philosophie. Nous n'admettons plus, en effet, qu'on parle de philosophie autrement qu'avec un sourire. Nous devons la vertu à l'Éternel, mais nous avons droit d'y joindre comme reprise personnelle l'ironie. Par là nous rendons à qui de droit plaisanterie pour plaisanterie. Le mot de saint Augustin : *Domine, si error est, a te decepti sumus*, reste très beau, très conforme au sentiment moderne. Seulement nous voulons que l'Éternel sente que, si nous acceptons la piperie, nous l'acceptons le sachant et le voulant. Nous sommes résignés d'avance à perdre les intérêts de nos placements vertueux ; mais nous ne voudrions pas être exposés au ridicule de sembler y avoir beaucoup compté. En parlant de tout cela d'une façon positive, nous craignons de paraître avoir trop donné dans le piège tendu à notre simplicité. »

Nous aussi, mais dans une incomparablement plus petite affaire, qui est de répondre à cette façon d'entendre le pari, nous pourrions craindre, en soumettant ces raisonnements légers au choc d'une logique pesante, de sembler la dupe d'un auteur que nombre de gens soupçonnent de « se moquer du monde » et de la logique. Mais ce moqueur est plus sérieux qu'il n'aime à se donner l'apparence de l'être en philosophie, et plus dogmatique, en dépit de son air leste; j'ajoute et plus près du pessimisme, au fond, que de l'espèce d'optimisme qu'il affecte, comme ce fut le cas de plusieurs épicuriens, amis des plaisirs intellectuels. Quant à la logique, il ne fait pas exprès de s'en affranchir. Y manquer sans cesse est chez lui l'effet d'un don de nature, auquel il doit la grâce et l'aimable spontanéité de sa manière. Essayons pourtant de lui appliquer ce criterium des esprits lourds. Dans le plan de sagesse personnelle que nous venons de voir tracé de sa main, le principe semble d'abord être celui du plus pur pyrrhonisme, dont les sectateurs « ne sont pas pour eux-mêmes », a dit Pascal. Il se témoigne en se posant et se contreposant curieusement. On commence par la *gageure* intrépide en faveur de la vérité de la voix intérieure, et de la réalité du devoir : *nous faisons bien, il faut y tenir*, dit ce répondant de la conscience. Il ajoute : *même contre l'évidence*, élan très chevaleresque, qui malheureusement supprime la matière de la gageure et jette le parieur dans l'absurdité. Mais ce n'est point pour s'en tenir là. Il y a, dit-il aussitôt après, *presque autant de chances pour que le contraire soit vrai*. *Presque autant de chances*, c'est beaucoup moins que l'*évidence !* et même ce *presque*-là (très joli dans l'espèce) laisse encore pencher la balance mathématique du côté du devoir. Néanmoins le parieur, qui voulait tout à l'heure aller contre l'évidence, se ravise et n'entend plus même risquer de perdre. Et si pourtant, il risquera, mais le moins possible; il tâchera de faire entre l'hypothèse du devoir et celle de la vanité universelle une cote mal taillée. Mais comment s'y prendra-t-il pour se frayer une *voie moyenne*, pour n'être dupe en aucun cas, pour n'avoir à dire en aucun cas : *ergo erravimus*? C'est ce qu'il ne nous apprend point. Et si la vraie gageure, celle qui nous est proposée par l'*obscurité, providentielle peut-être*, qui, *nous cache les fins morales de l'univers*, avait précisément pour sujet l'existence, franchement abordée par le oui ou le non, de ces fins morales, et de ce qu'elles impliquent pour nous autres hommes, en théorie et en pratique, où donc serait la voie moyenne à trouver des croyances et de la conduite de la vie ? Et comment ce pyrrhonien si désireux de prendre des deux côtés ses sûretés sait-il que le choix entre les deux côtés n'est pas l'essence même du pari ? Notre homme, à la fin de ce morceau, craint surtout de trop incliner dans le sens du devoir; s'il consent à faire crédit personnellement à la Providence, il appréhende de lui amener des actionnaires, et, ayant *charge d'âmes*, d'engager autrui à des sacrifices en pure perte dont il court, on dirait à regret, le hasard pour son propre compte. Cela signifie qu'un prédicateur de morale, de l'humeur de celui-ci, s'il est scrupuleux, doit avoir soin, en recommandant aux gens la conduite vertueuse comme le meilleur parti, d'ajouter qu'il n'en est pas bien sûr et n'entend nullement prendre la responsabilité de ses conseils. Mais cet étrange moraliste appliquerait mieux son scrupule en commençant par changer lui-même de métier.

La marche à suivre pour être prêt à tout événement, quoique elle ressemble à du persifflage, est sans doute proposée sérieusement par un écrivain qui s'en est servi tout le premier. Il faut donc l'examiner de même. Etre, *suivant les heures, confiant, sceptique, optimiste, ironique, ce moyen sûr d'être par moments dans le vrai*, manque de dignité pyrrhonienne; il conviendrait de ne l'employer que pour en tirer la conséquence logique, et conclure qu'on ne conclut point. C'est ce que les pyrrhoniens honnêtes ont toujours fait. Le spirituel auteur ne voit à sa méthode qu'un défaut, qui est qu'après s'être abandonné tour à tour au scepticisme et à la confiance, à l'optimisme et à l'ironie, *on ne se trouvera pas avoir eu complètement raison*. Mais il s'exprime en cela très mal; la vérité est qu'on n'a jamais ni partiellement, ni complètement raison par cette méthode : ni partiellement, parce que, se connaissant soi-même et son procédé, on sait, à chaque chose qu'on dit, qu'on va se contredire le moment d'après, ce qui est n'avoir jamais raison selon soi ; ni complètement, attendu qu'on ne tire point ainsi la moralité de sa fable, et qu'on ne parvient pas à l'unité d'attitude, indispensable à qui pense avoir raison. Qu'est-ce d'ailleurs qu'avoir raison *complètement?* De quoi s'agit-il ? Il y a trois ou quatre questions capitales en philosophie ; il y en a une qui les résume, et dont il est question ici pour l'auteur dont nous discutons les vues, comme pour nous : c'est celle que nous traduisons par le dilemme : affirmer le monde moral, ou le nier, et qu'il traduit lui-même par les mots : *confiance* et *ironie*, appliqués l'un aux *fins morales de l'univers*, l'autre à l'amusante *féérie* suivie de la *grande banqueroute*. Or l'affirmative et la négative se partagent les hommes, et ceux qui sont d'un côté ont *complètement raison*, si ce ne sont pas ceux de l'autre côté. Ne parlons donc point d'un *quaterne* à gagner en rencontrant juste. Dans l'hypothèse la plus défavorable, celle de l'ignorance absolue, on parie à chances égales ; dans toute autre supposition sur la valeur des moyens humains de percer *l'obscurité, providentielle peut-être*, dont on nous parlait plus haut, on peut s'attribuer une probabilité morale plus ou moins grande d'avoir *complètement raison*, et parier en conséquence.

Mais ce pyrrhonien est un faux pyrrhonien, ce philosophe suivant qui il n'est plus admissible aujourd'hui « que l'on parle de philosophie autrement qu'avec un sourire » fait de la philosophie et ne sourit pas. Qu'est-ce en effet que se prononcer dogmatiquement sur la théodicée, comme il le fait dans les termes suivants, et au même endroit, si ce n'est rejeter les doctrines de ceux qui n'en jugent pas comme lui et souscrire à d'autres opinions, apparemment philosophiques ? « Le problème de l'origine du mal, si péniblement agité par l'ancienne philosophie, » — nous en avons donc maintenant une nouvelle ? — « n'est pas un problème. La théorie manichéenne du dieu bon et du dieu méchant est irréfutable dans la conception théiste du dieu calculateur et tout puissant. Elle n'a plus de sens dans la conception d'un univers tirant spontanément de son sein tout ce qu'il peut. *Le mal est la condition absolue de l'existence consciente.* Le monde réussit à procurer un peu de bien, de justice, d'idéal avec des myriades d'égoïsmes. » Outre ces assertions qui impliquent formellement la négation de la liberté et de l'origine morale du mal, l'auteur trouve moyen de trancher en peu de lignes les questions de l'optimisme et du pessimisme, du plaisir, du bonheur et de la vertu, du progrès de l'humanité, du progrès du monde et du devenir de dieu tout puissant. Si ce n'est pas là une philosophie qui fasse sourire, serait-ce de la science, par hasard? C'est simplement une veine de *confiance*, mais qui ne va pas jusqu'à l'acceptation du pari pour les fins morales, parce que le penseur qui imagine la formation de Dieu et la constitution de la morale, à la fin des temps, par la vertu de l'évolution, semble trop bien convaincu que Dieu n'existe pas quant à présent, qu'il n'y a pas de devoir, et que tout se fait nécessairement comme il peut, de soi-même, pour se sentir le moins du monde pressé ou d'engager sa conscience, ou de se supposer un enjeu personnel dans la déclaration de la vérité probable.

Un penseur contemporain d'une autre humeur que le précédent, mais également attaché aux principes de l'évolutionisme, et qui formule un optimisme progressiviste plus décidé ou plus constant, sous la forme d'une *force* prêtée aux idées, avec une direction, qui est le devenir de l'*idéal*, s'est placé à un point de vue de la conscience et de la connaissance où se retrouvent aussi les éléments d'un certain *pari*. Il n'en a pas sans doute aperçu la nécessité, mais elle ressort de la conclusion de ses études éthiques. Le fondement paradoxal qu'il attribue à la morale, et qui est le *doute* sur le « fond des choses, » suggère au bon sens l'idée d'un fondement définitif plus sûr : une *volonté de croire*, appliquée, pour commencer, à quelque autre chose que le « fond des choses. »

« C'est le *doute* par rapport aux choses « transcendantes, » nous dit ce philosophe, et la relativité de la connaissance pour les choses « immanentes, » qui, par opposition au dogmatisme théologique, fonde la liberté de conscience, le droit individuel et la solidarité morale entre les hommes. » Cette proposition suppose que, là où se trouverait la certitude, là aussi devrait se trouver l'intolérance, la contrainte exercée sur les opinions qui s'écartent de la vérité certaine. « La violation du droit idéal au nom de la force et de l'intérêt matériel ou spirituel, c'est du dogmatisme en action, soit matérialiste, soit panthéiste, soit théologique.... Vous frapper, vous violenter, cela peut signifier, selon un premier système : « Le fond absolu est force et matière, rien autre chose »; c'est la solution du matérialisme dogmatique. Cela peut signifier aussi, selon une seconde interprétation : « Le fond absolu est une substance dont les individus sont des modes sans valeur propre »; c'est la solution panthéiste. Cela peut signifier encore : « Le fond absolu est un Dieu dont je connais la volonté »; c'est la solution théologique... Au contraire, m'abstenir de violenter la volonté d'autrui, tant qu'elle ne viole pas la mienne, c'est l'attitude qui convient logiquement à celui qui ne prétend résoudre l'X ni en pure matière, ni en substance unique et nécessaire, ni en volonté absolue et transcendante, à celui qui ne veut pas du dogmatisme matérialiste, panthéiste ou spiritualiste, à celui qui, en général, refuse de dogmatiser et s'abstient. Le *droit* pur et simple, considéré au point de vue logique, est donc le pendant du doute méthodique et de la « suspension du jugement » des anciens. »

L'auteur continuant remarque qu' « au delà du droit, il peut et doit exister une autre attitude... C'est de préférer le bonheur d'autrui au sien, c'est non plus de s'*abstenir*, mais d'*agir* positivement en vue du bonheur universel : alors naît l'amour d'autrui, la fraternité, sans laquelle le droit lui-même demeurerait une loi trop abstraite et pratiquement peu efficace. L'homme aimant et bon propose à tous l'universelle bonté comme étant la valeur la plus rapprochée de la suprême inconnue... Le désintéressement actif et aimant est comme l'égoïsme actif, une spéculation sur le sens du mystère universel et éternel. Il a un caractère de sublimité qui lui vient de son incertitude même. Entre les deux extrêmes est la justice, qui laisse à chacun une sphère d'action égale à celle des autres sous le nom de droit, et qui pose ainsi, égale pour tous, la limite spéculative et pratique que franchissent en sens opposé l'égoïsme et le dévouement » (1).

Ce sont deux propositions également fausses, que la certitude présumée entraîne le droit présumé de contraindre les volontés rebelles, et que le renoncement à la certitude, le doute, entraîne logiquement l'abstention de violer la volonté d'autrui tant qu'elle ne viole pas la nôtre. Quant au premier point, il faut accorder que la plupart des hommes séparent très mal en pratique, et même en théorie, le plus souvent, l'idée de la connaissance réelle de la vérité d'avec le droit d'en imposer à d'autres l'aveu ou les conséquences, autant qu'on est le maître de ces dernières. Mais c'est là précisément le grand péché humain. On fait peut-être un affront mérité aux hommes, mais on fait injure à la loi du devoir, en rai-

---

(1) Alfred Fouillée, *Critique des systèmes de morale contemporains*, p. 387, 394-395.

sonnant comme si elle ne faisait seulement pas sentir sa présence. Nous avons le droit de défense et certains droits de contrainte, dans les cas où notre liberté serait violée par les actes d'autrui ; c'est donc parce que notre personne ou sa *dignité* ne sont pas alors *respectées :* autant dire parce que nous n'avons pas ces mêmes droits dans les autres cas, et, en d'autres termes, parce que nous sommes obligés par la loi morale au respect, en tant que nous sommes nous-mêmes objets de respect. Autrement, au nom de quoi protesterions nous contre l'usurpation ? Or, la connaissance de la vérité, cette connaissance en elle-même, supposé que nous la possédions effectivement, ne peut rien changer à cette situation, tant que nous ne sommes pas lésés d'ailleurs ; et cela, non pas seulement parce que, la certitude, fait mental dont la correspondance à une réalité formelle ne nous est point garantie, ne renferme pas des conditions qui puissent nous autoriser à tenter de produire par fraude ou violence le même fait dans la conscience d'autrui, mais encore parce qu'on ne voit pas d'où viendrait à un homme, par ce *fait* qu'il tiendrait l'absolu, le *droit* de forcer les autres à penser ou agir comme si eux-mêmes le tenaient.

Ainsi la certitude, même absolue, ne conférerait ni moralement, ni en vertu d'aucune logique que je puisse découvrir, le droit pour la volonté *certaine* de se soumettre des volontés incertaines et opposées qui ne la violeraient point elle-même. Telle est l'idée pure du fondement du droit : l'inviolabilité de la personne. On peut déjà conclure de là qu'il ne suffit pas d'abandonner toute prétention à la certitude absolue, et de se porter à l'extrémité contraire, en professant le *doute*, pour trouver le fondement logique du *droit* ; le fondement moral encore moins. Car comment serait-il possible de démontrer à ma volonté qu'elle doit s'abstenir par cette raison qu'il n'y a pas plus de raison pour que ce soit elle que d'autres, qui s'impose et commande ? et comment d'une telle démonstration, un moment supposée, ferait-on jamais sortir un sentiment dictant l'abstention dans la pratique, là où l'intérêt et la passion poussent à l'usurpation, sans qu'aucune loi de la nature y mette obstacle ? Il faut qu'à l'espèce de neutralisation réciproque que *la logique*, partant *du doute*, établit, selon l'auteur, entre les volontés spontanément portées à s'imposer aux autres, ou à les violenter au nom de leurs systèmes et de leurs façons respectives de « résoudre l'X », vienne s'ajouter, en chacune des consciences, la pensée qu'elles ne peuvent agir ainsi sans usurper sur des droits qui sont pareils aux leurs; *et que cela ne se doit point.* Si cette idée, peut-être obscure, mais, même alors, efficace, n'intervient pas là où la crainte serait insuffisante pour prévenir les tentatives d'usurpation, ce n'est pas non plus le doute touchant la certitude absolue de telle solution dogmatique proposée qui les arrêtera. Ce doute, en effet, implique bien la croyance que les solutions rivales sont sur le même pied les unes que les autres, *pour la logique*, mais non pas qu'elles sont sur le même pied pour la puissance, ou pour l'utilité du public ou des particuliers; et l'on ne voit pas ce qui empêche l'égoïsme, l'orgueil et l'ambition des plus forts de produire, en dépit de cette logique plus ou moins aperçue, les mêmes effets qui appartiennent au dogmatisme fanatique pour franchir la « limite spéculative et pratique » de ces « sphères d'action égale » qui constituent le droit des individus. Le psychologue croira même volontiers que ces passions sont des facteurs du fanatisme, plus essentiels que la foi, et les causes principales de l'intolérance et de tous les actes de violation de la liberté commis au nom de la vérité.

Il faut donc qu'existe dans l'esprit, par dessus le doute supposé, cette notion de la « limite » et des « sphères d'action égale » dont parle l'auteur, cette idée de la justice, qu'on voit n'être pas autre que celle de la dignité de la personne et du respect dû à la personne. Et l'idée ne suffit pas, il y faut encore la conviction, la foi, pour engendrer la conduite, ou la détourner au besoin des voies injustes ouvertes à la passion et au pouvoir. La foi est quelque chose ici de tout différent d'un sentiment; les affections que nous ressentons au sujet d'autrui n'ont rien de commun avec la notion de ce qui lui est *dû* et qui est égal à ce qu'il nous *doit*. Or, avoir cette notion et cette foi, c'est dépasser l'affirmation d'un simple phénomène mental, c'est poser une loi générale de l'être raisonnable, une vraie loi, extérieure par son objet, encore que de nature interne. C'est donc sortir du doute, et non point le poser et en tirer une conséquence, que d'établir ce qui signifie, — s'il signifie théoriquement ou pratiquement quelque chose, — l'inviolabilité de la personne, ou loi pure du devoir. Ce n'est pas, il est vrai, sortir du doute, en ce sens que nous parviendrions, sortant du même coup de nous-même, échappant aux conditions d'une connaissance toujours relative, à saisir un de ces x, à trouver une de ces racines de l'équation de l'absolu dont il était question tout à l'heure; mais c'est en sortir par la croyance, et sur un sujet à la portée de l'entendement comme clairement compréhensible, non pas comme d'une réalité qu'il ne puisse faire autrement que de poser. Réfléchissons alors à ce fait de la relativité de nos idées, et à ce parti que nous prenons néanmoins de croire à la réalité d'une loi dont nous ne pouvons pas prétendre que nous ayons aucune garantie au delà de la simple conscience qui nous la représente, nous devrons dire de cette loi, de la loi morale, ce qu'on nous accorde pour le dévouement, et ce qui n'est pas moins vrai pour la justice en tant que fondée sur quelque chose de réel dans le monde, non sur l'empirisme du sentiment et la logique de l'incertitude : la loi morale est « une spéculation sur le sens du mystère universel et éternel, » elle a « un caractère de sublimité qui lui vient de son incertitude même. »

Nous voilà ramenés aux termes du pari pour le monde moral. Ils se trouvent au fond de la thèse de la justice, vainement rattachée au doute, réellement dépendante de la croyance. Le devoir est une affirmation qui n'est pas justifiée de cela seul qu'on doute des « choses transcendantes » et qu'on reconnaît la relativité des « immanentes. » Il n'est pas plus facile d'établir, au-dessus des sentiments variables des individus, l'existence d'une base réelle et fixe de la loi morale, que de trouver le fondement du « désintéressement actif et aimant, » dans l'univers, quand on prétend s'enfermer dans la *logique*, et n'appliquer que le doute aux objets *transcendants* de la pensée. Faire un pas de plus, et ce pas, la conscience le fait ordinairement, même alors que le raisonnement le nie, c'est, pour le penseur, engager sa foi dans un monde moral. Enfin, si ce pas se fait en connaissance de cause, il est difficile qu'il ne soit pas suivi d'un autre; car les postulats de la raison pratique sont fortement liés entre eux, et tous avec la croyance à la réalité du devoir ; et l'idée d'une sanction de la morale dans l'univers naît de l'idée d'une loi qui, n'étant pas un fait de la conscience humaine seulement, mais obligeant cette conscience en vertu de la raison universelle, doit naturellement mettre l'harmonie entre elle et les choses. De là la divinité et l'immortalité, et de là la possibilité pour nous d'un jugement optimiste sur la nature et le devenir, l'avenir des choses. Mais si nous ne supposons pas à leur commencement, et pour la coordination de leurs états dans la durée, je ne dis pas seulement une *puissance*, qui pourrait n'être comprise que comme l'un des deux termes d'une relation purement logique (acte et puissance), je dis un acte pur établissant et soutenant la loi générale des rapports, avec quelle ombre de vraisemblance peut-on imaginer que Dieu, le principe qui n'est pas, *devienne*, par le développement spontané de ces rapports sans principe, et que la Toute-Puissance soit en train de se faire toute seule, à force de temps, ainsi que M. Renan se risque certains jours à le prévoir? ou que, suivant le rêve plus sensé de M. Fouillée (1), la question cosmologique étant la même que la question sociale, et le monde, une association de plus en plus avancée, il doive arriver à la « totalité universelle des êtres » de former à la fin « une société consciente, unie, heureuse? » L'idéal poursuivi par ces philosophes est suspendu dans le vide. Ce n'est pas une anticipation de la réalité, telle que peut l'être un idéal fondé sur les aspirations et le droit de la conscience, mais bien plutôt le contraire du réel, l'irréalisable, un jeu de l'esprit pour s'amuser, sans trop se leurrer, de sa propre fantaisie. On sait que, dans le fond, l'école de l'idéal parie pour ce que M. Renan appelle la grande banqueroute.

J'ai cité les pensées de M. W. James sur la *rationalité*, l'*attente*, la *croyance*, la *méthode objective* et la légitimité de cette méthode (2) ; je les compléterai maintenant en reproduisant les traits de la même théorie qui concernent l'inévitable pari pour ou contre le monde moral. Nous avons vu la question posée entre l'hypothèse d'un monde dont la nature intime et la raison dernière sont *morales*, et l'hypothèse d'un monde, simple existence de fait, de laquelle ce qu'on peut dire de plus profond, c'est que la chose est ainsi et non autrement. A cette opposition se rattache cette autre, entre l'homme de la morale, suivant qui l'ordre de l'univers repose en dernière analyse sur ce qui *se doit*, et le matérialiste pratique qui soumet tous les jugements moraux, toutes les vérités morales *aux faits*. Nous avons ajouté que la vérification de ces deux caractères devait être cherchée, non dans les circonstances communes et sur des sujets où règnent dans la société des maximes constantes, mais dans ces moments saillants de la vie où le fond de l'homme paraît, ses vraies croyances étant mises à l'épreuve. Et nous avons dit que la question posée entre les deux hypothèses avait un sens auquel le positiviste ne pouvait échapper en alléguant l'impossibilité de les contrôler par l'expérience; car des réponses contraires motivent chez celui qui les fait des conduites contraires,

(1) *Critique des systèmes de morale contemporains*, p. 406.
(2) Ci-dessus, p. 279-282.

et rien ne saurait être plus significatif. « Il semble même, remarque ingénieusement l'auteur, qu'en répondant à une question semblable, nous pouvons procéder comme le physicien qui met une hypothèse en expérience. Le physicien déduit de son hypothèse un certain *acte expérimental x*, qu'il ajoute à M, l'ensemble des faits déjà acquis, et qui s'accordera avec eux, si l'hypothèse est vraie, sinon non. Les résultats de l'acte confirment ou réfutent l'idée d'où il découle. Ici de même; la vérification de la théorie que vous embrassez touchant l'essence morale du monde ne peut consister qu'en ceci : que si vous vous mettez à agir en conformité de votre théorie, rien ne vienne la renverser de ce qui se produira comme le fruit de votre action. La théorie devra s'harmoniser si bien avec le cours entier de l'expérience, que celle-ci, pour ainsi parler, l'adopte, ou que, tout au plus, elle en suggère une interprétation plus large, mais sans vous obliger à apporter des changements essentiels à votre formule. »

M. James suppose tour à tour un homme de devoir et un matérialiste pratique, mettant de la sorte leurs hypothèses respectives en expérience par les conséquences de leur conduite. Le premier prend la vie au sérieux, se raidit contre la réalité, dans la conviction où il est que certaines choses absolument doivent être. L'expérience est pour lui pleine de trouble et de traverses. Il n'est pas prêt, quand ses intérêts matériels sont en conflit avec le monde, à acheter l'harmonie en sacrifiant des intérêts idéaux. Le *désappointement tragique* paraît être pour lui la fin de l'épreuve. Au contraire, le second vise à établir entre ses sentiments et les faits externes une harmonie qui est à ses yeux tout le bien, et agit ainsi comme si le dernier mot de l'univers était qu'au fond il est indifférent qu'une chose soit ainsi ou autrement. Sa manière de prendre la vie est donc un aimable scepticisme, une légèreté fondamentale; il s'applaudit en trouvant que l'existence coule favorablement, à tout prendre, et que les fruits de sa conduite, en vérifiant sa théorie, font honneur à sa sagacité. « Agissez d'après ma croyance, nous criait l'homme de la morale, et les résultats de votre action montreront que cette croyance est la bonne, et que la nature des choses est infiniment sérieuse. Agissez d'après la mienne, dit l'épicurien, et la suite fera voir que le sérieux n'est rien que le vernis superficiel d'un monde fondamentalement insignifiant et sans importance. Vous et vos actes et la nature des choses, tout est également enveloppé dans l'universelle formule de la *vanité des vanités*.

« J'ai raisonné, pour plus de simplicité, comme si la vérification pouvait se produire dans le cours de la vie d'un philosophe, ce qui est manifestement contraire à la vérité, puisque la théorie moraliste et la théorie matérialiste se font toujours face, et que les faits du monde les vérifient partiellement l'une et l'autre. Il faut plutôt s'attendre, en une question de ce genre, à ce que la vérification résulte de l'expérience de la race humaine tout entière. La pleine évidence ne sera pas acquise avant l'intégration finale des choses, quand le dernier homme aura dit son mot et contribué de sa part à la composition inachevée de l'x. Alors la preuve sera complète ; alors on verra sans pouvoir en douter si l'x moral a comblé la lacune qui s'opposait seule à ce que l'M du monde formât une égale et harmonieuse unité, ou si l'x matérialiste a donné la dernière touche qui manquait pour que M parût extérieurement aussi vain qu'il l'était déjà intérieurement.

« Mais, s'il en est ainsi, n'est-il pas clair que les faits M, pris en soi, sont insuffisants pour justifier une conclusion qui devance en quelque sens que ce soit mon action ? Mon action est le complément qui, selon qu'il se trouve ou non d'accord avec elle, révèle la nature cachée de la masse à laquelle il s'ajoute. Le monde peut en fait se comparer à un intérieur fermé par une serrure. Cet intérieur est moral ou non moral, mais sa nature ne se découvrira jamais à notre simple regard d'attente. Les positivistes, en nous interdisant toutes suppositions sur ce qui est, nous condamnent à une éternelle ignorance, car la « preuve » qu'ils exigeraient pour se prononcer ne peut jamais nous venir tant que nous demeurons passifs. Mais la nature a mis dans nos mains deux clés que nous pouvons essayer à la serrure. Si nous essayons la clé morale, *et qu'elle s'adapte*, l'ouverture se fait sur un intérieur moral. Si nous essayons la clé non morale et qu'*elle* convienne, l'intérieur est non moral. Il m'est impossible de concevoir aucune autre sorte de « preuve » ou « évidence » que celle-là. Il est vrai que la coopération de la suite des générations est requise pour la déduire. Mais, dans ces matières, la solidarité (comme on la nomme) de la race humaine est un fait patent. Le point essentiel à remarquer, c'est que *notre active préférence fait légitimement partie du jeu* ; c'est que *notre affaire véritable comme hommes est d'essayer l'une des deux clés, et celle à laquelle nous nous fions le plus.* Si donc la preuve n'existe pas jusqu'à ce j'aie agi, si je dois nécessairement, en agissant, courir le risque d'être dans le faux, où les professeurs de Science Populaire peuvent-ils prendre le droit de dénoncer chez moi comme une infâme « crédulité » ce que la stricte logique de la situation requiert? Si cet univers est réellement un univers moral, si je suis moi-même par mes actes un facteur de ses destinées, si croire, là où je peux douter, est un acte moral analogue à l'acte de voter pour un certain côté qui n'est pas sûr de l'emporter, de quel droit me nieraient-ils résolument l'usage de la plus profonde fonction concevable de mon être, avec leur absurde commandement de ne bouger ni pied ni main et de rester suspendu dans un doute éternel, insoluble? Mais quoi! le doute lui-même est une décision de la plus grande portée pratique, ne serait-ce que parce que nous pouvons perdre, en doutant, des biens que nous pourrions gagner en épousant la cause qui doit vaincre. Il y a plus, c'est qu'il est souvent impossible en pratique de distinguer le doute de la négation dogmatique. Si je refuse de m'opposer à un meurtre, par la raison que je doute si ce ne serait pas un homicide justifiable, je favorise virtuellement le crime. Si je refuse de vider l'eau d'un bateau parce que je doute que mes efforts parviennent à le mettre à flot, j'aide en réalité à le faire sombrer. Si au bord d'un précipice, dans la montagne, je doute de mon droit de risquer le saut (1), je connive avec l'acte de ma destruction. Celui qui s'interdit comme une crédulité la croyance à Dieu, à la liberté, à l'immortalité peut maintes fois ne différer en rien de celui qui les nie dogmatiquement. Le scepticisme, en matière morale, est un actif allié de l'immoralité. Qui n'est pas pour est contre. L'univers n'admettra point de neutres dans ces questions-là. En théorie comme en pratique, esquivez ou biaisez, ou parlez tant qu'il vous plaira de sage scepticisme, vous servez réellement en volontaire d'un côté quand ce n'est pas de l'autre.

« Et pourtant, si évidente que soit pratiquement cette nécessité, des milliers d'innocents lecteurs de revues gisent paralysés et terrifiés, pris dans le réseau des négations sans profondeur que les *leaders* de l'opinion ont tendu dans leurs âmes. Ils n'ont besoin que d'une chose pour redevenir libres et prendre de nouveau à cœur l'exercice de leur droit de naissance, c'est qu'on les délivre des liens de ces injustes vétos. Tout ce que le cœur humain réclame, c'est d'avoir sa *chance*. Il devancera volontiers

---

(1) Voyez ci-dessus, p. 282.

la certitude, dans les sujets d'ordre universel, si seulement il lui est permis de sentir qu'il a là ce même droit inaliénable de courir des risques, que nul ne songe à lui refuser dans les moindres affaires pratiques » (1).

La nature et la nécessité du pari pour ou contre le monde moral ne pouvaient être mis en plus vive lumière qu'ils le sont dans cette belle page. Le sujet, la croyance et le motif d'intérêt n'y sont pas seulement généralisés, ennoblis, dépouillés de tout élément de détermination ou qui pourrait paraître arbitraire ou qui supposerait des passions d'un genre déprimant, plutôt que de confiance et de ferveur, mais encore le motif d'intérêt lui-même devient essentiellement moral en prenant la forme d'une contribution accordée ou niée à l'intérêt universel, quand le penseur et l'agent sont présentés comme rendant le monde meilleur ou pire par le fait qu'ils le supposent meilleur ou pire, et qu'ils agissent en conformité de leur hypothèse. L'être raisonnable entre pour sa part, volontairement, par sa pensée et son acte, dans la composition du monde moral ou non moral. L'optimisme ou le pessimisme sont suspendus aux déterminations de la conscience, pour l'individu, selon le parti qu'il embrasse, et pour l'humanité, autant que l'ensemble de la destinée humaine est produit ou modifié par l'exercice de la liberté des individus. Enfin cette manière de comprendre la croyance, son application et ses suites nous transporte à un point de vue entièrement opposé à celui où se tenait le premier auteur du pari pour Dieu et la vie future, Pascal. La fascination d'une religion donnée, la menace et la crainte posaient la question et le dilemme; la raison (du moins pour ce qui regarde le problème ainsi réduit et concentré) était écartée d'un examen dont la valeur de l'enjeu, la perte ou le gain possibles étaient la matière unique; et le machinisme de l'habitude volontairement contractée devait prendre la place des motifs de conviction intellectuels. Ici la définition du monde moral ou non moral est en des termes tels, que la nécessité de fait de l'option est claire, et la perspective des conséquences possibles indéniable. Tous les motifs intellectuels sont conservés, toutes les raisons de croire fidèlement tenues à la disposition de la liberté toujours en éveil. Et la direction imprimée à la croyance n'est autre que ce mode universel et, en tout état de cause, inévitable d'action de la volonté et du désir, qui consiste à chercher les arguments d'un

---

(1) W. James, *Rationalité, Activité et Foi.*

certain côté quand on serait libre de les chercher du côté opposé et de s'arrêter dans ce dernier.

« Pour me résumer, conclut M. W. James sur ce passage et sur d'autres cités plus haut, nulle philosophie ne sera jugée rationnelle par la généralité des hommes, d'une manière permanente (en outre de la satisfaction donnée aux exigences logiques), qui ne vise à quelque degré à déterminer l'*attente* (1), et qui, par dessus tout, ne fasse un appel direct à toutes ces puissances de notre nature que nous tenons dans la plus haute estime. La foi, qui est une de ces puissances, restera toujours un facteur à conserver dans les constructions philosophiques, et cela à d'autant plus forte raison qu'elle amène en différentes façons sa propre vérification. Sur ces points donc, il est vain d'espérer que les hommes arrivent à se mettre littéralement d'accord.

« Nous pouvons conclure de là que la philosophie définitive ne doit pas être d'une forme trop étroitement serrée, ne doit pas dans toutes ses parties séparer l'hérésie de l'orthodoxie par une ligne trop tranchée. Une discipline sévère et minutieuse n'y régnerait pas sans provoquer la rébellion. Au delà des propositions à souscrire *ubique, semper et ab omnibus*, il faut qu'un autre domaine soit laissé aux âmes qui ont besoin de respirer plus librement, et dans lequel elles puissent, affranchies des scrupules de la pédanterie, se risquer sur les ailes de leur foi propre. Tout ce qui peut se faire ici avec autorité, c'est de spécifier clairement les questions qui appartiennent à la sphère de la foi. Ces dernières, une fois reconnues comme indéterminées au point de vue logique, ne se prêteront plus guère à la discussion comme sujets de raisonnement. »

Cette prévision de M. James, ou ce vœu et cette espérance de philosophie *définitive*, suppose l'accord enfin obtenu des penseurs à reconnaître l'existence d'un domaine *légitime* de la « foi » philosophique; si du moins l'expression employée ici (*ultimate philosophy*) se rapporte à l'établissement réel d'une pensée générale dans les esprits, et non pas seulement à l'idée de ce qui constituerait une philosophie *dernière* selon les vues de l'auteur. Cet accord supposé implique l'abandon de quatre sortes de prétention dans cette matière :

---

(1) Pour cet élément de l'*attente*, voyez ci-dessus, p. 179.

1° Prétention de faire de toutes les questions philosophiques des sujets de décision scientifique ; particulièrement, d'imposer dès à présent, au nom de *la Science*, la négation des objets les plus ordinaires de la « foi » philosophique ou religieuse, comme inconciliables avec des théories scientifiques qu'on imagine exemptes d'hypothèse et inébranlables.

2° Prétention de bannir de l'esprit humain toute croyance en matière philosophique, et de limiter la philosophie là même où s'arrêtent les sciences avec leurs généralisations correctes, que l'on reconnaît ne pouvoir jamais atteindre les anciens objets de la philosophie et de la religion.

3° Prétention d'arriver par le progrès naturel de l'humanité à l'établissement d'une autorité philosophique et religieuse définitive, interdisant tout examen et décrétant pour jamais ce qui est et demeure, en toutes choses, *ou la vérité ou l'équivalent de la vérité*, par rapport à l'organisme social et au bonheur universel.

4° Prétention de la philosophie elle-même de parvenir à l'aide de sa méthode propre, soit *a priori*, soit *a posteriori*, à résoudre les questions avec une évidence telle que, le doute n'étant plus possible à qui examine, un domaine de la foi n'existe plus que pour les ignorants.

Voilà donc, autant de manières de se refuser à la reconnaissance d'un domaine légitime de la foi : sciencisme, positivisme philosophique et modéré, positivisme religieux et autoritaire, évidentisme rationaliste. Et je ne parle pas des églises, quoiqu'elles aient presque toujours des façons d'entendre la foi, de la démontrer ou de s'en attribuer la définition exclusive, telles, que, l'usage de la liberté et souvent aussi de la raison se trouvant mis de côté, ce domaine légitime de tous semble n'être plus qu'une propriété de monopole, et la croyance tend à se perdre dans la servitude. Supposant maintenant ces obstacles écartés par l'effet d'un grand mouvement moral des penseurs dans le sens du respect de la personnalité, du sentiment profond des exigences du cœur, et de la conviction de l'impuissance des méthodes scientifiques à résoudre les problèmes souverains de la conscience, il resterait encore à pouvoir compter, pour l'établissement de la philosophie *définitive*, sur l'assentiment commun ou à peu près commun des esprits aux points principaux de ce domaine, une fois avoué, de la croyance philosophique. Cet assentiment doit-il probablement se produire, et dans quelle direction ?

Nous savons qu'il y a deux directions opposées : celle de la doctrine de la Chose et celle de la doctrine de la Conscience, et nous avons pu reconnaître, en étudiant ces doctrines dans leurs principales parties comparées, que la thèse de la croyance était une appartenance logique de la seconde, plutôt que de la première, tandis que la thèse de l'évidence est en affinité avec tous les systèmes qui font reposer ou sur l'observation et l'expérience externe, sur la science, ou sur des idées soi-disant nécessaires de l'esprit lui-même, leur idée du monde en tant qu'évolution spontanée d'une nature éternelle et infinie. D'après cela, c'est une seule et même question au fond que celle d'apprécier la tendance historique des esprits à se placer au point de vue de la croyance, en matière d'affirmations transcendantes, — ou, au contraire, à s'attacher de plus en plus aux systèmes que je qualifie pour abréger de sciencisme, positivisme, évidentisme, — et celle de juger plus généralement de leurs dispositions réelles à donner leur assentiment à la doctrine de la Conscience ou à la doctrine de la Chose. En quel sens paraissent-ils donc pencher ?

La réponse à cette question exige qu'on prenne la vue la plus large sur l'histoire de la pensée, car on risquerait trop de se tromper en augurant de l'avenir d'après la considération d'un petit nombre de siècles. Je la laisse à trouver, s'ils la peuvent déduire de l'ensemble du passé de la libre philosophie, à ceux de mes lecteurs qui voudront bien, au retour du voyage que je leur ai fait faire à travers ses systèmes, réfléchir, je ne dirai pas aux vicissitudes, c'est trop peu, mais aux répétitions sans fin, aux reprises d'époque en époque des mêmes idées ou méthodes générales, et, au fond, des mêmes arguments, et enfin aux divisions permanentes des écoles sur les points principaux que j'ai classés, en dehors desquels il n'y a rien qui soit de première importance. Si, par un effort d'impartialité, échappant à l'illusion qui porte presque chaque penseur à croire que le moment où il traverse la vie est celui-là même où la vérité conforme à son propre jugement se prépare décidément à établir son séjour parmi nous, mon lecteur conclut qu'il est peu probable que l'unité des esprits, qui n'a jamais pu se faire dans les siècles de liberté, se fasse en aucun temps où les conditions générales sous lesquelles les hommes se font des convictions, adhèrent à des doctrines, seront semblables à ce qu'elles ont été dans ces siècles et à ce qu'elles sont dans le nôtre, il pensera peut-être qu'il en est des hautes questions de philosophie et de morale, pour ceux qui se livrent à leur étude, ce qu'il en est, pour tous les hommes, de la vie elle-même, du profit à tirer de l'éducation, des leçons à recevoir de l'expérience, et des maximes ou principes à embrasser sur la conduite et sur les choses qu'elle concerne. Rien n'est plus avéré que la nécessité où chacun de nous se trouve de recommencer à son tour et pour son propre compte l'expérience universelle, et que le peu de secours, au moins relativement, eu égard à ce qu'on aimerait à voir, qu'il retire des avertissements et exhortations de ses prédécesseurs dans la vie, et enfin que cette alternative des bonnes et des mauvaises résolutions à prendre, des bonnes et des mauvaises habitudes à contracter, dans laquelle chaque agent moral est placé, exactement comme tout autre a pu l'être en d'autres temps et d'autres milieux, pour peu qu'il ait d'imagination et de liberté avec sa juste part des épreuves et tentations auxquelles les mêmes passions soumettent incessamment tous ces êtres de même nature. Quoi de plus simple et de plus facile à concevoir que l'extension de cette liberté pratique au domaine des théories et des hypothèses, là où nous voyons que, par le fait, il n'y a pas de décision qui s'impose aux esprits, et que celle qu'un philosophe adopte est manifestement liée à ses dispositions mentales et à la manière dont il comprend la vie? L'affirmation du monde moral ou celle du monde non moral, l'acceptation des postulats de la raison pratique ou la préférence donnée à la doctrine de la Chose sont, chez le penseur, des actes de la personne, non moins que des combinaisons systématiques d'idées. L'histoire de la philosophie et les traditions, faute d'unité et d'accord, ne peuvent rien pour déterminer son choix. Le milieu particulier, l'éducation et d'autres influences peuvent beaucoup sans doute, non pas plus toutefois que le même genre de conditions ne peut toujours pour donner à un jeune homme une direction voulue dans la vie; et d'ailleurs, plus on leur supposerait d'efficacité, plus le fait de la discordance des systèmes en tout temps rendrait cette conclusion forcée : que, soit que nous adoptions le point de vue déterministe ou celui de la liberté, — car il ne s'agit point dans ce moment d'adopter l'un ou l'autre, et cela même est en question avec le reste, de savoir lequel des deux est le bon, — nous devons en tout cas considérer l'option entre les deux doctrines comme étant essentiellement du domaine pratique, et la philosophie tout entière, par suite, comme essentiellement suspendue à la philosophie pratique. C'est donc vainement en cette matière, comme en toute matière pratique possible, que le philosophe dont le parti est pris voudrait dégager sa responsabilité personnelle.

Mais si nous devons renoncer à justifier par l'histoire et par la morale l'espérance de l'unité future des esprits dans la liberté, ou si cette espépérance est à joindre au groupe de celles qui se rattachent au millénium de l'évolutionisme et de la théorie du progrès, ce n'est pas une raison pour refuser d'envisager ce qu'il peut y avoir de signes actuels qui indiqueraient l'approche d'une de ces grandes phases historiques où de puissants systèmes ont dominé la masse des esprits et gouverné la société, non certes jamais en parvenant à supprimer entièrement la contradiction, mais en trouvant des moyens de la réduire à l'impuissance ; non de manière à maîtriser entièrement l'avenir, à tuer dans leur germe des réactions à périodes plus que séculaires, mais de façon à faire longtemps croire qu'ils y avaient réussi. La solution du « problème social », dans l'esprit d'une de ces époque le saint-simonisme appelait « organiques ; » l' « organisation » d'une société politique et religieuse ; l'établissement d'une autorité d' « en haut » servie par des passions d'« en bas », et consolidée par un grand consensus, qui lui-même s'obtient grâce aux œuvres d'éducation, de législation et de gouvernement d'une doctrine dont la domination se prolonge assez pour créer des fortes habitudes intellectuelles ; enfin les solutions dogmatiques que reçoivent, dans une société de cette espèce, les problèmes théologiques et cosmogoniques, tout cela n'a rien de commun avec la vérité que poursuit la libre philosophie, non plus qu'avec les moyens dont elle dispose pour l'atteindre. Mais on peut se demander quelles sont les chances de ce futur « organisme » social, objet des vœux de tant de penseurs de notre siècle, ou quelle est la probabilité, si ce n'est de la venue d'un dogme universel et d'une orthodoxie nouvelle, soi-disant scientifique, au moins d'une convergence des idées, aujourd'hui disséminées en tous sens, vers un certain système de conceptions. A la question ainsi posée, il faut avouer que les pronostics tirés de l'état d'esprit actuel des penseurs et du peuple, en Europe, ne sont pas de nature à motiver une réponse favorable : je veux dire ici à satisfaire un philosophe criticiste et à lui faciliter sa tâche, au cas qu'il voulût, comme c'est l'usage, arranger ses prévisions dans l'intérêt de ses convictions.

Premièrement, si nous considérons la situation du christianisme, nous voyons que là où il a le plus de vie il abonde aussi le plus en superstitions, que le culte y écrase la doctrine et que le principe d'autorité y anéantit la sincère personnalité religieuse. En toutes ses églises, une théologie surannée est en plein désaccord avec la critique historique et avec les méthodes modernes sur tous les sujets. Dans les tentatives de rénovation qui se produisent, quand ce n'est point par pure négation qu'elles procèdent, on voit s'exercer l'influence des théories philosophiques de la famille du panthéisme, et particulièrement, aujourd'hui, de l'évolutionnisme, c'est-à-dire d'un ordre de spéculation qui a toujours été réputé le danger le plus sérieux des croyances chrétiennes parce qu'il offre une pente facile aux interprétations des dogmes, ainsi que nous le montre la teneur d'un si grand nombre d'« hérésies » de l'antiquité et du moyen âge. Ainsi la réforme de la doctrine religieuse, si tant est qu'elle soit possible, s'annonce dans le sens d'un gnosticisme ou d'un alexandrinisme modernisé, et non point d'une alliance avec la philosophie critique.

Secondement, ce mouvement considérable des idées qui se caractérise par l'évolutionnisme optimiste, d'un côté, par l'évolutionnisme pessimiste, de l'autre, et par le néobouddhisme de Schopenhauer, et qui lui-même fait suite au panthéisme des écoles allemandes du commencement du siècle, opère un rapprochement, tout nouveau dans le monde, entre l'esprit de la philosophie européenne et l'esprit des religions et philosophies de l'Orient. Il n'est plus aussi paradoxal qu'il l'eût été à d'autres époques de penser qu'une espèce de brahmanisme occidental pourrait être le dernier terme des spéculations de l'infinitisme moderne. Déjà des penseurs indous ont fait la remarque que nos philosophes ne font guère que découvrir des vérités connues par les leurs dès la haute antiquité, et que la synthèse intellectuelle de l'Orient et de l'Occident semble se préparer. Il ne serait pas impossible qu'une fusion dont il est facile aux esprits réfléchis d'apercevoir les éléments, s'opérât un jour, quoique très éloigné encore, dans les classes populaires elles-mêmes, par suite d'un mélange des races humaines, dans lequel les Orientaux auraient pour eux l'avantage d'une grande supériorité numérique.

Troisièmement, la faveur de plus en plus grande accordée par les savants aux vastes hypothèses, dans les sciences naturelles; l'habitude que prennent de plus en plus les philosophes d'emprunter ces hypothèses aux savants, en les généralisant encore, jusqu'à s'enlever toute espérance de pouvoir jamais les vérifier, et la prétention d'étendre la garantie des méthodes positives à des propositions d'une toute autre origine et à des principes en réalité tout métaphysiques, dénotent un affaiblissement de l'esprit critique, et aussi de l'esprit scientifique auquel ont été dus les progrès des sciences depuis deux siècles. Si l'on ne s'arrêtait pas dans cette voie, il serait à craindre que la stérilité ne succédât peu à peu aux découvertes, et qu'un jour vînt où l'activité de l'esprit n'aurait plus à son service que l'imagination pour s'élever au-dessus des formules, des recettes et des routines auxquelles se réduiraient enfin les sciences et les arts.

Quatrièmement, en ce qui touche la civilisation générale, jamais l'écart ne parût plus grand entre l'idéal aperçu et les moyens ou les vertus nécessaires pour s'en rapprocher dans la réalité. Le remède à cet état ne fut jamais la liberté, mais la dictature succédant aux révolutions. On parle beaucoup de paix et de fédération universelle, et les institutions militaires ont pris un développement jusqu'ici sans exemple; la guerre ou la préparation à la guerre est devenue l'affaire de tous en chaque nation, et les nations sont poussées les unes contre les autres par les mêmes passions « d'usurpation et de conquête » qui autrefois animaient spécialement les princes. L'autonomie est le but que les peuples poursuivent, en politique, par le libéralisme et les pouvoirs représentatifs, et, dans l'ordre économique et social, par la voie des associations de production et de consommation, qui mettraient fin à la séparation et à l'hostilité mutuelle du travail et du capital et supprimeraient le régime des salaires, la déloyauté commerciale et le parasitisme. Mais, pendant que les principes de liberté s'inscrivent dans les constitutions, le respect de la liberté n'entre pas dans les mœurs, les appels à la violence ne diminuent pas, ou plutôt ils vont en augmentant, et la guerre civile est toujours en perspective, avec des atrocités que les sociétés démocratiques de l'antiquité n'ont pas surpassées. Les vertus individuelles, l'esprit de justice et les habitudes d'ordre indispensables pour la transformation des relations économiques par l'action de la liberté semblent encore plus rares, parmi les classes populaires, que celles dont un certain minimum est exigé pour le fonctionnement d'un système politique représentatif. Enfin, on est forcé de constater, dans les efforts louables que les gouvernements libéraux font pour l'instruction du peuple, l'absence d'une doctrine capable de remplir le vide moral des esprits et des cœurs. La religion, en son état actuel, peut fort peu de chose pour l'éducation, et, là où elle manque entièrement, les hommes qui restent au plus bas degré de culture ne reçoivent que l'éducation insuffisante et de hasard de leurs milieux. Les sociétés modernes, en somme, ne portent leur civilisation morale que sur une couche superficielle, dont l'instruction primaire, telle qu'on la comprend, n'augmentera pas beaucoup la profondeur.

Il est donc bien difficile, en cet état du monde, d'apercevoir les signes d'une ascension vers une philosophie *définitive* qui serait ou la philosophie pratique, la morale du devoir avec ses postulats, ou la philosophie de la sympathie et du bonheur des utopistes utilitaires. Laissons ces prévisions historiques qui ne sont pas de notre sujet, supposons que notre choix personnel est fait entre les deux doctrines, quel que soit l'avenir réservé à l'une ou à l'autre, et occupons-nous, pour conclure, de fixer les limites de notre affirmation, afin qu'elle ne dépasse pas le champ d'une spéculation strictement rationnelle, c'est-à-dire n'aille point au delà des propositions *nécessaires et suffisantes* pour le but de la raison pratique.

Il faut d'abord rappeler les principes d'ordre intellectuel qui doivent être arrêtés dans l'esprit pour le dégagement de la doctrine de la Conscience. Ce sont ceux que nous avons examinés en vue de la classification des systèmes, et dont nous avons reconnu la liaison : — le principe du *nombre*, ou impossibilité de l'infini actuel dans les quantités, impossibilité des continus mathématiques réels, et, par conséquent, de l'espace, du temps et de la matière comme sujets en soi, indépendants de toute conscience ; — le principe de la *création*, suite du précédent : nécessité logique d'un premier commencement, impossibilité de l'évolution éternelle d'une substance enveloppant des phénomènes à l'infini ; — le principe de la *liberté* : affirmation des premiers commencements relatifs, négation de l'enchaînement indissoluble et de l'entière solidarité de tous les phénomènes possibles dans le temps ; — le principe du *devoir* : reconnaissance de la donnée interne d'une règle d'action, soumettant la conduite et les rapports volontaires des hommes à des conditions autres que leurs affections et que la constante recherche des jouissances et du bonheur ; — enfin le principe de la *croyance* : renoncement à l'évidence et à la prétendue nécessité du jugement ; aveu et franche acceptation des facteurs de la volonté et des affections dans la recherche et dans la déclaration de la vérité, dans toutes les affirmations, hormis dans celles qui se rapportent à la constatation empirique et immédiate des phénomènes. Le terrain de ces dernières est celui où s'établit l'égalité de puissance, ou plutôt d'impuissance de tous les principes, quant à la prétention qu'une conscience peut avoir de forcer d'autres consciences à les avouer comme véritables en soi et bons pour fonder inébranlablement des démonstrations. C'est le terrain du scepticisme. Les principes que je viens de rappeler doivent donc tous, en dernière analyse et quelle que soit, au point de vue du pur entendement, la force des arguments employés pour les appuyer et pour combattre les propositions contraires, se subordonner au dernier, le principe de la croyance. Par là, toute la philosophie théorique prend son fondement dans la raison pratique.

La croyance devenant le point de départ méthodique accepté après l'exploration du champ historique des affirmations et des négations, la liberté et le devoir sont les principes qui s'y attachent le plus immédiatement, l'un comme étant sa condition pratique d'exercice, et l'autre son guide moral. A la suite de ceux-ci s'introduisent les postulats de la raison pratique, moyens de passage des lois de la conscience autonome aux lois réelles de l'univers, supposées en harmonie avec elles. La *liberté* elle-même se présente à cet égard comme un postulat ; car il n'est pas question seulement de la reconnaître pour la condition pratique de la représentation des possibles exclusifs les uns des autres, et toutefois réalisables aussi bien les uns que les autres, à notre volonté, mais encore de déclarer cette représentation conforme à la réalité, et ces possibles, de réels possibles. Les postulats de l'*immortalité* et de la *divinité* suivent alors, comme nous l'avons vu, pour donner la solution des problèmes du monde moral, poser l'accord des lois profondes de la nature avec la loi du devoir, affirmer l'existence des sanctions de cette dernière et la suprême garantie du bien dans l'univers. On regardera enfin à bon droit comme un quatrième postulat celui que, en termes de religion, on appellerait le postulat du *péché*. Celui-ci n'est pas moins essentiel que les autres à la définition d'un monde moral, puisque seul il permet, en ramenant le mal physique à la faute, de placer le mal radical dans un fait qui *a été*, mais qui *a pu ne pas être*, et dont la condition de possibilité fut un bien, à savoir la liberté. Ce n'est que de cette manière que le bien pur peut être envisagé à l'origine des choses, ainsi qu'il peut l'être à leur fin, et que le problème de la moralité du monde reçoit une entière solution.

Dans quelles limites doit-on se renfermer pour l'explication ou interprétation des postulats, ainsi définis dans les termes les plus abstraits, quand on entend ne pas dépasser la portée d'une méthode rationnelle ? La réponse à cette question deviendra facile, si nous nous rendons d'abord bien compte de ce que nous devons appeler méthode rationnelle, en matière de philosophie, à notre point de vue. Ce ne peut pas être autre chose qu'une méthode qui ne s'écarte pas des généralités les plus hautes, les plus aptes de toutes à obtenir l'assentiment des libres esprits, puisque nous n'avons pas cherché la vraie rationalité dans l'impossible exclusion des facteurs passionnels des croyances, mais dans leur emploi réfléchi et volontaire. Supposons ici cet assentiment obtenu pour les postulats de la raison pratique, en leur acception la plus large ; en d'autres termes ne parlons que pour ceux qui les acceptent ou tendent à les accepter, à faire le *pari moral* pour la *doctrine de la Conscience;* l'expérience nous fait voir que les hommes qui vont plus loin, qui donnent à leur croyance une entière précision sur un ou plusieurs des points touchés par ces postulats, ou cèdent à des mobiles d'imagination et de sentiment manifestement individuels, dont ils ne parviennent que rarement et difficilement à propager autour d'eux l'action ; ou, au contraire, obéissent à la coutume et suivent la tradition d'un certain milieu intellectuel et moral. Dans le premier cas, on peut dire qu'il y a *mysticisme*, sans d'ailleurs attacher à ce mot aucun sens favorable, et sans prétendre le regarder par tous les côtés de sa signification fort complexe. Le second cas est surtout celui de la *religion*. Or, nous n'avons pas besoin de définir la religion en elle-même, mais seulement de remarquer la méthode par laquelle elle s'institue et se transmet, et de rappeler ce qu'il y a toujours d'arbitraire dans les dogmes qui n'offrent que la garantie d'une émotion et d'une spéculation personnelles, pour conclure que la philosophie ne peut avoir une existence séparée, s'établir sur un terrain qui lui soit propre, quant à la définition de la matière transcendante des postulats, qu'en cherchant le maximum de sécurité dans le minimum de détermination de doctrine, sous la condition que le but de la raison pratique soit atteint et l'affirmation du monde moral nettement caractérisée. En effet, si nous ne plaçons pas la limite à ce minimum, nous ne saurons plus ou la mettre, ni comment distinguer la philosophie des postulats d'avec les croyances qui se donnent libre carrière, soit par une foi tout individuelle, soit par la théologie dogmatique, dans une ligne historiquement tracée.

Examinons successivement les postulats. Il en est deux qui se rapportent à l'homme : l'un à sa condition actuelle (la liberté avec la loi du devoir), l'autre à son avenir (l'immortalité et les sanctions de la loi morale). Les deux autres regardent Dieu et le monde (la création et l'origine du mal dans la nature).

Pour la liberté, considérée en elle-même, il ne saurait être question de limites. Le libre arbitre est ou n'est pas; le devoir et la responsabilité veulent qu'on le reconnaisse purement et simplement, partout où il est réellement. Ceci tient à ce qu'il n'y a pas de milieu entre la *possibilité* ou l'*impossibilité*, *avant l'événement*, en certains cas, d'un acte contraire de tel autre acte qu'on voit, *après l'événement*, avoir pris place dans le courant des faits. La *probabilité* ne constitue nullement ce milieu; car, quelque faible qu'on la suppose, elle est tout entière du côté de la possibilité, dont elle donne la mesure, et elle est la négation nette de l'impossibilité. Mais la logique de la théorie du libre arbitre a toujours été si mal comprise, qu'on a coutume de prendre pour des limites de la liberté les limites des terrains variables et souvent très étroits où elle s'exerce. Les lois de la nature et les conditions de la création, d'une part, de l'autre, la solidarité humaine, l'hérédité, le milieu moral, les institutions, les mœurs, bornent d'une manière générale, et ensuite dans les cas particuliers, avec une extrême diversité, la matière, les sujets d'application du libre arbitre de chacun, en constituant toutes sortes de sphères de déterminisme, grandes et petites. De là naissent de profonds problèmes, mais qui se rattachent à ceux du bien et du mal, et des sanctions de la morale, et laissent intacte la liberté elle-même, dont le postulat est dès lors le plus net de tous et sans condition, étant lui-même la condition de toute philosophie pratique.

Quant au postulat de l'immortalité, la prmière remarque qui se présente ici, c'est que ce terme d'*immortalité*, consacré par Kant sous l'influence de la tradition platonicienne, ne demande pas nécessairement à être pris au pied de la lettre. C'est la vie future, c'est la conservation de la personne postérieurement à la mort, ou son retour, sa palingénésie sous des conditions certaines, qui expriment le postulat dans ses justes limites, sans qu'aucune raison nous oblige à envisager une perpétuité indéfinie de toutes les personnes sans exception. En effet, quels sont les arguments moraux en faveur de la vie future? la prolongation due à l'activité, dont les fins de désir ne sont jamais atteintes dans la vie présente; l'existence réclamée d'une fin adéquate à la constitution mentale de l'être de passion et de devoir; la sanction de la loi morale, l'harmonie ultime de la bonne volonté et du bonheur. Mais, parmi ces motifs qui supposent la liberté et la rétribution des œuvres, on en chercherait vainement un qui impliquât une dette du monde moral à l'égard d'une créature ou qui n'aurait point le sentiment de cette fin et n'y aspirerait point, ou qui, tout en ayant plus ou moins conscience de la double loi de la destinée et de la responsabilité, se rendrait, dans sa liberté, indigne et, par suite, incapable d'atteindre le but de la destinée. Et l'on ne voit pas pourquoi la prolongation indéfinie de la vie serait assurée à celui qui s'est rendu volontairement indigne de vivre. On voit, au contraire très bien que l'hypothèse de la bonté du monde exclut celle des « peines éternelles », ou éternité de la douleur, comme entrant dans le plan de ce monde ; et que, d'un autre côté, l'hypothèse de la liberté (de la liberté telle que nous la connaissons) exclut la certitude d'une soumission finale de toutes les créatures libres à la loi du devoir. Si donc nous admettons une fin ultime et désormais invariable de satisfaction et de repos pour les créatures conservées dans la vie, — et ce point de vue est le plus simple pour la philosophie morale, le seul même qui réponde à ce qu'on peut appeler une solution ferme du problème, — nous devons bannir de cette solution trois idées, inséparables selon l'expérience, et partant d'une racine commune : conservation de la liberté, continuation du mal provenant de la volonté, permanence de la peine attachée au mal volontairement commis. Il faut au moins que la liberté, à la suite des vicissitudes qu'elle a traversées, et de ses épreuves, passe à une manière d'être telle que la faute devienne moralement impossible à l'agent qui en a cependant la connaissance et la puissance.

Mais tout nous porte à penser, dans le spectacle du monde, que l'ordre naturel des choses ne comporte pas, pour tous les êtres libres, un développement de la volonté dans la direction du bien, un progrès assuré, ni par conséquent la possibilité d'un passage spontané de la liberté, dans la suite des temps, à cet état moral d'impeccabilité qui est une condition de la fin demandée. Nous devons donc supposer, pour cette fin, ou « les méchants anéantis », où les pécheurs quels qu'ils soient subitement convertis, et autant vaut dire dès lors arbitrairement graciés par un extraordinaire et irrésistible influx divin. Mais cette dernière hypothèse, de quelque côté qu'on la regarde, est vicieuse : elle prête au créateur un acte brusque et discontinu d'intervention, impliquant condamnation du plan de la création des êtres libres, laquelle serait impropre à aller d'elle-même à son but en vertu des lois qui lui ont été données; et elle porte un caractère d'injustice évident à l'égard de ces êtres, qui seraient mis définitivement tous en même condition, après des carrières si différentes les unes des autres. Non pas, sans doute, que la grâce faite à qui n'a rien mérité, à qui a fait le mal, au contraire, puisse être en soi un grief pour les bons, mais parce que l'idée de rétribution et le fondement de justice de la conception du monde moral se réduiraient à rien dans cette hypothèse. L'anéantissement, c'est-à-dire la *mort* pure et simple, comme fin du mal dans la conduite, parallèlement à la vie immortelle et impeccable, comme fin du bien poursuivi par la volonté, telle est donc l'hypothèse la plus satisfaisante pour le sentiment, et la plus irréprochable au point de vue de la justice, quand d'ailleurs on accepte la pensée de la *fin* avec son caractère le plus entier. Mais une question reste sans solution ni moyen d'investigation qu'on puisse imaginer en philosophie pure : c'est de savoir quels modes d'existence et quelles épreuves peuvent, dans la vie future, s'interposer entre le point où chacun de nous s'est avancé par l'usage de sa liberté dans la vie présente, et le terme final de destruction ou de vie vers lequel il s'achemine. Les limites forcées d'une spéculation rationnelle ne sont nulle part plus sensibles que là. On n'aperçoit pas la moindre lumière.

La pensée d'une fin dernière avec son caractère le plus net et le plus entier ne s'impose pas elle-même d'une nécessité logique, ainsi que la pensée du premier commencement le fait à quiconque a bien compris la loi du nombre dans la doctrine de la Conscience; car la prolongation *indéfinie* des existences et des épreuves de la liberté n'est nullement contradictoire *a parte post*, comme le serait leur multiplication *a parte ante*, laquelle impliquerait un *infini* acquis et accompli. La contemplation d'un terme définitif à atteindre procède toute du sentiment, le bonheur idéal étant généralement lié au désir du repos ou sécurité parfaite de la vie, et à la répugnance pour la perpétuelle instabilité des phénomènes. Mais ce sentiment qui, à ne considérer que les appétits de bonheur, tels qu'ils se montrent chez les individus, est déjà bien moins universel que l'amour de la vie, s'affaiblit encore quand on le transporte à un jugement sur un état des choses futures correspondant au sentiment le plus optimiste. Beaucoup de caractères humains, particulièrement dans notre Occident, s'accommoderaient pour paradis d'une prolongation des sociétés actuelles, au sein de la nature actuelle, c'est-à-dire avec le règne continué du principe de *guerre* et la lutte pour l'existence, au moins contenue dans certaines limites. A plus forte raison ne doit-il pas répugner aux hommes de cette humeur d'imaginer le monde sous la forme d'un théâtre ouvert à la liberté, au bien et au mal, pour des temps sans fin, et pour ceux des êtres dont l'activité ne se terminerait jamais à une condition stable et définitive, supposé que d'autres atteignissent à cette condition, la seule conforme à leurs aspirations. On remarquera que cette hypothèse n'est absolument pas autre que celle de l'enfer des religions, interprété, il est vrai, considéré dans un ordre tout naturel de phénomènes, mais non pas même atténué, à moins que ce ne soit par une vue gratuitement optimiste des possibilités d'une liberté que la mort ne limite pas dans le sens de la perversion. Il serait facile à un poète, au courant de l'état actuel des connaissances en astronomie physique, de nous montrer le monstrueux univers peuplé d'astres infernaux, dans lesquels les âmes naturellement immortelles des scélérats auraient pris ou prendraient un essor, exerceraient et subiraient, avec des organes appropriés aux forces énormes et aux températures terribles de ces soleils, des actions dont l'extrême médiocrité de notre planète nous permet à peine de nous faire une idée. Il n'est besoin d'aucune théologie pour ces sortes d'imaginations, s'il nous plaît d'y penser, mais seulement de la supposition d'une carrière sans fin ouverte à la puissance des êtres qui auraient pris parti pour le mal dans l'univers; et je ne vois pas quelle garantie la doctrine déterministe pourrait nous offrir de son côté, — toujours sans théologie, — contre la possibilité que ce vaste monde, siège certain de forces aveugles et matière d'effroyables catastrophes, soit également, dans tels et tels lieux, le théâtre de phénomènes psychiques d'une perversité et d'une portée inouïes. Quoi qu'il en soit de l'étendue ou des limites du mal imaginable dans une carrière indéfinie ouverte à la liberté, il n'y a pas d'empêchement logique à l'hypothèse des vicissitudes sans fin du monde futur, et il faut avouer que le sentiment général, en dehors de toute religion positive, chez les penseurs immortalistes, ne paraît pas y répugner. Mais ce dernier fait s'explique assez bien par la difficulté que l'homme, en son état actuel, éprouve à se représenter un mode réel d'activité, des émotions et des plaisirs, dans un ordre de choses où l'antagonisme des buts, l'ardeur de la lutte et le stimulant des risques, de la perte ou du gain, n'auraient point de place. En outre, une sorte d'optimisme instinctif, un sentiment de vague confiance empêche qu'on se représente avec force toutes les possibilités d'un monde où le libre arbitre conserve éternellement son jeu; et la légèreté d'esprit, cette grâce d'état de ceux que n'atteignent pas, dans le moment, de trop puissants motifs de voir la nature et la société comme elles sont, s'oppose à l'assimilation, quoique très juste, d'un séjour comme la terre à un enfer mitigé, tel qu'il s'en peut produire par la simple marche des phénomènes, sans l'application d'une volonté particulière pour l'instituer. En résumé, le pessimisme trouvera toujours des arguments contre un monde du genre de celui qu'envisage le système origéniste, le système de *Terre et Ciel*, pour rappeler ici le titre d'un beau livre où il est exposé. Le véritable optimisme réclame une fin définitive; il ne peut à la fois accorder cette fin avec la liberté, et la penser comme purement bonne, qu'en supprimant, pour supprimer le mal, l'auteur libre du mal qui ne s'est pas rendu le mal finalement impossible dans l'accomplissement de l'œuvre de sa liberté. Mais il n'est au pouvoir d'aucune méthode rationnelle, appliquée à ce problème, de déterminer la suite des existences et des épreuves qui peuvent, dans le plan de la création, se placer entre la vie terrestre et la limite extrême où les individus, tous et chacun, doivent avoir leur destinée accomplie.

On sait que le christianisme n'a pas de réponse plus claire à la question du « dernier jugement », dans l'Écriture, que l'interprétation du postulat n'en permet à une spéculation modérée; car il faut tenir compte du procédé propre à l'enseignement religieux, qui opère par voie de concentration et de simplification, à l'aide d'une mise en scène, en rapportant directement à l'acte divin, à la volonté divine, ainsi qu'il le fait aussi pour les commandements moraux, tout ce que la méthode rationnelle force le philosophe à envisager dans le développement des lois de la création et dans les révélations de la conscience. Cette différence des deux points de vue, de la religion et de la philosophie, est sensible entre autres choses dans l'espèce d'opposition superficielle, portant sur une concordance au fond, qui se trouve entre la doctrine chrétienne de la résurrection et du jugement, et la théorie de la palingénésie et de la rétribution naturelle du bien et du mal de la conduite, fondée sur l'induction de l'union constante et de la fonction mutuelle du physique et du moral des phénomènes dans l'organogénie des êtres vivants. Cette induction d'une généralité extrême a cependant une base si considérable dans l'observation des rapports actuellement donnés entre le désordre intellectuel et moral procédant de la volonté (le vice) et le désordre physique, la douleur, le dépérissement, la destruction des organes enfin, que, si la survivance était une fois admise comme pouvant entrer dans les lois de la nature, on ne pourrait manquer d'établir une relation entre les organismes consécutifs unis par la conscience continuée, la mémoire; de considérer ceux qui suivent comme dépendants en partie de ceux qui précèdent, et de leur reconnaître ainsi des conditions de viabilité et de santé qui représentent, pour la part attribuable en principe à la volonté, une rétribution des œuvres, et qui peuvent aller aux deux termes opposés de l'ascension suprême et de la mort dernière de la personne. Or, admettre la survivance comme pouvant entrer dans les lois de la nature, ce n'est rien de plus que poser le postulat lui-même, en y joignant la plus physiologique des hypothèses auxquelles on peut recourir pour concevoir la palingénésie, sans d'ailleurs en déterminer le mode d'opérer, qu'on ne peut imaginer jusqu'ici que dans un ordre de phénomènes latents, hors de la portée de nos observations. Il en serait de même de toute autre hypothèse encore plus générale qui servirait à mettre en rapport les phénomènes du monde présent avec ceux d'un monde futur, de telle façon que les consciences antérieures se trouvassent reproduites et continuées. Une saine spéculation demanderait toujours qu'on supposât un lien de dépendance entre les états organiques, d'une part, et les états psychiques, de l'autre, considérés dans les deux périodes corrélatives.

Le problème de la palingénésie est, en somme, moins profond et moins obscur que celui de la fin ultime de la liberté, et des degrés par lesquels cette fin peut être atteinte ; ce qui tient à ce que, si nous ne savons rien des moyens naturels de garantie et de confirmation du postulat, nous avons du moins des idées très nettes de l'espèce des lois (hypothétiques) dont le fonctionnement assurerait la perpétuité ou la reproductivité des personnes. Il y a là de l'inconnu, mais non pas à proprement parler du mystère, tandis que l'essence des termes extrêmes échappe à l'entendement, et que ce qui en approche de trop près le surpasse encore. Tel est le cas pour la question du point de départ de la liberté, et de l'origine du mal, encore plus que pour celle du terme final. Des penseurs concilient aujourd'hui l'évolutionnisme avec le théisme, en prenant l'évolution pour la forme même de la création, qu'ils considèrent cependant comme l'acte d'une personnalité libre, et non comme le développement spontané d'une nature nécessaire. Au premier aspect, ces philosophes peuvent paraître assez bien placés pour expliquer l'origine du mal. Le besoin d'accorder la bonté de Dieu avec l'existence de la douleur, inséparable de la vie et des lois des êtres vivants, les conduit à regarder la nature, telle que nous la voyons, comme un produit de la chute.

Si l'on s'en tenait à cette expression générale, on ne ferait qu'énoncer un fait équivalent au postulat que réclame l'optimisme. Le postulat, c'est que le mal physique a sa source dans le mal moral; le fait, c'est la nature, en une partie essentielle de ses lois. On ne prétendrait pas savoir comment le fait s'est produit, comment la seconde espèce du mal, sans laquelle il ne nous est plus possible de nous représenter l'organisation, la génération, la vie et les relations des êtres vivants, s'est entée sur la première, qui elle-même avait pris naissance dans un état de la personne dont avons perdu la conscience, et dans un état de la nature dont nous n'avons point d'idées. Mais on voudrait obtenir, sur l'auteur et le sujet de la chute, les divers renseignements nommés dans le vers scolastique : *Quis, quid, ubi, quibus auxiliis, cur, quomodo, quando?* Est-ce l'Homme qui a péché? avec quels précédents, en quelles circonstances, sous quelle inspiration, et comment tout le plan de la création a-t-il pu changer en conséquence? Ou faut-il dire que c'est l'Être? Et l'Être fût-il primitivement un ou multiple? La chute est-elle autre chose que sa division première, un mal peut-être, mais fatal en ce cas, semble-t-il, et non pas un péché? Les espèces animales ne seraient-elles pas alors les formes affectées par des familles et des races successives, d'abord dans la descente, ensuite dans une ascension qui s'appelle évolution progressive en paléontologie, et, en théologie, rédemption?

Dans le premier système, on n'observe aucune proportion entre le péché proprement humain, réuni à tout ce qu'on peut imaginer de conséquences qui s'y rapporteraient intelligiblement, et un fait aussi universel que l'existence de l'animalité entière avec la loi de guerre pour sa loi. On ne saurait dire non plus ce que pouvait être réellement un état primitif de la nature humaine, ni quelle sorte de corps elle a pu comporter, ni dans quelles conditions naturelles et quelles relations sociales la loi morale a pu être d'abord violée. On a seulement cet avantage de donner à la chute un sens vraiment moral, au moyen d'une légende religieuse où la personne humaine, la personnalité divine et la création gardent toute leur réalité, et de conserver à la loi morale, traduite en forme de commandement divin, le caractère de conscience qui disparaît tout à fait de la notion du mal originel dans l'autre système.

Dans ce dernier, dans le système non pas proprement de l'émanation, mais enfin de ce passage de la créature d'un état d'unité et de solidarité à un état de division et de liberté révoltée, qui constitue la chute, on peut croire la nature expliquée, mais la proportion rétablie entre la cause et l'effet ne remédie pas au vague des idées qu'on peut se former soit de l'être, ou créature en général, dans l'état d'unité, normalement unie à son créateur, soit de ce que fut une division dont on ne se peut représenter l'agent ni dans cette créature, pendant qu'elle était une, ni dans ses parties qui n'existaient pas avant la séparation. Si, pour donner le sens de *péché* originel à la chute ainsi interprétée comme une division, on prend pour ses auteurs des agents individuels, les seuls qui puissent connaître une loi morale et la violer, la division est donc déjà supposée avant d'être. Si, au contraire, on cherche l'unité d'action et d'agent de cette descente qui va constituer la nature, on ne peut plus comprendre comment l'auteur en serait responsable, quelle loi il violerait, quelle autre chose il ferait que de développer spontanément les puissances qui résident en lui. Le système de l'unité primitive n'a donc pas, pour la loi morale, une application claire en un fait tenant de la volonté et propre à constituer le mal originel, ou le mal radical; il faudrait définir ce mal par la division elle-même, ce qui reviendrait à réprouver l'individuation, c'est-à-dire le principe d'un état que précisément la loi morale suppose, et en dehors duquel nous ne savons rien. L'esprit d'une telle conception se retrouve ensuite et devient manifeste, dans l'éthique où l'on est conduit en cet ordre d'idées; car le principe de solidarité doit y rendre le principe de liberté précaire, et la morale doit s'y fonder sur le sacrifice et non sur le devoir. Enfin le mouvement général du progrès et l'œuvre de la *rédemption* étant inhérents à une grande loi de la nature dans laquelle l'espèce humaine et l'animalité entière accomplissent une fonction dont les êtres particuliers ne sont que les moyens et les organes, l'évolution universelle domine et désintéresse toutes les volontés des créatures; elle tend même à rendre la volonté et la personne du créateur superflues, parce que le philosophe qui a une fois conçu cette loi, cette nature, cette origine, cette destinée n'a point de peine à imaginer le tout comme le développement nécessaire de la Chose éternelle, au lieu de recourir au mystère de la création. Ceci est prouvé par l'exemple de tant de penseurs qui, ne se laissant pas arrêter par la contradiction de l'infini, n'ont pas cru la nature hors d'état de se porter elle-même. Somme toute, les affinités de la théorie de l'unité primitive de l'être sont du côté de la doctrine de la Chose et non du côté de la doctrine de la Conscience. Mais je n'entends parler que des affinités logiques. Les intentions sont autre chose (1).

La cause de tout l'embarras, pour la doctrine qui vise à concilier l'évolution avec la création et la chute est visible. Il s'agit de montrer l'origine du mal physique dans le mal moral, et de donner au moins quelque idée de l'auteur de ce dernier mal. Or nous ne connaissons le mal moral qu'appliqué à la donnée des relations entre des personnes. Tout ce qu'on peut tenter pour le définir en dehors de ses relations, qui sont exclusivement humaines, à notre connaissance, on ne le peut qu'en mettant la personnalité divine, d'un côté, en regard des personnes humaines, de l'autre, et, dans ce cas, quelque souveraine suprématie qu'on reconnaisse à la première, il faut toujours qu'elle soit vue dans un rapport de justice avec les dernières, et, par conséquent, anthropomorphisée moralement, afin d'être un terme de ce rapport. Ceci bien entendu, il est clair qu'on ne doit pas caractériser et définir le mal originaire par les actes mêmes par lesquels se seraient constitués les organismes, et les formes inconscientes, et les forces brutales de la nature, puisqu'on n'aperçoit point en quoi ces actes représenteraient des rapports moraux entre des personnes. C'est cependant là ce qu'on fait, en supposant d'abord l'unité de l'être créé, et supprimant ainsi, sous l'influence de la passion métaphysique de l'Un, toute idée claire de l'existence personnelle et du théâtre de la moralité, ensuite, en confondant l'origine de la division et celle de la nature avec l'origine du mal. On revient toujours ainsi à se figurer quelque descente de l'Absolu; le fractionnement du premier être, créé un et indistinct, ne diffère guère de celui de l'incréé lui-même, ou du moins de ses émanations (2); et l'on ne sait si l'on est

---

(1) Pour plus de développement sur ce sujet, je prie le lecteur de se reporter aux articles dans lesquels j'ai rendu compte, dans la *Critique philosophique*, du livre de Charles Secrétan : *La philosophie de la liberté*. (*Crit. phil.*, t. II, pp. 72, 121 et 229.) Aujourd'hui, M. Secrétan paraît se rendre au sens actuel de l'évolutionisme, au sens de Darwin, de Hæckel et de Spencer, qu'il concilie avec la création. Il considère pour cela l'homme, et le monde en général, comme une substance que Dieu sépare de lui-même, qu'il constitue ainsi d'abord à l'état de *non être*, et dans laquelle il met la puissance du développement qui s'étend de *la nébuleuse* jusqu'à la créature morale et libre. L'évolution est, dit-il, l'effort de la liberté pour apparaître (*Revue philosophique*, août 1885, p. 177). Je ne vois pas où l'origine du mal, en tant qu'indépendant de la volonté du créateur peut se trouver dans ce système.

(2) Le néoplatonisme aurait pu, sans un bien grand changement, parler le langage créatio-

plus près de l'optimisme ou du pessimisme, si l'on doit regarder comme un bien ou un mal en soi, c'est-à-dire physique, une production de la nature et de la vie dans laquelle on s'est retiré tout moyen de distinguer les biens naturels de l'individuation et de l'organisation d'avec les maux qui les accompagnent et dont il serait possible de rapporter l'origine au mal vraiment moral, c'est-à-dire ayant sa source première en des relations morales, des passions et des volontés. Peut-être faut-il dire qu'on a beau user d'expressions atténuées et laisser dormir l'ancien vocabulaire, on se classe au fond dans la famille des penseurs qui ont identifié « le mal avec la matière » et attaché l'opprobre aux conditions de la vie.

Au lieu d'envisager l'origine du mal physique dans l'origine même de l'organisation et de la vie, nées de la division de l'être, et par là considérées sous l'espèce du mal moral, admettons que cela seul, dans la nature, qui est véritablement mal physique, c'est-à-dire douleur, doit avoir une première source de mal moral. Nous ne faisons ainsi que répéter notre postulat dans ses termes généraux, et, plus nous nous attachons fermement à ces étroites et claires définitions des deux sortes du mal : l'une essentiellement placée dans l'injustice de la volonté, dans les relations de personnes, l'autre qui tient à ce que les lois réelles de la vie, en l'état actuel des choses, impliquent la douleur des êtres sensibles et la lutte pour l'existence, plus nous devons avouer que leur rapport originaire nous est purement et simplement inconnu. Leur rapport actuel consiste en ce que, là où se trouvent la conscience, la liberté et la loi morale, il dépend de la volonté d'infliger la douleur, et la lutte pour l'existence peut devenir *injuste*. Mais par suite de quel usage de la volonté, et de quelles injustes volontés, et par quels moyens, à l'origine des relations conscientes, a pu s'établir un régime naturel sous l'empire duquel les êtres conscients et les inconscients souffrent et font souffrir, en vertu de leur lois nécessaires, sans qu'aucune injustice actuelle en soit la cause, voilà ce que nous ne pouvons savoir. Des êtres auxquels nous ne reconnaissons aucune responsa-

---

niste de cet alexandrinisme moderne qui est l'évolutionisme chrétien. En effet la descente de l'être, dans cette doctrine antique, n'intéresse pas l'Un lui-même, ou Dieu absolu, qui demeure immobile et ne déchoit pas dans les produits successifs de l'émanation. On aurait pu l'appeler créateur, rattacher à son *acte pur* l'être, un lui-même, qui a la division en puissance, aussi bien que regarder, comme on l'a fait, ce dernier comme descendant d'une personne divine, elle-même descendue de la première. L'esprit de la doctrine serait, ce semble, resté le même.

bilité luttent entre eux comme si c'était injustement, et souffrent les uns par les autres, dans les mêmes conditions matérielles que s'ils faisaient le mal sciemment. D'autres, les personnes, les seuls agents moraux dont nous ayons l'idée, se trouvent assujettis aux conséquences de ce mal dont ils ne sont pas les auteurs et qui règne sur la nature entière. La cause de cet état et de cette solidarité nous échappe absolument parce que, embrassant l'ensemble de l'animalité, elle n'est pas proprement humaine, et parce que, devant se rapporter à des personnes, à raison de notre postulat, nous ne la pensons pourtant à cet égard que comme une hypothèse physiquement toute nue, exclusivement motivée par la raison morale, et dont aucun moyen de vérification n'est saisissable, non pas même imaginable, de notre point de vue. Dans cette ignorance, nous devons nous replier sur nous-mêmes, et, au lieu de spéculer sur un péché originel universel, dont nous n'avons pas les données, nous faire une juste idée du péché originel proprement humain, c'est-à-dire de la solidarité des personnes pour cette partie du mal dont la source, à notre connaissance, est dans la détermination des volontés d'autres personnes, cette fois nos semblables. Borner ainsi nos vues, comme nous le conseille notre position dans l'univers, puisque moralement, non plus que physiquement, nous n'arrivons au fond de rien, ce sera nous occuper de notre affaire d'hommes et laisser à Dieu les affaires de Dieu.

La critique limitée à ce terrain nous rend compte de l'origine du mal moral, de la solidarité qui s'y est attachée, et des maux de toutes sortes qui, provenus de cette solidarité, n'ont point engagé, pour la plus grande partie, la responsabilité propre des agents engagés dans certaines voies. Ces derniers maux doivent s'appeler physiques, les uns parce qu'ils sont réellement des douleurs, infligées et subies par les hommes, les autres, qui sont cependant des actes à caractère moral, d'où procèdent ces douleurs, parce qu'ils ne sont pas commis dans l'état de pleine liberté et responsabilité, mais ont été prédéterminés par des actes de ce genre chez d'autres agents, antérieurs, anciens, très anciens, primitifs. Il faut éliminer du problème l'origine physique de l'homme, l'unité ou la pluralité de cette origine, prendre un point de départ dans les groupes humains les plus simples où il soit permis d'imaginer de vraies *personnes* en des rapports donnés de société encore tout élémentaire, mais libres et morales, se prescrivant certains actes comme bons, en réprouvant d'autres comme mauvais.

C'est en se plaçant dans ces conditions, les seules claires et connues de relation morale, qu'on peut comprendre les effets des premières déterminations des volontés libres, sous l'influence des besoins et des passions, à mesure que la raison s'applique à trouver des remèdes imparfaits aux crimes et aux maux qui viennent troubler un idéal de justice premièrement conçu. Les actes divers d'initiative, de perversion et puis de régulation de conduite, l'exemple, l'hérédité, les mœurs, les institutions et tout ce qui tient aux grandes lois de l'imitation et de l'habitude conduisent partout à l'établissement de milieux intellectuels et moraux qui dépendent essentiellement, pour ce qu'ils sont, de la violation antique et répétée de la loi morale, et la perpétuent plus ou moins en toutes choses, tout en servant à la réprimer habituellement sur les points où, laissée libre, elle rendrait la société impossible. Dans toutes les sociétés, un écart immense, universel, quoique variable, s'est produit entre le fait de la vie humaine réelle et l'idéal moral de cette vie, tel qu'on a dû se le représenter d'abord à la seule condition d'avouer l'existence d'une loi morale (quelque imparfaitement comprise que fût d'ailleurs cette loi), et tel qu'on se le représente toujours quand on fait abstraction des prédéterminations créées aux individus par leurs milieux actuels, qui sont des fonctions de la somme des actes antérieurs, moraux ou immoraux, jusqu'aux plus anciens. Ces prédéterminations, les unes entièrement nécessaires, les autres plus ou moins probables, selon les individus et les cas, composent la masse de la solidarité : solidarité pour la violation de la loi morale pure, solidarité pour la justice aussi; mais c'est la première que nous considérons ici. Elles tiennent non seulement à des coutumes impérieuses, à des jugements traditionnels, invétérés dans les esprits qui se les transmettent les uns aux autres, à des inclinations vicieuses héritées et à des réactions fatales du mal contre le mal, mais encore à de vrais devoirs que la société impose. Les principaux de ceux-ci consistent dans l'emploi de la contrainte, devenue *un* droit par suite de la violation *du* droit, et dans la participation obligatoire à des actes de guerre, sans aucun égard au jugement que l'on peut porter personnellement sur la justice de ces actes. En un mot, il n'y a pas de perfection imaginable d'une simple personne prise en elle-même, qui puisse, en société, la soustraire à la nécessité de manquer à la loi morale, considérée de son côté comme entière et pure, non violée par autrui; non plus que cette perfection imaginable n'est possible en fait pour l'individu actuel, fût-il fait miraculeusement membre d'une société parfaite, attendu qu'il a reçu comme membre de l'humanité l'infusion héréditaire de tous les germes vicieux du sang et de la volonté.

La solidarité des hommes dans le mal étant ainsi clairement définie et profondément distinguée, en tant que source d'actes individuels délictueux, d'avec cette source actuelle qui est la liberté en présence de la conscience de la loi morale, on peut dire qu'elle a le double caractère de causer la faute sans responsabilité propre de celui qui la commet, et de produire le mal physique, la douleur, sans que ceux qui souffrent aient personnellement *mérité* de souffrir. Or les fausses notions ou interprétations du *péché originel* consistent à vouloir que ce péché soit imputable à chaque personne, et punissable, chez elle, de la manière que le serait un péché propre et actuel. Écartant cette vue erronée dont le fondement dogmatique est l'identité humaine, la négation de l'individualité morale, on n'a plus, si nous revenons maintenant à l'optimisme et à la théodicée, que cette question devant soi : comment est-elle entrée dans le plan d'un monde bon, cette loi, que les conséquences des actes libres s'étendissent à d'autres personnes qu'à leurs auteurs? Mais le théâtre de cette loi, c'est la famille et c'est la société, et nous n'avons l'idée d'aucun milieu autre que ceux-là pour le développement de la personnalité; et comme nous ne pouvons comprendre les relations des membres d'une société sans leurs actions mutuelles, ni supposer ces actions toujours justes et bonnes sans supprimer la liberté ou poser la perfection, la réponse à notre question est facile : ce qui est entré dans le plan du monde, c'est la vie sociale avec la liberté. Toute difficulté ultérieure est levée par le postulat de la vie future.

Une semblable réponse servirait peut-être à la justification des maux de la solidarité, au regard de la nature et de la création animale, si nous savions ce que sont par rapport à nous, à notre origine et à notre destinée, les éléments inorganiques, sièges des forces brutes de la nature, et ce que sont également les êtres vivants innombrables associés à notre sort, les uns nécessaires ou utiles, les autres nuisibles à notre organisation et à notre vie, aussi bien que nous savons ce que sont pour nous les êtres conscients et moraux de notre espèce. Mais de tout cela nous ne savons rien, excepté les faits mêmes par lesquels se constate une solidarité profonde, vide à nos yeux de toute relation de justice; et nous ne connaissons pas davantage la source morale des douleurs attachées aux organismes, associations d'êtres sans moralité concevable. Nous devons donc nous réfugier dans nos postulats les plus généraux et refuser de nous engager dans des hypothèses trop manifestement dénuées de fondements définissables, et qu'on ne peut énoncer que dans les termes d'une métaphysique réaliste, aboutissant pour ce qu'ils peuvent avoir de clair au panthéisme.

Ainsi le plan du monde est absolument hors de notre portée, ce qui serait peut-être un argument en faveur de la doctrine de la Chose, n'était l'absurdité des infinis qu'elle implique et que nous évitons dans la doctrine de la Conscience, et si d'ailleurs on pouvait, dans la première de ces doctrines, comprendre que le monde n'eût point de plan, ou lui en supposer un sans contradiction, ou parler d'une loi d'évolution et de progrès sans lui en supposer un, ou enfin expliquer une finalité générale qui supprime toutes les fins particulières et n'admet point la permanence de cela seul au moyen de quoi l'idée d'une fin peut exister : la conscience. Le plan du monde se rapporte à la conscience, et par conséquent à la justice, mais il ne laisse pas d'être absolument hors de notre portée, dès que nous tentons de dépasser la sphère générale des postulats. Mais qu'est-ce que le monde sans le plan du monde; les faits et leurs lois, sans leur raison d'être pour la conscience? En dehors des mathématiques, qui se ferment sur elles-mêmes et se satisfont de leur propre et admirable contenu (le monde des rapports abstraits de nombre, d'espace et de temps) les sciences mènent toutes à la porte de l'inconnu, et le monde ne nous est pas plus connu que Dieu même, quand nous voulons y pénétrer plus loin que l'expérience, avec une autre méthode que celle des généralisations abstraites, avec une autre mesure que celle des strictes réclamations de nos intérêts moraux. Le mot si profond d'un philosophe, cette recette unique contre les peines de la vie et contre les théories pessimistes : « Il faut cultiver notre jardin », n'est pas moins vrai des spéculations les plus élevées que de la philosophie pratique. Nous n'abordons aucune réalité, ni Dieu ni le monde, que par le côté qui regarde vers nous, et nulle part nous ne dépassons le rivage du pays que nous abordons. C'est là que nous devons établir notre culture.

La plus haute conception à laquelle a pu nous conduire notre méthode, après que nous avons exclu l'Absolu comme ne répondant à l'idée de rien de réel, et encore bien moins à l'idée de l'être que les hommes invoquent comme Dieu, c'est la conscience première et universelle, auteur du monde, libre créateur d'êtres libres. La preuve de l'unité de cet *Être suprême*, nous l'avons trouvée dans l'impossibilité que des relations et des lois soient données dont la représentation, la conscience ne le serait point, et dans le fait de l'existence de lois générales et harmoniques établissant les rapports uniformes des phénomènes et la communication des consciences. Cette harmonie, en effet, implique l'unité d'une conscience qui la conçoit et la réalise, et pour laquelle toutes les choses qui en subissent comme *sujets* la loi puissent être dites des *objets* (1). Nous avons vu en même temps quelles limites laisse subsister, dans notre conception de la nature divine, cette preuve de l'*unité de Dieu*, preuve ancienne, transformée ici par l'idéalisme et la doctrine de la Conscience, et soumise à la condition du nombre. Cette condition, commune à tout ce que nous pensons comme existant, nous force à penser Dieu comme fini à l'égard de l'ordre quantitatif des phénomènes, par conséquent dans l'espace et le temps et quant à ses actes ou moments réels de conscience et de connaissance, dans cette double extension; infini seulement (c'est-à-dire parfait, comme on ferait mieux de s'exprimer) en justice et sainteté, et touchant toute intelligence et science, hormis avec une portée actuelle dans l'avenir, et relativement aux futurs contingents, qui ne se peut demander sans contradiction. C'est dire, et dire d'une façon plus sérieuse que ce n'est la coutume des philosophes théistes, que Dieu *en soi* est incompréhensible, que nous ne concevons son existence que par rapport à la création. L'acte créateur, nous le comprenons exclusivement comme un fait dont la possibilité et le caractère nous sont enseignés par l'analogie des créations relatives et partielles que constituent les effets de commencements premiers qui procèdent de notre liberté. Et nous sommes incapables d'expliquer le plan de la création elle-même en ce qui concerne l'inhérence de la douleur à l'organisation et à la vie, et de découvrir la cause morale des maux physiques, là où la transmission du mal ne se produit qu'en vertu d'une solidarité dont nous ignorons le principe. Le seul plan dont l'intelligence nous soit donnée par la doctrine de la Conscience ne concerne que nous. On peut le résumer en ces quelques mots : la liberté, la faute, la solidarité dans les effets de la faute, la vie ou la mort comme dernier terme de l'usage de la liberté par les personnes, l'éducation de la liberté par la douleur, la des-

---

(1) Voyez ci-dessus, p. 197-205.

tinée des bons fixée en un état futur où la liberté se concilie avec la nécessité morale acquise, et devient impeccable, où le mal n'est plus qu'un souvenir, où la vie s'identifie avec la perfection et l'harmonie des déterminations de tout genre des êtres dont les relations la constituent. Le rapport de la créature au créateur, en cet accomplissement des choses, est impossible à définir, puisque l'idée de la créature en sa généralité, en sa nature première et son but, nous est refusée. Le rapport même de l'homme à Dieu dépend, pour sa définition, de croyances religieuses qui s'appliquent à une conception de la divinité, moins générale et moins abstraite que la conception appropriée à la méthode rationnelle et à la philosophie critique.

Cette dernière conception, grâce aux limites que nous avons dû lui marquer afin de la rendre accessible à l'entendement, se rapproche autant de Dieu, objet véritable de religion, qu'elle s'éloigne de l'Absolu, idéal trompeur de la théologie; et toutefois elle n'a pas les caractères qui conviennent aux religions positives et historiques, aux cultes. Elle se renferme bien dans les termes de la philosophie. Mais, générale et abstraite qu'elle est encore, le demeure-t-elle assez pour se conformer à la méthode criticiste et ne point dépasser les exigences des postulats de la raison pratique? Celui de ces postulats qui concerne la divinité doit-il demander, en fait de « croyance en un seul Dieu », quelque chose de plus que « la supposition d'un ordre moral réel qui enveloppe et domine l'expérience, l'affirmation du bien »? Ne suffit-il pas de poser « l'existence cosmique souveraine d'un ordre de finalité qui règle et assure le sort des personnes conformément à la loi morale »? Faut-il, « de même que les éléments du concept général de finalité sont empruntés à la finalité en nous, les regarder aussi comme assemblés universellement en une personne suprême »? Enfin devons-nous admettre une égale légitimité rationnelle des deux « directions de l'esprit » possibles, et même ordinairement mêlées, dans le développement des croyances religieuses, l'une vers l'unité, l'autre vers la pluralité de l'essence divine (1)? On a vu et j'ai rappelé tout à l'heure la preuve de l'unité de conscience qui me paraît ressortir de l'unité de loi, en tant qu'on n'admet pas de loi sans conscience, et qu'on envisage l'unité de loi dans l'harmonie universelle des relations qui composent et unissent entre elles les représentations dans toutes

(1) Expressions prises des *Essais de critique générale* (*Premier* et *Deuxième Essais*) où la question est laissée en suspens pour le criticisme.

les consciences. L'ordre général de finalité n'est, à ce point de vue, comme l'ordre général de causalité, ou comme celui qui établit les rapports de nombre, d'espace et de temps, ou les assemblages de qualités dans les sujets de l'expérience, qu'une partie de l'ordre de la création; et ce dernier peut difficilement être supposé un, à moins que la personnalité du créateur ne soit une, ou satisfaire à la condition souveraine du monde moral enveloppant et dominant l'expérience et garantissant les destinées des personnes, à moins d'être supposé un.

Si cet argument ne paraît pas assez convaincant, ou si son objet n'est pas jugé nécessaire pour une méthode telle que le criticisme, obligée après tout de borner sévèrement son ascension dans les vérités transcendantes auxquelles conduit la raison pratique, on partira simplement des deux postulats d'une parfaite clarté, celui de la liberté et celui de la vie future, qui ont pour ainsi dire leur sommet d'angle de notre côté et leur ouverture sur le monde, tandis que le postulat de la divinité, bien différent des premiers, a son ouverture sur le monde et nous; on se contentera de *demander*, en ce dernier, les moyens certains et d'ordre universel de satisfaire pleinement aux conditions des deux autres; on renoncera à s'élever au-dessus de la pluralité des consciences, ou du moins à sortir de l'incertitude en ce qui concerne les données ultimes de l'existence posées au commencement des phénomènes, dans la doctrine de la Conscience; enfin, on regardera l'accord des lois et le principe des communications des êtres, au sein d'une création peut-être sans unité et, pour ainsi dire, spontanément harmonique, comme un fait suprême, incompréhensible, au même titre, dans le même sens, que Dieu avant la création est posé incompréhensible dans le système de l'unité de création et de créateur, quand ce système bannit les chimères de l'absolutisme théologique et se formule dans les limites imposées par la philosophie critique. En ce cas, la ligne de démarcation, nette et profonde, entre cette philosophie et les religions résulterait de l'abstention où le criticisme se tiendrait de tout usage des postulats, poussé plus loin que l'affirmation générale d'un principe de *divinité*, fondement inconnu d'un monde moral où les fins générales des créatures sont marquées dès l'origine. Les religions commenceraient avec l'anthropomorphisme un ou multiple de la cause première, avec les déterminations du divin en tant que *Dieu* ou *Les Dieux*. Le criticisme, à son point extrême de spéculation fondée sur les postulats, s'arrêterait alors à une croyance analogue à celle de la *Provi-*

dence non personnifiée des doctrines anciennes ou modernes dont le stoïcisme est le type ; avec la différence capitale, toutefois, que la divinité et la providence d'une philosophie issue des postulats de la liberté et de la vie future sont essentiellement relatives à ce plan d'un monde moral qui a pour sujet la conservation et la garantie des fins des personnes, tandis que le providentialisme des doctrines panthéistes est toujours un système d'évolution pour lequel tout ce qui est individuel et tout ce qui est conscience est sacrifié au tout infini de la succession des apparences éphémères.

Mais si, réfléchissant bien à l'intime signification et à la portée réelle de la doctrine idéaliste de la Conscience, nous pensons que le criticisme doit aller, dans la marche inductive des postulats, jusqu'à la croyance à l'unité de Dieu, nous faisons, en philosophie, un pas de plus à la rencontre de la religion et, cette fois, du christianisme. Le rapprochement serait plus décisif, si, de même que le criticisme est une philosophie dégagée de la métaphysique de l'absolu, le christianisme, de son côté, pouvait s'affranchir de la théologie absolutiste, dont le poids l'écrase. L'identité des points fondamentaux de croyance admis des deux parts laisserait subsister la différence profonde des deux ordres de pensée, de sentiment et de méthode, dans une alliance plus naturelle que celle que les docteurs scolastiques ont travaillé si longtemps à maintenir entre le rationalisme aristotélicien et la foi de l'Église. Ces points fondamentaux sont : l'unité du monde et le principe de ses lois, ramenés à la forme de l'unité de conscience universelle et créatrice ; la liberté et la création conçues dans leur force et leur simplicité, grâce à l'admission nette du principe de commencement des phénomènes, et de l'impossibilité des nombres infinis ; le franc anthropomorphisme de la notion de la divinité ; l'ordre moral de l'univers, envisagé dans la permanence des consciences individuelles et dans l'adaptation des destinées des personnes à l'usage qu'elles font de leur libre arbitre. Aucun de ces points n'est vraiment *propre* à la manière religieuse de penser et de sentir. Pour nous faire une idée des articles de croyance qu'on peut appeler spécifiquement religieux, il suffit que nous considérions dans le christianisme les caractères suivants : 1° caractère historique : l'établissement par voie de révélation et d'inspiration, c'est-à-dire d'autorité divine, l'enseignement et la tradition, réelle ou altérée, tirant toute leur force de cette origine invoquée, sans autre emploi de la raison que celui qu'exigent l'intelligence ou l'interprétation de la Parole. 2° Caractère dogmatique : l'affirmation de cette intervention directe de Dieu dans l'humanité (Providence spéciale et révélation) et d'une action directe de Dieu sur les consciences. 3° Caractère moral : le devoir présenté sous la forme de commandement divin, le péché considéré universellement et solidairement, dans l'espèce humaine comme exigeant une rédemption ; enfin, la prière, la grâce, secours individuel donné au pécheur, et le salut par la foi, l'homme étant incapable de se sauver par la justice. Je m'en tiens à l'essentiel, et je néglige les déterminations dogmatiques qu'on devrait nommer choses de spéculation métaphysique et non de religion, dans l'Église. On n'en voit que plus clairement la nature et la profondeur de la distinction entre la méthode des philosophes et l'œuvre des esprits religieux envisagée à ce degré d'élévation et de généralité où on peut la prendre au sein du christianisme.

Mais le caractère *des religions* est encore plus général. *La religion*, dont nous voyons sans cesse des penseurs occupés de chercher des définitions qui se trouvent être tantôt vagues et tantôt trop particulières, est simplement un produit des espérances et des craintes des hommes, suivant ce qu'ils imaginent au sujet des puissances invisibles et ce qu'ils croient devoir faire pour se les concilier. Les doctrines les plus approfondies et les suppositions les moins réfléchies, les systèmes et les superstitions, les cultes élevés et les rites honteux ou misérables descendent de cette même source de passion appliquée à la part mystérieuse de l'existence et aux causes cachées des phénomènes. La philosophie, dont le but dépasse la portée réelle des investigations scientifiques, est l'application de la raison au même mystère de l'univers, autant que cette application est possible. Les deux modes d'aborder une connaissance refusée à l'intuition, à l'expérience et aux inductions de l'ordre purement logique, et toutefois nécessairement recherchée en vertu de la haute curiosité de l'esprit et du sentiment de notre intérêt le plus profond, sont également légitimes. Justifiés tous deux par les propriétés de la nature humaine, au regard des affirmations vraies ou fausses où nous sommes obligés de nous fier, et que nous ne pouvons soutenir sans hypothèses, ils ne sont pas sujets l'un moins que l'autre à des divagations et à des absurdités, quoique de différentes sortes, ni moins aptes, quand ils sont bien conduits, à élever notre pensée aussi haut que le permet notre position dans l'univers, et à diriger en conséquence notre vie. Au point où le criticisme met aujourd'hui les choses, la philosophie, dans son œuvre, doit respecter les lois catégoriques de l'entendement et les vérités correctement acquises à l'expérience; et la religion, dans la sienne, doit accepter la même condition, en réclamant de la philosophie et des sciences la franche reconnaissance des droits du sentiment et de la foi. Une alliance pourrait se former entre la manière rationnelle et la manière religieuse de penser, c'est-à-dire ici entre le criticisme et le christianisme, sans aucune confusion de sujets, mais sur le fondement d'une commune croyance au monde moral, si, pendant que la méthode philosophique arrive à donner la place due aux facteurs de la passion et de la volonté, par les postulats de la raison pratique, et ne nie point l'existence légitime d'un autre domaine encore de la foi, la foi chrétienne répudiait décidément de son côté toute la partie de surcharge ou scolastique, ou légendaire et populaire de son héritage, qui ne se défend plus sérieusement des atteintes de la critique historique et scientifique. Cette alliance ne serait que trop nécessaire pour lutter contre l'envahissement des doctrines évolutionistes, contre le pessimisme, qui en est la conséquence déjà visible, contre les négations violentes du monde moral par la soi-disant libre pensée, ou contre les négations implicites du positivisme, bientôt contre l'empire que les ardeurs aveugles de l'athéisme menacent de rendre à une Église qu'on a souvent traitée de morte ou de mourante, mais qui, grâce à une organisation merveilleuse, à de profonds dévouements, à la puissance des superstitions, des habitudes et du principe d'autorité, pourrait bien être de toutes les institutions la plus vivante et la plus capable d'opposer aux assauts de ses ennemis une résistance invincible.

COMMENT JE SUIS ARRIVÉ A CETTE CONCLUSION (1).

Quelles que soient les prétentions des systèmes, il doit être avéré pour toute personne placée en dehors des systèmes et convenablement informée de leurs origines, de leurs tendances diverses, de leurs variations et de leurs contradictions mutuelles, accumulées et répétées, que chacun d'eux est l'œuvre personnelle, ou du moins l'affirmation personnelle d'un penseur, placé sous l'influence d'un certain tempérament intellectuel et passionnel, d'une certaine éducation, d'un certain milieu, et conduit par l'étude et la réflexion à un point de vue propre auquel il se résout à demeurer fixé. A partir du moment où ce penseur a pris son parti, la recherche de la vérité, touchant les thèses auxquelles il s'est arrêté, n'est plus pour lui que l'examen partial des opinions qui se rapportent à ces thèses, afin de les combattre si elles y sont contraires, de les confirmer si elles y sont favorables, de les y ramener si la difficulté de les nier exige une conciliation. L'état de son esprit, facile à observer dans les discussions orales, qui veulent souvent des raisons improvisées, est celui d'un homme qui, en écoutant son interlocuteur, approuve ou rejette implicitement ses assertions, selon qu'il aperçoit ou ne fait même que pressentir qu'elles sont conformes à ses principes à lui, ou qu'elles leur sont opposées ; et il cherche déjà en lui-même ce qu'il va répondre, avant qu'il ait seulement bien compris ce qu'on va lui dire. Le procédé de la polémique est le même, avec plus de temps

---

(1) Si j'ai réussi à persuader mon lecteur de quelque vérité, ce doit être avant tout de celle-ci : que la raison est personnelle dans ses déterminations, de quelque fond commun de nature mentale qu'elle ait à en emprunter la matière. J'espère qu'on ne trouvera pas déplacé ici, ou même qu'on voudra bien regarder comme le complément naturel d'un ouvrage qui est une sorte de *traité des doctrines*, un appendice dont l'objet est de rendre compte de la manière dont ma conviction s'est formée, et de la marche que mon esprit a suivie pour arriver à se fixer. Je reproduis pour cela trois articles publiés dans la *Critique philosophique* (en 1877) sous ce titre : « L'infini et le continu. — Une évolution personnelle ». Je n'y change rien d'important (sauf quelques remaniements indispensables), mais je les étends et j'en complète le sujet, sur les points que j'avais alors laissés de côté pour me renfermer dans la question de l'infinitisme, par laquelle j'y avais été conduit. A l'histoire de mes idées sur cette question, j'ai surtout à joindre ce qui concerne le déterminisme et le libre arbitre et l'interprétation des postulats de la raison pratique.

pour la réflexion, dans les controverses les plus sérieuses et les plus régulièrement conduites. Bien rares sont les penseurs qui conservent, dans tout le cours de leur vie et de leurs travaux intellectuels, une aptitude, je ne dis pas à admettre, mais simplement à comprendre ce qui contrarie leurs vues arrêtées, et se tiennent moralement accessibles à la vérité. Tout cela est tellement vrai que, même dans cette partie si considérable et si nécessaire des sciences expérimentales où l'interprétation et l'hypothèse se mêlent aux faits, et où la plus grande des difficultés est de discerner la portée d'un fait — en d'autres termes, de définir correctement un fait, en le séparant de ce qui n'est point des faits — on voit les savants se forger presque tous des doctrines, comme le commun des penseurs, sur des matières incertaines, et puis s'y confirmer et les soutenir par les mêmes procédés d'investigation et de discussion partiales. Or, cette espèce d'immoralité intellectuelle épargne encore bien moins la philosophie, puisque les philosophes n'ont pas à leur service une méthode universellement reconnue parmi eux pour trancher leurs différends ; qu'ils sont obligés de faire entrer dans leurs affirmations fondamentales, dans leurs principes, quelque chose de leur liberté et de leurs *attractions*, et qu'enfin ils ne veulent pas même, en général, avouer cette obligation, et par là se trouvent portés à affecter une rationalité absolue et prétendent à des *évidences* qu'ils n'ont pas.

Mais s'il en est ainsi, si cette brève analyse psychologique est exacte, et je crois qu'elle paraîtra telle à quiconque n'a pas d'intérêt doctrinal à la démentir, on conçoit quelle importance les historiens de la philosophie, quelquefois impartiaux ou relativement impartiaux par état, ont dû attacher aux renseignements qu'il leur était possible d'obtenir sur les antécédents historiques de chaque système et les antécédents personnels de chaque philosophe : éducation, genre d'études, impressions premières, direction morale, évolution ou conversion de pensée, enfin, quand le cours de la réflexion a amené de graves changements de points de vue. Entre tous ces éléments ou coefficients de formation des doctrines individuelles, les plus précieux sont aussi les plus rares. On voudrait connaître la marche des idées de tout grand homme, dans l'ordre spéculatif, pénétrer les motifs vrais et profonds de ses déterminations à affirmer, sur des points où maints autres ont hésité ou choisi des routes contraires ; on voudrait surtout savoir, lorsque tant de décisions systématiques sont liées, mais peuvent s'enchaîner et s'appuyer mutuellement en diverses manières, quelle est celle qui a précédé, dominé et probablement produit les autres : on trouverait presque toujours que c'est une considération de sentiment, ou d'ordre pratique, au fond, qui a été le mobile. Pour la même raison, les modifications subies par la pensée d'un philosophe ont de l'importance, et d'autant plus qu'elles constituent des changements de front. Malheureusement, celles qui ont ce caractère appartiennent plus souvent, par un motif indiqué ci-dessus, à la partie intime et secrète de l'évolution individuelle qu'à la partie ostensible et qui suit l'époque où ce philosophe s'est révélé au public. Rien ne serait plus utile à l'histoire de la philosophie, et en vue des conséquences qu'on peut tirer de celle-ci pour la philosophie même, que l'étude des mémoires personnels des philosophes, s'il en existait qui fussent assez développés ; je ne dis pas des *confessions* morales, dont l'intérêt est autre et également très grand, mais que nul n'a le droit de provoquer, mais des monographies de la marche de la réflexion et de l'enchaînement des idées systématiques. De tels mémoires, où l'on trouverait des compléments pour ce qui n'a point été dit, des éclaircissements pour ce qui est resté obscur et des suggestions pour la critique psychologique des opinions, sont très rares, parce que les philosophes sont semblables aux autres hommes, qui veulent autant que possible déguiser à autrui leurs variations et leurs erreurs, et se les déguiser à eux-mêmes. Une grande partie de leur effort est employée à raccorder tant bien que mal ce qu'ils ont dit ou pensé sur une question, à une époque, avec ce qu'ils pensent maintenant sur la même question ou sur une autre, dès qu'il semble y avoir incompatibilité. On dirait qu'ils se croient immuables, ou qu'ils jugent décent de le paraître. Et tout naturellement l'infaillibilité accompagne l'immutabilité. Chaque penseur dogmatique, en vertu d'une fiction dont il est dupe et dont le public a pris l'habitude, parle, enseigne et décrète en se targuant de l'autorité d'une raison impersonnelle et d'une indubitable aperception du vrai, comme si l'expérience ne nous avait point appris que cette prétendue raison se contredit d'un philosophe à l'autre, et que, tant vaut la direction morale et intellectuelle de la personne, tant vaut la pensée, ni plus ni moins.

Toute personne qui s'est mêlée de philosophie, et dont les jugements ont éprouvé quelques vicissitudes, peut croire, sans s'égaler aux grands et aux forts, que l'historique de ses variations n'est pas absolument dénué d'intérêt, dès qu'elles ont été sincères. En tout cas, l'outrecuidance, s'il y en avait une, eût consisté à publier une première fois ses pensées, et non pas à essayer de les éclaircir, et jusqu'à un certain point de les justifier, pour ceux des lecteurs qui ont bien voulu les remarquer, en rendant compte de la manière dont elles sont nées et se sont affermies. Cette dernière tâche n'a non seulement rien d'incompatible avec la modestie, mais il est même juste de la tenir pour tout le contraire de la présomption chez celui qui, ne se posant pas en organe de la pure raison, — ce que pourtant presque tous les philosophes font, — est disposé à contrôler tout le premier le mouvement mental suivant lequel ses convictions se sont déterminées.

Mes études d'écolier en philosophie ne comptent pas pour moi. Je les ai faites, comme tous les élèves de l'Université, à l'âge de dix-sept ans. Mon très digne professeur, M. Poret, ne m'a rien appris, non pas qu'il y eût de sa faute, ni même que je n'eusse aucun penchant à m'occuper des idées générales; loin de là, mais j'étais alors infecté par les prédications saint-simoniennes; je lisais le *Globe* pendant les classes; on m'avait persuadé que les croyances humaines allaient être entièrement renouvelées, que le vieil arsenal des connaissances et les amas des bibliothèques avaient déjà perdu toute valeur, que surtout rien de ce qui s'était appelé philosophie ne renfermait des vérités *organiques*, et que la science et la société étaient appelées à se reconstruire *a priori*, dans le cours même de la génération à laquelle j'appartenais, conformément à un plan *révélé*, auquel ne pouvaient manquer de se rallier tous les membres de l'humanité. Cette folie ne tint pas chez moi jusqu'à la vingtième année, mais elle me laissa en héritage un cruel désenchantement, et en même temps un goût maladif pour les synthèses absolues et un dédain puéril pour les procédés analytiques et les connaissances modestes.

Je dépensai quatre années, comme tous les polytechniciens, à des études exclusivement mathématiques. Je ne profitai peut-être pas de ces études autant que je l'aurais dû, — soit défaut d'aptitude assez spéciale, soit aussi qu'un reste de préoccupations peu saines détournât mon esprit de l'intérêt qu'il faut porter aux détails quand on veut y réussir. Toutefois, ces préoccupations mêmes ont eu, à l'égard de la vocation que je me suis sentie plus tard, cet avantage, qu'elles m'ont incliné fortement à réfléchir sur les méthodes, à chercher leur véritable sens et leur justification; et, d'autre part, l'application et l'assiduité imposées à tout écolier, même à celui qui ne dépassera jamais ce rang d'écolier dans ces matières, n'ont pas laissé d'établir chez moi une certaine assise de connaissances solides dont je n'aurais pu me passer.

Me trouvant désœuvré par suite de ma renonciation au service public où j'aurais pu être appelé, je fus amené accidentellement à lire le livre des *Principes* de Descartes, et puis ses autres ouvrages; et ce fut, je puis le dire, avec un véritable enchantement que je m'initiai, moi si novice, à cette méthode mathématique appliquée aux idées, à cette pensée si ferme, à cette langue si belle et si ample, à ce système fortement construit dont les lacunes ou les vices échappent facilement à qui n'a pas suivi encore avec l'attention voulue son développement historique jusqu'au moment de l'apparition de la *Critique de la raison pure*, qui seule a renversé définitivement les bases de la doctrine cartésienne. Je lus ensuite rapidement l'*Éthique* de Spinoza, les principaux traités métaphysiques de Leibniz et de Malebranche, un très petit nombre d'autres ouvrages, et je cédai à cette espèce de fougue philosophique, en écrivant en quelques mois, pressé par le temps, un mémoire sur le cartésianisme, que j'osai soumettre au jugement de l'Académie des sciences morales et politiques. L'estimable et consciencieux M. Damiron fut assurément bien indulgent, quand il demanda, dans son rapport sur le concours ouvert par cette académie, une mention honorable pour un travail si imparfait et écrit si incorrectement qu'il le crut écrit par un étranger. Les mémoires qui obtinrent le prix étaient incomparablement supérieurs, ils étaient même bons; l'un était de Bordas-Demoulin, et l'autre de M. Francisque Bouillier. Si le mien avait quelque chose qui pût le recommander, c'était la naïveté, une manière d'attaque directe des textes de mes philosophes sans aucun recours aux interprétations reçues, et le rôle prépondérant donné aux idées mathématiques et physiques de Descartes, pour l'intelligence de l'ensemble de sa doctrine.

Tel fut donc mon point de départ. Je ne commençai qu'à ce moment à me poser les questions vitales de toute métaphysique et de toute psychologie rationnelle et à m'inquiéter des difficultés qui étaient, qui sont toujours la cause des contradictions où tombe la philosophie et qui font la force du scepticisme. Je n'ai pas, on le conçoit, l'intention de m'expliquer ici sur un grand nombre de ces difficultés, mais j'insisterai sur celles de toutes où s'est porté principalement mon effort personnel, et dont la constante méditation m'a conduit de proche en proche à des convictions arrêtées sur des points capitaux que de prime abord je n'eusse pas crus étroitement liés avec les premiers.

Il est un sujet sur lequel tout ce que j'ai pu faire d'études et de réflexions a confirmé mes plus anciennes impressions et mes plus fortes tendances : je veux parler de la part à reconnaître à la croyance dans l'acte (ou la suite d'actes) par où un homme s'attache à une doctrine. Et sous ce mot *croyance*, il faut d'ailleurs comprendre l'effet des causes réunies qui inclinent les habitudes mentales dans un milieu quelconque, et celui du tempérament individuel qui porte un penseur à être affecté en un sens de préférence à un autre sens, et l'action réfléchie par laquelle il se dirige vers telles ou telles affirmations, à travers les données de l'expérience et les acquisitions de l'étude. Que la croyance soit bien cela, et que nul ne puisse, par effort et privilège de perception ou de raison, se passer d'elle ni se mettre au-dessus d'elle, c'est ce qui paraît très clair, quoiqu'on se plaise fort à l'oublier; et c'est ce dont conviennent bien, à l'égard de chaque religion et de chaque doctrine, ceux qui ne sont pas de cette religion, ou ne tiennent pas pour cette doctrine. Or, le jugement des non intéressés est le bon ; et, vu les divergences et contradictions existantes de fait, il se trouve porté sur tous, valable contre tous.

Les religions et les doctrines ne sont pas soumises à cet arrêt seulement dans celles des parties qui les composent et qui peuvent passer pour les moins essentielles. Elles n'y échappent point en ce qu'elles ont de fondamental et de plus profond, en ces points que chacune en son particulier a la prétention d'élever au plus haut degré de certitude par n'importe quel procédé d'aperception ou de preuve. Et, en effet, les affirmations et les négations s'opposent et se combattent sur le terrain des principes premiers, des faits primitifs, des réalités de toute nature, autant et plus nécessairement que sur les conséquences, et avec moins d'espérance de se forcer les unes les autres dans les retranchements dont se couvrent les systèmes.

Cette vérité de raison pratique n'a cessé de m'accompagner depuis l'époque d'extrême jeunesse où je croyais volontiers, me plaçant au point de vue de l'autorité et de la solidarité, que les sociétés humaines pouvaient et devaient être amenées à l'unité de croyance en toutes choses par l'influence d'un vrai milieu moral enfin *organisé*, jusqu'à l'âge où je me suis établi et de plus en plus fortifié dans la conviction que les croyances libres sont les seules morales, que la vérité n'est un privilège pour personne, que ceux-là sont des usurpateurs qui prétendent modeler l'humanité selon des plans dont ils s'attribuent n'importe quelle révélation ou connaissance propre, et qu'enfin les sociétés ne doivent agir sur elles-mêmes ou sur leurs membres, hormis les cas de défense du droit, que d'après la méthode autonomique ou de *self-government* moral.

La prédominence psychologique de la croyance, avec tous ses éléments composants, sur n'importe quel critère de certitude, me fut confirmée par l'étude des principales doctrines modernes de philosophie, puisque je vis du premier coup d'œil que les opinions les plus généralement reçues étaient cependant impossibles à démontrer, d'une part, et, d'une autre part, étaient combattues par de puissants penseurs. A quoi il faut ajouter que, là même où l'on s'accorde à admettre certaines réalités fondamentales et à leur donner les mêmes noms, on diffère beaucoup dans la manière de les définir : l'espace, par exemple ; et qu'enfin deux méthodes contraires touchant la nature et le mode d'acquisition des connaissances n'ont jamais cessé de s'opposer l'une à l'autre, et d'avoir leurs partisans de génie, depuis qu'il se fait de la philosophie au monde.

A commencer par Descartes, dont les ouvrages furent pour moi une première initiation aux tentatives de philosophie rationnelle, comment n'être pas frappé du cercle vicieux où s'engage ouvertement, sans paraître se le déguiser, ce grand constructeur de vérités fondées sur l'*évidence*, quand il déclare vrais les objets des idées *claires* et *distinctes*, et qu'ensuite il appelle en garantie de ce premier critère le Dieu tout-puissant que ces idées révèlent comme leur auteur, et qui ne saurait être *trompeur*, parce que toutes les perfections possibles, et la véridicité entre autres, lui sont attribuées par ces mêmes idées qu'il aurait dépendu de lui de rendre trompeuses ? Comment ne pas voir, dans cette marche étonnante de la certitude chez un philosophe pieux, l'aveu implicite de la croyance qu'il a pris mentalement le parti d'accorder aux objets de ses propres conceptions, sous l'impulsion de son sentiment intime.

Mais les idées ne sont pas invariables, et la croyance a des applications diverses. Suivons cette méthode des idées, la seule, après tout, sous un nom ou sous un autre, qui satisfasse à la condition nécessaire de partir des représentations mentales pour atteindre quelque chose au delà de la personne du penseur. D'un côté, le gros des cartésiens, de l'autre, Spinoza, qui, seul, vaut une armée, se forment des concepts tout différents de l'auteur ou siège universel des idées. Leibniz supprime l'existence substantielle de l'*étendue* que Descartes a regardée comme une chose en soi. Il nie aussi la causalité transitive, dont la nouvelle philosophie se trouve si embarrassée. Il disperse l'être à l'infini dans les *monades*, dont une harmonie préétablie relie les déterminations respectives. Berkeley définit les corps des groupes de qualités sensibles que l'esprit souverain communique aux autres esprits, qui les perçoivent ; et Malebranche penserait à peu près de même, n'étaient certains scrupules qu'il a et qui sont étrangers à l'ordre spéculatif. Hume ramène les idées et les croyances à l'être individuel et à son expérience ; il explique les affirmations et les concepts par les *impressions* reçues et par les *habitudes* nées de la répétition de ces impressions dans un même ordre donné. Kant rétablit par l'analyse des jugements, et à titre de formes ou instruments indispensables à la constitution même de l'expérience, les concepts généraux de Berkeley et Hume ont niés ; mais, en contre-partie, il dévoile les pétitions de principe ou autres paralogismes renfermés dans les démonstrations didactiques que l'école aprioriste, depuis Descartes, a prétendu donner de la réalité des objets de certaines idées ; il fait plus, il met au grand jour ce qui n'était jusque-là que latent, l'existence des antinomies, c'est-à-dire des contradictions intrèsèques auxquelles s'aheurtent les doctrines qui veulent déterminer les idées de Dieu et du monde sous les aspects de l'espace, du temps, de la totalité et de la causalité.

Cette esquisse d'une période des plus tranchées et des plus remarquables de toute l'histoire de la philosophie, sur laquelle s'étaient concentrées mes réflexions, contient, toute brève qu'elle est, et met assez en évidence les conclusions auxquelles je me trouvais conduit :

1° Admettre la méthode des idées sous la forme dernière que lui donnait Kant, en conciliant l'expérience et les concepts aprioriques, en formulant un système de catégories de l'entendement, mais ne lui attribuant pas la vertu de nous faire atteindre Dieu et le Monde, les êtres en soi, en vertu d'une pure nécessité rationnelle ;

2° Faire intervenir ouvertement la croyance dans les décisions à prendre sur les hautes questions qui dépassent la portée de l'ordre observable des phénomènes.

3° (Mais ici ce n'est plus une solution qui se présente, c'est un problème, et le plus difficile de tous les problèmes) : accepter ou rejeter les antinomies qu'on rencontre au bout de toute spéculation transcendante, et rendre compte de leur existence.

J'apportais sur ce dernier point de fortes préventions très enracinées, un penchant infinitiste que je tenais de mes premières impressions doctrinales, impressions et convictions que l'esprit général de notre siècle favorisait en outre chez moi, et que mes études mathématiques avaient plutôt confirmées qu'ébranlées, à cause de l'état d'infirmité théorique que j'avais constaté chez mes professeurs et dans tous les livres à ma connaissance, touchant l'interprétation de la méthode de différentiation et d'intégration des quantités dites continues. On ne veut, en effet, ni admettre des infinis actuels, réalisés, ni renoncer aux explications et au langage qui en supposent de tels. La méthode des *limites* est elle-même dans ce cas, puisque ses partisans évitent difficilement de poser *les limites* de certaines suites de grandeurs que par leurs définitions mêmes ils sont forcés de poser comme *interminables*. Il me semblait donc que la doctrine proprement infinitésimale est inévitable et vraie; et de là le chemin est aisé à regarder les contradictions inhérentes à l'existence de l'infini comme imposées à l'esprit pour l'intelligence de la nature, l'infini lui-même comme le mystère suprême des choses; et des couples de propositions contradictoires comme le dernier mot de la vérité sur l'essence de Dieu et du monde.

Appliquer une croyance que je ne me déguisais point, comme supplément indispensable à l'évidence des propositions fondamentales de la philosophie cartésienne ; en d'autres termes, accepter, à titre de postulats, la réalité des objets des idées, que je reconnaissais ne pouvoir me laisser imposer à titre de simple dictamen de la raison pure; ensuite, vu les divergences de doctrines qui ressortent du développement historique de cette même philosophie largement entendue, depuis Descartes jusqu'à Kant, en passant par Locke, Berkeley et Hume, aussi bien que par Spinoza et Leibniz, me décider sur les points les plus graves, en obéissant spontanément aux tendances que mes impressions initiales, une pente assez commune de mon temps, et toute la réflexion dont j'étais capable avaient créées en moi; ce mélange accidentel de déterminations involontaires et de propos délibéré représente fort exactement l'état mental où je me trouvais à la suite de mes premières études philosophiques. Je dois dire qu'il ne fut ni dérangé ni troublé par l'étude, à laquelle je me livrai bientôt après, des méthodes et des systèmes de l'antiquité, en partant des plus anciens et les prenant à leurs sources, autant qu'il m'était possible.

Je ne rencontrais aucune difficulté sérieuse à maintenir la distinction cartésienne de l'esprit et de la matière, distinction que d'ailleurs, de façon ou d'autre, posent aujourd'hui aussi fortement que jamais des psychologistes qu'on voit des plus portés aux considérations biologiques dans l'analyse de la nature humaine. Je prenais de Leibniz, en sa monadologie, la manière de comprendre l'esprit ou l'âme et la causalité : nul embarras non plus là-dessus; mais je croyais, en dépit du même Leibniz, et de Berkeley et de Hume, que l'existence d'un en soi de l'étendue nous est imposée par l'effet d'une foi naturelle en l'objet propre de l'intuition spatiale. Je corrigeais les erreurs ou les sophismes relevés par la critique de Kant dans les démonstrations transcendantes de mes philosophes, non pas en rejetant ce qu'ils avaient cru démontrer de Dieu ou du monde, mais en avouant des pétitions de principe et en conservant ce qui me semblait des vérités, quoique indémontrées et, en toute rigueur, indémontrables. Quant au déterminisme, j'étais pénétré de la théorie de Descartes sur la *vraie liberté*, qui, selon lui, croît en raison directe de la détermination mentale; et le principe de la raison suffisante de Leibniz avait pour moi la même autorité que l'axiome de la ligne droite ou que celui du tout et de la partie. D'ailleurs, imbu d'un préjugé qu'on peut presque dire universel chez les savants et chez les philosophes, le déterminisme absolu devait me sembler une condition de toute spéculation, comme de toute existence, à raison de l'enchaînement des idées et de l'enchaînement et solidarité des choses. Et pourtant je voyais bien une difficulté sérieuse à expliquer les passions humaines, telles qu'elles se considèrent elles-mêmes, et les devoirs, à moins d'attribuer un fondement réel à l'opinion où l'on est toujours d'avoir pu faire ce qu'on n'a pas fait, ou d'avoir fait ce qu'on a pu ne pas faire. Arrivons maintenant aux antinomies : fallait-il les admettre et, les admettant, les considérer comme un empêchement à la science de l'absolu, ou, au contraire, comme constituant le caractère et la forme propre d'une telle science ?

En dernier mot de cet état mental dont j'essaye de rendre compte, j'étais frappé d'une vérité de fait, et je le suis encore à présent comme alors, et je n'ai cessé de m'étonner en la voyant si peu avouée ou même inaperçue. Le sentiment puissant et persistant que j'en ai eu est la principale originalité que je sois tenté de m'attribuer ; il a été la source et le sujet de mon inquiétude philosophique et le mobile de mon effort le plus personnel. Cette vérité, c'est que les contradictions desquelles Kant a présenté, sous le nom d'antinomies, une analyse tirée du fond même de toute spéculation dogmatique sur Dieu, le monde et la matière, et d'autres contradictions encore, non seulement se rencontrent dans la comparaison des doctrines diverses qui, s'opposant les unes aux autres, se prétendent également démonstratives, mais, de plus, sont de l'essence d'un seul et même dogmatisme, presque partout où un philosophe a visé à la construction d'une synthèse universelle de l'être.

Il est bon de remonter ici jusqu'à la scolastique, car il importe à ma thèse de remarquer que les doctrines communes des théologiens impliquent toutes contradiction, quand elles posent telles affirmations que l'immutabilité divine et la création ; ou la pensée divine infiniment prolongée en arrière et en avant (éternité d'une conscience personnelle), en même temps que le *progrès à l'infini* des phénomènes est rejeté ; ou l'assemblage dans une même unité actuelle, indivisible, des modes multiples déroulés sans commencement et sans terme ; ou l'accord d'une prescience certaine, infaillible de Dieu avec des actes non nécessaires de l'homme, etc. Comment donc se peut-il faire qu'on ait coutume de présenter comme paradoxale, et particulière, ou peu s'en faut, à un penseur, la doctrine de Hegel, déclarant que la logique commune ou subjective et le principe de contradiction soit inapplicables à la construction de l'être, à l'essence du monde et à la forme de son développement, alors que tous les théologiens sont parfaitement du même avis au fond, et, avec eux, tout ce qu'il y a de philosophes qui ont voulu concilier leurs opinions avec les élucubrations des Pères de l'Église et les décrets des conciles ? Cela est inexplicable. La prévention née de l'habitude et du respect est-elle donc assez forte pour que le logicien, scrutant une doctrine, se dispense de constater qu'elle est toute fondée sur des affirmations antinomiques et contradictoires, par cela seul que ses auteurs reconnaissent le principe de contradiction et prétendent y rester soumis quand ils le violent !

Je ne parle pas de quelques théologiens originaux ou philosophes hérétiques, tels que Nicolas de Cusa ou Giordano Bruno, qui ont assemblé sciemment et systématiquement les attributs contradictoires pour la définition de l'être. Ils viennent à l'appui de ma thèse.

Mais quand Descartes déguise l'infini sous le nom d'indéfini et que, posant à la fois l'étendue en soi, le *plein* et la division indéfinie des parties qui circulent dans les tourbillons, il suppose très évidemment la donnée actuelle de ces parties réelles et distinctes sans fin, (ainsi d'ailleurs qu'il en admet la nécessité dans sa correspondance), n'accepte-t-il pas doctrinalement les termes opposés de l'antinomie de la composition, une de celles qui ont été classées par Kant? Cette manière de voir est précisément celle que Leibniz transporte de l'étendue en soi — qu'il n'admet point — aux êtres en soi, aux monades, considérées comme données en nombre actuellement infini dans la moindre parcelle perceptible d'un corps. Le composé, dit ce philosophe, est un *composé de simples*; il y a donc des *simples*, et ce sont les monades. En cela, il semble bien admettre la composition; mais, d'autre part, en la disant formée d'éléments sans fin, il la supprime. Le tout donné de parties dont le nombre n'est ni ne peut être donné, c'est l'antinomie, c'est la contradiction.

Descartes est peut-être empêché par des motifs de prudence — il désirait voir sa philosophie enseignée chez les jésuites — de porter formellement l'idée de l'infini dans la succession régressive des phénomènes de la matière et du mouvement, ou dans la prolongation sans bornes de l'espace occupé par les manifestations divines; mais Spinoza déchire tous les voiles, et, du même coup qu'il multiplie les êtres en une composition infinie, sous le nom de modes, il les réduit à l'unité et à l'indivisibilité sous les noms d'attributs et de substance, ce qui met l'antinomie au plus haut point. La partie métaphysique de l'*Éthique* n'est, à vrai dire, qu'un tissu de propositions incompatibles entre elles, dont la contradiction se déguise par le précieux emploi du continuel *quatenus*. La substance est infinie et indivisible, aucune substance corporelle n'est divisible en tant que substance, la substance est absolument une aussi bien qu'unique, la quantité infinie n'a point de parties, l'imagination lui en accorde, mais l'intellect les lui refuse; et puis une infinité de choses infiniment modifiées découlent de la nature divine, et l'être *éternellement en acte* est ainsi une *puissance successivement réalisée*, sans commencement ni fin, car toute chose individuelle est l'effet nécessaire d'une cause antérieure finie et déterminée, qui elle-même ne peut exister ni être déterminée à agir que par une cause nouvelle également finie et déterminée à exister et à agir ; et cela jusqu'à l'infini. Enfin, le cours des choses est l'expression d'une volonté à la fois absolument indifférente et nécessaire qui se confond avec une nature unique et éternelle où ce tout infiniment multiple et divisé ne forme qu'une indivisible unité.

Voilà bien en peu de mots le spinosisme, c'est-à-dire, pour le point de vue où je me place, un cartésianisme développé; or, sous ce même point de vue, le leibnitianisme n'en diffère pas. La monadologie présente Dieu comme l'*unité primitive* ou *substance simple originaire* dont les productions sont les monades créées et nécessairement limitées en leur qualité de créatures. La série de ces « fulgurations » divines va à l'infini ; elles n'en forment pas moins un univers un, où « tout conspire ». Elles ont leur raison suffisante dernière en dehors de cet infini contingent, et pourtant rien de réel ni de possible n'existe en dehors de cette raison qui est Dieu ; en sorte qu'elles ne sont pas en dehors de ce qui est en dehors d'elles. Chacune d'elles est simple, et chacune représente l'univers entier en sa composition infinie et harmonique. La série des êtres ne peut ni commencer dans le temps, ni se placer dans l'espace entre certaines limites, ni se terminer à certains nombres, puisqu'il n'y aurait pas de raison suffisante pour une localisation ou limitation primitive quelconque, et cela n'empêche point que le tout ne soit actuellement déterminé et donné dans son principe, dans son essence et dans sa fin. Comme je l'ai déjà remarqué au sujet de ces composés finis de monades, qu'on pourrait aussi bien nommer des composés infinis, il n'y a partout, dans l'étendue et dans la durée, dans la matière et dans l'esprit, dans l'actuel et dans le devenir, que des parties qui ne sont pas des parties, et dont les assemblages forment des sommes qui ne sont pas des sommes.

Je ne crois donc pas m'être trompé quand, préoccupé, comme je l'étais à bon droit, de la question toujours trop négligée des antinomies et de l'application du principe de contradiction à la métaphysique, j'ai reconnu une véritable unité dans la philosophie issue de Descartes, quelques différences que je dusse d'ailleurs apercevoir entre les affirmations d'ordre moral de tels ou tels philosophes de cette école, et quelque parti que je voulusse prendre touchant les conséquences généralement attribuées au panthéisme, mais que tous les panthéistes n'avouent pas. Dans les dispositions où j'étais et sur lesquelles je me suis expliqué, j'adoptai cette doctrine des antinomies et ce panthéisme fondamental que voyais ressortir des écrits des maîtres que je m'étais choisis. De là, le nom bizarre de *Manuel de philosophie moderne,* que je crus pouvoir donner au petit ouvrage où je consignai le résultat de mes études sur le cartésianisme. Il me semblait, rejetant les conclusions de l'école empirique et ses thèses, selon moi contraires à la vraie méthode, et rectifiant la doctrine de l'évidence et les arguments cartésiens pour faire droit à la critique de la raison pure, il me semblait, dis-je, que j'étais en mesure d'esquisser une espèce d'histoire de la vérité métaphysique, telle qu'elle s'était graduellement dégagée des travaux de l'école aprioriste, depuis Descartes jusqu'à Kant et Hegel.

Les thèses principales de ce manuel, quant à son ambitieuse partie dogmatique, peuvent se résumer ainsi :

Admission de la croyance pour toute position sincère de doctrines, et, dans l'espèce, d'une croyance qui unit des propriétés contradictoires dans le sujet des spéculations ontologiques : la nécessité des antinomies résultant du balancement même des opinions entre les affirmations contraires, et puis de la contexture des doctrines les plus profondes, où un faux respect de la logique les force à ne paraître que sous déguisement ;

— Opposition et synthèse des termes contradictoires pour la composition de la quantité, spécialement dans l'espace réel considéré comme une étendue en soi ; interprétation de la géométrie infinitésimale à titre de système de composition des réalités, et non pas simplement de construction intellectuelle adaptée à la génération indéfiniment prolongée des possibles ; en conséquence, l'extension rendue à la monade inétendue de Leibniz, afin de rétablir l'harmonie entre les êtres eux-mêmes et leurs attributs mathématiques ;

— Dans un autre genre d'antinomies, opposition et synthèse du déterminisme et de la liberté morale ; doctrine de Dieu créateur, mais éternellement créateur, immuable en ses changements, un dans son infinie multiplicité, tout à la fois lui-même et agent substantiel en chaque monade qui ne laisse pas d'être elle-même et d'être libre ;

— Accord du panthéisme objectif et de l'idéalisme subjectif dans l'absolu, du moi et du non-moi dans l'infini ; progrès à l'infini dans l'extension des êtres et dans leur évolution par causalité ; unité des phénomènes échelonnés sans commencement et sans fin, dans la monade universelle qui est le tout des choses sans nombre et le centre partout présent des choses sans bornes ;

— Définition de cette doctrine de conciliation des contraires comme un vaste éclectisme, mais un éclectisme méthodique, embrassant dans ses solutions l'ensemble du mouvement cartésien, en même temps que les vues les plus hardies des penseurs antérieurs à Descartes et postérieurs à Kant : Giordano Bruno, Hegel.

Ce mot *éclectisme* était tout à fait de circonstance en 1842, quoique Victor Cousin et son école ne fussent pas si métaphysiciens que cela, et si mystiques, ni surtout ni sincères et si jeunes. Mais enfin j'étais bien de mon siècle alors, et j'obéissais naïvement aux tendances qu'il avait mises en moi. Cet état spéculatif se prolongea assez longtemps. Il n'était en rien changé quand je publiai, deux ans après, le résumé de mes études sur les philosophes de l'antiquité. Je pris pour épigraphe de ce nouveau *manuel* cette pensée de Pascal, un des ancêtres — trop peu cité sous ce rapport — de la philosophie des contradictoires : « Tous leurs principes sont vrais : des pyrrhoniens, des stoïques, des athées ; mais leurs conclusions sont faussés, parce que les principes opposés sont vrais aussi ». Je tirai de la comparaison de tant de doctrines entre elles et avec le scepticisme, que je m'efforçai de présenter sous un jour nouveau et plus impartial, cette conclusion : que l'histoire de la philosophie, depuis les ioniens, les pythagorciens et les éléates jusqu'à Sextus, dit l'empirique, place le penseur dans le dilemme, ou de donner raison aux sceptiques contre tous les systèmes, ou d'avouer que la vérité s'atteint par la reconnaissance des principes contraires, dans l'affirmation simultanée de propositions contradictoires. Je ne me trompais guère en un sens, car il est bien certain que les méthodes philosophiques des anciens se sont effondrées dans le scepticisme, et, d'autre part, que la doctrine catholique, avec tout ce qu'elle a recueilli de la théologie du platonisme et du stoïcisme, n'est qu'un assemblage d'antinomies, un tissu de contradictions, pour parler sans euphémisme. Mais où était mon erreur très grave, c'est qu'il ne me plaisait pas en ce temps-là d'appliquer rigoureusement la logique à démêler la vérité et de pousser à bout les conséquences du principe de contradiction dans l'examen de ce qu'il est permis d'affirmer ou de comprendre.

Cette disposition mentale varia peu durant le cours de ma collaboration à l'Encyclopédie de Pierre Leroux et de Jean Reynaud, dans laquelle ce dernier voulut bien recevoir un certain nombre d'articles philosophiques de ma façon. Au reste les directeurs de ce recueil, anciens saint-simoniens l'un et l'autre, et restés fidèles aux élucubrations de la théologie panthéiste, n'étaient pas en possession d'une méthode qui pût les rendre sévères pour la mienne. Le premier, complètement dépourvu d'esprit critique, quoique puissant dans ses aspirations, se complaisait dans une espèce de syncrétisme où toutes les doctrines étaient confondues ; le second, génie plus universel, muni d'une forte éducation scientifique et, avec cela, grand par le cœur, mais le plus mystique et le plus infinitiste des hommes, se laissait peu à peu dériver à la pensée d'une réédification de la doctrine des Pères et des conciles, interprétée et agrandie dans le sens des rêveries d'Origène, étendue au cosmos infini, à la destinée éternelle des âmes, et mise de niveau avec les religions et les philosophies de l'Orient. Je n'étais auprès de ces constructeurs de vastes synthèses qu'un modeste explorateur des nuées métaphysiques dont s'entourent les systèmes ; je pouvais en rendre compte assez pertinemment, les prenant dans l'histoire, c'est du moins le mérite que je m'attribue ; malheureusement ce n'était pas encore pour en sortir que je les explorais.

Le seul progrès que je remarque dans mes pensées de cette époque, parce que c'était un pas de plus pour me rapprocher du criticisme dont jusque-là je ne faisais guère usage qu'à l'égard du problème de la certitude, je le trouve dans le dernier et le plus développé des articles que je donnai à Jean Reynaud, l'article *Philosophie*. Là, tout en proposant pour solution aux antinomies la doctrine transcendante de la « conciliation des contraires » dans l'être, je tentai un effort pour soustraire les notions de la raison pratique aux conséquences ordinaires du panthéisme. Si je continuais de regarder le déterminisme absolu et la liberté des actes moraux comme des vérités opposées dont l'accord s'opère au sein de l'incompréhensible divin, je tâchais en même temps de montrer que le devoir, le mérite et le démérite ne peuvent prendre leur fondement ni dans la détermination nécessaire qui remonte de cause à cause sans fin, ou jusqu'à Dieu, ni dans un libre arbitre, propriété formelle et pour ainsi dire abstraite de la volonté qui, considérée en elle-même, est étrangère à toute idée morale. Je repoussais ainsi avec raison la liberté dite d'indifférence, mais non pas formellement la doctrine opposée, le déterminisme, et mon analyse péchait en ce que je détournais ma vue du point principal, du point de savoir si l'indétermination réelle des futurs, dans les actes libres, n'est pas une des conditions de l'explication demandée de la moralité (quoi qu'on pense d'ailleurs de l'essence psychologique de ces sortes d'actes). Je ne me jugeais pas encore obligé, sous le point de vue de la moralité, de prendre parti pour un terme à l'exclusion d'un autre décidément contradictoire. Mais au moins je cherchais à fixer la notion du mérite en dehors des idées transcendantes, dans l'ordre du relatif. Je ne me rendais pas encore à la théorie kantienne de l'obligation comme élément moral spécifique; l'amour du bien, la foi au bien me tenaient lieu des impératifs moraux; mais les fondements de l'éthique m'apparaissaient indépendants de toute métaphysique et de toute théologie, comme ils le sont dans cette théorie.

Quand on examine les antinomies kantiennes, il est facile de voir qu'elles dépendent entièrement de deux points qui, admis ou rejetés, les soutiennent ou les laissent tomber sans force : — Avons-nous d'aussi bonnes raisons de supposer que le dénombrement imaginable des choses, tant passées qu'actuelles, répond à des nombres *sans fin*, quoique ces choses soient ou aient été *données*, que de penser que toutes choses données ont numériquement un terme? — Avons-nous d'aussi bonnes raisons d'assurer que les phénomènes de l'univers sont tous rigoureusement enchaînés et tous solidaires entre eux, de telle sorte qu'une intelligence sans bornes, si elle était possible, pourrait calculer d'après un état de cet univers, entièrement connu par elle à un moment donné quelconque, tous les états futurs par lesquels il doit passer, sans en excepter aucun phénomène, si petit soit-il, et d'aucune espèce, que de nous fier aux apparences mentales qui, dans nos jugements, dans nos prévisions, dans l'exercice de notre activité, nous forcent à nous représenter certains faits comme ayant pu être suivis par d'autres que ceux qui les ont suivis effectivement dans le passé; à nous représenter des faits maintenant donnés comme pouvant être les antécédents de faits *indéterminément futurs* au moment où nous sommes, et dont la détermination d'être ou de non être devra être actuelle? Et pouvons-nous nous dispenser de prendre un parti dans ces dilemmes, ou trouver le moyen d'accorder les deux manières d'envisager les choses, dans les deux questions ainsi posées? Au fond et tout en ayant déjà professé des opinions d'apparence fort dogmatique, je restais dans une réelle inquiétude d'esprit sur la solution à donner aux problèmes de l'infini et du libre arbitre. Je ne trouvais pas dans le système que je m'étais fait le repos qui suit les fortes décisions morales.

Pour le premier de ces problèmes, la lumière me vint à la suite d'un effort repris bien des fois depuis ma sortie de l'École polytechnique, et continué avec une sorte de passion, pour me rendre un compte que je pusse appeler rationnel de la méthode infinitésimale en géométrie. J'étais, je l'ai déjà dit, fortement attaché à l'infinitisme, relativement à l'ordre concret des choses, à la nature; je ne cherchais pas moins avec une entière sincérité à m'expliquer l'usage légitime, dans l'ordre abstrait, en mathématiques, de ces infiniment petits qu'il faut traiter tantôt comme rigoureusement nuls et tantôt comme soutenant entre eux des rapports. Rien ne pouvait me satisfaire. Cette question est, on le sait, la croix avouée des méthodes d'enseignement de la géométrie depuis deux siècles. Auparavant elle n'était que latente.

Que par le simple effet de mon acquis d'écolier je fusse parfaitement convaincu de l'impossibilité de l'infini numérique *actuel*, et, par conséquent, de l'impossibilité d'admettre une composition *effective* de la quantité abstraite, composition qui serait telle que l'unité servant à la former dût s'y trouver répétée *un nombre infini actuel de fois*, c'est ce qui n'a rien d'étonnant, en dépit du penchant infinitiste, puisqu'on ne trouverait pas un mathématicien de bon sens qui vît autrement les choses. Le progrès de la méthode d'union des contradictoires n'est pas encore allé jusqu'à permettre aux hommes de la partie de croire que le nombre, dont la seule définition possible implique l'*inépuisable*, soit néanmoins *épuisé* par un acte de ce même entendement qui l'a défini, et que la *numération de l'innumérable* soit une numération faite. Tout ce qui peut leur arriver, c'est de se troubler quand ils considèrent la même loi dans les concrets de l'espace et du temps, parce qu'ils les regardent comme des touts réellement effectués et dont les dernières parties sont à l'infini; c'est aussi de ne se pas montrer bons logiciens, et de parler des incommensurables, des limites, des quantités indéfiniment décroissantes, du nombre en général, envisagé comme continu, et non plus comme discret, d'en parler, dis-je, en termes tels, qu'ils semblent admettre la réalité du *nombre infini* qu'ils tiennent d'ailleurs pour impossible.

Mon unique mérite, pour ceux qui consentiront ici à m'en reconnaître un, c'est d'avoir voulu absolument être logique, aller au bout des conséquences, quelque opposées qu'elles fussent à mes préventions, et mettre d'accord avec un jugement définitif, porté sur l'infini de quantité, mes jugements sur toute une autre suite de problèmes, ce qui, de proche en proche, m'a porté très loin et à des résultats imprévus ou à peine pressentis.

Je me sentais donc, après bien des tâtonnements et des essais infructueux de systèmes, obligé de choisir entre une théorie infinitiste dans l'abstrait comme dans le concret (théorie mystique et irrationnelle à mes propres yeux, puisqu'elle me forçait de démentir l'idée propre du nombre, une des plus impérieuses de l'entendement), et une théorie de la connaissance et de l'être de laquelle seraient exclues rigoureusement toutes les affirmations de nature à impliquer l'existence actuelle d'un infini de quantité. De tous les partis à prendre, le parti mitoyen, qui fut cependant celui de Leibniz, me parut le plus impossible à tenir ; c'est celui qui consiste à regarder l'infini comme une pure fiction en mathématiques, vu la pression qu'exerce sur l'esprit, en ce cas, la plus rationnelle des sciences, et puis à faire de ce même infini un attribut des réalités de l'univers afin de donner satisfaction à ce fougueux appétit des synthèses absolues qui ne recule devant aucune obscurité, devant aucune absurdité, quand l'absurdité paraît nécessaire pour résoudre un problème que cela seul pourrait faire juger insoluble.

Si je prenais le parti de l'infini actuel, après m'être enfin mieux rendu compte de la nature irrationnelle et contradictoire de son premier fondement dans l'entendement, quelle garantie allais-je trouver et me donner à moi-même contre tant de sortes d'aberrations mystiques dont la métaphysique et les religions abondent, et contre lesquelles, après tout, on n'a jamais à faire valoir que le grief d'irrationalité, de contradiction? Qu'y a-t-il, dans les mystères théologiques les plus énergiquement repoussés par les infinitistes naturalistes, qui soit au fond plus inconcevable que le simple infini du quantum, quand il faut l'imaginer actuel? S'il existe *une sphère infinie dont le centre est partout, et dont la surface n'est nulle part;* si l'on peut, comme l'a dit Pascal, concevoir un *mobile en repos,* qui soit en mouvement *partout à la fois,* — c'est celui qui *se meut sur une circonférence avec une vitesse infinie,* — on ne voit pas ce qui s'oppose à ce que le corps d'un Dieu crucifié soit présent à la fois tout entier dans chacune des hosties consacrées des cinq parties du monde (1); ou à ce que Dieu le fils s'incarne seul pendant que Dieu le père, dont la substance est la même, demeure immuable dans le ciel ; ou à ce que Dieu soit certain à l'avance de ce que les hommes feront, sans qu'il soit nécessaire qu'ils le fassent ! Et en effet ce ne sont jamais là que des contradictions ; ou, s'il s'y trouve d'autres difficultés, elles pourront sembler légères à ceux qui passeront par-dessus celles-là.

Si je prenais le parti opposé, si, dans l'impuissance de rationaliser la doctrine de l'infini de manière à me satisfaire, je résolvais de n'admettre en fait de données actuelles, de l'ordre de la quantité, que celles qui sont soumises à la loi déterminante du nombre, qu'adviendrait-il des autres opinions auxquelles j'avais été jusque-là attaché en philosophie? Je voulus le savoir. Jamais la puissance de la logique ni la fécondité d'un principe porté où il peut aller, et loin au delà de ce qu'on imagine d'abord, n'apparurent mieux qu'à moi quand je me mis à développer les conséquences de ma pensée dans une direction renversée. Je dois dire avant tout que le renoncement à un ensemble de thèses métaphysiques et transcendantes qui s'ensuivit de cette première et simple détermination, sur un problème de nature essentiellement mathématique, trouva une ample compensation dans l'affermissement des vérités pratiques et morales, dans une lumière nouvelle et très vive dont ces vérités brillèrent à mes yeux. Et ce fut là le principal motif par lequel je fus à la fin confirmé dans un point de vue qui primitivement ne m'avait paru intéresser que la spéculation.

Dès qu'on s'est fermement arrêté à reconnaître l'impossibilité de l'infini actuel, tant dans le concret que dans l'abstrait, la nature mathématique de

---

(1) Un ingénieux philosophe a clairement démontré la possibilité qu'un corps se trouve, quant aux apparences sensibles, en plusieurs lieux à la fois, et aussi distants qu'on voudra les uns des autres (pourvu que les distances soient finies). Il s'est fondé pour cela sur ce que la vitesse d'un corps transporté d'un point à un autre et ramené, aussitôt après, à son point de départ peut être supposée assez grande pour que le temps écoulé durant ce déplacement soit moindre que le temps nécessaire pour que les sensations relatives à la présence de ce corps (temps parfaitement appréciable comme l'on sait) cessent d'exister et que son absence ait pu être perçue (Voyez Prémontval, *Vues philosophiques,* Amsterdam 1757, t. II, p. 212). Une telle supposition, dans l'état actuel de nos connaissances sur la vitesse de transmission de certains effets physiques, est tout à fait naturelle. Or l'intervalle entre les instants de présence et d'absence de certains phénomènes sensibles diminuant indéfiniment à mesure que la vitesse augmente, cet intervalle devient *nul* si l'on suppose la vitesse *infinie,* ainsi que l'infinitisme nous y autorise, et la présence simultanée d'un corps en plusieurs lieux devient possible réellement et non pas seulement en apparence.

ce principe doit nécessairement suggérer, pour première application, une manière de voir particulière touchant l'espace et le temps, qui sont les deux grands objets de la mathématique concrète. En effet, la divisibilité indéfinie est et a toujours été reconnue la propriété caractéristique attachée aux concepts de l'espace et du temps. Il est donc tout simple qu'un parti pris sur la condition de ces objets, en tant que divisibles, comporte une certaine doctrine concernant leur nature, et exclue telles autres doctrines qui ont eu leurs partisans.

Ensuite on observera que les problèmes et les systèmes de métaphysique exigent une discussion approfondie et la décision des questions relatives à l'espace et au temps; que toute théologie, toute ontologie, a des dogmes impliquant des solutions de ces mêmes questions, que ces dogmes sont renversés si ces solutions ne tiennent pas; plus généralement, qu'il existe entre les quantités et leurs lois, d'une part, les qualités et les forces, de l'autre, des liens nombreux et étroits dont on ne saurait s'exagérer l'importance, et que l'espace et le temps sont les quantités fondamentales, auxquelles toutes les autres sont rattachées par l'investigation scientifique; et l'on comprendra sans peine que la direction et la marche de la spéculation en philosophie puissent être déterminées par ce seul fait qu'on s'est d'abord fixé sur la nature de la quantité et sur sa loi caractéristique. C'est ce que nous allons vérifier.

L'espace, selon son concept, est indéfiniment multipliable et divisible. Ses parties, en cela, suivent la loi de la série indéfinie des nombres, et de la série indéfinie des fractions abstraites progressant en raison sous-multiple les unes des autres. Si j'assimile la quantité dans l'espace au nombre idéal dont la multiplication ou division, en tant qu'indéfinies, s'appliquent à des *possibles* et non point à des *donnés*, je ne crains pas la contradiction de l'infini actuel; mais alors j'envisage l'espace comme une intuition à laquelle s'appliquent la perception ou l'imagination de toutes sortes de rapports possibles, toujours finis quand ils sont donnés, infinis seulement en puissance; et cette puissance infinie est toute mentale.

Si je voulais, au lieu de cela, considérer l'espace, et je peux en dire autant d'une étendue circonscrite quelconque, comme un sujet donné en soi, la nécessité logique de mon concept, vu la propriété de divisibilité sans terme, me contraindrait à considérer toutes les parties imaginables de cette étendue, comme étant également des sujets donnés en soi; car je n'ai aucun moyen de distinguer entre des étendues grandes ou petites, totales ou partielles, dont les unes seraient et les autres cesseraient d'être données en soi. Je me trouverais donc conduit inévitablement à la contradiction de l'infini actuel.

Ainsi je suis obligé par mon principe, et en suivant cette voie qui n'est pas la voie ordinaire en cette matière, mais qui, je crois, ne vaut pas moins, d'embrasser l'opinion dite *idéaliste* sur la nature de l'espace. Je ne discute pas ici cette dernière; je la rappelle, en lui donnant le nom sous lequel on la désigne habituellement dans la doctrine de Leibniz, ou dans celle de Kant. Je n'avais pu me résoudre à l'accepter pleinement avant d'avoir envisagé les doctrines contraires dans leur rapport avec l'idée d'un quantum infini, et d'avoir rejeté l'infini actuel comme contradictoire.

La même démonstration qui établit l'impossibilité de l'espace sujet en soi établit celle du temps sujet en soi. L'étendue et la durée se présentent ainsi comme des formes de l'intuition des objets de la sensibilité, de l'imagination et de la mémoire, et tout à la fois comme des rapports *sui generis* envisagés entre les phénomènes. Le mouvement et la vitesse suivent nécessairement la condition de l'étendue et de la durée, dont ils ne sont que des rapports.

La matière des corps qui affectent notre sensibilité se prend sous deux aspects, indépendamment de leurs qualités sensibles spéciales. 1° On peut penser à l'étendue qui leur est inhérente, tant selon le concept que selon l'expérience, et qui est également inhérente à leurs parties imaginables quelconques; 2° on peut penser à des forces, à des monades, à des existences manifestées par des actions, sous n'importe quelle étendue, et qui seraient les éléments de composition de ces composés qui sont les corps. Sous le premier aspect, la division des corps, ou de leur matière, a nécessairement une limite que n'a pas l'idée indéfinie de l'étendue. De même, leur diffusion ou leur multiplication dans l'espace idéal a nécessairement des bornes; autrement un infini actuel se trouverait réalisé en des parties d'étendue, données et comptées en soi, et cependant sans nombre, que l'on suppose correspondre aux corps donnés ou à leurs parties données. Sous le second aspect, on voit directement que les existences quelconques dont les corps sont composés doivent toujours former, en leurs collections ou multitudes, des nombres déterminés, et que la multitude des corps actuellement existants, de quelque manière qu'on les distingue les uns des autres, et pourvu seulement qu'on les distingue, est nécessairement une multitude nombrable en elle-même.

Ce qui est dit des corps est applicable à des essences n'importe comment définies, à des groupes quelconques de phénomènes, à des phénomènes de toute nature considérés isolément, du moment qu'on les pose comme des données actuelles.

Enfin, ce qui est dit des phénomènes ou de leurs groupes actuellement donnés est applicable à des phénomènes qu'on imagine échelonnés dans le temps passé, et dont la production successive a composé des nombres dont ils sont les unités. La régression à l'infini des phénomènes donnés dans le temps n'est pas possible; car, en la supposant, on supposerait qu'un infini actuel s'est formé, qu'un nombre sans nombre d'unités s'est accompli, ce qui est absurde selon notre principe. Donc, les phénomènes de l'univers ont eu un commencement.

Il est essentiel de remarquer que notre principe ne comporte nullement une limitation semblable touchant les phénomènes à venir. Leur progression indéfinie, si loin qu'on l'imagine prolongée, n'est jamais capable de constituer que des nombres déterminés. L'idée même de l'indéfini n'est que cela; elle est non seulement différente de celle de l'infini actuel, mais encore contradictoire de cette idée. Notre principe nous oblige à remplacer par une opposition radicale les solutions concordantes et symétriques que les doctrines de l'infini donnent au problème des éternités dites *a parte ante* et *a parte post*. L'éternité proprement dite, qui n'est que l'infini actuel porté dans le temps, est contradictoire en soi. A la place de cette éternité, nous avons dans le passé la limitation certaine des phénomènes, dans l'avenir leur indéfinité possible. Je dis d'ailleurs possible, possible sans contradiction, et non pas nécessairement affirmée, ce qui est une autre question.

La conclusion à laquelle je me vis ainsi conduit, la nécessité logique d'un premier commencement des phénomènes quels qu'ils puissent être, pourvu seulement qu'ils soient distincts et susceptibles d'être nombrés, renversait de fond en comble ce que j'avais jusque-là regardé, à l'exemple de tous ou de presque tous les philosophes ou théologiens, comme la plus solide et aussi la plus inévitable base de toute théorie soit du monde, soit de Dieu, selon le point de vue matérialiste, ou panthéiste ou théiste qu'adopte le penseur. En effet, s'il s'agit du monde sans Dieu, on pense pouvoir sans contradiction le concevoir comme une nature éternellement mouvante et mue, source sans commencement ni fin d'un flux de phénomènes ; et s'il s'agit de Dieu, on lui prête également une *nature* éternelle et nécessaire ; et quand on le regarde comme créateur, afin d'assigner un commencement aux phénomènes de l'univers, on le définit comme un esprit, c'est-à-dire comme une pensée, on l'appelle même *vivant*, et l'on ne prend pas garde que, selon ce que nous entendons par ce mot *pensée*, une pensée éternelle doit se composer d'une suite infinie d'actes de penser, dussent-ils même être identiques et s'appliquer sans cesse à un objet unique, ou ne peut signifier pour nous quoi que ce soit. En dehors du temps, nous ne saurions parler de *pensée* et savoir de quoi nous parlons, ce que nous disons ; et, dans le temps, sous la notion du temps, la pensée se divise en actes successifs de penser. Je ne crus donc pouvoir sans contradiction concevoir ni la nature ni Dieu comme éternels. Je donnai à cette expression : *commencement des phénomènes*, un sens franc et net, sans me laisser troubler par l'impression étrange que se fait à lui-même notre entendement, lorsque se transportant, en quelque sorte, à la limite extrême de ses opérations possibles, il affirme que quelque chose a été dont le concept ne saurait se former sous l'une des conditions incommutables de son exercice pour comprendre quelque chose. Cette condition c'est la causalité. Je puis dire que je fus ravi lorsque, quelques années plus tard, lisant le *Traité de la nature humaine* de David Hume, je trouvai que le génie de ce philosophe, plus grand que ses préjugés nécessitaires, l'avait forcé de démontrer qu'*il n'est pas nécessaire que tout ce qui a un commencement ait aussi une cause d'existence*. Il est vrai que Hume était servi en cette occasion par sa négation de la causalité en tant que loi *a priori* de l'entendement, mais on peut bien admettre cette loi, reconnaître la condition qu'elle nous impose pour comprendre l'origine de quelque chose, et ne pas laisser de reconnaître aussi que tout commencement d'existence n'y est pas nécessairement soumis ; car *il n'est pas nécessaire que nous comprenions toute chose*.

J'ai remarqué plus haut que les antinomies kantiennes, et on peut ajouter le problème tout entier de la constitution d'une méthode rationnelle de philosopher, roulaient sur deux questions : celle de l'infini et celle du libre arbitre. On voit, par ce que je viens de dire du *premier commencement*, que la seconde de ces questions tient à la première par un lien très étroit ; car si vous tranchez une fois la difficulté qui vous arrête à la pensée que quelque chose a pu arriver dont vous ne pouvez rendre raison, quelque chose qu'il vous est impossible de classer dans une suite de phénomènes où vous puissiez en assigner des antécédents, et où s'en trouve aussi la cause, alors que le procédé de votre entendement, à la rencontre des choses, est toujours de les classer ainsi, — et c'est ce qu'on appelle les expliquer, — il vous deviendra comparativement aisé d'admettre qu'il peut se produire actuellement des actes de libre arbitre. Ces sortes d'actes sont des commencements premiers relatifs et partiels, des commencements de séries. Ils prennent place dans certaines suites d'antécédents donnés et de conséquents, mais de telle manière que des actes différents puissent ou aient pu se produire à l'exclusion de ceux-là et entrer, au lieu d'eux, dans ces suites dès lors modifiées. En un mot, il y a toujours des précédents et un enchaînement; seulement la chaîne des phénomènes n'est point invariable. Ce n'est plus un pur devenir, mais c'est une pure cause survenant en des relations déjà données ; et ce sont des futurs ambigus et, à certains égards, indéterminés. Ce qui trouble ici l'intelligence, ce n'est certainement pas le manque de cause, dans le fait de la production d'un acte libre ; au contraire, l'idée de *cause* a proprement sa source et sa forme originale en un tel acte de volonté, avant qu'on s'occupe aucunement de savoir s'il est lui-même causé ou non ; ce n'est pas davantage l'existence d'un jugement nécessaire *a priori*, par lequel il faudrait que nous affirmassions que *toute cause a une cause*, à peu près comme nous affirmons que *la ligne droite est la plus courte distance entre deux points* : on chercherait vainement un tel axiome dans les esprits, hormis de certains penseurs systématiques ; tout l'embarras provient donc de ce qu'il n'est pas au pouvoir de l'entendement d'imaginer la chose qui commence en tant qu'elle constitue un commencement. Mais cette difficulté est sans comparaison moins grande que celle de concevoir le pur premier commencement des phénomènes, puisque, dans le premier cas, l'imagination conserve le double appui qui lui manque dans le second : je veux dire la masse des antécédents donnés, et, parmi eux, la volonté, principe de causation empiriquement connu. Si donc, pour éviter le nombre infini, contradictoire, qu'on admettrait en posant l'éternité passée des phénomènes, on pose ce pur premier commencement, qu'on ne saurait, il est vrai, concevoir en application des lois de l'entendement, mais que l'on peut penser sans les contredire, il ne reste plus aucun empêchement logique à poser aussi la possibilité des ruptures de continuité dans les chaînes de phénomènes, à nier l'entière solidarité de l'avenir et du passé, à distinguer le possible du nécessaire, enfin à se rendre aux raisons d'une espèce tout autre que logique qui réclament de la conscience l'affirmation du libre arbitre.

Sur ce nouveau point, que je vois aujourd'hui si bien lié à l'ancien, ma conversion fut plus lente, plus pénible, en même temps que le résultat d'une action étrangère, et non point du tout du mouvement original de ma pensée. Je devrais être indulgent maintenant, si toutefois je ne le suis pas assez, pour tant d'esprits que je vois malheureusement embourbés dans l'inextricable question psychologique du déterminisme : les uns qui pensent affirmer le libre arbitre, et qui le nient implicitement par les propositions dont ils l'accompagnent; d'autres qui ne tiennent qu'au mot; d'autres qui répudient le mot et la chose et ne se font pas une idée juste de la thèse de leurs adversaires, ni de ce qu'ils sont forcés de leur accorder, ni de ce qu'il auraient vraiment à leur démontrer, supposé qu'une démonstration fût possible dans l'espèce. Pour moi, j'avoue que j'ai été très longtemps arrêté par l'argument déterministe de la nécessité des jugements, en tant qu'actes intellectuels, et cela dans le temps même où je me flattais de m'élever à une vue supérieure. Je ne savais voir dans la liberté, s'il fallait pour être réelle qu'elle entraînât la négation de la nécessité de conséquence, là où elle s'applique, autre chose que l'*indifférence* des scolastiques. Je voyais bien déjà, sans doute, qu'une bonne analyse de la question ne nous autorise à dire ni, avec les déterministes, que, dans une délibération, la volonté n'est que le mouvement d'une balance sous l'action des motifs, ni, avec beaucoup de partisans du libre arbitre, que la volonté peut changer gratuitement, au dernier moment d'une délibération, ce que l'intelligence ou les passions ont établi dans le cours des idées. Je disais, comme aujourd'hui, que la *volonté pure* qu'on prétend appliquer à des jugements tout faits, tantôt pour les suivre et tantôt pour les réformer; et que le *jugement pur*, sans volonté ni passion pour le pousser en quelque sorte, le diriger et lui fournir une partie de sa matière, quand nous délibérons, sont de *pures abstractions*. Je comprenais, en un mot, que les jugements partiels, les motifs appelés, adoptés ou rejetés, et le dernier et décisif, tout comme les autres, sont des produits complexes d'intelligence, d'affection et de volonté, des idées-volitions; mais je n'entendais pas que la présence de l'élément volitionnel pût avoir la vertu de défaire un lien nécessaire entre un conséquent et ses antécédents, ou du moins que ne pas résoudre un tel doute, ce fût réellement sacrifier la liberté, n'en garder que le nom. Je voulais donc que la question demeurât sans solution, même pour notre croyance, de savoir si deux jugements contraires l'un de l'autre sont possibles l'un comme l'autre, à tels moments d'une délibération, et peuvent donner lieu à un acte futur ou à l'acte contraire. Me fondant sur la fausse assimilation du principe de liberté à une indifférence capable seulement de donner des effets de hasard, et sur celle du principe de raison à la *raison suffisante*, ou déterminisme, ou continuité des causes, et regardant ces deux principes comme deux éléments d'une synthèse indissoluble, je prétendais opposer une fin de non recevoir au dilemme : oui ou non des déterminations contraires sont-elles également des futurs possibles, toutes choses égales d'ailleurs hormis le fait de la détermination même? Cette injustifiable attitude, devant une question aussi certainement décidée que celle-là l'est, en un sens ou en l'autre, dans la nature des choses, s'expliquait par mon vieil attachement à la solution générale des antinomies par l' « union des contradictoires dans l'être ». Elle n'en était pas moins le signe d'un état d'esprit fort trouble. Mais j'étais si peu avancé dans la vue claire du problème, que je ne savais pas même, je m'en souviens, éviter, dans mes discussions sur ce sujet avec un camarade, les paralogismes auxquels se prêtent les futurs absolus de la grammaire : *sera, ne sera pas*, quand on applique sans réflexion le principe de contradiction aux futurs contingents, et qu'on s'exprime comme si, de deux choses imaginées dans l'avenir, il y en avait toujours dès à présent *une qui sera*, à l'exclusion de l'autre, qui est *celle qui ne sera pas* ! On n'est pas plus naïvement déterministe.

Ce déterminisme sans le savoir fit place peu à peu, chez moi, à une idée claire du libre arbitre et de ses conditions, sous une influence dont j'ai maintenant à parler. J'avais retrouvé, quelques années après notre sortie de l'école, un de mes plus chers camarades, dont la passion pour la philosophie n'était pas moindre que la mienne et s'appliquait avec une ardeur singulière et toutes les ressources d'un esprit extraordinairement subtil à cette unique question de la liberté. Il ramenait du moins toutes les autres à celle-là, en l'approfondissant et les approfondissant ; et celle-là, il se la rendait vivante et pratique jusqu'à en être possédé, jusqu'*au tragique*. Jules Lequier méditait jour et nuit le plan d'une reconstitution de la méthode, et d'une réforme entière de la philosophie et de la théologie, par le *simple et ferme vouloir* d'un penseur de mettre la liberté à sa place de « première vérité » dans l'« œuvre de la connaissance », et de faire droit, pour l'établissement de toutes celles qui en dépendent, c'est-à-dire absolument de toutes, aux exigences de cette vérité unique niée par presque tous les philosophes et mal comprise ou trahie par les autres. Au lieu des admirables fragments, chefs-d'œuvre de pensée et d'expression, qui nous restent de ce grand effort, et que j'ai sauvés du naufrage, nous aurions, c'est ma parfaite conviction, une œuvre de génie au rang des plus achevées qu'il y ait dans notre langue, si Lequier eût reçu du ciel une vie plus longue, ou plus de loisirs et de tranquillité d'esprit, avec un goût moins immodéré pour la perfection qu'il poursuivait et ne croyait jamais avoir assez approchée. Je dus à mes incessantes communications avec cet esprit supérieur, d'être enfin rompu aux débats sur la liberté et la nécessité, familiarisé avec l'idée des possibles et des futurs ambigus, convaincu que la position la plus sûre, ou la seule sûre, de la question du libre arbitre devait se prendre sur *la réalité ou l'illusion* de ces futurs et de ces possibles considérés en eux-mêmes, enfin, persuadé qu'il existent effectivement, qu'ils ne concernent pas moins nos jugements que nos actes, et qu'en conséquence, pour qui les admet, la philosophie doit être essentiellement la recherche de la détermination légitime des possibles à l'acte, le juste emploi de la liberté, non point une affaire d'opinion ou de sentiment, ou une construction scientifique élevée sur des principes nécessaires. Dès ce moment, la morale du devoir, dont le chemin m'avait été fermé jusque-là, put m'apparaître dans la rigueur de son principe ; je compris la pensée de la critique kantienne de la raison pratique et la vraie signification des postulats. Quand je ne voyais dans cette liberté, dont la moralité implique l'existence, autre chose que l'exemption de contrainte, une spontanéité qui se réduit au fait d'être bien *soi-même* l'auteur de ses actes (ainsi que les déterministes l'admettent sans peine), je ne pouvais trouver le mérite d'une action ni dans les motifs d'agir, en tant qu'ils ne seraient point volontaires, ni dans la volonté qui, considérée à part, serait indifférente ; et il m'était interdit, par ma façon indécise d'interpréter le résultat de la synthèse du motif et de la volonté, de le prendre dans la détermination conforme au devoir, en posant la détermination contraire également possible. Je le cherchais dans un certain état de conscience, dont le caractère serait *la foi dans le vrai bien*, malgré les motifs qui peuvent porter au doute, au milieu de tant d'apparences de bien qui nous sollicitent à l'acte en divers sens. Mais, comme la croyance ne peut constituer un mérite par elle-même, indépendamment de l'objet où elle s'attache, il aurait fallu donner le critère de ce vrai bien, définir ce vrai bien par rapport à la conscience qui l'embrasse et qui seule peut être dite moralement bonne ou mauvaise; et c'est ce qu'alors je ne pouvais faire, faute de connaître un impératif catégorique, et d'envisager dans toute sa réalité un libre arbitre dont la réalité est impliquée par l'obligation. Obligation et prédétermination sont des termes contradictoires, ainsi que libre arbitre et raison suffisante.

Au fond, sur la question du libre arbitre comme sur celle de l'infini de quantité, c'est à la contradiction que j'échappai, c'est à la logique que je me rendis. J'étais, ce qui n'est vraiment pas étonnant, dans un état d'esprit lui-même contradictoire, quand je prétendais (article *Philosophie* de l'*Encyclopédie nouvelle*) concilier l'existence de l'étendue *en soi*, chose réelle et indivisible, avec l'idée de l'étendue divisible et composée à l'infini, ce qui me plaçait dans l'impossibilité de définir le rapport des êtres réels, ou monades, à l'espace dans lequel nous nous les représentons. Au reste, je puis bien dire qu'aujourd'hui M. Spencer se met dans un embarras à peu près semblable, en ses *Premiers principes*, quand, d'un côté, il regarde l'espace, la matière et le mouvement comme choses réelles *en soi*, et que, de l'autre, il leur accorde les propriétés physiques mêmes à raison desquelles il est forcé de les avouer inconcevables (c'est-à-dire impliquant contradiction). Je n'étais pas moins retenu dans d'inextricables difficultés dont le mot est toujours le même : contradiction, lorsque je reconnaissais que la notion de la moralité et la distinction de la vérité et de l'erreur sont incompatibles avec la thèse de l'universelle nécessité, et que je ne laissais pas de me refuser à nier le principe de la raison suffisante, sous le prétexte d'une insoluble antinomie de déterminisme et d'indéterminisme. Tout cela pouvait aller avec l'idée de l'éternité des phénomènes, de la création éternelle (qui n'est pas la création du tout) et des attributs infinis de la substance universelle, déclarée incompréhensible, ensuite expliquée (par des propriétés contradictoires). Mais le tout devait tomber à la fois dès que je prenais franchement le parti de choisir de mon mieux entre les thèses et les antithèses des prétendues antinomies.

Il faut que j'insiste sur ce point central, sans me lasser, pour montrer d'autres conséquences du principe de contradiction. Ce principe est l'un des moins contestés; on ne l'a que rarement nié en face; il est l'indispensable instrument d'édification de toute doctrine, non seulement en ce qui touche la logique intérieure des systèmes, aussi bien que des sciences, mais encore ordinairement en son usage objectif, pour régler les attributions qui s'accordent ou qui s'excluent en tant que propriétés de choses réelles. Et toutefois il est constant qu'il a été violé implicitement et méconnu dans celles de ses applications qu'il ne convenait pas aux métaphysiciens d'avouer; tellement que les constructions ontologiques de l'École, qui le consacrait nominalement, et beaucoup de thèses des dogmatistes modernes qui n'ont pas rompu avec la théologie, sont les mêmes ou impliquent les mêmes contradictions que celles des philosophes qui l'ont franchement déclaré inapplicable à la constitution des réalités. Giordano Bruno et Hegel ont nourri sur l'Être des conceptions toutes pareilles à certaines des élucubrations des docteurs de l'Eglise. Il est donc permis d'attribuer une grande supériorité logique à la doctrine qui, la première, appliquant le principe de contradiction dans sa rigueur véritable et non feinte, avec toute sa portée, lui trouve des conséquences auparavant inaperçues.

La plus importante de ces conséquences, pour la méthode, est le principe de *relativité*, admis aujourd'hui par tant de penseurs, qu'on peut bien dire que l'esprit humain y incline décidément par la marche de la réflexion. Quelques preuves qu'on lui trouve d'ailleurs, ce principe doit s'imposer avec une force irrésistible à quiconque envisage la quantité dans le monde, le temps, l'espace, la matière, le mouvement, de la manière qu'on vient de voir pour se conformer aux exigences du principe de contradiction. C'est ainsi qu'il m'a été imposé à moi-même.

Dès qu'on admet que le temps, l'espace, la matière ne sont pas des sujets *en soi*, des substances, on doit les tenir pour donnés essentiellement en des représentations; or les représentations sont toutes composées et relatives. Les phénomènes y paraissent en rapport les uns avec les autres, diversement groupés, définis, sans qu'il soit possible de faire abstraction de leurs relations pour les définir. Les êtres ne se présentent plus que comme des groupes et des fonctions de phénomènes; on ne reconnaît plus pour objets de la connaissance que les phénomènes et les lois qui les lient, lesquelles ne sont elles-mêmes que des sortes de phénomènes généraux.

On pourrait croire le sujet *en soi* susceptible de se fixer par le moyen de l'idée générale de *substance*, ou *noumène*, qu'on emploierait en guise de *support* à prêter aux représentations, aux phénomènes. Je ne discuterai pas ici cette idée à fond, mais on remarquera que sa valeur, quelle qu'elle soit, est bien affaiblie, dès l'instant qu'on renonce à poser le sujet *en soi* matériel. C'est celui-ci qui est le naturel objet de l'imagination par laquelle les hommes se figurent l'existence d'un *support* de phénomènes. Le concept d'un tel support est avant tout symbolique, métaphorique ; on ne saurait en donner aucune idée propre, à part des phénomènes que l'on veut qui aient besoin d'être *supportés;* or, le sujet matériel qui soutient dans nos représentations l'ensemble des qualités sensibles est ici ce qui fournit le symbole. Ce sujet une fois ôté, l'existence de la substance est compromise. On ne peut que difficilement lui trouver un fondement dans ce qu'on nomme les *esprits*, définis comme supports de phénomènes mentaux, car on est en peine de comprendre ces esprits comme des *en soi*, ou de leur trouver à eux-mêmes les supports dont ils auraient besoin. On revient alors à l'idée plus générale et abstraite de la substance des phénomènes de toutes les sortes. Voyons donc ce qu'il en est de cette substance universelle, ou du noumène pris en général, aux yeux de celui qui admet nos thèses sur l'ordre de la quantité.

Kant, ayant posé comme également valables, et appuyées de raisons qui se balancent, les thèses et les antithèses des antinomies d'extension et de composition, dans l'espace et dans le temps, a violé le principe de contradiction, encore que sans se l'avouer ; mais, cela fait, il a vu un chemin tout ouvert pour arriver à la reconnaissance du noumène, en dehors des phénomènes. Puisque, a-t-il dit, la thèse et l'antithèse ont même valeur, c'est qu'elles n'en ont aucune, étant mutuellement incompatibles ; c'est qu'il ne faut affirmer le monde ni comme fini ni comme infini ; c'est que ce monde, ou ensemble des phénomènes, n'existe point en soi ; c'est, enfin, que les phénomènes sont *transcendantalement* idéaux, et qu'il existe en dehors d'eux, hors de l'espace et du temps, une réalité suprême, inconnue et inconnaissable, en laquelle s'évanouissent les oppositions purement dialectiques des antinomies. On voit que cette théorie métaphysique ressemble fort à d'autres qui nient formellement le principe de contradiction, quant à son application aux réalités. La doctrine de la substance y prend le sens de doctrine de l'Absolu, et nous sommes au plus loin du principe de relativité.

L'application rigoureuse du principe de contradiction aux thèses et antithèses des antinomies kantiennes m'oblige à une conclusion bien différente. Avant d'opposer à la thèse l'antithèse, ce qui conduit à les rejeter toutes deux, si elles ont la même valeur, il faut examiner s'il est bien vrai qu'elles aient la même valeur. Or, il n'en est rien. La thèse qui pose le monde limité dans l'espace et dans le temps, et celle qui pose tous les composés réels et donnés comme se terminant à des éléments, à des parties qui ne sont pas elles-mêmes des touts, ces thèses sont vraies ; elles se démontrent par le principe de contradiction. L'antithèse qui affirme le monde sans commencement ni borne, et celle qui porte que les composés réels et donnés sont formés de parties qui ont elles-mêmes des parties, et cela suivant une progression sans fin, ces antithèses sont fausses ; le principe de contradiction les réfute. Par conséquent, le monde, en son extension et en sa composition, est constitué par des touts déterminés quant à la quantité, sous toutes ses espèces ; l'ensemble de tous les phénomènes, tant actuels que passés, est une collection finie sous ce même rapport ; les éléments de ce composé total sont reliés par des lois ; en d'autres termes, ils sont relatifs les uns aux autres, et la connaissance imparfaite de leurs relations, qui sont ces lois, est la connaissance même du monde, aussi loin qu'elle peut s'étendre. Le noumène inconnu et inconnaissable doit être tenu pour rien, qu'il existe ou non, n'étant et ne pouvant rien être pour la connaissance. Voilà comment le principe de relativité ressort de la réfutation des antinomies, réfutation elle-même tirée du principe de contradiction.

Mais si le noumène de Kant est inconnu et inconnaissable, il n'en est pas de même de la substance universelle des philosophes et des théologiens, à leur dire. Je poursuis donc les applications de mon critère.

La synthèse totale des choses, tentée sous un nom ou sous un autre par la métaphysique, est réelle et actuelle, et cependant ineffectuable pour notre connaissance, dans la supposition d'un monde déterminé quantitativement sous toutes ses espèces, tel que le principe de contradiction veut qu'il le soit ; mais cette synthèse est logiquement impossible, et contradictoire en soi, quand elle est conçue dans l'esprit et selon les principes de l'infinitisme. La différence est donc grande entre l'*incompréhensibilité*, que la critique doit avouer en acceptant mon point de vue, et l'*inintelligibilité*, qui est le vrai caractère de la synthèse totale, comme l'entend la doctrine de l'infini. Si le monde, quoique déterminé actuellement en tous ses phénomènes, est incompréhensible à notre égard, la raison en est dans l'impossibilité où nous devons être de surpasser la sphère d'expérience dans laquelle nous sommes compris, et d'envelopper ce qui nous enveloppe.

En effet, nous ne pouvons appliquer au monde en son ensemble les concepts d'origine précédée et de cause. Ils nous sont imposés par rapport aux objets quelconques de notre expérience, et notre représentation imaginative ne saurait s'en affranchir, par la raison même qu'ils nous sont donnés pour le règlement de tout ce qui tombe sous notre compréhension. Mais c'est dire que le monde surpasse pour nous la connaissance possible; c'est la définition même du monde, en tant que totalité dans le temps écoulé, qui, jointe au principe de contradiction, par lequel est exclue la régression effective à l'infini, nous oblige à poser l'incompréhensible, pour ne pas poser le contradictoire.

Il est, non pas plus manifeste à mon avis, mais plus incontestablement reconnu de tous, que nous ne pouvons embrasser par la prévision la suite et les fins du développement de ce monde, dont le commencement et la cause nous échappent et nous fuient.

Le monde en son ensemble et quant à l'extension spatiale des phénomènes, autre forme, autre règle de tout ce qu'il nous est donné soit de percevoir, soit de comprendre; le monde, quant à sa composition intrinsèque totale et à la fonction universellement enveloppante de ses phénomènes nombrés et localisés, est également en dehors de notre compréhension. N'insistons pas sur la preuve : elle se réfère toujours au même principe, à savoir que les concepts de l'entendement et les formes de la sensibilité, exigeant des objets fixés et déterminés dont ils représentent et règlent les relations, sont nécessairement impropres à rendre raison de ces nombres et de ces fonctions de quantités qui vont à l'universel, embrassent toutes les relations par hypothèse, et conséquemment n'y sauraient être comprises et tomber sous la connaissance avec elles.

Telle est l'*incompréhensibilité* de la synthèse totale des phénomènes, quand cette synthèse, nécessairement donnée, quoique incompréhensible, est ramenée par la force du principe de contradiction à des proportions intelligibles. Voyons maintenant très sommairement l'*inintelligibilité*, la contradiction où s'aheurte la métaphysique, en sa construction de l'universel qu'elle veut être un infini de quantité. S'il s'agit du monde sous ce nom même de monde, ou univers, je n'ai pas à revenir sur les démonstrations où j'ai déjà tant insisté, qui établissent l'impossibilité de l'infini. Mais il reste à parler de Dieu, considéré comme une intelligence, non pas seulement parfaite de qualité et accomplie en perfections morales, mais étendue à la possession et à la représentation pleine et actuelle de l'infini de l'espace et du temps.

Ce Dieu de la théologie est, à la vérité, déclaré par les théologiens incompréhensible. Mais, au lieu d'en rester sur leur déclaration, ce qui ne laisserait pas d'être plus respectueux, ils le rendent inintelligible et contradictoire en procédant à le définir. S'ils traitent de son *éternité*, de deux choses l'une : ou ils prétendent concevoir cette éternité comme un présent permanent, une sorte d'instant, au sein duquel tout le passé et tout l'avenir, l'un et l'autre indéfinis, du temps, s'assemblent et s'accomplissent en acte ; ou, s'ils consentent à admettre une succession réelle des phénomènes futurs auxquels assiste sa pensée, ils exigent du moins qu'ils les prévoie tous, quoique sans fin, et les ait toujours prévus avant leur commencement, les temps de sa *vie* propre n'ayant jamais commencé. La première hypothèse comporte l'affirmation et la négation simultanées de la succession des phénomènes, outre qu'elle implique un infini numérique actuel en cette concentration et réduction à l'unité de deux séries indéfinies, de quelque sorte de termes qu'elles se composent. La seconde hypothèse, celle de l'éternité dite successive, suppose pareillement l'existence d'un infini en acte, formé de tous les moments distincts qu'elle fait entrer dans la pensée divine.

L'extension infinie des phénomènes dans l'espace n'est point une proposition aussi universellement admise des théologiens ; ils l'ont même autrefois réprouvée, et je ne sais trop ce qu'il en est aujourd'hui. Mais, en tant qu'ils y consentiraient, l'extension de la puissance et de la connaissance en Dieu suivraient pour eux la même loi, et constitueraient la réalité de cet infini en acte. Dans tous les cas, l'infinité de l'espace, si ce n'est celle des phénomènes, est la doctrine reçue ; elle entraîne l'infinité des possibles, ce qui n'aurait en soi rien de contradictoire ; mais comme les possibles, dans l'esprit des théologiens, doivent tous et toujours être présents à la pensée divine qui peut les réaliser, par ce côté encore il est clair qu'ils posent un infini en acte, quoique dans l'espace idéal.

Je ne dirai rien des rapports de Dieu et du monde, sous tout autre point de vue que celui de l'infinité quantitative, ni par conséquent de cette autre contradiction radicale qui porte sur l'absolu de l'action et de l'intelligence de Dieu, opposées aux actes propres et libres des créatures. Ce serait un autre sujet à traiter. Mais, dans quelque système qu'on se place de ces rapports : dualisme initial, émanation de la substance, création *e nihilo*, on rencontre toujours les mêmes impossibilités logiques, dès qu'on envisage dans le temps, ou dans l'espace, ou dans la pensée, une composition infinie, un nombre d'éléments de n'importe quelle nature, distribués en séries indéfinies, et néanmoins réalisés et sommés en fait et en acte. J'arrive donc, en conclusion dernière, à un criticisme qui rappelle celui de Kant, et qui va seulement plus loin, en ce que l'application résolue du principe de contradiction en fait disparaître les antinomies, oppose à leurs antithèses une négation formelle, et confirme leurs thèses, mais de telle manière que l'idée du monde, qui correspond à une réalité déterminée, ne devienne pas pour cela une synthèse accessible à la connaissance, ni à proprement parler, comprise. L'universel réel échappe, quant à l'expérience possible, et vu la nature de l'entendement lui-même, à la détermination et aux bornes que cet entendement déclare nécessaires. Il existe néanmoins, et cela suffit pour interdire à la spéculation le *noumène*, hors du temps et de l'espace, dont la signification profonde, chez Kant, est un retour aux doctrines infinitistes que les antinomies semblaient exclure, une porte ouverte à nouveau pour aller au panthéisme. Par cette porte, ses illustres disciples sont passés à bannière levée. Si nous la fermons décidément, le principe de relativité s'impose, et la métaphysique de l'absolu est bannie de la dernière place que lui avait gardée la méthode criticiste imparfaitement fondée.

Remarquons maintenant l'harmonie des solutions du problème du finitisme quantitatif et du libre arbitre. Dès que les théories de l'infini, du continu, du plein et de l'entière solidarité de toutes les parties et de tous les mouvements possibles disparaissent du monde physique, le principal appui du déterminisme absolu est par là même ôté. Place est faite aux déterminations possibles qui ne dépendent point d'une manière univoque et absolue des déterminations antérieures et des arrangements ambiants ; place aux phénomènes qui ne sont pas seulement spontanés, mais libres à l'égard des antécédents qui les supportent. Avec les antinomies de l'ordre de la quantité, on acquiert le droit de rejeter les antinomies morales relatives à la causalité et à la volonté. De même que celles-là conduisaient par un certain chemin au rétablissement, dans l'absolu, de cet infini qu'elles semblaient d'abord exclure des jugements sur la réalité, au même titre qu'elles en excluaient le fini et le déterminé, de même celles-ci revenaient au pur déterminisme, grâce à l'identification du libre et du nécessaire au sein de quelque chose d'antérieur et de supérieur aux phénomènes. Mais ce quelque chose en dehors de l'espace et du temps n'étant plus admis dans notre connaissance, même comme *inconnaissable*, — ce qui est bien une façon de l'y admettre, et une façon de contradiction aussi, puisqu'on le dit réel et qu'il faut bien qu'on se suppose en possession d'une idée plus que négative de ce qu'on assure être réel, — l'antinomie prétendue de la causalité ne saurait être levée par le recours à l'hypothèse, impliquant elle-même contradiction, d'un être dont la nature serait à la fois nécessaire, éternelle et libre, par conséquent conditionnée et inconditionnée; pas plus que les antinomies prétendues de l'extension et de la composition ne justifient la fiction illogique d'un en soi qui ne serait ni fini ni infini, — ou qui serait infini et fini tout ensemble; car ce sont là deux formes d'une même idée.

Parvenu à affranchir enfin complètement mon intelligence du prestige de trois idoles de la philosophie, — c'est ainsi que je les appelai dès lors, — dont je voyais la très intime union pour former l'objet d'une sorte de culte métaphysique : l'infini actuel, la substance des phénomènes et la solidarité absolue des choses successives, je me trouvais en même temps préservé de l'empirisme par cette admirable théorie de l'entendement, dans laquelle Kant a concilié la reconnaissance des jugements synthétiques *a priori*, la définition des lois de l'esprit, avec les données et le contrôle de l'expérience; et j'étais défendu contre toute conclusion sceptique par l'une de mes convictions les plus anciennement enracinées touchant le caractère moral des affirmations de réalité en tout ordre de choses et la légitimité, ou même le devoir de la croyance pour tout ce qui dépasse l'actualité phénoménale et sa certitude, la seule qui puisse être purement et exclusivement intellectuelle. Dans cette disposition d'esprit, je me demandai quelle méthode on pouvait embrasser en philosophie, qui, rejetant la triple idole, ne fût ni empirique ni dogmatique, mais scientifique, dans la manière de passer des choses données aux faits correctement définis et à leurs théories, et ouvrît de là un chemin à ces sortes d'hypothèses que leur caractère moral, joint à l'impossibilité actuelle d'en vérifier l'objet, fait nommer des postulats de la raison pratique. Je n'eus plus aucune peine à me répondre que cette méthode serait celle qui considérerait les êtres de toute nature, sujets de la philosophie, de la façon dont la physique est arrivée à considérer les corps, c'est-à-dire comme définis par les assemblages plus ou moins fixes de phénomènes qui les constituent, et par les propriétés de ces assemblages, sans autre substance ou essence que des caractères spécifiques ; qui, de même, considérerait les propriétés comme des relations et fonctions de phénomènes, constantes dans les mêmes circonstances ; les facultés comme les fonctions potentielles sous des conditions données ; et les causes physiques, — les *causes*, partout ailleurs que dans l'action interne et la conscience de la volonté, — comme celles des conditions qui, venant s'ajouter à un ensemble d'antécédents et de circonstances, sont à la fois nécessaires et suffisantes pour que se produisent les phénomènes qu'on nomme leurs *effets*. Les lois de l'entendement entrent à aussi juste titre que les autres relations et fonctions de phénomènes, dans ce système de réduction de l'objet de la connaissance aux phénomènes et aux lois, dans ce *phénoménisme* dont la méthode est une suite du principe de relativité et de l'abandon du principe de substantialité. Les phénomènes propres de la conscience, les lois de la sensibilité et de l'entendement ressortissent à la même méthode d'analyse et de synthèse que les éléments ou facteurs externes de la connaissance. D'ailleurs les phénomènes de toutes les espèces ont cela de commun, par où ils dépendent également de la conscience, qu'ils sont des représentations : ils ne peuvent être envisagés que comme tels, au début logique d'une pensée systématique, et ils ne peuvent jamais, où que nous les placions et comme que nous les qualifiions, se former d'autre chose que d'éléments ou de caractères empruntés de la représentation possible ; ils ne peuvent exister ou se concevoir indépendamment de toute représentation. C'est encore là une conséquence de la négation de l'infini, de la substance et des essences absolues.

L'identité et la permanence ont pour le phénoménisme un sens tout relatif, et doivent se comprendre comme des lois de conservation tout ensemble et de changement réglé et ordonné des relations et fonctions constitutives des êtres que l'on dit qui durent et demeurent identiques. Toute autre interprétation supposerait des essences soustraites au mouvement général des rapports par lesquels se définissent les choses et dont aucun n'est rigoureusement immuable selon l'expérience. Mais la moindre réflexion doit nous convaincre que la pure identité et la permanence absolue exclueraient la vie et la pensée, et qu'il n'y a point en nous d'idée de stabilité et de durée, si elle est compatible avec les idées de la pensée et de la vie, qui ne soit pleinement satisfaite par la supposition d'une loi de conservation ou de retour régulier de certains phénomènes dans une suite de changements ordonnés.

C'est ainsi que tout en conservant la correction radicale apportée par Kant à l'empirisme de Hume, et qui consiste à restituer les jugements *a priori* dans la constitution de l'esprit, — à joindre aux phénomènes les lois, les relations générales, ou catégories, qui sont les conditions de possibilité des représentations, — j'arrivais à rétablir contre Kant beaucoup des conclusions de Hume touchant la substance, l'identité et la cause. Pourtant je ne connaissais pas encore à cette époque le *Traité de la nature humaine* de Hume, et ses *Essais* sur l'entendement n'avaient pu me montrer clairement la voie du relativisme et du phénoménisme méthodique. J'avais déjà publié mes *Essais de critique générale*, quand un ami me fit lire le premier de ces ouvrages, qu'il avait traduit pour son usage personnel (1), et je dus reconnaître que cette lecture, si je l'avais faite plutôt, m'aurait épargné bien du travail et permis d'améliorer plusieurs parties de ma composition.

Rien de ce que l'analyse et la synthèse, l'observation interne ou externe et les théories, peuvent atteindre en philosophie, suivant la méthode phénoméniste, ne s'étend jusqu'aux sujets accoutumés des constructions métaphysiques ; au contraire, le criticisme phénoméniste découvre les raisons de l'inaccessibilité du sujet universel, et les contradictions des systèmes qui poursuivent l'Absolu. Mais les postulats s'offrent pour tenir lieu de l'ancienne spéculation transcendante, et eux-mêmes, tout en remplissant ce rôle, restent fidèles en leurs formules à la pure méthode des relations. Ils se rapportent tous aux lois des phénomènes : ils supposent ou demandent certaines de ces lois, les plus élevées de toutes, où l'expérience n'atteint pas, certaines conditions générales auxquelles ce que nous connaissons des lois de l'esprit et de la nature *doit* satisfaire. Ils sont donc de l'espèce des relations, comme toutes les connaissances de l'ordre positif ou vérifiable, dont ils ne diffèrent que par leur grande généralité, leur caractère hypo-

---

(1) Depuis lors, nous avons, M. Pillon et moi, traduit et publié cette œuvre de génie qui avait été longtemps oubliée et comme ignorée, même dans son pays de naissance.

thétique pour le pur entendement, et leur valeur morale pour la conscience, du consentement de laquelle ils attendent leur certitude.

C'est ainsi que le postulat de la *divinité* est en principe la demande d'une réalité d'ordre suprême assurant le bien dans les fins de l'univers, et pour cela capable d'en établir et d'en embrasser les conditions à l'origine. La personnalité divine est une simple conséquence des caractères intellectifs et finalistes de cette conception, et qui sont inséparables de ceux de la conscience; mais la personnalité ne saurait être ainsi déduite que tout autant qu'elle est comprise; et, sous peine de n'être plus comprise, il faut qu'elle-même reste conditionnée dans notre esprit par les lois générales des relations sans lesquelles il n'est rien pour nous d'intelligible. Si l'on veut se la représenter comme l'unité d'une seule conscience, on devra regarder comme limitée, suivant toutes ces lois et catégories, la série entière des phénomènes dont elle pose l'origine et embrasse les fins; l'infini ne devra pas plus être attribué à sa nature qu'à la nature du monde, son objet : il y impliquerait, de même qu'il implique dans ce dernier. On voit que l'absolu est très expressément exclu d'une idée de la divinité, tout entière tirée de l'ordre des relations, et qui n'aurait plus aucun sens en dehors de cet ordre.

Le postulat de l'*immortalité,* ou, plus correctement, de la vie future, est étranger aux doctrines absolutistes et substantialistes, quand on se contente de lui faire exprimer une condition des fins des personnes, une garantie de la réalité de l'individuation personnelle, et une loi d'harmonie entre la moralité, la justice et les destinées. Ni la condition en elle-même ni les hypothèses touchant les moyens de la réaliser dans l'ordre de la nature n'obligent à sortir du principe de relativité.

Le postulat de la *liberté* n'implique pas une doctrine métaphysique sur l'âme, son essence et ses attributs; il peut même à la rigueur, en mettant sa formule décisive dans le simple fait affirmé des possibles réels et de l'ambiguïté réelle des futurs contingents, se tenir séparé des théories de la volonté et du jugement, qui interviennent dans sa discussion. Il porte tout entier sur l'ordre des relations, et son objet est d'introduire des réserves, de poser des limites dans ces suites de rapports de succession pour lesquelles l'enchaînement des termes est invariable, et de revendiquer la place des premiers commencements de séries, au moins en de certains genres de phénomènes. Ces premiers commencements sont relatifs, ils constituent des manques de loi nécessaire, sous quelque rapport et dans certains cas particuliers, des faits d'exception à telle ou telle loi (par exemple, quand l'acte libre d'une volonté a pour effet d'empêcher la chute d'un corps, qui sans cela obéirait à la loi de la pesanteur); mais ils n'échappent jamais à l'empire de toute loi, ils se produisent toujours suivant des lois, se définissent par des relations qui impliquent des lois. La question du libre arbitre est entièrement différente de celle du pur premier commencement des phénomènes; car celle-ci, posée à l'extrême limite, supprime par hypothèse tout terme antécédent des relations constitutives des choses; tandis que le postulat de la liberté suppose un ordre donné de rapports et de lois dont il ne limite que partiellement l'empire nécessaire.

Les formules philosophiques des postulats peuvent donc se renfermer strictement dans le phénoménisme et ne réclament aucune dérogation au principe de relativité. C'est à ce point que j'en ai porté l'analyse et la théorie dans mes *Essais de critique générale*. Pour les postulats en eux-mêmes, et pour les principes de critique et de morale d'où dépend leur introduction dans la place où régnait le dogmatisme métaphysique, je me rattachais à Kant de la manière la plus étroite; mais la méthode phénoméniste m'obligeait à m'éloigner de sa *Critique de la raison pratique*, touchant l'interprétation des trois postulats à la fois.

1° Pour le postulat de la liberté, je niais, comme je continue à le nier, le déterminisme absolu de tous les phénomènes, le principe de la raison suffisante; je me refusais à admettre une liberté absolue, entièrement indépendante des phénomènes, et à n'accorder le libre arbitre qu'à un être *nouménal*, hors du temps et de l'espace, qui, rapproché de l'être *phénoménal*, nécessairement déterminé selon Kant, me paraissait et me paraît toujours une autre forme du sujet synthétique des termes contradictoires (ici la liberté et la nécessité) dans l'existence absolue.

Pour le postulat de l'immortalité, je n'entendais pas non plus sortir du monde sensible et phénoménal, ni supposer, pour l'accord futur de la moralité et du bonheur, un ordre de choses et un état des personnes différents de tout ce que nous pouvons concevoir d'après l'expérience, ni enfin ouvrir au progrès une carrière interminable et placer à *l'infini* le terme de l'idéal. Je regardais la vie future comme possible en vertu des lois profondes de la nature et d'un plan téléologique de la vie, liant des organismes successifs au développement d'une même personnalité, c'est-à-dire d'une même série de phénomènes psychiques dont la permanence et la continuité sont assurées par la mémoire et la direction volontaire de la pensée. Je n'ai pas varié sur ce point.

Pour le postulat de la divinité, il n'en est pas de même, et mes vues se sont peu à peu étendues, sans que j'aie dépassé, il me le semble du moins, les strictes bornes du criticisme phénoméniste, mais en poussant aussi loin que possible l'application des premiers principes de cette méthode. Kant, métaphysicien absolutiste en ce qui concerne l'idéal de la raison pure et la solution des antinomies, a reconnu l'inévitable anthropomorphisme de la notion de Dieu pour la raison pratique (1). Je n'ai pu faire autrement que de suivre son exemple en ce dernier point, à d'autant plus forte raison que j'en étais désormais très éloigné sur le premier et que je n'admettais ni la nécessité des antinomies, ni la vertu des abstractions pour constituer le Dieu de l'univers. Seulement, tandis que l'interprétation du postulat de la divinité m'obligeait, même en lui conservant la plus grande généralité possible, à poser la conscience comme le seul principe intelligible d'un ordre moral du monde, je ne voyais pas que le choix entre l'unité et la pluralité primitive de ce principe fût forcé pour la méthode criticiste. Je pensais que Kant, en ceci comme en ce qui est de l'absolutisme, avait suivi la tradition théologique, plutôt qu'il n'avait eu à reconnaître une exigence de la méthode transcendantale. Cependant cette méthode même, par le fait de ramener toutes choses à la pensée, est obligée de concevoir autant d'unité, dans la conscience où elle suppose qu'est la source de l'ordre du monde, qu'elle en conçoit dans cet ordre lui-même. Et il ne s'agit pas ici uniquement de l'ordre moral, mais de l'universalité des rapports formant le tout du monde. Ni la liberté des personnes et ses effets, ni l'existence des désordres partiels de toute nature ne nous dispensent de voir qu'il y a un système universel, quand nous regardons les choses du point de vue idéaliste.

Le nœud de la difficulté est dans les idées de causation et de création. J'avais trop réfléchi à l'histoire du principe d'action et de communication mutuelle des êtres, dans le cartésianisme, chez Spinoza, Leibniz, Malebranche, Berkeley, pour ne pas conclure à la négation des essences causales ou forces transitives, et ne pas voir clairement que tout ce qu'il y a d'intelligible dans l'action extérieure d'une cause, théologie à part (2), c'est

---

(1) Voyez ci-dessus, p. 204 et 217.
(2) Le transport de l'efficacité causale ou vertu transitive à Dieu, dans des systèmes tels que

le fait que, cette cause étant donnée, c'est-à-dire définie en elle-même par certains phénomènes, sans s'occuper de ceux qui vont s'ensuivre, ces derniers sont produits *ipso facto*, en conséquence. La *transition* causale apparente n'est ainsi qu'une *harmonie*, qui consiste en la production de B, conséquent, à raison de la donnée antérieure, ou production de A, antécédent, renfermant les conditions nécessaires et suffisantes de B suivant une loi. Hume a parfaitement montré que nous ne savons rien de plus sur l'action externe, ou liaison de la cause à l'effet, quoiqu'il ait erré si gravement en rejetant l'existence interne ou conscience de la cause, et les idées de *force*, *action* et *pouvoir*, représentées *a priori*, et qu'il ait voulu les remplacer par les liaisons que l'habitude établit entre les idées de certaines choses et les idées de certaines autres choses qui les suivent constamment dans l'ordre de notre expérience. Kant a rétabli le jugement *a priori* de la causalité, mais pour poser le déterminisme *a priori* des causes, tout comme Hume avait conclu, par une induction de sa méthode empirique, le déterminisme *a posteriori* des événements, ce qui est en résultat la même chose. L'idée pure de cause existe, et elle n'existe que là, dans la conscience de la volonté automotive opérant sur les représentations, — spécialement de la volonté libre; — en sorte que les philosophes qui ne l'admettent pas à ce titre, et qui, ainsi que le montre suffisamment l'histoire de cette question, ne peuvent parvenir à s'expliquer la cause en la concevant dans son passage à l'effet, n'ont plus qu'un moyen de la définir : c'est de la placer dans une loi de *séquence invariable* des faits, soit qu'ils envisagent *a priori* leur enchaînement nécessaire, comme Kant, ou que, comme Hume et ses successeurs, ils prétendent le démontrer par l'expérience. Selon moi, cette manière de comprendre la causalité est une manière de nier la causation et les causes réelles. Je voyais très bien cela, je séparais complètement l'idée de la causation, et sa réalité même, d'avec le fait de la production extérieure de l'effet; je prenais la force proprement dite et la cause dans la représentation *sui generis* qui se compose de deux éléments : 1° la forme mentale ou sentiment de l'*action*; 2° l'imagination et l'attente de quelque chose comme devant s'ensuivre : je reconnaissais dans la volonté le type de la cause ainsi entendue,

ceux des causes occasionnelles, ou de Berkeley, qui avouent ne pouvoir rendre compte du mode d'agir des causes, est un recours à des actes de toute puissance analogues à l'acte créateur. Ces théories ne sauraient donc expliquer la causalité naturelle et les communications des créatures entre elles que par l'établissement divin d'une loi générale liant leurs déterminations respectives. Et cette idée est la même que celle d'une harmonie préétablie.

dont l'existence et l'unique effet certain s'arrêtent à sa propre production et s'épuisent intérieurement; et, quant aux effets externes, il était pour moi très clair qu'on n'en peut rendre raison qu'en recourant à la *loi* en vertu de laquelle tels faits se produisent, lorsque tels autres faits sont donnés qui en sont les conditions nécessaires et suffisantes. L'ordre général de la causalité dans la nature se réduit, pour notre connaissance, à cette harmonie des faits dépendant les uns des autres dans le temps et le devenir; seulement, les cas relatifs à l'existence animale nous offrent, au nombre des antécédents qui conditionnent les événements, des *causes*, telles que je viens de les définir, des *actions* sans lesquelles ces événements ne se produiraient pas; et les autres cas nous permettent encore de supposer des *actions* d'une nature analogue, quoique inconnues en elles-mêmes. La série des espèces des causes s'étend depuis les volitions parfaitement conscientes et libres qui se produisent *a posteriori* dans la chaîne des faits sans y avoir été entièrement déterminées par leurs antécédents, jusqu'à des déterminations de moins en moins conscientes et qui finissent par être des causes entièrement causées.

Pendant que j'arrêtais mon esprit sur ces points, et que j'arrivais à me faire sur la relation de causalité, et sur la question de l'enchaînement des choses, dans le devenir, des idées aussi nettes que j'en avais déjà sur la relation de quantité et sur la limitation des phénomènes dans le temps et dans l'espace, je ne pouvais manquer d'apercevoir la liaison qui existe entre le déterminisme et l'infinitisme, d'un côté, entre la doctrine de la liberté et celle des limitations, de l'autre. Le lien est étroit, il tient à ce que le libre arbitre pose des commencements et marque des limites, rompt la continuité qui serait l'infini, et s'accorde avec l'idée du commencement premier, premier acte et première limite; tandis que la nécessité, ne se rapportant partout qu'à l'enchaînement, ne peut s'arrêter nulle part à des points et à des actes discrets, dans la série des effets et des causes, ni trouver un terme à la régression des phénomènes dans le passé, et implique l'actualité du nombre infini. Mais, tout en ayant le sentiment de ces affinités de théorie, je n'avais pas assez réfléchi au rapport de l'idée de création du monde avec celles de la liberté et de personnalité, quand on considère celles-ci *au commencement*, puis au rapport de l'idée d'unité avec celle de création, quand on regarde la conscience comme l'unique raison des choses, et qu'on a à rendre compte de l'unité des lois représentatives de l'univers, de l'harmonie des relations générales qui en relient, pour la pensée, toutes les parties. Je ne songeais pas combien le criticisme, s'il ne se prononçait pas entre le principe d'unité primitive et le principe de pluralité, s'il se contentait d'ignorer tout du nombre et de la nature des représentations données les premières dans le monde, s'il laissait dans l'indéterminé et l'inconnu la raison du lien qui les enchaîna dans des lois communes, pouvait favoriser les conceptions cosmogoniques pour lesquelles le monde est l'évolution d'une Chose, ou puissance génératrice aveugle, qui porte en elle les lois des consciences, et compte, en cela, les consciences elles-mêmes au nombre de ses produits. La doctrine de la personnalité unique et de la création est la seule qui, du moins à la condition de ne pas donner à cette personnalité même le reculement à l'infini dans le temps, mette un empêchement décisif aux explications apparentes et trompeuses du monde comme plongeant ses racines dans l'éternité d'une nature naturante ou force potentielle universelle. Mais la notion de création est-elle conciliable avec les principes du criticisme? à l'époque dont je parle, je ne le pensais point.

Une considération morale encore plus importante, qui me touche aujourd'hui beaucoup, ne suffisait pas pour me décider à examiner de plus près la question de savoir si les principes du criticisme sont réellement neutres et n'exigent pas une ferme solution (celle qui parut nécessaire à Kant) du problème de l'unité ou de la pluralité primitive. Cependant cette considération m'était signalée avec une grande force par l'ami auquel je devais ma conversion à la doctrine du libre arbitre, et aux yeux de qui l'existence des êtres libres dans l'univers risquait de constituer une espèce de *satanisme*, ou régime diabolique, s'ils étaient des êtres premiers et non pas créés, si la liberté n'était pas le don d'un créateur, et soumise aux conditions qu'exige à son endroit le plan d'un monde bon, dont elle fait partie. Et en effet l'unité d'origine permet la réunion en Dieu de la perfection morale et de la liberté, et le monde, œuvre de ce Dieu, est celui sur la conception duquel portent le plus naturellement les postulats, et se posent les questions de théodicée. La pluralité d'origine, jointe à la liberté des personnes, en l'absence de toute coordination morale (aussi bien qu'intellectuelle) dont on puisse assigner le principe, nous laisse, à l'égard de l'ordre et du bien, dans l'ignorance de la cause, et, à l'égard du mal, dans l'impuissance d'arriver à l'ultime justification de l'univers.

L'idée de l'unité personnelle primitive, telle que je l'aperçois aujourd'hui, et qu'elle me paraît accessible, sans sortir du champ de la méthode criticiste, est fondée sur le rapprochement de la thèse du premier commencement, et du fait de la prédisposition harmonique des relations, dans l'univers considéré comme un système de représentations concordantes. La théorie de la causalité que je rappelais tout à l'heure suppose une coordination de tous les actes qui sont ou varient en fonction les uns des autres, dans la nature. Toutes les lois physiques du mouvement communiqué, de la perception et de l'action, ne sont que cette coordination même. L'idéalité du temps et de l'espace exige une autre espèce de coordination, qui est la réalité vraie des lois de succession et de position, parce qu'elle est leur intuition et leur application commune par tous les êtres sentants et mouvants, qui distinguent, extériorisent et mesurent par leur moyen les phénomènes. Les fonctions générales de la pensée, en ce qui concerne la logique et le nombre, composent une autre espèce d'ordre, dans lequel toutes les consciences entrent comme dans un domaine commun préparé pour elles toutes, et qui ouvre à leurs explorations intellectuelles une carrière dont on ne voit pas le terme. Enfin les passions qui règnent sur la nature vivante sont les traits d'un système général de finalité, servant à la fois les intérêts de conservation et de développement des vies individuelles, et supérieur à toutes les vies individuelles. Le monde, envisagé sous toutes les catégories, implique donc une communauté de lois. Mais dire communauté, c'est dire unité, autant que la communauté s'étend, et l'unité de loi est elle-même une loi. Si une loi pouvait exister sans origine, indépendamment des phénomènes qu'elle régit et de toute conscience où elle soit représentée, il n'y aurait rien à conclure de cette unité, en faveur de l'unité de conscience première. Mais, pour la méthode qui n'admet ni loi sans phénomènes, ni phénomènes sans commencement, ni phénomènes donnés ailleurs qu'en des représentations, une loi une et universelle, un plan des relations du monde ne peut exister qu'à la condition d'une conscience une et universelle étendue à cet objet.

Telle est la raison qui, après bien des hésitations, m'a conduit à placer l'unité de la personnalité divine en deçà de la limite extrême de la connaissance, pour le criticisme phénoméniste. Je ne me dissimule pas que mon ancien point de vue conserve la force qui appartient aux aveux d'ignorance, dans cette méthode, et qu'une limite moins reculée peut paraître plus satisfaisante pour la raison théorique, qui aurait intérêt, en traitant d'insoluble le problème de l'unité, à se débarrasser de plusieurs autres problèmes issus de celui-là et très difficiles pour elle. Je comprends donc qu'on puisse admettre avec moi la thèse du premier commencement, et celle du principe de conscience en ce qui touche l'origine et l'essence des choses, et, cela fait, se dire dans l'ignorance de la raison de l'unité des lois, et spécialement de la coordination causale des phénomènes, de même que, moi aussi, après avoir admis la conscience universelle, je suis forcé de confesser notre absolue inscience touchant l'origine et le principe de cette conscience en laquelle cette unité et cette coordination ont leur représentation et la raison de leur existence. Mais remarquons bien que, si la connaissance de Dieu ne peut absolument nous venir qu'avec les phénomènes et par rapport aux phénomènes, cela ne fait point un empêchement à ce que nous nous prononcions sur son unité et universalité comme conscience (à la réserve expresse de l'infinité, qui doit toujours être exclue). Si nous refusons d'aller jusqu'à cette croyance, ce sera, sachons-le bien, renoncer à envisager une adéquation du monde intégral de fait et de la représentation en général, alors que cependant nous convenons qu'il n'existe rien au monde que des représentations. Cela n'est guère naturel, ni satisfaisant pour la raison théorique. Et l'unité, l'harmonie des lois ne résidant plus qu'empiriquement dans les faits, sans aucun fondement assignable, la raison pratique aura de la peine à trouver pour ses postulats d'aussi claires garanties que dans l'hypothèse de l'unité de conscience première.

Dans cette hypothèse, le plan et la loi devant précéder, au moins logiquement, le monde et tous les êtres qui en font partie, puisque c'est avec et par ce plan et cette loi seulement que ces êtres sont venus à l'existence et se sont déterminés en fonction les uns des autres, et que ce monde a commencé et continué d'être, la conscience en laquelle ils ont été d'abord représentés a déjà ceci des attributs d'un créateur, qu'elle embrasse par l'entendement le système des lois et de tous les phénomènes (pour autant que ceux-ci dépendent des lois) qui ont eu leur commencement dans le moment où elle a conçu cet ordre général réalisé. Si nous pouvons ajouter *voulu* à *conçu*, et dire qu'elle a suscité extérieurement à soi, par la volonté, ce qu'elle a produit intérieurement dans la pensée, c'est la création que nous aurons nommée. Or la conscience humaine étant l'unique type possible d'après lequel, avec l'extension universelle en plus, nous ayons à concevoir la conscience divine relativement aux phénomènes, le passage de l'idée à l'acte, de l'image à la volition, ou plutôt leur synthèse qui, jointe au désir et à l'attente d'un futur, définit la personne vivante, doivent s'entendre de cette conscience parfaite comme de la nôtre, ou bien nous n'en aurions absolument nulle idée. Seulement la liberté doit lui appartenir à l'état pur, dans l'origine, par la raison qu'en la supposant nécessitée à ses pensées et à ses actes, on impliquerait l'existence de causes nécessitantes à son égard, donc aussi de certains antécédents, ce qui est contraire à notre thèse du pur commencement. Il semble, au premier abord, que l'idée de création n'offre pas plus de difficulté, par rapport à la conscience première, que l'idée d'acte libre n'en présente par rapport à des consciences secondes, modifiées nécessairement en partie, mais en partie seulement, par leurs antécédents et leurs milieux. De part et d'autre, il y a *quelque chose qui commence*, et si l'incompréhensibilité du commencement devait arrêter l'affirmation de la liberté divine, elle suffirait aussi, pour vicier la thèse du libre arbitre humain. Mais il existe une autre différence, et très grande ; c'est que, dans les actes libres ordinaires, une conscience crée des phénomènes imprédéterminés, au lieu qu'il faut que la conscience première, dans l'acte de la création, crée des êtres libres, des consciences autres qu'elle-même et capables, par elles-mêmes, de créer des actes, des phénomènes partiellement imprédéterminés. Est-ce là pour notre intelligence un obstacle insurmontable ?

Je l'ai cru : « Ni la logique, disais-je, ni l'expérience ne renferment le type de la causalité créatrice ; où donc le prendre ? Que quelque chose soit ou commence, qu'une fonction sans précédents vienne, assurément cela peut se dire incompréhensible ; mais la logique nous oblige à le poser ainsi ; il y aurait contradiction à ne pas l'admettre ; bien plus, nous comprenons que des phénomènes premiers, par là même qu'ils sont premiers, ne se comprennent pas. Mais *que l'un qui est fasse que le tout autre qui n'était pas soit*, voilà ce qui est nouveau, étrange, une hypothèse à laquelle rien ne répond dans la connaissance et d'où ne saurait sortir une solution pour le problème du monde. S'il n'y a pas tout à fait contradiction, quant à la lettre, à supposer *que la représentation dans une conscience donnée suscite la représentation dans une conscience qui n'est pas donnée*, car ce serait bien là le fait de la création d'une conscience par une autre, il y a une étrangeté telle que, pour haut et traditionnel qu'un tel dogme paraisse (encore n'est-il pas antique), on ne peut que le qualifier de fantaisie illustre et gigantesque. L'origine en est facile à démêler dans ce même effort d'abstraction poussée à l'absolu qui a produit les dogmes de l'unité pure, de la simplicité absolue et de l'infinité actuelle. La création est l'acte de la plus que puissance » (1). Je n'aurais pas à retirer ce jugement, sauf de trop dures qualifications, si, tout en sortant du doute, comme je crois maintenant qu'il faut le faire, sur la question d'unité ou de pluralité primitives, je ne songeais qu'à la théologie scolastique, à laquelle je me rapportais alors involontairement pour examiner l'hypothèse de l'unité. Il s'agirait d'imaginer un Dieu dont la nature nécessaire, éternellement donnée en soi, unit des attributs infinis à la personnalité, et crée, à un certain moment de son existence, un monde qui a toujours existé dans sa pensée. Quand cette doctrine ne rentre pas dans le panthéisme par le fait de l'interprétation qu'on lui donne (ce qui, à la vérité, est assez ordinaire, mais la création n'est plus alors qu'un mot), elle coupe en deux la vie divine et jette entre la pensée de créer et l'acte matériel de créer, un intervalle que rien ne justifie, qui n'emprunterait quelque sens que du réalisme démiurgique. En ce cas, il y a certainement de la force dans l'objection que je formulais en ces termes de *plus que puissance*, et d'acte par lequel une conscience donnée à soi ferait par ses représentations, devenues tout d'un coup volitives, de purement intellectives qu'elles étaient, que des représentations autres que les siennes et relatives à des consciences autres que la sienne vinssent à l'existence. Et il n'est pas étonnant que cette conception ait abouti pour la spéculation à reconnaître implicitement ou explicitement, dans ces dernières et dans toutes leurs modifications, des actes réels de la première, abouti, en d'autres termes, au panthéisme.

Il y a une autre théorie qui met à la place de la *nature* divine la volonté pure, la *liberté absolue*, et regarde Dieu non comme nécessairement donné à soi, mais comme *cause de soi*. Mais cette théorie ne pourrait différer sérieusement de la première, pour l'idée à se faire de cette cause pure non causée (= cause de soi) qui est Dieu, et de la création par cette même cause des consciences conditionnées et libres, que si l'on acceptait de ne pas séparer l'idée de Dieu de celle de créateur, et par conséquent de n'envisager pas plus l'une que l'autre en dehors de l'acte pur du premier com-

(1) *Essais de critique générale,* — *Logique,* 2ᵉ édition, t. III, p. 233-234.

mencement des phénomènes. Les deux membres, pour ainsi dire, de l'existence, réunis dans le point initial, les deux parties ou facteurs de la création, la cause de soi et la cause d'autrui, de sa liberté et de ses conditions, ne poseraient plus alors à l'entendement qu'un seul et même problème insoluble, qui correspond à d'insolubles problèmes analogues pour toutes les doctrines possibles : à savoir, le premier pourquoi de l'être ou de la pensée, et l'établissement de l'individuation sous l'empire des lois générales, par l'acte de la première pensée.

Tel est le point de vue du criticisme phénoméniste ; et la physionomie de l'idée théologique de création est entièrement changée, quand on s'y place en envisageant l'acte créateur au commencement même de toute pensée et de tout acte distinct, à la première apparition de la conscience première, aussitôt liée à la production des consciences ses subordonnées dont elle établit l'ordre général de relations et de fonctions. Il faut avoir admis d'abord l'unité et universalité de conscience pour l'explication de cet ordre. Cela fait, un passage de l'unité à la pluralité des consciences est à chercher pour la satisfaction de la raison. Or les hypothèses de l'émanation et de la division primitive et spontanée de l'être sont exclues pour le criticisme à cause de leur liaison avec les doctrines de la nécessité et de la substance ; il ne nous reste donc plus que l'idée rigoureuse de la création, l'idée transcendante de la génération des consciences libres par la conscience parfaite qui a pensé et réalisé toutes les relations générales qui constituent le monde. La radicale incompréhensibilité d'un tel acte n'est, après tout, pas autre que celle du premier commencement lui-même, dont il ne fait que spécifier la nature et définir en quelque sorte la composition logique, en ces deux éléments qu'il ne faut pas essayer de séparer l'un de l'autre : d'un côté, la conscience créatrice ; de l'autre, les consciences créées, leurs conditions de vie et leur terrain mesuré de liberté. On ne peut même pas dire que l'impossibilité de comprendre l'essence du rapport produit par l'acte libre d'une conscience créée et conditionnée soit moindre que l'impossibilité de comprendre l'essence du rapport produit par l'acte créateur dont une telle conscience elle-même a pu procéder. En effet, le premier de ces rapports, quand on considère les passages de la conscience par des représentations diverses et opposées, au cours d'une délibération où des motifs sont tour à tour évoqués ou repoussés, consiste en ce qu'*une pensée peut faire qu'une pensée autre, une pensée contraire devienne*. Ces termes rendent bien ce qui caractérise un moment pris dans une suite d'idées où une détermination qui *se fait* peut se faire d'une façon ou d'une autre façon. Or cela est si complètement incompréhensible, qu'on ne voit pas en quel sens on dirait que quelque autre chose l'est davantage, quand d'ailleurs elle n'est pas contradictoire en soi : comme, par exemple, qu'*une conscience parfaite a pu faire que des consciences imparfaites, à la fois libres et conditionnées par elle*, soient venues. Cette dernière formule est celle de la création, de même que la première est celle de la liberté conditionnée.

Les difficultés vraiment insurmontables, les seules dont il soit impossible de sortir par des actes de croyance qui n'impliquent pas, tiennent aux abstractions dont une philosophie issue des doctrines antiques de la Chose et de son évolution a flanqué les concepts de la personnalité divine et de la création, aussitôt qu'elle a paru s'accommoder de ces derniers. Les dogmes de la pensée et de la vie divines à la fois éternelles et successives, hors du temps et dans le temps, finies comme tout ce qui est déterminé, et actuellement portées au nombre infini dans tous leurs modes distincts ; la relativité dans l'absoluité, la composition dans la simplicité, le changement dans l'immutabilité, la liberté dans la nécessité, la contingence laissée à *certains* événements d'un monde dont *tous* les événements à venir sont déjà donnés pour la connaissance parfaite ; ces produits de combinaison de la foi métaphysique et d'une foi religieuse d'un genre bien différent ont un fond d'absurdité commun et disparaîtraient avec l'effort déraisonnable des théistes pour se former l'idée d'un dieu personnel avant la création, indépendamment de la création, en dehors de toute relation soit à d'autres personnes, soit aux parties et aux lois d'un monde fini qu'une conscience parfaite puisse embrasser. Les caractères d'intelligence et de volonté, plus encore d'amour, et la qualité de créateur tendent toujours à s'effacer dans le dieu de ces théologies absolutistes, infinitistes, substantialistes, pour laisser paraître avec plus ou moins de clarté l'idée du développement d'une nature éternelle et nécessaire, véritable dernier mot des spéculations qui veulent quelque chose au-dessus de la conscience. Au contraire, lorsqu'on ne sépare pas les thèses de la personnalité divine et de la création de celle du premier commencement, les caractères anthropomorphiques idéaux se dégagent franchement, parce qu'on s'éloigne des doctrines qui voient dans le monde une matière de tout être et de tout devenir, éternelle, ayant parmi ses modes passagers des consciences. La méthode qui tire toute connaissance de la conscience se montre dans sa simplicité et sa force. L'hypothèse métaphysique de l'évolution de la substance une et nécessaire, aux parties toutes solidaires, fait place à l'hypothèse morale de la conscience créatrice, de l'individuation primitive, des actes initiaux, des déterminations libres et des développements de destinées diverses par l'action de la liberté, sous l'empire des lois de la création. La nature du bien et du mal, le but et le plan du monde, la possibilité et les conditions du bonheur, sont des questions de théodicée qui se posent alors pour la philosophie, en liaison avec l'idée fondamentale du monde expliqué par la conscience. L'interprétation des postulats de la raison pratique et la définition rationnelle d'un ordre moral de l'univers conduisent la réflexion jusqu'au point extrême où finit le criticisme, où commencent les croyances religieuses par lesquelles le sentiment humain aborde les mêmes sujets avec une autre méthode.

FIN.

INDEX ALPHABÉTIQUE[1]

A

Absolu (L'), 20, 94, 126 ; II, 114, 116, 146, 148, 150, 152, 202, 204, 208, 210, 348, 350. *Voyez* Relativité.
Absolutisme (métaphysique), 250, 252 ; II, 236, 238, 316, 318, 342, 404.
Académie (La Nouvelle), 244, 246 ; II, 36, 40.
Achille (Argument de l'), 36, 38, 68.
Acte et puissance, 34, 48, 52, 58, 150, 204 ; II, 166.
Action, II, 194, 396. *Voyez* Force *et* Pouvoir.
Adaptation, 470, 472, 474, 480, 482, 486.
Agassiz, 202, 204.
Alexandre d'Aphrodisie, 252.
Alexandrins, 378. *Voyez* Néoplatonisme.
Altruisme, 400, 402, 404, 406, 412, 458, 480, 482.
Ame, 138, 140, 148, 152, 164, 166, 334.
Amour, 24, 26, 114, 234, 328, 336, 338, 342, 370, 372, 374, 380, 406 ; II, 208, 316.
Analytiques (Jugements), II, 112.
Anaxagore, 10, 30, 32, 106, 114, 230 ; II, 208.
Anaxarque, II, 30.
Anaximandre, 6, 10, 104, 232.
Anaximène, 30, 106.

(1) Une grande partie de cet ouvrage étant une étude de philosophie comparée, j'ai cru que cet index serait utile pour suppléer à des renvois, qui auraient été continuels dans le texte si j'avais voulu faire ceux que comportent les rapports des différentes parties du sujet les unes aux autres.

Tous les renvois sont à des pages de nombre pair et se rapportent indifféremment à la page indiquée ou à la page suivante, placée en regard de cette dernière pour le lecteur. Les chiffres arabes non précédés du chiffre romain II désignent les pages du premier volume.

Anéantissement, 180, 464, 466; II, 252.
Animaux, 148, 154, 206, 208.
Anthropomorphisme, II, 204, 216, 350, 352, 404.
Anthropophagie, II, 264.
Antinomies, 84; II, 80, 82, 84, 120, 212, 214, 216, 364, 366, 368, 370, 378, 384, 386, 390.
Antisthène, 350, 352, 354.
Apologétique, II, 46, 48, 50, 52, 54, 56.
Approbation, 398.
Apriorisme. *Voyez* Jugement *et* Empirisme.
Aristippe, 350, 352.
Ariston, 366.
Aristote, 10, 16, 20, 34, 46, 108, 124, 234, 236, 238, 240, 342, 344, 346, 348, 350; II, 206, 208.
Arnobe, II, 302.
Ascétisme, 324, 338, 464.
Assentiment, 262, 264.
Associationisme, 416, 418, 434; II, 104.
Associations inséparables, II, 112.
Ataraxie, II, 36.
Atomisme, 8, 32, 34, 54, 138, 242.
Attente, II, 178, 180.
Attraction, 26, 164, 168.
Autonomie, 370, 374, 440, 442, 444, 450.
Averroïsme, 64, 132.

B

Bacon (François), II, 278.
Bahnsen, 182, 184.
Bain (Alex.), 406, 420, 422, 428; II, 182.
Bentham (J.), 400, 402, 408, 412, 422, 424.
Berkeley, 70, 78, 80, 82, 142, 144; II, 58, 60, 118.
Bien (Le), 116, 122, 310, 334, 336, 350, 388, 390, 460, 462.
Bien (Le — et le mal), 44, 58, 122, 142, 160, 178, 182, 192, 222, 246, 248, 276, 278, 302, 386, 394, 400; II, 244, 246, 260, 262, 264, 266, 268, 290, 336. *Voyez* Optimisme *et* Pessimisme.
Bienveillance, 402, 404, 422, 434, 436.
Bonheur, 296, 298, 300, 310, 314, 328, 336, 338, 342, 344, 350, 356, 360, 376, 396, 410, 412, 438, 452, 454, 460, 468, 472, 474, 476, 478, 482, 484, 486, 488; II, 168, 170, 172, 218, 220, 240, 252, 254, 256, 258, 268, 292, 294.
Bonnet (Charles), 144, 146, 148, 150, 152, 154, 156.
Bouddhisme, 180, 320, 328, 330; II, 248, 250.
Boutroux (E.), 128, 136, 138, 140, 142.
Brahmanisme, 130; II, 248.
Bruno (Giordano), 20, 64, 66, 70, 252, 460.
Buffier, II, 96.

C

Cabanis, 186.
Carnéade, 244.
Casuistique, 454, 482.
Causalité, 86, 136, 158, 266, 268, 270, 272, 280, 286; II, 12, 14, 16, 60, 62, 64, 74, 76, 194, 274, 276, 378, 390, 394, 396.
Cause première. *Voyez* Dieu *et* Commencement.
Cercle vicieux (cartésien), II, 44, 360.
Certitude, 362; II, 30, 32, 34, 36, 110, 182, 184, 218, 270, 272, 314, 316, 318.
Changement, II, 192, 194. *Voyez* Causalité *et* Continuité.
Charité. *Voyez* Amour *et* Pitié.
Chinois (Morale des), 318, 320.
Chose (Doctrine de la), II, 156, 158, 160, 162, 164, 166, 168, 170, 172, 174, 192, 206, 224, 226, 228, 232.
Chose en soi, II, 80, 82, 212, 214, 216, 226, 232. *Voyez* Noumène.
Christianisme, 58, 374, 380; II, 328, 330, 352, 354.
Chrysippe, 244, 360, 362, 366.
Chute, 112, 234, 246, 248, 338; II, 340, 342, 344.
Circonstances (Théorie des — en morale), 414.
Civilisation, 208; II, 330, 332.
Clarke, 60, 252, 264, 266.
Classification (des doctrines philosophiques), 2; II, 126, 128, 134, 136, 144, 146, 240, 242.
Cléanthe, 360, 366.
Cogito, ergo sum, II, 32, 44, 46, 48.
Collins (Antoine), 266.
Commencement, 28, 30, 86, 110, 126, 130, 132, 216, 224, 244, 264, 270; II, 14, 16, 18, 158, 192, 376, 378, 396, 400, 402, 404.
Compensation (des biens et des maux), 160.
Comte (Auguste), 108, 454, 456, 458; II, 108, 188.
Concepts, 206.
Condillac, 162.
Conditionalisme, II, 336, 338.
Conditions d'existence, II, 286, 288.
Confession philosophique, II, 356, 358.
Conformisme, 360, 362, 370, 374, 442, 444.
Confucius, 318.
Conscience (Psychologie), II, 114, 156, 196, 200, 390, 394, 398, 400, 402, 404.
Conscience (Doctrine de la), II, 174, 176, 184, 186, 188, 192, 206, 224, 232, 234, 404.
Consentement universel, II, 96.
Conservation de l'énergie, 286, 288, 290; II, 106.
Continuité, 50, 98, 140, 146, 148, 156, 158, 200, 202, 206; II, 74, 192, 378.
Contradiction, 2, 64, 84, 86, 88, 224, 248, 252; II, 4, 6, 8, 84, 102, 128, 134, 136, 142, 150, 152, 154, 214, 364, 366, 384, 386.

Contrainte (Droit de), II, 346.
Cosmogonies, 104, 112. *Voyez* Évolution.
Cousin (Victor), II, 142, 144, 146, 150.
Coutume, 302. *Voyez* Habitude.
Craig, II, 300.
Création, 44, 46, 72, 100, 122, 126, 130, 146, 164, 188, 216, 222, 224, 226, 248; II, 192, 194, 196, 200, 204, 208, 210, 262, 264, 266, 342, 348, 350, 352, 396, 398, 400, 402, 404.
Criticisme, 84, 96; II, 216, 218, 350, 352, 388, 392, 398, 402.
Croyance, 284; II, 2, 4, 18, 20, 22, 24, 34, 36, 44, 46, 70, 72, 86, 88, 90, 92, 94, 96, 98, 102, 110, 122, 124, 128, 176, 182, 184, 190, 270, 272, 280, 282, 294, 296, 298, 306, 332, 360, 362. *Voyez* Postulats.
Cusa (Nicolas de), 64.
Cynique (École), 354, 356.
Cyrénaïque (École), 352, 354.

D

Daimon de Socrate, 118.
Darwin (Charles), 188, 190, 192, 198, 206; II, 266.
Darwin (Érasme), 216.
Déclinaison atomique, 106, 232, 242; II, 222, 224.
Démiurgisme, 120, 122, 222; II, 208, 402.
Démocrite, 8, 32, 106, 232, 234, 312; II, 156, 208.
Descartes, 8, 66, 68, 132, 238, 252, 254, 282, 286; II, 4, 32, 34, 36, 40, 42, 44, 46, 48, 50, 174, 210, 358, 360, 366.
Descendance (Théorie de la), 158, 188, 194, 200, 206.
Désintéressement, 400, 412, 416, 420.
Désir (Le), 24, 26.
Destin (Le), 228, 244, 258; II, 228. *Voyez* Nécessité.
Déterminisme, 131, 136, 236, 252, 254, 268, 274, 284, 288, 290, 292, 294, 386, 388; II, 16, 18, 74, 76, 164, 166, 168, 172, 174, 188, 190, 212, 270, 272, 274, 282, 370, 380, 382, 394, 396.
Devoir, 298, 300, 302, 304, 308, 318, 360, 368, 370, 376, 418, 432, 434, 436, 452, 454, 460, 462, 472; II, 184, 186, 188, 218, 220, 316, 318.
Diderot, 430, 458.
Dieu, 20, 42, 56, 58, 62, 68, 72, 74, 80, 82, 116, 126, 158, 164, 196, 198, 224, 248, 250, 386; II, 198, 200, 202, 204, 208, 210, 218, 220, 306, 308, 320, 348, 350, 352, 378, 388, 398, 400, 402, 404.
Différence, 200; II, 4, 6, 192. *Voyez* Continuité.
Dignité, 448, 452.
Dilemme de la nécessité, II, 90, 92.
Diogène (d'Appollonie), 30.
Diogène (de Sinope), 354, 356.
Discorde (La), 22, 106.
Divination, 364.
Divinité, II, 290, 392, 394. *Voyez* Dieu.

Divisibilité, 36, 74, 78, 80.
Douleur, II, 244, 250, 260, 262, 264, 290.
Doute, II, 32, 34, 36, 314, 316. *Voyez* Scepticisme.
Droit, 372, 382, 384, 398, 422, 424, 426; II, 316, 318, 346.
Dualisme, 22, 44, 110, 222, 224.
Durée, 80. *Voyez* Temps.

E

Éclectisme, II, 144, 146, 148, 150, 368.
Égoïsme (morale), 462, 464, 480, 482.
Égoïsme (psychologie), II, 86, 90, 94.
Eichthal (G. d'), 118.
Éléatisme, 112; II, 206, 208.
Émanation, 20, 56, 130, 246; II, 402.
Emboîtement des germes, 150, 154.
Embryogénie, 204.
Émotionnelle (Puissance), II, 180, 182, 184.
Empédocle, 22, 32, 114, 216, 232, 234, 328; II, 208, 222.
Empirisme, 96, 270, 438, 470, 474, 476; II, 58, 112.
Énergie (Conservation de l'). *Voyez* Conservation.
Enfantin (Prosper), 456.
Enfer, II, 338, *Voyez* Peines.
Épictète, 246, 374, 376, 378.
Épicurisme, 52, 106, 232, 242, 312, 356, 358, 360, 382, 396; II, 222, 224.
Équation de l'Univers, 170; 288.
Erreur, II, 42, 130, 132, 270, 272.
Espace, 34, 50, 68, 74, 76, 78, 82, 110, 134; II, 114, 116, 118, 374, 376, 382.
Espèce, 148, 150, 156, 186, 190, 200, 202. *Voyez* Descendance *et* Sélection.
Esprit, 142, 144, 214; II, 106, 108, 134, 148.
Étendue, 68, 78. *Voyez* Espace.
Éternité, 32, 42, 46, 48, 54, 60, 78, 110, 126, 158, 218, 248; II, 364, 376, 378, 388.
Éternité des peines, II, 336.
Éther, 106, 128, 142, 144, 152; II, 226.
Être, II, 212.
Être et non être, 34, 40, 120, 130.
Euclide (de Mégare), 350.
Eudémonisme, 460. *Voyez* Bonheur.
Euripide, 234, 238.
Évidence, II, 2, 4, 20 26, 44, 46, 68, 70, 96, 108, 122, 124, 126, 128, 172, 174, 270, 276, 278.
Évolution, Évolutionisme, 100, 108, 128, 142, 144, 156, 158, 172, 174, 184, 204, 210, 216, 220, 234, 328, 466, 468, 470, 480; II, 160, 162, 192, 222, 226, 266, 272, 330, 342.
Exception, 164, 166.
Expédient (Morale de l'), 474, 476, 478.
Externe (Monde), II, 2, 4, 78, 80, 86, 88, 90, 92, 94.

F

Faire, II, 92.
Feu, 106, 110, 152, 164; II, 222.
Fitchte (J.-G.), 460; II, 86, 88, 90, 92, 94, 100.
Ficin (Marsile), 252.
Fin (dernière), II, 336, 338, 340.
Fin (en soi), 448.
Finalité, 124, 192, 194, 196, 198, 216; II, 236, 238, 262, 264, 266, 288, 336, 338, 340.
Fins (règne des), 448, 450.
Force, 214, 218, 220, 286, 294; II, 104, 114, 116, 118, 120, 396. *Voyez* Conservation.
Formalisme (du devoir), 452.
Fouillée (A.), 282; II, 316, 320.
Fourier (Charles), 162, 164, 454, 456, 484, 486.
Futurs contingents, 240, 244, 248, 280; II, 188, 190, 380, 382. *Voyez* Possibles, Liberté, Nécessité.

G

Gassendi, 66.
Généralisation (des maximes), 446.
Génération et destruction, 104, 138.
Génération spontanée, 186, 212.
Géométrie (Principes de la), II, 10, 12.
Germes, 138, 146, 150, 156.
Grecs (Morale des), 322, 324.
Grote (George), 122, 352; II, 6.
Guerre, II, 330, 346.
Guerre dans la nature, 22, 188, 192, 328; II, 260, 262, 264, 266, 268.

H

Habitude, 344, 346, 412, 416, 418; II, 52, 54, 56.
Haeckel, 188, 194, 196, 212.
Hamilton (Sir W.), 94; II, 98, 114, 116.
Harmonie cosmique, 136, 138, 164, 326; II, 396, 398.
Harmonie préétablie, II, 60, 396.
Hartley, 416.
Hartmann (Ed. de), 92, 180, 182, 216, 464, 466, 468; II, 167, 250, 252, 256.
Hasard, 106, 116, 232, 266, 294; II, 164, 166.
Havet (E.), II, 48, 50.
Hegel, 1, 22, 176; II, 6, 8, 82, 84, 128, 154, 218, 230, 232, 234, 236.
Hégésias, 354.
Helmholtz, II, 184, 276.
Helvétius, 430.

Héraclite, 6, 22, 30, 106, 216, 230, 232, 326, 328; II, 162, 174, 208, 220.
Herille, 366.
Hétéronomie (de la volonté), 440, 442.
Hobbes, 74, 78, 96, 382, 384.
Hodgson (Shadworth), 6.
Holbach (d'), 160, 430.
Homœoméries, 116.
Homère, 228.
Homme (Spécificité de l'), 206.
Humanité (Religion de l'), 412, 414.
Hume, 82, 96, 270, 392, 398, 402, 404, 406, 412, 420, 422; II, 16, 58, 60, 62, 64, 66, 68, 70, 378, 392, 396.
Hutcheson, 396, 398.
Hypothèses, 184; II, 206.

I

Idéal, 124, 280, 282, 284; II, 236, 246, 320.
Idéalisme, 4, 12, 80, 82, 214, 282; II, 78, 80, 118, 154, 156, 206, 232. *Voyez* Conscience (Doctrine de la).
Idées (doctrine des), 14, 22, 42, 78, 120, 126; II, 208, 232, 236, 360, 362.
Identité (personnelle), II, 64, 66, 68, 390, 392.
Identité (du sujet et de l'objet), 22, 460, 462, 464, 466; II, 202.
Identité (Principe d'), II, 4, 6, 82, 84. *Voyez* Contradiction.
Idoles (de la philosophie), II, 390.
Illusion, 284.
Immanence, 108, 172.
Immatérialisme, 142.
Immensité, 62, 78.
Immortalité, 152, 154, 166; II, 220, 292, 334, 336, 338, 340, 392, 394.
Immutabilité, II, 202.
Impératif, 278, 308, 358, 370, 376, 446, 448, 450, 478. *Voyez* Obligation.
Incompréhensibilité, 86; II, 200, 202, 348, 350, 386, 388, 400, 402, 404.
Inconcevable (L'), 94, 270; II, 110, 112, 114, 120.
Inconditionné, 86; II, 114, 116. *Voyez* Absolu.
Inconnaissable (L'), 174, 212; II, 106, 390.
Inconscient (L'), 92, 108, 182, 464, 466, 468; II, 238.
Incontinence, 236.
Indéfini, 66, 80, 98; II, 366, 376.
Indifférence (Liberté d'), 252, 264. *Voyez* Liberté.
Individuation, 462; II, 250.
Indivisible, 38, 40, 50, 66, 82, 98.
Infini, 6, 12, 28, 30, 32, 40, 46, 58, 62, 66, 74, 76, 88, 92, 94, 98, 104, 140, 146, 158, 220, 224, 250; II, 8, 14, 46, 48, 74, 84, 160, 198, 200, 212, 372, 374, 376, 384, 386, 388.
Infinitésimal (Calcul), 66, 72, 80, 98; II, 362.

Intellectualisme, II, 122, 124, 274, 276, 278.
Intelligence (L'), 32, 114, 116, 196, 198, 212.
Intérêt, 356, 358, 396, 400, 412, 422, 434, 436; II, 172, 246. *Voyez* Utilitarisme.
Intérêt de croire, II, 294, 296, 298.
Intuition, 472, 474.
Ioniens (Philosophes), 30, 230.

J

Jacobi (F.-H.), 458; II, 86.
James (William), 226; II, 176, 178, 180, 182, 184, 280, 282, 320, 324.
Janet (Paul), II, 144, 146, 148, 150, 152.
Jouffroy (Th.), II, 4.
Jugement, 236, 238, 252, 262, 264; II, 110, 112, 114. *Voyez* Croyance.
Jugements nécessaires, II, 10, 12, 14, 16, 112. *Voyez* Certitude.
Juridique (Idée), 338, 340. *Voyez* Droit.
Justice, 334, 336, 338, 340, 346, 348, 350, 356, 372, 404, 422, 424, 426, 428, 446, 462, 478; II, 316, 318.

K

Kant, 84, 88, 94, 172, 194, 196, 198, 212, 270, 272, 278, 358 (note), 364, 370, 376, 424, 438, 440, 442, 444, 446, 448, 452, 460; II, 58, 62, 72, 74, 76, 78, 80, 82, 84, 98, 118, 120, 122, 124, 188, 210, 212, 214, 216, 218, 220, 384, 386, 388, 392, 396.

L

Labruyère, II, 302.
Lamarck, 160, 162, 184, 190, 198, 216.
Lange (Albert), 174, 282, 284, 288.
Laplace, 170, 212, 288; II, 300.
Larochefoucauld, 430.
Législation universelle (Idée de la), 446, 448, 450.
Leibniz, 10, 70, 130, 132, 136, 148, 178, 256, 258; II, 234, 250, 366.
Lequier (Jules), II, 92, 380, 382.
Leroux (Pierre), II, 370.
Léviathan, 382.
Lewes, II, 136.
Liberté, 166, 222, 224, 226, 234, 238, 240, 246, 250, 252, 254, 258, 262, 266, 274, 276, 278, 280, 282, 284, 294, 362, 390; II, 86, 88, 90, 92, 94, 168, 188, 190, 194, 196, 224, 228, 270, 272, 274, 282, 290, 292, 294, 332, 334, 336, 338, 378, 380, 382, 392, 394, 398, 400, 402, 404.
Limite (Idée pythagoricienne de), 110.
Limites (Méthode des), II, 362.
Littré, II, 108, 262, 264, 266.
Locke, 76, 82, 260, 262, 264, 392; II, 302, 304.

Logique (Affaiblissement de la), II, 106.
Loi morale, 440, 442, 444; II, 92, 94, 220. *Voyez* Impératif.
Loi (dans les phénomènes), II, 162, 164, 390, 394, 398, 400. *Voyez* Phénoménisme.
Loi (Unité de). *Voyez* Unité de Dieu.
Lotze, II, 100, 102.
Lucrèce, II, 228.
Lutte (pour l'existence), 188, 192; II, 262, 264, 266.

M

Mackintosh, 402, 416.
Maillet (B. de), 158.
Mal (Le), II, 288, 290, 340, 342, 344, 346. *Voyez* Bien et mal *et* Pessimisme.
Malebranche, 70, 136, 256, 262, 390, 392; II, 362.
Malthus, 190, 192.
Manichéens, 222.
Mansel, II, 114.
Manuels de philosophie (de C. Renouvier), II, 368.
Marc-Aurèle, 246, 374.
Matérialisme, 4, 6, 168, 174, 186, 212, 216, 282; II, 180, 222, 224.
Matérialiste (Le), II, 280.
Mathématiques, 98.
Matière, 28, 44, 52, 56, 88, 126, 142, 168, 170, 174, 214; II, 114, 116, 118, 376.
Maximes de conduite, 446, 448.
Mécanisme, 8, 10, 30, 128, 134, 168, 194, 282, 286, 288, 290; II, 222, 224.
Mélissos, 38.
Mérite et démérite, 266; II, 382.
Métamathématique, II, 10, 12.
Métempsychose. *Voyez* Transmigration.
Méthode, 332; II, 136, 138.
Mill (James), 414, 416.
Mill (J. Stuart), 92, 96, 188, 222, 240, 266, 270, 272, 380, 406, 408, 410, 412, 414, 416, 418, 420, 424, 426, 428, 470, 472, 476; II, 16, 104, 112, 258, 262, 264, 276.
Monadisme, 70, 134, 258.
Monde, 74, 218, 220; II, 176, 178, 180, 182, 184, 186, 348, 386. *Voyez* Externe.
Monde moral, II, 278, 280, 282, 284, 286, 332, 334, 336.
Monisme, 92, 174, 212. *Voyez* Panthéisme.
Monothéisme, 118. *Voyez* Unité de Dieu.
Montaigne, II, 40, 42, 48, 52, 56.
Montesquieu, 392.
Morale (La), 304, 306, 308, 332, 342, 344. *Voyez* Devoir.
Morale (absolue ou relative), 476, 478, 482.
Morale (Loi), *Voyez* Loi.
Moralité, 296, 306, 442, 450, 478,; II, 284.
Mort (La), II, 288, 290.
Moteur (Premier), 126.

Mouvement, 36, 48, 214, 218; II, 144, 116, 118.
Müller (Max), 206.
Mystique (Morale), 330.

N

Nature, 160, 162; II, 232, 258, 260, 262, 268.
Nature (État de), 382.
Nature naturante, II, 200, 230.
Naturel (Droit), 382, 384.
Nébuleuse (La), 218; II, 106.
Nécessité, 44, 106, 116, 122, 158, 226, 230, 234, 246, 250, 258, 262, 266, 274, 284, 294, 362; II, 90, 92, 124, 126, 162, 164, 166, 168, 172, 174, 188, 224, 228, 234, 272, 274, 292. *Voyez* Déterminisme.
Négatives (Notions), 76.
Néoplatonisme, 24, 56, 62, 130, 246, 252, 330, 378.
Nirvana. *Voyez* Anéantissement.
Nombre, 74, 76. *Voyez* Quantité.
Nombres (Les), 14, 164.
Nombres (Loi des grands), 292, 294.
Nominalisme, 16.
Noumène, II, 72, 114, 116, 120, 384, 386. *Voyez* Substance.

O

Objectif, 10; II, 156, 158, 174, 176, 206.
Objective (Méthode), II, 278.
Obligation, 278, 396, 398, 418, 420, 422, 424, 426, 444, 462, 478, 480, 484; II, 188, 190.
Occasionalisme, II, 60.
Optimisme, 136, 176, 178, 274, 278, 386, 396, 410, 412; II, 228, 244, 246, 248, 250, 256, 260, 280, 286, 292.
Organisation sociale, 456, 458.
Origine des choses, 194, 196, 198, 200, 202; II, 340, 342, 344, 346. *Voyez* Commencement.
Originel (Péché), II, 346. *Voyez* Chute.
Owen (Robert), 414.

P

Paley, 222; II, 290.
Palingénésie, 112, 146, 156; II, 338, 348. *Voyez* Immortalité.
Panenthéisme, 90.
Panthéisme, 90, 96, 108, 136, 172, 174, 220, 246, 250, 280; II, 212, 214, 402.
Paradoxes stoïciens, 368, 370.
Parallèles (Postulat des), II, 10.

Pari (Le — moral), II, 50, 52, 54, 56, 58, 300, 302, 304, 308, 310, 312, 314, 318, 320, 322, 324.
Parménide, 18, 38, 42, 232; II, 222.
Pascal, II, 10, 12, 24, 40, 42, 46, 48, 50, 52, 54, 56, 294, 298, 300, 302.
Passion, 334, 338, 344, 346, 456, 448, 458, 486. *Voyez* Intérêt *et* Plaisir.
Péché, II, 332, 336, 340, 342, 344, 346.
Peines et récompenses, 154, 338; II, 292, 294, 308, 336.
Pénalité, 340.
Pensée, 80; II, 202.
Perception externe, 78; II, 96, 270.
Perceptions insensibles, 138, 140.
Perfection, 58, 68, 70, 250, 386, 442, 444; II, 348, 350.
Périodicité de l'évolution, 130.
Personnalité. *Voyez* Conscience.
Personnalité divine. *Voyez* Dieu *et* Unité de Dieu.
Perturbations, II, 264.
Pessimisme, 108, 130, 176, 180, 276, 326, 460, 462, 464, 466, 468; II, 228, 238, 240, 244, 248, 250, 256, 268, 270, 280.
Phénoménisme, 84, 88; II, 28, 58, 212, 214, 234, 390, 392.
Philosophie, 102, 326; II, 24, 136, 138, 140, 142, 146, 148, 150, 152, 324, 326, 328, 332, 352, 354.
Philosophie (Histoire de la), II, 22, 127, 134, 136, 144, 146, 244.
Pillon (François), II, 58, 60, 62, 64, 66.
Pitié, 170, 180, 460, 462; II, 240, 254, 256.
Plaisir, 344, 350, 396, 398, 400, 408, 410, 438; II, 250.
Platon, 14, 20, 42, 120, 124, 232, 240, 332, 334, 336, 338, 340, 342, 350; II, 206, 208.
Plotin, 20, 24, 56, 246.
Pluralité, 34, 40, 42. *Voyez* Un *et* Unité.
Polémos, 30, 106, 328; II, 222.
Pomponazzi, 250, 252.
Positivisme, 162; II, 38, 108, 110, 234, 264, 278, 284.
Possibles (Les), 260, 278, 294, 388, 392. *Voyez* Liberté *et* Déterminisme.
Postulat universel, II, 110, 112.
Postulats, 88, 278; II, 190, 216, 218, 220, 290, 292, 332, 334, 392, 394, 398, 400.
Pouchet (Georges), 200.
Pouvoir (Psychologie), 260, 262, 264, 266, 268; II, 194, 396.
Pratique (Raison). *Voyez* Raison *et* Postulats.
Prédétermination, II, 202. *Voyez* Déterminisme.
Préexistence, 138, 144, 146, 156, 204.
Prémontval, 272; II, 374.
Prescience, 248, 250, 258, 266.
Primitif (L'homme), 208, 210.
Privation, 46, 178; II, 290.
Probabilités (Calcul des), 292, 294.
Prodicos, 316.

Progrès, 140, 148, 158, 168, 170, 184, 192, 198, 412, 456, 458, 464, 466; II, 234, 236, 246, 248, 266, 268.
Protagoras, 234, 316, 352; II, 28.
Providence, 106, 118, 456; II, 164, 170, 228, 236, 306, 352.
Puissance. *Voyez* Acte *et* Possibles.
Pyrrhon, 242; II, 30, 36.
Pyrrhoniens, II, 50, 52, 54, 56.
Pythagoriciens, 12, 22, 28, 108, 324, 326; II, 206, 208.

Q

Qualité, 4, 6, 10, 174; II, 60, 384. *Voyez* Substance, Sensationisme, Transformisme,
Quantité, 98; II, 272, 374, 376.

R

Raison (La), 390, 392, 398, 444, 446, 452; II, 84, 150, 218, 220.
Raison suffisante, 258, 264.
Raison (théorique et pratique), II, 178, 182, 184, 216, 218, 220.
Raisonnable (L'être), 446, 448.
Rationalité, II, 176, 178, 180, 334.
Ravaisson (Fr.), 24.
Réalisme, 16, 78, 90, 214; II, 116, 118, 156, 206, 208, 210, 222, 224.
Réalité, II, 78, 80, 82, 92, 94.
Rédemption, II, 340, 342.
Réflexe (Action), II, 182.
Reid, II, 96.
Relativité, II, 384, 386, 392.
Religion, 102, 304, 310; II, 350, 352.
Renan (E.), 282; II, 310, 312, 314, 320.
République de Platon, 334, 336, 340.
Résistance, II, 114, 116.
Résurrection, 152, 154; II, 338, 340. *Voyez* Immortalité.
Rêve, II, 50.
Reynaud (Jean), II, 370.
Robinet (J.-B.-R.), 158.
Roseau pensant, II, 294.
Rousseau (J.-J.), 90, 274, 276, 430, 432, 458; II, 304, 306, 308, 310.

S

Sacrifice, 328, 336, 380.
Sage (Le), 362, 366, 370.
Saint-Simon (Henri), 168, 456, 458; II, 110.
Sainte-Beuve, II, 56.
Sanctions, II, 294. *Voyez* Peines et récompenses.

Sauvages, 206, 208, 210.
Scepticisme, 242; II, 30, 32, 36, 38, 40, 42, 46, 48, 50, 52, 54, 56, 144, 274.
Schelling, 22, 166, 172, 460.
Schopenhauer, 26, 50, 92, 174, 178, 182, 198, 276, 460, 462, 464, 466; II, 238, 250.
Science, 228, 230, 250, 286, 288; II, 24, 26, 88.
Secrétan (Charles), II, 342.
Sélection naturelle, 190, 198, 206.
Sens commun, II, 96, 98.
Sens moral, 394, 396, 402, 404, 416.
Sensationisme, 4, 6, 10, 78, 82; II, 58, 60. *Voyez* Matérialisme.
Sentiment (École du), 430, 432, 458, 460, 472, 474.
Séquence invariable, II, 16, 18, 270. *Voyez* Déterminisme.
Shafstesbury, 394, 396, 398.
Siris, 144.
Socialisme, 332; II, 328.
Société idéale, 450.
Socrate, 116, 234, 236, 238, 330, 332.
Solidarité, II, 334, 346. 347
Solipsisme, *Voyez* Égoïsme.
Sophistes, 314, 316, 352; II, 28.
Spencer (Herbert), 130, 174, 212, 216, 218, 220, 270, 468, 470, 472, 474, 476, 478, 480, 482, 484, 486, 488; II, 106, 108, 110, 112, 114, 116, 118, 120, 124, 160, 162, 238, 272, 382.
Sphairos, 18, 20, 22, 114, 234, 326, 328.
Spinoza, 20, 70, 132, 134, 178, 212, 220, 238, 252, 254, 260, 363, 384, 390; II, 162, 170, 228, 230, 236, 366.
Spiritualisme, 214; II, 210, 220.
Spontanéité, II, 192, 194.
Spontanéité (morale), 484, 486.
Staël (Mme de), 432.
Stoïciens, 52, 128, 220, 246, 350, 360, 378; II, 224, 226, 228.
Straton, 128.
Subjectif, 10; II, 156, 158, 174, 176, 206.
Subjective (Méthode), II, 280, 282, 284.
Sublime, II, 258.
Substance, Substantialisme, 4, 18, 28, 138, 140, 174, 280; II, 60, 72, 74, 76, 178, 180, 210, 212, 384, 386.
Survivance (Loi de — des plus aptes), II, 266, 286, 288. *Voyez* Adaptation.
Sympathie, 402, 404, 406, 416, 422.
Synthèse (totale des phénomènes), II, 386.
Synthétiques (jugements), II, 112.
Témoignages (Probabilité des), II, 300.
Temps, 32, 36, 42, 48, 60, 74, 78, 80, 82, 110, 134; II, 114, 116, 118, 202, 376.
Tension, 350; II, 226.
Thalès, 4, 28.
Théisme, 220, 226; II, 348, 350. *Voyez* Unité de Dieu.

Théologie, 60, 102, 224, 248, 250, 256.
Totalité. *Voyez* Nombre, Infini, Quantité.
Tourbillon, 232.
Transformisme, 4, 6, 106, 174, 290; II, 104.
Transmigration, 166, 338; II, 248.
Trompeur (Le grand), 282; II, 4, 50.

U

Un (L'), 18, 56, 76, 112, 126, 352.
Unité de Dieu, II, 198, 202, 204, 348, 350, 352, 394, 398, 400, 402, 404.
Unité de l'Être, 462; II, 225.
Univers. *Voyez* Monde.
Utilitarisme, 358, 382, 388, 398, 400, 406, 408, 416, 418, 420, 422, 424, 426, 428, 432, 434, 436, 470, 472.

V

Vacherot (E.), 280.
Variations spécifiques. *Voyez* Espèce.
Vauvenargues, 432.
Vertu (La), 344, 346, 348, 388, 396, 398, 416, 418, 420. *Voyez* Devoir et Justice.
Vertu-science, 330, 334.
Vertus (Les), 300, 334, 346.
Vie future. *Voyez* Immortalité.
Volonté, 26, 180, 182, 252, 264, 266, 278, 464; II, 14, 22, 62, 64, 194, 238, 380, 396.
Volonté divine (Principe de la pure), 254, 428, 430.
Voltaire, 272, 274.

X

Xénophane, 18.

Z

Zeller (Édouard), 128, 130, 132, 134, 136.
Zénon d'Élée, 20, 34, 36, 50.
Zénon stoïcien, 360, 364, 366, 368.

TABLE DES MATIÈRES

	Pages.
Esquisse d'une classification des doctrines philosophiques, t. I.	1
Première partie. — Première opposition : La chose, l'idée.	4
Deuxième partie. — Deuxième opposition : L'infini, le fini.	28
Troisième partie. — Troisième opposition : L'évolution, la création.	101
Quatrième partie. — Quatrième opposition : La nécessité, la liberté.	227
Cinquième partie. — Cinquième opposition : Le bonheur, le devoir.	296
Sixième partie. — Sixième opposition : L'évidence, la croyance, t. II.	1
Conséquences touchant la classification des doctrines.	127
Conclusion.	244
Comment je suis arrivé à cette conclusion.	355
Index alphabétique.	407

FIN DE LA TABLE DES MATIÈRES.

ERRATA.

TOME PREMIER.

Page	6, ligne 5,	au lieu de :	feu protée,	lisez :	feu-protée.
—	122, — 28,	—	Hériode,	—	Hésiode.
—	129, — 26,	—	qu'on en,	—	qu'on n'en.
—	134, — 29,	—	du,	—	de.
—	217, — 8,	—	d'ailleurs, spéculent sur une substance qu'elles soient où sont,	—	d'ailleurs qu'elles soient, spéculent sur une substance où sont.
—	288, — 11,	—	mentals placés, dans,	—	mentals, placés dans.
—	372, — 14,	—	devait,	—	devrait.
—	452, — 22,	—	avec	—	d'avec.

TOME SECOND.

—	82, — 31,	—	infiniste,	—	infinitiste.
—	125, — 12,	—	persuade,	—	se persuade.
—	145, — 16,	—	la conduit,	—	le conduit.
—	219, — 26,	—	pure avec,	—	pure, avec.
—	219, — 30,	—	combattue ou restreinte,	—	en partie favorisée, en partie restreinte.
—	286, — 20,	—	garantie,	—	garanties.
—	310, — 23,	—	en fond,	—	au fond.
—	353, — 5,	—	humaine comme,	—	humaine, comme.
—	362, — 15,	—	de Berkeley,	—	que Berkeley.
—	363, — 33,	—	mon temps; et toute,	—	mon temps et toute.
—	363, — 34,	—	en moi, ce mélange,	—	en moi; ce mélange.
—	382, — 34,	—	posant,	—	supposant.

www.ingramcontent.com/pod-product-compliance
Lightning Source LLC
Chambersburg PA
CBHW050908230426
43666CB00010B/2068